Aus dem Programm Huber: Psychologie Forschung

Helmut Fend

Vom Kind zum Jugendlichen

Der Übergang und seine Risiken

Entwicklungspsychologie der Adoleszenz in der Moderne

Band I

Verlag Hans Huber
Bern Stuttgart Toronto

Diese Arbeit ist im Sonderforschungsbereich 23 „Bildungsforschung: Bedingungen, Verlauf und Folgen von Sozialisationsprozessen in Schule, Hochschule und Berufsbildungsinstitutionen“ an der Universität Konstanz entstanden. Der Sonderforschungsbereich 23 bestand von 1969 bis 1986 und war Teil des ersten Konstanzer Forschungsschwerpunktes Zentrum I Bildungsforschungs (1966-1982).

CIP-Titelaufnahme der Deutschen Bibliothek
Fend, Helmut:
Vom Kind zum Jugendlichen : der Übergang und seine Risiken / Helmut Fend. - 1. Aufl. - Bern ; Stuttgart ; Toronto : Huber, 1990
(Entwicklungspsychologie der Adoleszenz in der Moderne ; Bd. 1)
ISBN 3-456-81905-6
NE: GT

1. Auflage 1990

Druck: Weihert-Druck, Darmstadt
Printed in Germany

Vorwort

Mit der hier vorliegenden Arbeit, dem ersten von drei geplanten Büchern, beginnt eine Berichtsserie zur Entwicklungspsychologie der 6. bis 10. Schulstufe. Ihr allgemeines Thema ist somit der Übergang von der Kindheit in die Jugendphase. Sie faßt insgesamt mehr als 12 Jahre Forschungsarbeit zusammen. Damit möchte ich dazu beitragen, das Wissen über diese Lebensphase bei jenen, die mit Heranwachsenden dieses Alters zu tun haben, zu bereichern. Neben solidem fachlichen Wissen und fachdidaktischen Kompetenzen benötigen Lehrer vor allem Wissen über ihr "Gegenüber", über Handlungstendenzen, Entwicklungsprozesse und Wahrnehmungsweisen von Schülern. Doch es geht mir nicht nur um Wissen, sondern auch um Einstellungen, insbesondere um positive Haltungen zur Phase des Übergangs von der Kindheit in die Jugendzeit. Es geht mir darum, das Bewußtsein wieder zu schärfen, daß es sich hier um eine vielgestaltige und höchst interessante Übergangszeit handelt. Die damit angesprochene biographische Perspektive ist für eine pädagogische Haltung unerläßlich. Nur wenn man die Wege aus der Kindheit verfolgen kann und die Wege ins Erwachsenenleben antizipiert, kann man mit Menschenkindern dieser Lebensphase sinnvoll umgehen. Punktuelle Analysen der "Jugend" vergessen nur allzu schnell, daß die beschriebenen Jugendlichen einmal Kinder waren und Erwachsene werden sollen. Nur allzu schnell folgen solchen Beschreibungen Verurteilungen und Abwehrhaltungen.

In dem hier vorliegenden ersten Band steht die *Phänomenologie der Lebensphase von der 6. bis zur 10. Schulstufe* im Vordergrund. Wir beginnen mit einer Gegenüberstellung der in den letzten Jahren weitgehend vergessenen Vorstellungen und Erkenntnisse der "klassischen" Entwicklungspsychologie, die bis etwas 1965 das Bild von den Besonderheiten des Übergangs von der Kindheit in die Adoleszenz geprägt haben, mit den Ergebnissen unserer Längsschnittstudie. Können wir die alten Vorstellungen bestätigen oder stellt sich diese Altersphase unter den modernen Lebensbedingungen anders dar als früher? Daran schliesst eine Betrachtungsweise an, die heute in der Entwicklungspsychologie im Vordergrund steht: die handlungsorientierte Beschreibung der Bewältigung altersspezifischer Entwicklungsaufgaben bzw. die Beschreibung von Problemen, die sich dabei ergeben. Im Mittelpunkt des Interesses stehen dabei *Risikoentwicklungen* (Rauchen Alkohol, frühes Erwachsenwerden, heterosexuelle Kontakte usw.).

Eine Arbeit wie die hier vorgelegte ist nur möglich, wenn viele Instanzen in vertrauensvoller Weise zusammenarbeiten. Dies beginnt bei einer Förderungsinstanz, in diesem Falle bei der Deutschen Forschungsgemeinschaft, dem Förderungsort, dem Sonderforschungsbereich Bildungsforschung der Universität Konstanz und setzt sich fort bei den Schulbehörden, hier dem Kultusminsterium in Hessen, den lokalen Schulbehörden, den Schulleitern, den Elternvertretungen und endet nicht zuletzt bei den Eltern, Lehrern und Schülern, die geduldig fünfmal eine lange Testphase über sich ergehen liessen. Ihnen allen sei an dieser Stelle herzlich gedankt.

Ein Untersuchung des vorliegenden Umfanges ist heute auch keine Einzelleistung mehr. Sie ruht auf vielen Schultern. Da in der Zwischenzeit alle Mitarbeiter in alle Winde zerstreut sind, zu meiner großen Freude mußte keiner in die Arbeitslosigkeit entlassen werden, ruhte die Endfassung der Berichte aber allein auf meinen Schultern. Nichtsdestoweniger baue ich an vielen Stellen auf den Arbeiten meiner ehemaligen Mitarbeiter auf. Dies wird an den entsprechenden Stellen auch vermerkt. An dieser Stellen seien sie in alphabetischer Reihenfolge genannt.

Briechle, Ralf
Endres, Wilhelmine
Fratz-Karremann, Brunhilde
Gsching, Sigrid
Helmke, Andreas
Hiller, Susanne
Knörzer, Wolfgang
Lauterbach, Ursula
Nagl, Willibald
Prester, Hans-Georg
Raab, Renate
Richter, Paul
Schacher, Elvira
Schellhammer, Christa
Schmidt, Astrid
Schröder, Hanna
Schröer, Sigrid
Schuler, Petra
Specht, Werner
Väth-Szusdziara, Roswitha

Ihnen allen gebührt mein Dank und der Dank jener, die - hoffentlich - aus dieser Arbeit Gewinn für ihren Umgang mit Heranwachsenden ziehen können.

Meinen besonderern Dank möchte ich an dieser Stelle auch an Frau Dr. Trude Hirsch aussprechen, die für die gestalterische Endfassung dieses Manuskripts unersetzliche Hilfe geleistet hat, und Herrn Dr. Georg Stöckli sowie Frau Maja Storch für wertvolle Hinweise.

Inhalt

Kurzbeschreibung der Längsschnittuntersuchung zum Übergang von der Kindheit in die Adoleszenz

Thematik der Untersuchung: Untersuchung des Übergangs von der Kindheit in die Adoleszenz unter modernen Lebensbedingungen

Diese Thematik wird auf drei Ebenen behandelt:

1. Untersuchung der Ereignisgeschichte in der Lebensphase von 12 bis 16 (6. bis 10. Schulstufe):

Geschichte der Verselbständigung in dieser Lebensphase und der Bewältigung altersspezifischer Entwicklungsaufgaben:

Wie verändert sich das Verhalten in dieser Lebensphase insbesondere bei Risikoindikatoren (Alkohol, Rauchen, "Selbständigkeit", Sexualität) und welches sind die altersspezifischen Besonderheiten? (Band 1)

2. Identitätsentwicklung in der Lebensphase von 12 bis 16:

Wie finden Jugendliche langsam heraus, was sie wollen und welche Stellung sie in der Welt einnehmen könnten? Dies wird für die Lebensbereiche des Berufs, der Geschlechtsrolle, der Politik, der Religion und der Freizeit erfaßt. Untersuchung der Verlaufsprozesse der "Enkulturation" im Sinne des Hineinwachsens in diese Lebensbereiche. (Band 2)

3. Persönlichkeitsentwicklung in der Lebensphase von 12 bis 16:

Untersuchung der Persönlichkeitsentwicklung im Sinne des Erwerbs jener Kompetenzen und Motivationen, die für die Existenzbewältigung in der Moderne wichtig sind. Tiefenstrukturen der Funktionsweise der Person in bezug auf ihre Selbstreferenz (Ich-Stärke), ihre soziokognitiven Kompetenzen, die sozialen Motivationen und die Leistungsmotivation werden in einem dritten Auswertungsbereich behandelt. Dabei stehen auch interindividuelle Variationen im Durchlaufen der Lebensphase von 12 bis 16 im Vordergrund. (Band 3)

Finanzielle Förderung: Deutsche Forschungsgemeinschaft 1976 - 1988.

Ort der Durchführung: Sonderforschungsbereich Bildungsforschung Universität Konstanz

Beginn der Hauptuntersuchung:	1979 in der 6. Schulstufe: 2054 Mädchen und Jungen Erhebungen in 6. | 7. | 8. | 9. | 10. Stufe Letzte Erhebung: 1983 in der 10. Schulstufe und bei Abgängern aus der 9. Schulstufe Querschnitt: N zwischen 2054 und 1790 *Längsschnitt-Sample* (5-malige Teilnahme: N= 851
Zusatzerhebungen:	Zur Überprüfung methodischer Probleme: Testungsstrang Epochalstrang Elternuntersuchungen: Bei den Kindern in der 7. Schulstufe (N = 988) Bei den Jugendlichen der 9. Schulstufe (N = 590) Lehreruntersuchungen: 6., 7. und 9. Schulstufe (N zwischen 138 und 229) Mehrere qualitative Zusatzstudien (Interviews, Aufsätze, offene Fragen) Intensivstudie bei 7 Familien
Art der Stichprobe:	Erhebung bei allen 6.Klässlern in zwei voll erfaßten ländlichen Regionen - Vergleich mit Schülern aus einer Großstadt, jeweils aus Hessen, Bundesrepublik Deutschland
Auswertungsperspektiven:	Untersuchung der altersspezifischen Verläufe und altersspezifischen Besonderheiten Untersuchung von interindividuell unterschiedlichen Entwicklungsverläufen Variation nach Indikatoren des sozialökologischen Kontextes (Mädchen und Jungen in verschiedenen Schulformen bzw. aus verschiedenen sozialen Schichten in ländlichen oder großstädtischen Gebieten) Variationen nach Merkmalen der sozialen Nahwelt von Familie, Schule und Altersgruppe
Formales Hypothesenmuster:	1. Die "Ergebnisse" des Entwicklungsprozesses bis zum Ende der Kindheit bestimmen den Entwicklungsprozeß in der Adoleszenz 2. Suche nach Bedingungen der Stabilität bzw. Instabilität beim Übergang von der Kindheit in die Adoleszenz

Wenn ein Jugendlicher spürt, daß man mit ihm noch genauso glücklich ist, wie man als Kleinkind mit ihm war, wird es ganz bestimmt keine gravierenden Probleme geben. Mit freundlichem Gruß eine an sich problemlose Familie mit zwei liebenswerten Kindern.

Elternkommentar zur Elternuntersuchung 1980

Ich denke, ich habe viele Fragen so positiv angekreuzt, ganz einfach nur, weil ich meine Tochter so dufte finde und so gern habe.

Ich glaube, daß über Probleme von Kindern und Jugendlichen gar nicht genug geforscht werden kann

Elternkommentare zur Elternuntersuchung 1982

0. Einleitung

Die besondere Gestalt und der besondere Akzent dieser Arbeit entspringt zwei Einsichten. Der erste resultiert aus der sich in den letzten Jahren verdichtenden Einschätzung, daß wir einer von Sympathie und Interesse gespeisten Wahrnehmung der altersspezifischen Besonderheit der Altersphase "Pubertät" bzw. "Adoleszenz" verlustig gegangen sind. Die parallele Erkenntnis ist die, daß wir deshalb auch keine Jugendpädagogik mehr haben, die auf die Besonderheiten dieser "Zwischenphase", zwischen Kindsein und Erwachsensein, abgestimmt wäre. Wir erleben vielmehr Polarisierungen: frühzeitiges Aufgeben von Einfluß und pädagogischen Bemühungen und Gefahrenwahrnehmungen, ja sogar Bedrohungswahrnehmungen, von denen ein großer Teil der soziologischen Literatur über Jugend inspiriert ist.

Dies hier vorgelegte Buch widmet sich also einer vielfach als besonders kritisch angesehenen Phase im menschlichen Lebenslauf: den 12- bis 16jährigen, die sich in ihrer Lebensgeschichte am Übergang von der Kindheit in die Adoleszenz befinden. In dieser Darstellung möchte ich die entwicklungspsychologische Perspektive für die Sekundarstufe des Schulwesens wieder schärfen und insbesondere Lehrern zu Bewußtsein bringen, welche spannenden Entwicklungsvorgänge sich in den vor ihnen sitzenden Heranwachsenden abspielen. Schon vom äußeren Erscheinungsbild her sind z. B. 6., 7. oder 8. Schulklassen einmalige Gebilde. Obwohl wegen Disziplinproblemen gefürchtet, müßten sie das besondere Interesse von Pädagogen wecken: denn hier sitzen oft ausgewachsene "Damen" neben noch kindlichen Jungen oder großgewachsene "Kerle" neben noch knabenhaft wirkenden Mädchen. Welche seelischen Entwicklungsprozesse hinter den raschen Veränderungen in dieser Altersphase stehen, müßte alle, die Heranwachsende in dieser Lebensphase begleiten, brennend interessieren.

Ich meine jedoch, das Gegenteil beobachtet zu haben: Betrachtet man die Zuwendung, die in unserer Kultur in den letzten Jahrzehnten der frühen Kindheit zuteil geworden ist, betrachtet man gar die vielen Idealisierungen und Überhöhungen des Erlebnisses, Kinder zu haben, so kontrastiert damit auffallend die Abwehrhaltung gegenüber heranwachsenden Pubertierenden, die nicht wissen, was sie mit ihren zu langen und unproportionierten Gliedmaßen anfangen sollen, die laut und unkontrolliert sind, die provozieren und Autorität abwehren und sich immer mehr der Kontrolle der Erwachsenen entziehen. Daß dies nicht nur Oberflächenbeobachtungen eines interessierten Zeitgenossen sind, sondern auch belegbare Sachverhalte, kommt in Untersuchungen zum Vorschein, die die Ehezufriedenheit von Ehepaaren mit dem Zyklus des "Kinderhabens" konfrontiert haben. Dabei zeigt sich, daß die Phase mit 12- bis 16jährigen Kindern den absoluten Tiefpunkt der Zufriedenheit im Eheleben markiert (ARGYLE, 1986, 57).

Abb. 1.1: Ehezufriedenheit in den Phasen des Familienlebens

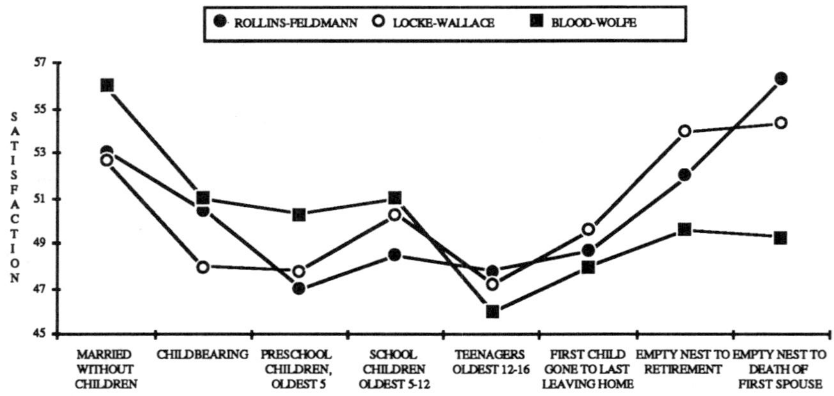

Aus ARGYLE (1986, 57). Die bei ARGYLE zudem noch dargestellten Ergebnisse der British Study sind hier nicht eigetragen, weil in der British Study zum Teil andere Messzeitpunkte gewählt worden sind.

Gewiß können sich hier sehr viele eigene lebensgeschichtliche Probleme der Eltern mit denen der Kinder überlagern. Doch mir scheint, daß in unserer Kultur die positive Einstellung zu dieser Lebensphase weitgehend verlorengegangen und der Horizont der pädagogischen Gestaltbarkeit dieser Lebensgeschichte unter ganzheitlichen Gesichtspunkten entschwunden ist. Unter Hunderten von Wahrnehmungen, "was die Eltern die letzte Zeit häufig gesagt haben", die wir bei 12- bis 14jährigen erhoben haben, finden wir gerade e i n e positive: "... ich sei schon ein richtig hübscher Teenager geworden".

Auf Lehrerseite lassen sich ähnliche emotionale Distanzierungsprozesse feststellen. Dafür spricht nicht nur die häufige Beobachtung, daß sich Lehrer bei Klassenverteilungen nicht gerade um die Jahrgänge 7 bis 9 bemühen. Auch wissenschaftliche Untersuchungen belegen die Distanz der Lehrerschaft zu dieser Altersgruppe. In dieser Altersphase loben Lehrer Schüler weit weniger als früher (s. ECCLES, 1988), gleichzeitig steigen aber die Anforderungen. Um sich vor den "Pöbeleien" dieser Altersphase zu schützen, ziehen sich Lehrer nicht selten in distanzierte, prüfungsorientierte Haltungen zurück.

Auf diesem Erwartungshintergrund schien es mir vor vielen Jahren wichtig, die Thematik der Entwicklung von der Kindheit in die Adoleszenz in einem langfristig angelegten Forschungsprojekt zu untersuchen. Sein Kern besteht in einer großen Longitudinalstudie, die mit einer ersten Datenerhebung im Jahre 1979 begann. Damals wurden ca. 2000 Kinder von zwei Landkreisen in Mittelhessen (Bergstraße und Odenwald) sowie aus großstädtischen Bezirken (Frankfurt) getestet. Sie befanden sich zu diesem Zeitpunkt alle in der 6. Klassenstufe. Fünfmal, jeweils am Ende jedes Schuljahres, also bis zum 10. Schuljahr, wurden diese nun älter werdenden Kinder und Jugendlichen mit teils gleichen, teils neu entwickelten Testinstrumenten untersucht. Auf diese Weise entstand ein großer Datensatz über die Lebensspanne der 12- bis 16jährigen. Er wurde durch zwei Elternuntersuchungen (im Alter von 13 und 15 Jahren der Kinder) und durch drei Lehreruntersuchungen (6. Stufe, 7. Stufe, 9. Stufe) ergänzt. Um diesen Kern rankten sich sehr viele qualitative Zusatzerhebungen, Testungsuntersuchungen, Epochaluntersuchungen, über die zu berichten sein wird.

Insgesamt sollte durch dieses Projekt ein repräsentativer Einblick in die Entwicklung von der Kindheit in die Adoleszenz unter Bedingungen modernen Lebens gegeben werden. Die breite Datengrundlage ermöglicht es, Verbreitung und Auftreten von Entwicklungsbesonderheiten und Entwicklungsproblemen zu beschreiben, also *Entwicklungsepidemiologie* zu betreiben (s. KELLAM, 1986).

Die Ausgangsfrage war dabei phänomenologisch: Wie sehen Kinder in einer hochindustrialisierten Gesellschaft des 20. Jahrhunderts beim Übergang ins Jugendalter aus? Diese Konzentration auf die Phänomenologie der Lebensphase *"Frühadoleszenz"* ist deshalb berechtigt, weil gerade dieser Abschnitt der Biographie des Heranwachsens eigenartig unbekannt, fremdartig und auch von ambivalenten Gefühlen der Erwachsenen begleitet ist. Selbst im amerikanischen Forschungsbereich, der sich so intensiv mit der Entwicklung des Menschen beschäftigt hat, konnten noch vor wenigen Jahren Bücher mit dem Titel "Growing Up Forgotten" erscheinen, die sich auf diese Lebensphase bezogen (LIPSITZ, 1977).

Aufmerksame Beobachter der kindlichen Entwicklung registrieren um das 11. und 12. Lebensjahr Vorboten gewichtiger Veränderungen, insbesondere bei Mädchen. Sie beginnen sich nun untereinander häufig anzurufen, kichern und tuscheln, ordnen sich neckend gegenseitig Freunde zu, für die sie sonst nur Verachtung zeigen. Plötzlich fangen sie an, sich im Spiegel zu betrachten, die Haare bewußt zu pflegen und sich von selbst zu waschen - über den berühmten schmalen Gesichtsrand hinaus. Sie können sich jetzt auch lange ruhig in ihrem Zimmer aufhalten, vor sich hin "sinnen" und sich an lyrischer Literatur erfreuen.

Noch suchen sie vor allem den Schutz der gleichgeschlechtlichen Freunde, sei es in lautem Spiel oder in gemeinsamen Pferde- und anderen Tierinteressen. Noch andere Vorboten stellen sich ein: Verhaltenspläne tauchen auf, Mädchen wollen abnehmen oder sich abhärten, sie beginnen, ihr Leben bewußt zu gestalten.

An der Oberfläche bieten diese Kinder, die langsam die äußere Erscheinungsform der Erwachsenen annehmen, ein widersprüchliches Bild. Sie verlieren die Unschuld der Kindheit, werden unzugänglich und schwer lenkbar. Die Mädchen stecken die Köpfe zusammen und kichern, die Jungen werden unbeholfen und bewegungsintensiv, vital und sehr häufig grob. In der Gruppe sind sie laut und unter sich abgeschlossen. Sie bewegen sich außer in den selbstbegrenzten Schulklassen in einem definitorischen Niemandsland. Alles, was sie tun, scheint den Charakter des Uneigentlichen zu haben, des "Nicht-mehr", aber auch des "Noch-nicht". Sie haben Freundschaften mit dem anderen Geschlecht, verleugnen diese aber gleichzeitig, sie nähern sich an, ziehen sich aber gleichzeitig zurück, sie necken einander, fassen einander an, ohne damit schon einen Sinn verbinden zu wollen. Alles soll einen spielerischen Charakter haben, wenngleich vieles schon mit der Möglichkeit des Ernstes getan wird. Nirgends ist dies wohl schöner zu beobachten als bei den Gruppenbegegnungen in Schwimmbädern und Freiluftbädern.

Was denken aber diese "Fremden unter uns" eigentlich? Wie kindlich sind sie noch und wie sehr stehen sie schon im Leben der Erwachsenen? Ist dies tatsächlich eine so schwierige Phase für Eltern, daß deren Ängste gerechtfertigt sind? Wie groß ist die Not bei den einen, und wie groß ist die Unbekümmertheit bei anderen? Besteht tatsächlich eine große Diskontinuität zwischen der seelischen Gestalt der Kindheit und jener in der Adoleszenz? Gibt es nicht vielmehr gute Gründe für die Hoffnung, daß jemand, der die Kindheit fruchtbar durchlebt hat, auch problemlos in die Adoleszenz hineinwächst? Bestimmt also das Erbe der Kindheit, ob jemand die Adoleszenz fruchtbar oder leidvoll, sicher oder riskant durchlebt?

Eine ganzheitliche Fragestellung, die einen Überblick über diese Lebensphase insgesamt zu geben versucht, ist in der modernen Entwicklungspsychologie nicht mehr üblich. Aus diesem Grunde habe ich entwicklungspsychologische Darstellungen inspiziert, die sich der Thematik der Entwicklung des jungen Menschen in dieser Lebensphase noch "ganzheitlich" gewidmet haben. Dabei habe ich einige Entdeckungen gemacht, die auf seltsame Entwicklungen und Diskontinuitäten in der Forschung zu dieser Lebensphase verweisen und die dazu beigetragen haben, die Auswertung des Adoleszenz-Längsschnittes, über den hier berichtet wird, zu strukturieren.

Wer sich die Mühe macht, die Auflagenzahl verschiedener entwicklungspsychologischer Standardwerke in den letzten 30 Jahren zu verfolgen, dem wird ein eigenartiges Phänomen sofort in die Augen springen. Bis etwa 1965 - 1970 finden wir verschiedene Standardwerke der Entwicklungspsychologie, die in Auflagen von über 100.000 Exemplaren erschienen sind. Man denke z.B. an die Pionierarbeit von Charlotte BÜHLER, die 1967 in der 7. Auflage veröffentlicht wurde, an die verbreitete Arbeit von Eduard SPRANGER zur Psychologie des Jugendalters, die 1963 (letztmals) in der 27. Auflage und in über 100.000 Exemplaren erschienen ist, an die Standardwerke von Adolf BUSEMANN, die ebenfalls mehrere Auflagen erreichten (1959, 5. Aufl.) sowie an das verbreitete Lehrbuch von REMPLEIN, das 1965 in der 13. überarbeiteten Auflage (81. - 92.000) auf den Markt kam.[1]

Alle diese Bücher wurden wenige Jahre später gerade noch zitiert (s. OERTER & MONTADA in der 1. Auflage der "Entwicklungspsychologie" 1982). Lediglich die Arbeit von NICKEL (1975) ist noch an der Frage orientiert, ob einige zentrale Erkenntnisse der alten Jugendpsychologie heute noch zutreffen. Cum grano salis läßt sich jedoch festhalten, daß am Beginn der 70er Jahre *die alte europäische Tradition der Entwicklungspsychologie zu den*

---

1 Lediglich äußere Umstände (Exil) haben verhindert, daß auch W. STERN eine umfaßende Monographie zum Jugendalter schreiben konnte (s. DUDEK, 1989)

Akten gelegt wird. Die deutschsprachige Entwicklungspsychologie hatte sich zwar bis zum Ende der 60er Jahre vorwiegend auf Kanonisierungen und Überarbeitungen von Erkenntnissen aus den 20er und 30er Jahren gestützt, sie hatte aber ein ganzheitliches Bild der Entwicklung in dieser Lebensphase entworfen.

Die Auseinandersetzung mit den älteren entwicklungspsychologischen Arbeiten hat sich im Umkreis weniger Untersuchungen von DEGENHARDT (1971), TRAUTNER (1972), EWERT (1984a) und KEMMLER (1957) abgespielt. Zwei Kritikpunkte - als Fazit dieser Auseinandersetzung - haben die weitere Entwicklungspsychologie der Adoleszenz dann in hohem Maße geprägt:

1. Die alten Vorstellungen von der Jugend als einer besonders problematischen, *aufwühlenden, negativen und kritischen Lebensphase* seien überholt und
2. die Konzentration auf *abgrenzbare Phasen* der menschlichen Entwicklung, in denen sich notwendig bestimmte Besonderheiten des menschlichen Verhaltens zeigen, etwa Trotzverhalten im 2. und 3. Lebensjahr, sei überholt.

Ab etwa 1965 - 1970 reißt der Kontakt zur klassischen Jugendpsychologie fast völlig ab. Die alten phasentheoretischen Einteilungen von negativer Phase, von Jugendkrisen in der Adoleszenz, gelten als überholt. Das in der klassischen Kanonisierung formulierte Jugendbild wird als zeitgebunden betrachtet. So finden wir die in wissenschaftlichen Traditionen manchmal beobachtbare Situation einer ungewöhnlichen Diskontinuität: die alten Standardwerke verschwinden aus den Regalen, neue Forschungsansätze tauchen ohne Bezug auf diese Arbeiten auf.

Es wäre jedoch falsch, wenn man vermuten würde, daß die alte Jugendpsychologie einfach durch viel bessere und umfassendere Forschung ersetzt und widerlegt wurde. Sie verfällt eher einer globalen Irrelevanzzuschreibung, ja entwicklungspsychologische Forschung zur Adoleszenz tritt generell in den Hintergrund. Ihre Stelle nimmt nun die jugendsoziologische Forschung ein, die sich allerdings vornehmlich an der Frage orientiert, was Jugendliche denken und wie sie sich zu den gesellschaftlichen Institutionen (Politik, Kirche, Militär, Familie, Freizeit und Medien usw.) verhalten. Diese Analyse jugendlichen Denkens, jugendlicher Einstellungen und jugendlicher Werte steht unter der allgemeinen Frage, ob sie Gefahrenindikatoren für die Reproduktion demokratischer Institutionen enthalten und ob z.B. die Arbeitsmotivation in einer Weise gefährdet ist, daß eine problematische psychische Infrastruktur für die Aufrechterhaltung internationaler Wettbewerbsfähigkeit entsteht. Jugend wird also unter dem Gesichtspunkt der gelingenden oder mißlingenden sozio-kulturellen Reproduktion gesehen (s. FEND, 1988).

Ohne die Bedeutung dieser Fragestellung gering zu schätzen, muß auf ihre Besonderheit verwiesen werden. Der Entwicklungsaspekt, die Perspektive der persönlichen Lebensgeschichte und die Relativierung der Einstellungen der Jugend auf dieser Folie geht verloren. Was Jugend sagt, was Jugend denkt und tut, wird nicht unter dem Gesichtspunkt seiner Bedeutung für den Weg zur Reife des Erwachsenen gesehen, sondern unter dem Legitimationsgesichtspunkt, ob damit ein Wertezerfall verbunden ist.

Erst zu Beginn der 80er Jahre ändert sich die Situation (s. vor allem SEIFFGE-KRENKE, 1984, DITTMANN-KOHLI, 1984, SILBEREISEN, 1986, OERTER, 1985, LIEPMANN & STIKSRUD, 1985). Man könnte davon sprechen, daß jetzt auch im deutschsprachigen Raum wieder Entwicklungspsychologie betrieben wird, daß so etwas wie eine moderne Entwicklungspsychologie im Entstehen begriffen ist. Der Schwerpunkt hat sich aber verschoben: im Vordergrund steht jetzt die Auseinandersetzung des Heranwachsenden mit der historisch-gesellschaftlich bestimmten Lebenswelt: das Aufwachsen in einem *ökologischen Kontext*. Der zweite wichtige Begriff, der diese Jugendpsychologie zu beherrschen beginnt, ist der der *Problembewältigung*. Dahinter steht ein neu formuliertes Modell menschlichen Handelns, das im Kern impliziert, daß der Mensch seiner Umwelt nicht passiv ausgesetzt ist, sondern sie interpretierend und handelnd bewältigt (s. HURRELMANN, 1986).

Die stärkere Umweltorientierung und die neu hinzugekommene Personorientierung verbinden sich hier zum Untersuchungsansatz, die Phasen der Problembewältigung von der Kindheit ins Erwachsenenalter genauer zu spezifizieren. Einen besonderen Akzent erhält diese Forschung dort, wo sie sogenannte "Fokalverhaltensweisen" in den Mittelpunkt stellt: hier geht es ihr um die Analyse der sogenannten *Problemverhaltens*, wie Rauchen, Alkoholkonsum, Drogen, frühzeitiges Sexualverhalten, Kriminalität, usw. (s. z.B. SILBEREISEN & KASTNER, 1985). Die lebensweltliche Analyse und entwicklungspsychologische Einordnung dieser Problemverhaltensweisen steht jetzt im Vordergrund. Es wird erforscht, unter welchen Bedingungen, d.h. bei welchen Persönlichkeitsressourcen und bei welchen sozialen Ressourcen Heranwachsende vor entsprechenden problematischen Lebensgeschichten geschützt sind. Die Entwicklungspsychologie des Jugendalters bewegt sich dadurch immer mehr in die Randzonen der Jugendpsychiatrie bzw. der Jugendhilfe.

Rückblickend wird der Unterschied zwischen der "klassischen" und der "modernen" Entwicklungspsychologie klarer. Die "klassische" Entwicklungspsychologie hat sich sehr ausführlich mit der altersbezogenen Reorganisation des "ganzen Kindes" und des "ganzen Jugendlichen" beschäftigt, also mit den phasenspezifischen Besonderheiten des gesamten "Seelenlebens". In systemtheoretischer Sicht war also das "System Kind" bzw. das "System Jugendlicher" Mittelpunkt der Aufmerksamkeit. Die "moderne" Entwicklungspsychologie konzentriert sich dagegen auf die System-Umwelt-Beziehung, insbesondere auf die handelnde Bewältigung ökologisch gegliederter sozialer Umwelten und Lebenslagen. Ihre Gefahr liegt darin, daß sie die interne Organisation des Seelenlebens vernachlässigt und nicht dazu vordringt zu untersuchen, wie sich das "System Adoleszenter" durch entsprechende handelnde und interpretierende Auseinandersetzungen mit der Umwelt selber ändert und eine neue innere Gestalt gewinnt. Die "psychischen Strukturbildungen" geraten damit aus dem Blickfeld.

Diese formale Charakterisierung der Forschungsgeschichte verhilft zu einer Gliederung der hier vorliegenden Arbeit.

Themenbereiche des Längsschnittes "Von der Kindheit in die Adoleszenz"

Eine Gegenüberstellung von "klassischer" und "moderner" Entwicklungspsychologie zeigt zwei Möglichkeiten auf, die zentrale Thematik dieser Arbeit, die Lebensbewältigung in der Adoleszenz, zu entfalten: einmal in der Form einer phänomenologisch orientierten Deskription von Entwicklungsverläufen und zum andern in der Form der handlungstheoretisch orientierten Beschreibung von Problembewältigung.

1. In einer Gegenüberstellung der Beschreibung des Übergangs von der Kindheit ins Jugendalter im Rahmen der "klassischen" Entwicklungspsychologie mit unseren heutigen Untersuchungsergebnissen soll ein plastisches Bild der normalen "seelischen" Entwicklungsverläufe in der Lebensphase von 12 bis 16 gezeichnet werden. Hier stehen somit die intraindividuellen Veränderungen in dieser Altersphase im Vordergrund, an denen ein gesamter Altersjahrgang teil hat.
2. In einer Aufnahme der modernen, handlungstheoretisch orientierten Arbeiten, die vor allem Problemverhalten ins Blickfeld nehmen, geht es darum, zu untersuchen, aufgrund welcher vorhandenen oder mangelnden persönlichen und sozialen Ressourcen Entwicklungaufgaben produktiv gemeistert werden, bzw. Risikoentwicklungen entstehen. Damit tritt hier das Interesse an interindividuellen Unterschieden in der Bewältigung des Übergangs in den Vordergrund.

Die Gegenüberstellung dieser beiden Betrachtungsweisen provoziert die Frage, wie im Prozeß der psychischen Entwicklung von der Kindheit ins Jugendalter die Handlungsebene mit der Ebene psychischer Strukturwandlungen verbunden ist. Wie wird in dieser Arbeit nicht "abschliessend" beantwortet werden können. In weiteren Arbeiten aus dem Adoleszenzprojekt soll untersucht werden, wie der Prozeß der Identitätsentwicklung in dieser Altersphase verläuft bzw. welche Persönlichkeitsentwicklung hinter den "Oberflächenänderungen", die in diesem Band beschrieben werden, stehen. Allerdings werden wir schon in dieser Arbeit versuchen, diese Perspektive wo immer möglich zu bearbeiten.

1. Übersicht über die Studie: Von der Kindheit in die Adoleszenz - Lebensbewältigung und Persönlichkeitsentwicklung

Die Bearbeitung der allgemeinen Fragestellung, wie das Erscheinungsbild des Heranwachsens unter modernen Lebensbedingungen charakterisiert werden kann, und welche Jungen oder Mädchen besonders gute oder geringe Chancen haben, unter den heutigen Lebensbedingungen eine produktive Adoleszenz zu erleben, hat in einer ersten Phase vor allem konzeptionelle Aufgaben nach sich gezogen. Zwei Folgeprobleme müssen nämlich gelöst werden: erstens, wie kann man die modernen Lebensbedingungen schildern und welches sind die darin eingelagerten *Anforderungen*, denen heute Heranwachsende begegnen, und zweitens, welche Formen und Voraussetzungen der altersspezifischen *Bewältigung* dieser Anforderungen sind vorstellbar bzw. wie konstituiert sich in diesem Prozeß schließlich die Persönlichkeit des heranwachsenden Kindes und Jugendlichen?

Der ersten Aufgabe habe ich mich in einer eigenen Arbeit zur "Sozialgeschichte des Aufwachsens" (FEND, 1988) gestellt. Der zweiten Fragestellung, der nach den Modellen der Aufgabenbewältigung, ihrer persönlichkeitstheoretischen Einbettung und entwicklungspsychologischen Bedeutung, möchte ich mich hier widmen.

1.1 Konzeptionelle Modelle der Lebensbewältigung in der Adoleszenz

In einem ersten Schritt sollen die theoretischen Modelle beschrieben werden, mit deren Hilfe wir die Phänomene der alltäglichen Lebensbewältigung in dieser Lebensphase zu erfassen und zu ordnen versuchten.[2]

---

[2] Die dazugehörigen Operationalisierungen werden hier aber noch nicht eingefügt. Sie tauchen im Rahmen der Ergebnisschilderungen immer wieder auf und sind im Anhang 2 überblicksweise zusammengefaßt. Auf sie wird an den entsprechenden Stellen immer wieder verwiesen.

1.1.1 Problembewältigung im Jugendalter

Wer wissenschaftliche Fragestellungen im Humanbereich bearbeitet, ist immer auch ein Kind seiner Zeit. Dies kann für Longitudinalprojekte verhängnisvoll sein, da die Gefahr nicht auszuschließen ist, daß Fragestellungen in einer Weise bearbeitet werden, die sich am Ende der Datenerhebung als inadäquat erweist. Im Rahmen des Konstanzer Projektes können wir eher eine glückliche Konstellation berichten, da wir von einem Ansatz, Adoleszenzentwicklung zu untersuchen, ausgegangen sind, der eine zunehmende Beliebtheit und Prominenz erlebt hat: Ähnlich wie noch laufende Untersuchungen (siehe SEIFFGE-KRENKE, 1984, DITTMANN-KOHLI, 1984, SILBEREISEN, 1986, OERTER, 1985, LIEPMANN & STIKSRUD, 1985) sind wir davon ausgegangen, daß der wichtigste Ansatz zur Erforschung von Entwicklungsprozessen in einer bestimmten Lebenspanne darin besteht, die aktive, handlungsorientierte Auseinandersetzung mit den altersspezifischen Entwicklungsaufgaben zu untersuchen.

Welche zählen dazu?

Ausgehend von den Vorstellungen der produktiven Lebensbewältigung wird in der Regel gefragt, was ein Heranwachsender zu bestimmten Zeitpunkten seines Lebenslaufes lernen muß, um in einer Stufenfolge zu immer komplexerer und umfassenderer Lebensbewältigung fähig zu werden. Es wird gewissermaßen das institutionelle Programm des Lebenslaufs und der Lebensbewältigung biographisch umgesetzt. Im Konzept der altersspezifischen Entwicklungsaufgaben ist dies in sehr anschaulicher Weise vollzogen, wie die Abbildung 1.2 (aus DREHER & DREHER, 1985, 59) illustriert. Für die mittlere Kindheit, die Adoleszenz und das frühe Erwachsenenalter werden dort aufeinander bezogene Problembewältigungsschwerpunkte beschrieben.

In der Auseinandersetzung mit diesen Entwicklungsaufgaben, die als erster HAVIGHURST (1972) so formuliert hat, konstituiert und entwickelt sich die lebenstüchtige Persönlichkeit. Sie bildet sich also nicht passiv durch die Übernahme von Erfahrungen und Interpretationen von anderen oder gar von Konformitätszumutungen, sondern durch tägliche Auseinandersetzungen mit Aufgaben im sozialen Kontext von Eltern, von Gleichaltrigen, von Freunden und von Lehrern.

Abb. 1.2: Entwicklungsaufgaben nach Havighurst unter life-span Perspektive

Mittlere Kindheit (6 - 12 Jahre)	**Adoleszenz** (12 - 18 Jahre)	**Frühes Erwachsenenalter** (18 - 30 Jahre)
1. Erlernen körperlicher Geschicklichkeit, die für gewöhnliche Spiele notwendig sind	1. Neue und reifere Beziehungen zu Altersgenossen beiderlei Geschlechts aufbauen	1. Auswahl eines Partners
2. Aufbau einer positiven Einstellung zu sich als einem wachsenden Organismus	2. Uebernahme der männlichen oder weiblichen Geschlechtsrolle	2. Mit dem Partner leben lernen
3. Lernen, mit Altersgenossen zurechtzukommen	3. Akzeptieren der eigenen körperlichen Erscheinung und effektiven Nutzung des Körpers	3. Gründung einer Familie
4. Erlernen eines angemessenen männlichen oder weiblichen Rollenverhaltens	4. Emotionale Unabhängigkeit von den Eltern und von anderen Erwachsenen erreichen	4. Versorgung und Betreuung der Kinder
5. Entwicklung grundlegender Fertigkeiten im Lesen, Schreiben und Rechnen	5. Vorbereitung auf Ehe und Familienleben	5. Ein Heim herstellen; Haushalt organisieren
6. Entwicklung von Konzepten und Denkschemata, die für das Alltagsleben notwendig sind	6. Vorbereitung auf eine berufliche Karriere	6. Berufseinstieg
7. Entwicklung von Gewissen, Moral und einer Werteskala	7. Werte und ein ethisches System erlangen, das als Leitfaden für das Verhalten dient - Entwicklung einer Ideologie	7. Verantwortung als Staatsbürger ausüben
8. Erreichen persönlicher Unabhängigkeit	8. Sozial verantwortliches Ververhalten - Entwicklung einer Ideologie	8. Eine angemessene soziale Gruppe finden
9. Entwicklung von Einstellungen gegenüber sozialen Gruppen und Institutionen		

Aus DREHER und DREHER (1985, 59)

Daß sich Schwerpunkte der Lebensbewältigung in der Adoleszenzentwicklung abbilden, belegt die auch die Untersuchung von BONFADELLI et al. (1986) sehr deutlich.

Seine altersbezogene Aufgliederung von "Bedürfnisschwerpunkten" zeigt für die Altersphase von 12 bis 18 einen starken Anstieg der Bedeutung von Interaktion ("mit lieben Menschen zusammen sein", "mit Cliquen zusammen sein") und Individuation ("etwas für sich selbst tun", "Persönlichkeit weiterentwickeln", "etwas Schöpferisches tun"). In Abb. 1.3 wird dies sichtbar. Sie baut auf einer Querschnittuntersuchung bei ca. 4000 Jugendlichen in der Bundesrepublik im Jahre 1984 auf.

Abb. 1.3: Altersbezogene Bedürfnisschwerpunkte

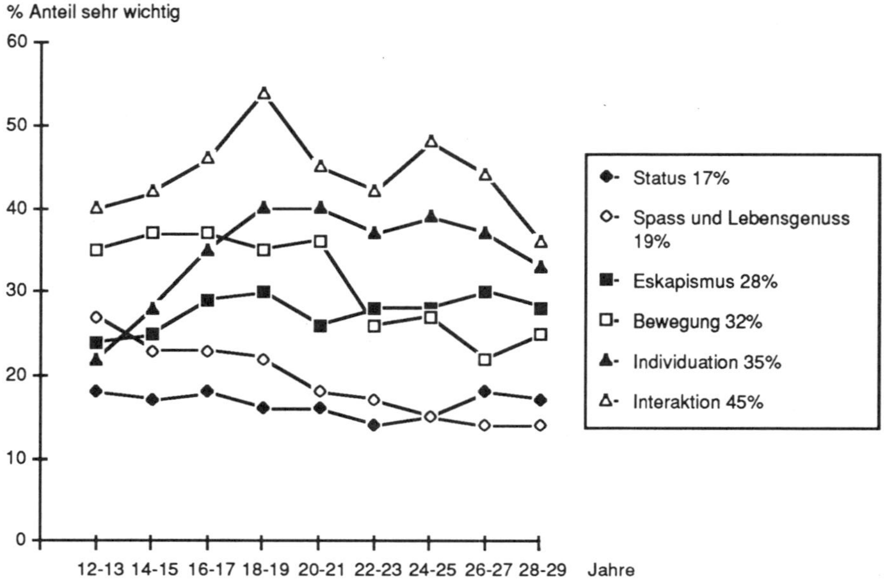

Aus BONFADELLI et al. (1986, 45)

In der eigenen Arbeit haben wir zu dieser Thematik ebenfalls ein umfassendes Indikatorengefüge konstruiert. Es umfaßt einmal (s. Abb. 1.4) die wichtigsten Entwicklungsaufgaben, die in dieser Lebensphase zu bewältigen sind. Dazu zählt die Bewahrung der Stabilität der Persönlichkeit angesichts neuer Anforderungen sowie die Bewältigung von Leistungsanforderungen. Im sozialen Verhalten muß die Integration der Altersgruppe neu konzipiert werden, eine Aufgabe, die in engem Wechselverhältnis zur Ablösung vom Elternhaus steht. In dieser Altersphase werden wichtige Weichen der Berufsfindung gestellt, die allerdings nicht für alle Jugendlichen bereits in definitive Berufsentscheidungen einmünden. Dies ist schließlich auch die Altersphase der langsamen Integration in die gemeinschaftlichen Lebensprobleme in Politik und Kultur.

Abb. 1.4: Entwicklungsaufgaben ("Normalentwicklung") und Indikatoren

PERSONALE ORIENTIERUNGEN	
Stabilisierung eines positiven Verhältnisses zu sich selbst	
Indikatoren gelungener Bewältigung Kompetenzbewusstsein	*Indikatoren depressiver Verarbeitungsformen* Somatische Belastung Selbstabwertende Kognition Depression
Herausbildung einer "Leistungsidentität" in Schule und Beruf	
Indikatoren der Leistungsbewältigung Erfolg, Kompetenzbewusstsein, Berufsidentität, Zukunftsgewissheit	*Indikatoren der Leistungsverweigerung* Leistungsverweigerung, Leistungsdistanz Absentismus, Leistungsangst
INTERPERSONALE ORIENTIERUNGEN	
Transformationen des Eltern-Kind-Verhältnisses	
Indikatioren eines neuen Verhältnis von Nähe und Distanz Autonomie und Verpflichtung	*Indikatoren eines problematischen Verhältnisses von Bindung und Selbständigkeit* Unproduktiver Dissens, Nestflüchter und Nesthocker, Vernachlässigung oder Überbehütung Abstossung oder Bindung
Transformation der Beziehung zu Gleichaltrigen	
Indikatoren gelungener Integration Soziales Interesse und soziale Integration, Bindungsfähigkeit und Lösungsfähigkeit, prosoziale Motivation	*Indikatoren einer problematischen Integration / Indikatoren problematischer sozialer Haltungen / Indikatoren devianter Lösungsformen* Soziale Isolation, soziale Abhängigkeit Antisoziale Einstellungen, Devianz
KULTUR UND GESELLSCHAFT	
Initiation in die Kultur	
Indikatoren gelungener Initiation Offenheit für vielfältige kulturelle Bereiche	*Indikatoren reduzierten Weltverständnisses und äusserlicher Lebensziele* Verführung durch triviale Konsumkultur Ästhetische Verarmung und kulturelle Distanz
Integration in die Gesellschaft	
Indikatoren einer gelungenen Integration Beteiligung und Interesse, Standpunktbildung und Urteilsfähigkeit	*Indikatoren eines problematischen Verhältnisses von Loyalität und kritischem Urteil zu Staat und Gesellschaft* Loyalitätsentzug, Indifferenz und Anomie Radikalismusneigungen, Rechtsradikalismus Unverständnis und niedrige Urteilskompetenz

Eine wichtige Unterscheidung soll aber bereits an dieser Stelle eingeführt werden. Gerade die lange Dauer der Adoleszenz unter modernen Lebensbedingungen läßt es sinnvoll erscheinen, in der Phase von 12 bis 25 Jahren jeweils verschiedene Schwerpunkte zu unterscheiden. Insbesondere die Frühadoleszenz, die Zeit vom 12. zum 16. Lebensjahr, ist von anderen Entwicklungsaufgaben "besetzt" als die Zeit von 17 bis 25. Die Partnerwahl und die Entwicklung von Lebensplänen und weltanschaulichen Positionen ist mehr den späteren Phasen vorbehalten, die Reorganisation der Abhängigkeit von den Eltern und der Aufbau neuer Beziehungsmuster zu Gleichaltrigen liegt schwergewichtig in den früheren, von uns untersuchten Phasen.

In all diesen Bereichen können sich Problementwicklungen ergeben. Parallel zur Schilderung der Bewältigung von Entwicklungsaufgaben ist also eine Konzentration auf problemfreie bzw. problembelastete Entwicklungen möglich.

Insgesamt legt sich also eine zweifache Betrachtungsweise nahe: einmal die Untersuchung der *Normalverläufe* und zum anderen die Konzentration auf Entwicklungs*probleme*. Wie gut das Leben unter welchen Umständen gelingt und wie die Normalität der Lebensbewältigung in der Adoleszenz aussieht, soll am Beispiel der in Abb. 1.4 enthaltenen Indikatoren eruiert werden.

1.1.2 Ressourcen produktiver Problembewältigung und Entwicklungsverläufe

Wir gehen in Übereinstimmung mit dem Standardwissen der Forschung zu dieser Thematik davon aus, daß die Lösung der altersspezifischen Entwicklungsaufgaben umso besser gelingt, je günstiger die personalen Voraussetzungen und die sozialen Stützsysteme sind.

Die Hypothesen über produktive bzw. problematische Bewältigungen von Entwicklungsaufgaben und daraus resultierender Entwicklungsverläufe in der Adoleszenz liegen damit auf der Hand. Es sind deren drei:

1. Die Bewältigung von Entwicklungsaufgaben in der Adoleszenz mit den vorausgesetzten und sich im Prozeß der Bewältigung bildenden psychischen Strukturen hängt vom *Ausgangsniveau* ab, also von den psychischen Strukturen, den Kompentenzen und Wertorientierungen, die sich am Ende der Kindheit und am Beginn der Adoleszenz etabliert haben.
2. Die Richtung der Aufgabenbewältigung und der psychischen Strukturbildungen ist von *entwicklungsfördernden Bedingungen in der Lebens-*

welt der Heranwachsenden abhängig, insbesondere von entwicklungsfördernder Hilfe durch Eltern, Gleichaltrige und Lehrer.

3. Positiver Entwicklungsfortschritt hängt schließlich von den *eigenständigen "Entwicklungsaktivitäten"* und den *Erfolgen* ab, die Heranwachsende in dieser Lebensphase für wichtig erachten und tatsächlich verbuchen können. "Kritische Lebensereignisse" wirken sich nur dann negativ aus, wenn insgesamt eine labile Lebenssituation gegeben ist.

Welches sind nun (1) die wichtigsten psychischen Strukturbildungen am Ende der Kindheit, und welches sind (2) die entwicklungsfördernden Bedingungen in der Lebenswelt von Adoleszenten, die zu fruchtbarem "Coping" und zu produktiven Ereignisgeschichten führen?

Nach langen Überlegungen hat sich das folgende einfache Modell (s. Abb. 1.5) herauskristallisiert. Danach fördern einmal soziokognitive Kompetenzen eine produktive Aufgabenbewältigung. Dahinter stehen vor allem Analyse- und Urteilsfähigkeiten, also Fähigkeiten, eine Situation mit ihren Anforderungen und Merkmalen zu durchschauen. Neben diesen Kompetenzen halten wir ein positives Verhältnis der Person zu sich selber, insbesondere das Zutrauen in die eigenen Fähigkeiten und Möglichkeiten für sehr wichtig, um mit den jeweiligen Anforderungen in einer Lebensphase fertig zu werden.

Schließlich sind es die sozialen Stützsysteme, insbesondere die hilfreichen Unterstützungsleistungen von seiten der Familie, die für die Lebensbewältigung in der Adoleszenz als wichtig angesehen werden. Positive Einbettungen in soziale Bezugssysteme (Eltern, Gleichaltrige, Freunde, Verwandte, Schule) schützen nach diesem Modell in besonderem Maße vor Risikoentwicklungen in der Jugendzeit.

Ohne faktische Erfolge im Leistungsbereich und deutliche Zeichen der sozialen Anerkennung unter Gleichberechtigten bleibt aber die Lebensbewältigung labil.

Abb. 1.5: Bedingungen produktiver Problembewältigung

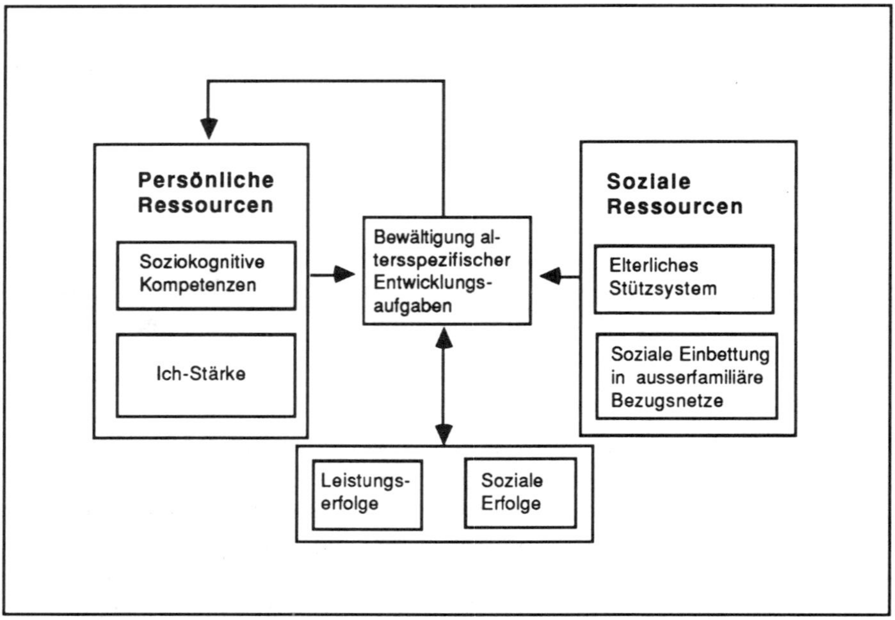

1.1.3 Zur Konzeptualisierung persönlicher Ressourcen: Zur Lebenstüchtigkeit von Kindern an der Schwelle zur Adoleszenz

Die Geschichte des Projektes zur Adoleszenzentwicklung bestand in den ersten Jahren vor allem aus Versuchen, persönliche Ressourcen der altersspezifischen Lebensbewältigung begrifflich genauer zu fassen und operationalisierbar zu machen. Dies erwies sich dort als schwierig, wo wir den Kompetenzbegriff - in dem wir persönliche Ressourcen vor allem lokalisiert sahen - über kognitive Kompetenzen hinaus, wie sie z.B. im Intelligenzkonzept formuliert sind, auf allgemeine Fähigkeiten der Lebensbewältigung erweitern wollten. Es ging uns anfangs vor allem darum, den produktiven Umgang mit sozialen Problemen (Sozialkompetenz) und mit sich selber (Selbstkompetenz) zu erfassen.

1.1.3.1 Soziokognitive Kompetenzen

In der Entwicklungspsychologie mehren sich die Versuche, "Persönlichkeitsreife" in verschiedenen Lebensstadien zu konzeptualisieren, von Handlungsweisen in der Form von Coping-Strategien bis hin zu Strukturanalysen des jeweiligen psychischen Entwicklungsstandes (s. z.B. ERIKSON, 1988).

Im Rahmen eines allgemeinen Handlungsmodells lassen sich formale Kompetenzen an verschiedenen Stellen lokalisieren. Generell sind darunter Formen des elaborierten Verständnisses und der richtigen Interpretation von Situationen, Formen des entwicklungsfördernden Umgangs mit eigenen Emotionen und Bedürfnissen sowie Strategien der effektiven Handlungsorganisation gemeint. Kompetenzen sind uns bisher vorwiegend im Leistungsbereich, also bei der Lösung extrapersonaler Aufgaben geläufig. Dort gibt es ein klares "richtig" und "falsch", etwa bei der Lösung mathematischer Gleichungen oder bei Übersetzungen in eine fremde Sprache. Aber auch im interpersonalen und intrapersonalen Bereich gibt es Möglichkeiten, mehr oder weniger elaborierte Formen des Verständnisses, mehr oder weniger differenzierte und effektive Handlungsstrategien zu unterscheiden. Hier werden allerdings mehr Niveaukriterien und Effektivitätskriterien wichtig.

Für die formale Konzeptualisierung von Kompetenzen waren für uns mehrere Forschungsrichtungen bedeutsam:

1. Im Rahmen der Analyse kognitiver Kompetenzen haben sich in den letzten Jahren Versuche verdichtet, Strukturniveaus im Verstehen sozialer Situationen, interpersonalen Verhaltens und des Verständnisses der eigenen Person selbst zu identifizieren. Insbesondere im Anschluß an die strukturgenetischen Theorien von PIAGET sind solche Arbeiten entstanden. Paradigmatisch dafür stehen die Arbeiten zu Stufentheorien des moralischen Argumentierens von KOHLBERG (1981), zum sozialen Verständnis von SELMAN (1980) und den Strukturniveaus des eigenen Selbstverständnisses bei DAMON (1983).
2. Den verschiedenen Varianten der Psychoanalyse verdanken wir sehr viele Einsichten zum entwicklungsfördernden oder entwicklungshemmenden Umgang mit Impulsen aus der inneren Umwelt, mit den eigenen Emotionen, Ängsten und Besessenheiten. Die Untersuchungen über die Elastizität der Handlungsorientierung (Ego-Resiliency) und der Ich-Kontrolle sowie über die Fähigkeiten des Belohnungsaufschubs (MISCHEL, 1983) gehören in diese Tradition (BLOCK & BLOCK, 1980).

Auch die Arbeiten von Norma HAAN (1977) über "Coping" und "Defending" wären hier zu lokalisieren.

3. Aus der osteuropäischen Psychologie und aus der Ingenieurpsychologie stammen Vorstellungen über Kompetenzen der Handlungsregulation, die den ausführenden Aspekt der psychischen Regulationen betreffen (s. SILBEREISEN & SCHUHLER, 1981). Es sind damit Kompetenzen der Anwendung von Erkenntnissen, der Umsetzung in Ziel-Mittel-Pläne, Fähigkeiten der Zielsetzung, des Durchhaltens, der Abwehr von störenden Einflüssen gemeint, welche einen wichtigen Teil wirksamen Handelns ausmachen. Hier werden unvermittelt Rückbindungen an die alte europäische Willensforschung möglich und sichtbar.
4. Aus der alten christlichen Tradition stammt ein Persönlichkeitsmodell, das besonders an der Errichtung von Herrschaft des Menschen über sich selber ausgerichtet ist. Neben altem religiösem Gedankengut (s. FOERSTER, 1953) steht hier auch das Denken der Aufklärung im Hintergrund, das den Menschen als sowohl dem Reich der Natur, des Sinnlichen angehörig aufgefaßt hat als auch dem Reich der Freiheit, dem Reich des Geistigen. Humanentwicklung besteht in diesem Denken darin, dem Menschen die "Herrschaft über sich selber" zu ermöglichen, ihn darin zu üben, daß das Reich der Freiheit und Verantwortung den natürlichen Bereich im Menschen beherrschen lernt. In der säkularisierten Variante der Ich-Kontrolle und der Impuls-Kontrolle leben diese Ideen weiter. Sie haben hier auch ihren Stellenwert. Humanentwicklung ist immer auch ethisch geleitete Arbeit des Menschen an sich selber. Das psychische Funktionsgefüge, das diese erfolgreich macht, ist jedoch sehr differenziert. Es enthält Aspekte des Selbstvertrauens, Aspekte der Selbstliebe und Selbstachtung, Strategien flexibler Kontrolle usw.

Solche Kompetenzen sollten sowohl bei der Orientierung gegenüber der eigenen Person, bei der Lösung sozialer Probleme und bei der Orientierung an der weiteren gesellschaftlichen Umwelt wirksam werden. Wie die konkrete Arbeit mit einzelnen Komponenten solcher Kompetenzen gezeigt hat, sind sehr vielfältige Kataloge denkbar. Eine kleine Illustration dazu soll die Abbildung 1.6 geben.

Abb. 1.6: Kompetenzen der altersspezifischen Lebensbewältigung

	Bezug auf die eigene Person	Soziale Beziehungen (interpersonaler Bereich)	Gemeinschaft,Politik ("institutionelles Handeln")
Wissen Verständnis	Fähigkeiten der realistischen Selbsteinschätzung, der Formierung kohärenter, informationsoffener, selbständiger Selbstbilder; Fähigkeit der Abwehr stereotyper Fremdzuschreibungen	"Role-taking", Perspektivenwechsel, soziales Verständnis Niveau des moralischen Argumentierens Monitoring der Konsequenzen der eigenen Handlungen Fähigkeit der Dekodierung impliziter Regeln für unterschiedliche Beziehungsverhältnisse (Freunde, Eltern,Vorgesetzte)	Wissen über gesellschaftliche Verhältnisse und politische Strukturen Verständnis zugrundeliegender Prinzipien Verständnis normativer Regelsysteme (Freiheit, Gerechtigkeit, Leistung, Demokratie)
Umgang mit eigenen Emotionen und Bedürfnissen (ego functions)	Kontrolle von Angst; Produktiver Umgang mit Erfolg und Misserfolg Fähigkeit, Selbstakzeptanz mit realistischer Selbsteinschätzung zu verbinden Fähigkeit zur Tranformation defensiver Strategien Emotionale Flexiblität Belohnungsaufschub	Empathie-Fähigkeit Fähigkeit der Kontrolle von Eifersucht und von "Neid", von Wettbewerbsemotionen Fähigkeit der "Umpolung" von Zuneigungen Kontrolle von Aggression und Ärger-Emotionen	Fähigkeit, eigenes emotionales "Commitment" aufzubauen und zu modifizieren; Fähigkeit des Umgangs mit Personen anderen "Commitments"
Handlungskompetenzen	"Selbstdisziplin" Fähigkeit der Umsetzung von Vorsätzen, der Abwehr von Störreizen (Durchhaltevermögen) Selbststeuerung Fähigkeit zur sozial akzeptablen Selbstdarstellung Fähigkeit der Zielbildung	Kompetenzen der *Kontaktaufnahme*, der sozialen *Durchsetzung*, der Beziehungsstabilisierung Kompetenzen der Konfliktlösung Kompetenzen der Kooperation und der sozialen Hilfeleistungen (Helfen, schenken, Anteil nehmen), Zuverlässigkeit	Fähigkeit "öffentlich zu sprechen" Fähigkeit der Aushandlung von Regelungen Kompromißfähigkeit Beteiligungskompetenzen

Wir sind, wie bereits erwähnt, gewohnt, Kompetenzen im Sinne von Fähigkeiten, Probleme richtig zu lösen, nur bei der Bewältigung sachlicher Aufgaben z.B. im Sinne naturwissenschaftlicher oder mathematischer Problemstellungen anzunehmen. Dabei setzen wir immer voraus, daß es ein "richtig" oder "falsch" gibt, daß etwas stimmt oder falsch ist. Ungleich schwieriger, ja sogar unmöglich erscheint die Festlegung von "richtig" oder "falsch" bei so komplexen altersspezifischen Entwicklungsaufgaben wie der "Ablösung von den Eltern", der Berufsfindung usw. Doch unser Alltagsbewußtsein geht davon aus, daß auch soziale Zusammenhänge mehr oder weniger gut durchschaut werden können, daß politische Zusammenhänge von den einen höchst unzulänglich beschrieben und von anderen wiederum sehr gut verstanden werden. Diese Gewißheit wissenschaftlich umzusetzen, erweist sich jedoch als sehr schwierig. Sie beanspruchte uns in der ersten Projektphase in besonderem Maße (s. BRIECHLE & VAETH, 1981, FEND, 1980).

Eine erste Einschränkung hat die Schwierigkeit der Aufgabe erleichtert: es sollte uns in einem ersten Schritt nur um Verständniskompetenzen, um Analysekompetenzen gehen. Handlungskompetenzen im Sinne von Ausführungsfähigkeiten sollten unberücksichtigt bleiben. Eine zweite Erleichterung wurde durch die Einsicht geschaffen, daß es beschreibbare und nicht aufhebbare Differenzen zwischen den Strukturmerkmalen sachlichen Problemlösens und Aufgabenbewältigungen in sozialen Zusammenhängen gibt. Der erste grundsätzliche Unterschied besteht darin, daß es bei der Bewältigung sozialer Probleme immer um ein Verständnis der "inneren Situation" des anderen geht, also um ein Verständnis von Gefühlen, Absichten, Selbstverständnissen und Wirklichkeitsverständnissen. Steine denken nicht über sich nach, sie haben keine bösen Absichten. Dieses Verständnis der inneren Situation von sozialen Partnern kann nun tatsächlich unterschiedlich differenziert entfaltet sein. Mit dem Konzept des "role-taking" und der soziokognitiven Analysefähigkeiten hat die kognitiv orientierte Entwicklungspsychologie in der Tradition von PIAGET und KOHLBERG insbesondere durch SELMAN und DAMON wichtige Entwicklungsarbeit vorangetrieben, um "Qualitätsstufen" im sozialen Verständnis zu differenzieren (s. z.B. DAMON, 1983). Die Abb. 1.7 illustriert diese Stufen sehr anschaulich.

Abb. 1.7: Entwicklungsstufen des "role-taking"

Stage	Age range*	Child's understanding
Stage 0 Egocentric Viewpoint	3-6 years	Child has a sense of differentiation of self and other but fails to distinguish between the social perspective (thoughts, feelings) of other and self. Child can label other's overt feelings but does not see the cause and effect relation of reasons to social actions.
Stage 1 Social -Informational Role Taking	6-8 years	Child is aware that other has a social perspective based on other's own reasoning, which may or may not be similar to child's. However, child tends to focus on one perspective rather than coordinating viewpoints.
Stage 2 Self-Reflective Role Taking	8-10 years	Child is conscious that each individual is aware of the other's perspective and that this influences self and other's view of each other. Putting self in other's place is a way of judging his intentions, purposes,and actions. Child can form a coordinated chain of perspectives, but cannot yet abstract from this process to the level of simultaneous mutuality.
Stage 3 Mutual Role Taking	10-12 years	Child realizes that both self and other can view each other mutually mutually and simultaneously as subjects. Child can step outside the two-person dyad and view the interaction from a third-person perspective.
Stage 4 Social and Conventional System Role Taking	12-15+ years	Person realizes mutual perspective taking does not always lead to complete understanding. Social conventions are seen as necessary because they are understood by all members of the group (the generalized other) regardless of their position, role, or experience

* Age ranges for all stages represent only an average approximation based on our studies to date.
Aus DAMON (1983, 125)

In ähnlicher Weise läßt sich die stufenweise Entfaltung des Verständnisses sozialer Zusammenhänge, z.B. von Begriffen der Gerechtigkeit und Autorität beschreiben.

Es kommt ein zweiter grundlegender Unterschied im Verständnis von sozialen und naturhaften Zusammenhängen hinzu. Menschliches Handeln ist im Gegensatz zu naturhaften Ereignissen von Absichten, von Bedeutungszuschreibungen und vor allem von Regeln und Übereinkünften gelenkt. Es leitet sich oft von bewußten Versuchen her, einen noch nicht bestehenden Zustand herzustellen, die Wirklichkeit nach einem Ideal zu gestalten. Soziales Verständnis impliziert deshalb ein Wissen um die Wirklichkeitsdeutungen sowie um die Handlungsregeln von sozialen Partnern und von Gruppen. In höchster Entfaltung geht es um ein Verständnis von Institutionen, um ein Verständnis der Regelungszusammenhänge in politischen Organisationen.

Ein hohes Verständnis setzt dann eine immer genauere Erfassung der normativen Regulative voraus, die entsprechenden politischen Handlungen, Institutionen und politischen Verfahren zugrunde liegen.

Nach vielfältigen Vorversuchen mit offenen Erhebungsverfahren (Interviews), in denen Strukturniveaus im Sinne eines unterschiedlich entfalteten Verständnisses, z.B. beim Begriff "Freundschaft", "Gesellschaft", "Politik" und "Staatsbürger" (s. BRIECHLE & VAETH, 1981), gesucht wurden, wollten wir schließlich einen Indikator zu den soziokognitiven Kompetenzen entwickeln, der mit geschlossenen Instrumenten erfaßbar sein und das intellektuelle Verständnis sozialer Zusammenhänge indizieren sollte.

Der Indikator *"soziokognitive Kompetenzen"* setzt sich aus vier Komponenten zusammen, aus einem Index für die allgemeine sprachliche Kompetenz, aus einem Indikator für das Niveau der Rollenübernahme (role-taking), aus einem Test zum politischen Wissen und zum Verständnis demokratischer Prinzipien.

Einen Indikator zur sprachlichen Kompetenz haben wir aus der Überlegung heraus aufgenommen, daß auch soziales Verständnis immer sprachlich kodiert wird, so daß eine hohe sprachliche Kompetenz für das Verständnis sozialer Situationen hilfreich sein müßte. Ein kurzer *Wortverständnistest* sollte diese Komponente repräsentieren.

Die *Rollenübernahmefähigkeit* sollte durch einen Test erfaßt werden, der die richtige Interpretation von Rollenperspektiven zum Inhalt hatte. Es ging um den klassischen Schulkonflikt in dieser Altersphase: einem Freund bei einer Klassenarbeit zu helfen oder den Normen der individuellen Leistungserbringung zu entsprechen und Hilfe zu verweigern. Es gibt gute Gründe für die Rechtfertigung der ersten bzw. der zweiten Entscheidung. Die Identifikationsfähigkeit der zur jeweiligen Position "passenden" Gründe sollte die Rollenübernahmefähigkeit indizieren.

Einsichten in komplexere soziale Zusammenhänge sollten schließlich durch Tests zum *politischen Wissen* und zum *Verständnis demokratischer Prinzipien* indiziert werden. Hier wurde einfach die Kenntnis von Regeln parlamentarischen Handelns sowie die Einsicht in potentielle Gefährdungen von demokratischen Verhältnissen erfragt.

Der so konstruierte Indikator, der aufgrund der Interkorrelationen der einzelnen Aspekte möglich wurde, kann sowohl wichtig sein, um Problembewältigungen im Alltagsleben von Jugendlichen vorherzusagen. Er ist aber auch für die Untersuchung der Frage geeignet, welche Erfahrungsräume von Heranwachsenden soziokognitive Kompetenzen in dieser Altersphase fördern.

Wir müssen jedoch mit Erwartungen, es wären einfache Schlüsse vom Erkennen zum Handeln möglich, vorsichtig umgehen. Tatsächliches Handeln ergibt sich nicht von selbst aus kognitiven Strukturen. Moralisches Handeln ist *nicht nur von Einsichten* gespeist, sondern mindestens noch von *Fähigkeiten des Mitleidens* und von *Gefühlen der Verpflichtung*. Kompetenzen, Wertorientierungen und das Bewußtsein, handeln zu können müssen zusammenwirken, wenn wir selbstverantwortliches Handeln und sozialpflichtigen Einsatz fördern wollen. Wir dürfen damit die soziokognitiven Kompetenzen auch als personale Ressource der Bewältigung altersspezifischer Entwicklungsaufgaben nicht überschätzen.

Abb. 1.8: Illustration der Operationalisierung soziokognitiver Kompetenzen

(s. FEND & PRESTER, 1986)
(Konsistenzkoeffizienten bei den 13- bis 15jährigen zwischen .57 und .71)

WORTVERSTÄNDNISTEST
(Kurzform aus den IEA-Untersuchungen, 17 Items, Konsistenzkoeffizient, 15jährige: .78)

Es gibt Wörter, die meinen nahezu *das Gleiche*, zum Beispiel meinen die Wörter "dick" und "fett" etwas sehr Ähnliches. Dann gibt es Wörter, die genau das Gegenteil meinen, zum Beispiel ist das Wort "hoch" genau *das Gegenteil* von "tief".
Wir haben verschiedene Wörter jeweils nebeneinander geschrieben und Du sollst jedesmal beurteilen, ob sie das Gleiche oder das Gegenteil meinen. Du wirst merken, daß einige Wörter ein bißchen schwer zu verstehen sind: das soll so sein
Im Zweifelsfall raten.

Antwortmöglichkeiten: das Gleiche/das Gegenteil	Dekoration - Ornament fundamental - grundlegend geordnet - konfus autark - eigenständig tolerant - unduldsam

ROLLENÜBERNAHMEVERSTÄNDNIS
(8 Items, Konsistenzkoeffizient 15jährige: .67)

Situationsbezogener Test zur Erkennung richtiger (angemessener) Begründungen verschiedener Perspektiven (Lehrer, Mütter) im Konflikt zwischen Leistungsprinzip und Sozialprinzip - Test in der Theorie-Tradition von SELMAN (1971)

Situation: BEIM ABSCHREIBEN ERWISCHT
Ruth und Rosi sind Klassenkameradinnen. Bei einer Klassenarbeit hilft Ruth ihrer Mitschülerin, weil Rosi sonst eine sehr schlechte Note bekommen hätte.

Der Lehrer hat aber das Abschreiben bemerkt und macht Ruth *Vorwürfe*, weil sie geholfen hat.

Welche Aussage des Lehrers ist richtig?
Beispiel für
angemessene (A), unangemessene (U) Aussagen

A: Schüler erschweren eine gerechte Notengebung, ein Teil der Schüler einer Klasse unerlaubt bei Klassenarbeiten zusammenarbeitet und ein anderer Teil für sich allein arbeitet.

U: Solange Schüler nicht miteinander befreundet sind, dürfen sie sich auch nicht gegenseitig helfen.

Ruth kommt nach Hause und erzählt ihrer Mutter, daß der Lehrer ihr Vorwürfe gemacht hat, weil sie Rosi geholfen hat. Ihre Mutter meint im Gegensatz zum Lehrer, daß Ruth *richtig* gehandelt hat

Welche Aussage der Mutter ist richtig?
Beispiel für
angemessene (A), unangemessene (U) Aussagen

A: Man enttäuscht die Erwartungen eines hilfesu-wenn chenden Mitschülers, wenn jeder Schüler nur an seinen Erfolg in der Schule denkt und sich keine Zeit für andere nimmt.

U: Ein Schüler kann normalerweise damit rechnen, daß ein Lehrer bei Klassenarbeiten kameradschaftliches Verhalten unter Schüler fördert.

KENNTNIS DEMOKRATISCHER INSTITUTIONEN
(Kurzform aus IEA-Untersuchung, 6 Items, Konsistenzkoeffizient, 15jährige: .82)

Welche Antwort ist richtig?
Was ist die beste Begründung für allgemeine Wahlen in demokratischen Staaten?
- man kann feststellen, ob alle Leute wählen
- man will erreichen, daß die Regierungspartei häufig wechselt
- man will den Leuten Gelegenheit geben, ihre politischen Vorstellungen zu überdenken und neu zum Ausdruck zu bringen (richtig, 15jährige: 41%))
- man kann die Öffentlichkeit über politische Vorgänge aufklären
- man will die Steuern niedrig halten

Wer soll im demokratische Sinne die Politik eines Landes bestimmen?
- ein starker Staatsmann
- eine kleine Gruppe sehr gebildeter Leute
- allgemein gewählte Volksvertreter (richtig, 15jährige: 40%)
- Großgrundbesitzer und bedeutende Geschäftsleute
- Fachleute für Regierung und Politik

VERSTÄNDNIS DEMOKRATISCHER PRINZIPIEN
(Test von SCHULZE (1977), 5 Items, Konsistenzkoeffizient, 15jährige: .57)

Was ist in einer Demokratie besonders wichtig? Suche wieder die bessere Antwort heraus:
Wenn alle politischen Nachrichten nur von einer Stelle der Regierung verbreiten werden dürften, was wäre dann der schlimmere Nachteil für die Demokratie;
- daß die Regierung noch mehr überlastet würde und der Verwaltungsapparat noch unübersehbarer würde
- daß die Regierung manchmal versuchen würde, ihre Mängel ein wenig mehr zu verheimlichen (richtig, 15-jährige: 55%)

Wenn die Bundestagsabgeordneten für ihre Tätigkeit kein Geld bekommen würden, was wäre der schlimmere Nachteil für die Demokratie?
- daß die Politik dann vielleicht nur noch von reichen Leuten gemacht würde (richtig, 15jährige: 45%)
- daß es sehr ungerecht wäre, jemandem, der seine Arbeitskraft hergibt, kein Geld zu geben

1.1.3.2 Die persönliche Ressource "Ich-Stärke": Zur Bedeutung des positiven Verhältnisses zu sich selbst

Im Laufe der Persongenese entstehen nicht nur sich verfestigende Person-Umwelt-Beziehungen und Kompetenzen der Umweltbewältigung, sondern als Spezifikum der Humangenese kristallisiert sich auch ein Verhältnis der Person zu sich selbst heraus. Dieses Verhältnis wird mit zunehmendem Alter des Menschen zum immer wirksameren Filter der Informationsverarbeitung und der Handlungsregulierung.

Nach den Forschungstraditionen, die sich mit der Entwicklung des Selbst beschäftigen, zeichnet sich der Mensch durch *Selbstreferentialität* aus, d.h. durch ein Bewußtsein von sich selbst. Parallel, in Antizipation oder als Rückblick zu den eigenen Verhaltensweisen entstehen Kognitionen über das eigene Verhalten und über die eigene Person. Diese Kognitionen werden schließlich in verfestigter Form zu einer wichtigen Quelle der Handlungsorganisation. Auf dieser Grundidee baut ein sehr wichtig gewordener entwicklungspsychologischer Forschungzweig auf: die Selbstkonzept-Forschung und die soziokognitive Persönlichkeitstheorie (s. BANDURA, 1986 und KRAMPEN, 1987).

In Transformation und Reflexion der Erfahrungen, die Kinder mit ihrer eigenen Person während ihrer ersten 12 Lebensjahre machen, entstehen Selbstbeschreibungen, die sich darauf beziehen, was man ist, was man kann, was man möchte und was man wert ist. Die Erfahrungen der Kinder sind dabei vielfach bestimmt: von Temperaments-Merkmalen (WINDLE & LERNER, 1986) ebenso wie von Reaktionen der Umwelt auf diese Merkmale, von selbsterzeugten Handlungsresultaten (z.B. schulischen Erfolgen) ebenso wie von festgefügten sozialen Merkmalszuschreibungen.

Der für produktive Problembewältigung wichtige Kern selbstreflexiver Prozesse besteht u. E. in Kognitionen, die man zusammenfassend "Kontrollbewußtsein", "Selbstvertrauen" oder "Ich-Stärke" nennen könnte. Sie implizieren die subjektive "Stärke" einer Person, ihr Bewußtsein, Anforderungen und Herausforderungen gewachsen zu sein. Dieses Konzept steht damit klar in der Tradition der "self-efficacy" Forschung (s. KRAMPEN, 1987). Die Inhalte dieser Kognitionen (s. FEND, HELMKE & RICHTER, 1984, FEND & PRESTER, 1986) beziehen sich auf die folgenden Bereiche.

1. - Auf positive Beschreibungen der eigenen Person, was Aussehen, Begabung angeht,

2. - auf Kontrollkognitionen im Umgang mit den eigenen Emotionen
   - auf Kontrollkognitionen in der Fähigkeit der Handlungsdurchführung,

- auf Kontrollkognitionen in bezug auf Schulleistungen,
- auf Kontrollkognitionen in bezug auf die Gestaltung der eigenen Zukunft,
- auf Leistungsangst in Situationen schulischer Anforderungen,

3. - auf die generalisierte Selbstbewertung.

Diese Dimensionen, die jeweils auch für sich konsistente Indikatoren bilden, haben sich aus jahrelangen Systematisierungen reflexiver Prozesse als die entscheidendsten herauskristallisiert. Ich-Stärke impliziert also

- positive Selbstbeschreibungen
- Selbstbezogene Kognitionen, Anforderungen und Geschehnissen nicht hilflos ausgeliefert zu sein, Fähigkeit der Selbstkontrolle,
- und positive Selbstbewertungen.

Neben den *Inhalten* des Selbstkonzeptes wird uns in einem zweiten Anlauf vor allem die *Funktionsweise* des Selbst beschäftigen. Die Inhalte könnte man zu den *deklarativen Strukturen* des selbstreflexiven Bezuges zählen, die Funktionsweise der Informationsverarbeitung (z.B. in der Form von selbstwertdienlichen Attibuierungen) oder der Handlungssteuerung (z.B. in der Form einer experimentellen und selbstwertschützenden Selbst-Präsentation) wäre zu *prozeduralen Aspekten* des Selbst zu rechnen.

Abb. 1.9: Zur hierarchischen Struktur der Ich-Stärke

In Klammer: Prozentangaben der Beantwortungshäufigkeit bei 15jährigen, Dimensionen, illustriert durch jeweils zwei Items (FEND, HELMKE; & RICHTER;, 1984)
(Konsistenzkoeffizienten von 12 bis 16 zwischen .83 und .86 für den Gesamtscore)

Skalen und Items	Dimension	
SELBSTKONZEPT DES AUSSEHENS Ich habe mir schon mal gewünscht, ich würde ganz anders aussehen (47) Verglichen mit anderen sehe ich eigendtlich ganz gut aus (30) SELBSTKONZEPT DER BEGABUNG Oft kann ich mich noch so anstrengen, trotzdem schaffe ich nicht, was andere ohne Mühe können (26) In der Schule habe ich oft das Gefühl, daß ich weniger zustande bringe als die anderen (18) SELBSTAKZEPTANZ Manchmal komme ich mir ganz unwichtig vor (38) Im großen und ganzen bin ich mir mir zufrieden (82)	POSITIVES SELBSTBILD	ICH-STÄRKE
KOMPETENZBEWUSSTSEIN: LEHRER UND SCHULERFOLG Immer wenn ich versuche, in der Schule voranzukommen, kommt etwas dazwischen, was mich daran hindert (26) Auch wenn ich mich noch so anstrenge: Richtig zufrieden sind die Lehrer mit mir nie (22) KOMPETENZBEWUSSTSEIN: ZUKUNFTSBEWÄLTIGUNG Was später alles passiert, liegt nicht in meiner Hand (23) Ich habe das Gefühl, mir stehen noch alle Wege offen (62) KOMPETENZBEWUSSTSEIN: HANDLUNGSKONTROLLE Ich fange oft Sachen an und schaffe es nicht, sie zum Ende zu bringen (38) Ich habe mir schon oft etwas vorgenommen und es dann doch nicht erreicht (48)	KOMPETENZ-BEWUSSTSEIN	
EMOTIONSKONTROLLE Gegen meine Launen komme ich manchmal kaum an (36) Manchmal ist mir alles völlig egal (62) SCHULISCHE LEISTUNGSANGST Abends im Bett mache ich mir oft Sorgen darüber, wie ich am nächsten Tag in der Schule abschneiden werden (35) Vor Prüfungen oder Klassenarbeiten habe ich oft Magen- oder Bauchschmerzen (29)	PSYCHISCHE STABILITÄT	

	Kurzzeit-Reliabilität (4 Wochen) JUNGEN	MÄDCHEN	Langzeit-Reliabilität (1 Jahr) JUNGEN	MÄDCHEN
N =	35	35	437	451
folgender Skalen:				
Selbstkonzept Aussehen:	.78	.70	.51	.48
Selbstkonzept Begabung:	.72	.83	.45	.41
Selbstakzeptierung:	.76	.74	.49	.49
Kompetenzbewußtsein (Lehrer und Schulerfolg):	.79	.84	.46	.45
Kompetenzbewußtsein (Zukunftsbewältigung):	.70	.82	.44	.51
Handlungskontrolle:	.70	.75	.54	.48
Emotionskontrolle:	.68	.76	.58	.55

Alle diese Aspekte zusammen indizieren die Bereitschaft, neue Aufgaben zu übernehmen, sich auf Risiken einzulassen, Widerstand bei vorübergehenden

Mißerfolgen zu zeigen, Ziele konsistent zu verfolgen, Rückschläge fruchtbar zu verarbeiten, Verführungen zu widerstehen und problematische Abhängigkeiten zu vermeiden. Selbst die Fähigkeit des Umganges mit den eigenen Emotionen, mit Erfolgs- und Mißerfolgserfahrungen, mit Enttäuschungen und Rivalitätsgefühlen, mit dem Verzicht auf kurzfristige Befriedigungen dürfte von diesen mediatisierenden und auf die eigene Person bezogenen Kognitionen beeinflußt sein (s. z.B. MISCHEL, 1983).

Daß wir die Kontrollkognitionen in den Mittelpunkt gestellt haben, ist hier kein Zufall. Diese Entscheidung resultiert aus langen Diskussionen über die metakognitiven Voraussetzungen, die ein fruchtbares Bewältigen neuer Aufgaben in neuen Lebensphasen begünstigen. So schien uns ein positives und stabiles Selbstkonzept für die Bewältigung der schwierigen Aufgaben in der Adoleszenz, insbesondere jener der Aufnahme von Kontakten zu gegengeschlechtlichen Partnern, des Aufbaus von langfristigen Zukunftsperspektiven und der Bewältigung immer steigender Anforderungen im Leistungsbereich, besonders wichtig zu sein.

Der Akzent auf den Kontrollkognitionen bedeutet eine Verschiebung im Vergleich zu einem Schwerpunkt, der früher im Mittelpunkt stand, der Einschätzung nämlich, wie bedeutsam die Selbstakzeptanz für eine stabile seelische Infrastruktur angesichts neuer Aufgaben und Anforderungen ist. In der Tradition der Forschung von ROSENBERG (1965, 1979) haben wir uns mit diesem Aspekt der positiven Selbstbewertung intensiv beschäftigt (s. FEND, KNÖRZER, NAGL, SPECHT & VÄTH-SZUSDZIARA, 1976). Letztere bildet für uns immer noch einen Kern der Annahmen über das interne Funktionssystem des Menschen, eine Annahme, die darin besteht, daß sehr viele Bemühungen und Handlungen des Menschen nur verständlich sind, wenn man sie unter der latenten Zielrichtung sieht, daß jeder Mensch nach positiver Selbstbewertung, nach einer positiven Selbstdarstellung und nach einem Einverständnis mit sich selber strebt. Für die seelische Gesundheit des Menschen ist eine positive Bilanz in diesem Bereich unerläßlich.

Es ist unübersehbar, daß in diesen Konzeptualisierungen der "persönlichen Ressourcen" das persönlichkeitstheoretische Konzept zur Darstellung der Entwicklung in der Adoleszenz zum Ausdruck kommt.

In den Anfangsstadien unserer Untersuchung zur Entwicklung in der Adoleszenz blieb dieses Persönlichkeitskonzept noch weitgehend implizit. Erst allmählich wurde deutlich, wie sehr die vielen Einzelentscheidungen zur Operationalisierung von personalen Merkmalen von solchen grundlegenden Annahmen über die Funktionsweise "humaner Systeme", von allgemeinen Menschenbildern, gelenkt waren.

Die ursprünglichen Konzepte waren vor allem von der Vorstellung geleitet, daß der Mensch nicht passiv Umwelten ausgesetzt ist, sondern diese aktiv und interpretierend bewältigt (s. auch HURRELMANN, 1986). Bei diesen aktiven Bewältigungsprozessen entwickelt er aber auch ein Verhältnis zu sich selbst, er setzt sich handelnd und interpretierend mit der eigenen Person und mit Motivationen und Dynamiken aus der "inneren Umwelt" auseinander. Dadurch wurde der Schritt zum selbstreferentiellen Wesen vollzogen und die innere affektive Dynamik konnte berücksichtigt werden.

Die Kernpunkte dieser inneren Dynamik sahen wir vor allem um die Erhaltung des Selbstwertes, um positive Selbstdarstellung, um die Veränderung und den Aufbau von sozialen Bindungen sowie um die Erhaltung von Kontrolle über die eigene Person und die Umwelt gruppiert.

Dieses Persönlichkeitskonzept hat dann zunehmend die Einordnung in alte philosophisch-anthropologische Traditionen erlaubt, die sich um die Erkenntnis der Sonderstellung des Menschen im Kosmos bemüht haben. So kamen existentielle Dimensionen des Menschseins wieder ins Blickfeld, u.a. seine Geschichtlichkeit, seine Sinnbestimmtheit, seine Fähigkeit der Bedeutungsverleihung, seine finale Ausrichtung auf Selbst- und Weltgestaltung, seine Fähigkeit zur Selbstvervollkommnung und Selbstgestaltung. In diesem Horizont wurde sein Angelegt-sein auf Rationalität, also seine Erkenntnisfähigkeit und Wahrheitsfähigkeit sowie seine Freiheitsfähigkeit, also seine Verantwortungsbezogenheit wieder aktuell.

Durch diese Einbettung in philosophische Traditionen wurde so der *finale Aspekt* und der *Verantwortungsaspekt* in der Persönlichkeitsentwicklung wieder deutlich akzentuiert. Auch die Lebensphase Adoleszenz ist auf zu verantwortende Steigerung der Lebensbewältigung, der Lebensfähigkeit, der eigenen Selbstentfaltung in sozialer Verantwortung ausgerichtet. Sie ist kein naturhafter Prozeß, sondern ein human verantworteter und gestalteter. Daraus erwächst auch die pädagogische Verpflichtung und die Suche nach Gestaltungsfaktoren in der Umwelt von Heranwachsenden, die nach Optimalitätskriterien zu untersuchen sind. Im folgenden geschieht dies in Versuchen, die "Stützpotentiale" von Umwelten für eine optimale Persönlichkeitsentwicklung zu konzeptualisieren.

Diese Fragebogen haben bei uns lange Diskussionen ausgelöst. Wir haben uns nach der Beantwortung noch lange mit unseren Kindern darüber unterhalten.

... Wenn man Kinder hat, muß man sich auch im klaren darüber sein, wie man sie zu erziehen hat. Wir finden, daß man als Eltern keine Bücher ... zur Erziehung verwenden soll. Man muß selber wissen, was man zu tun oder zu lassen hat, da ja jedes Kind anders ist. Man muß, so meinen wir, vor allem Liebe, Geduld und Verantwortungsgefühl für seine Kinder haben. Und vor allem viel Zeit. Wir haben vier Kinder. Drei Söhne im Alter von 16, 13 und 3 Jahren und eine Tochter von 15 Jahren. Unsere Kinder kommen mit all ihren Problemen und Erlebnisse zu uns und wir sprechen über alles. Wir denken und hoffen, daß sich unsere Kinder zu Hause ganz wohl fühlen. Aber trotzdem finden wir den Test gut, da es sicher auch Eltern gibt, die nicht so viel Glück mit ihren Kindern haben, und denen der Test vielleicht hilft, ihre Kinder besser zu verstehen.

Die Tatsache, daß ich Konflikte mit mir selbst habe ... konnte ich in den Fragebogen nirgends einbringen.

Der Grundstein, das Vertrauen zu den Eltern, wird doch schon in den ersten Jahren gelegt. Darauf baut doch die ganze innere Entwicklung auf und dieses Alter von 12 bis 16 ist der Spiegel dessen, was die Eltern von Anfang an mit Liebe und Strenge in den Kindern aufgebaut haben.

Gut fand ich, wieder einmal verschiedene Antwortmöglichkeiten vor Augen zu kriegen, daran erinnert zu werden, daß es außer Verboten auch andere Möglichkeiten gibt.

Es gibt weniger oder gar keine Schwierigkeiten, wenn Eltern nicht nur bestimmen, sondern auch die Rechte und Wünsche der Kinder beachten. Kinder merken sehr wohl, wenn sie ernst genommen werden. Das schafft eine Vertrauensbasis, die etwa einer kameradschaftlichen Beziehung gleich kommt. Dann benötigt man als Eltern kein Bestimmungsrecht und keine Strafmaßnahmen.

Elternkommentare zur Untersuchung

1.1.4 Zur Konzeptualisierung der sozialen Ressourcen: Optimale Edukatope des Aufwachsens ("gute" Umwelten)

Kinder stehen in der Regel dieser Welt nicht alleine gegenüber, ihre "Coping-Prozesse" finden immer in sozialen Netzwerken statt, die ihnen mehr oder weniger förderlich zur Seite stehen. In der Art und Weise, wie die soziale Umwelt Heranwachsenden hilft, sehen wir neben der Persönlichkeitsstruktur des Heranwachsenden und ihren tatsächlichen Erfolgen und Mißerfolgen die dritte wichtige Bestimmungsgröße gelingender Problembewältigung und damit auch fruchtbarer Entwicklungspfade.

Unser zentrales Erkenntnisinteresse bestand nun darin, Hypothesen darüber zu entwickeln, welche Umweltbedingungen *entwicklungsförderlich* sind, welche also über die Stützung produktiver Bewältigungsprozesse zu psychischen Strukturbildungen führen, die Ausgangspunkt für die Bewältigung noch anspruchsvollerer Aufgaben werden können. Die Fragen und Erwartungen lauteten in einem ersten Ansatz so:

- Wie groß ist der Handlungsanreiz bzw. Anregungsgehalt einer sozialen Umwelt?
- Wie sieht die Erwartungsstruktur einer Umwelt aus?
- Welche Begegnungsformen (Interaktionsformen) erlebt ein Heranwachsender?
- In welchem emotionalen Bezugssystem wächst ein Jugendlicher auf?
- Wie sehen die Stützsysteme in der sozialen Umwelt einer Person für die Bewältigung von Entwicklungs- und Lebensproblemen insgesamt aus? Auf wen kann sich ein Jugendlicher stützen, wenn er persönliche Probleme, z.B. Leistungsprobleme hat ("availability")?

Im Hintergrund unserer Umweltkonzeption steht die allgemeine Annahme, daß für die Entwicklung selbst- und sozialbezogener Kompetenzen Kontexte förderlich sind, innerhalb derer folgende Bedingungen gegeben sind:

- Soziale Erwartungen, die dem Jugendlichen sowohl im Sinne schulischer und familiärer Anforderungen als auch im Sinne informeller Altersnormen gegenübertreten, sollen prinzipiell realisierbar sein und so die Auseinandersetzung der Jugendlichen mit ihnen fördern, d.h. sie dürfen weder zu anspruchsvoll sein, um nicht abschreckend zu wirken, noch zu niedrig, um überhaupt eine Herausforderung darzustellen. Die Erwartungen in einer guten Umwelt belassen einen Heranwachsenden damit nicht in dem "Zustand", in dem er sich entwicklungsbedingt befindet. Sie fordern ihn vielmehr heraus, sich zu verändern. Solche Umwelten repräsentieren ein optimales normatives Entwicklungsprogramm *(Goodness of fit-These)*.

- Es sollte eine Vielfalt der Erwartungen und Anforderungen gegeben sein, die einerseits hohe Erfolgs- und Realisierungsmöglichkeiten in bestimmten Bereichen schafft und andererseits die Fähigkeit des Jugendlichen herausfordert, Kommunikationszusammenhänge und soziale Situationen im Hinblick auf konfligierende soziale Erwartungen und Standpunkte zu analysieren und im eigenen Handeln zwischen unterschiedlichen Anforderungen zu vermitteln. In einem uniformen und völlig homogenen Erwartungskontext bleibt die Fähigkeit unterentwickelt, selbständige Überzeugungen aufzubauen *(Konfliktinduktions-These)*.

- Anforderungen und Normen sollten nicht unveränderlich vorgegeben und rigide durchgesetzt, sondern als prinzipiell reflektierbar und rational diskutierbar dargestellt werden, so daß sowohl persönliche Distanzierungen als auch an Einsicht gebundene Identifikationen möglich sind *(Aushandlungs-These)*.
- Die sozialen Interaktionsprozesse sollen prinzipiell in einem auf Verständigung ausgerichteten Klima stattfinden, in dem den Beteiligten das Gefühl vermittelt wird, grundsätzlich in ihren Bedürfnissen, Gefühlen und Meinungen ernst genommen und persönlich akzeptiert zu werden *(Akzeptanz-These)*.

Diese Hypothesen legen eine Zuspitzung der Konzeptualisierung der Umwelt nahe, die konsequent von Modellannahmen ausgeht, *welche Umweltkonstellationen das größte Entwicklungspotential für eine optimale Persönlichkeitsgenese* haben. Die *Stärkung der Person* und ihrer Kompetenzen in der Bewältigung altersspezifischer Anforderungen bildet dabei also die Richtschnur für die Suche nach relevanten sozialen Kontextmerkmalen. Die obigen Gesichtspunkte legen nahe, dafür zwei allgemeine Bedingungen zu formulieren: erstens sollte die Umwelt ein optimales "Entwicklungsprogramm" implizieren, das günstige Relationen und Differenzen zwischen dem bestehenden Zustand und einem zu erreichenden enthält. Dieses Postulat folgt aus der Erkenntnis, daß Entwicklung im Sinne der Persongenese kein naturhafter Prozeß ist, sondern aus extern und intern vorgebenen "Entwicklungsprogrammen" resultiert. Das zweite, komplementäre Postulat betrifft den bergenden und schützenden Aspekt der Umwelt. Ein anforderungsreiches "Entwicklungsprogramm" ist nur dann "humanverträglich", wenn es im Rahmen der Akzeptanz des Kindes und Jugendlichen und im Rahmen stützender emotionaler Beziehungen steht. Diese beiden Aspekte zusammen konstituieren optimale soziale Ressourcen für die Bewältigung altersspezifischer Entwicklungsaufgaben. Ihre Komponenten sind in Abb. 1.10 illustriert.

Der "Entwicklungsanstoß" bzw. das "Entwicklungsprogramm" in familiären, schulischen und peer-bezogenen Umwelten wird dort durch den Anregungsgehalt der Umwelt bzw. durch die Freiheitspielräume repräsentiert. Sie beziehen sich auf die Möglichkeiten der aktiven und vielfältigen Explorationen, auf die Möglichkeiten, Erfahrungen zu machen und diese in transparenten Kontexten zu diskutieren und mit Bedeutung zu verleihen. Die Dimensionen der Beziehungsqualität verweisen auf den schützenden Aspekt der jeweiligen Umwelt.[3]

---

[3] Diese Konzeptualisierung hat große Ähnlichkeit mit jener in der Forschung über Social-Support, in der zwischen verschiedenen Möglichkeiten der sozialen Stützung unterschieden wird. Hilfe ist in einem ersten Schritt über *bessere Informationen* möglich. Eine bessere Kenntnis der Wirklichkeit, die Gelegenheit,

Abb. 1.10: Soziale Umwelt

(S) = Schülerangaben, (L) = Lehrerangaben, (E) = Elternangaben

UMWELTBEREICH SCHULE UND ALTERSGRUPPE: Theoretische Dimensionen und Erfassungsbeispiele	
Lehrer-Schüler-Verhältnis	*Schüler-Schüler-Verhältnis*
Anregungsgehalt	
Lern- und Leistungserwartungen (S)	Soziometrische Statusrelevanz schulischer Leistungen und kultureller Orientierungen; Klassennormen in bezug auf Leistung und kulturelle Orientierungen (S) Unterstützung des Unterrichts durch informelle Meinungsführer (L)
Freiheitsspielräume und Verantwortung	
Mitbestimmungsmöglichkeiten, Autoritäre Umgangformen (S) Lehrereinstellungen: Druckmotivierung (L)	Toleranz; Verbindlichkeiten der Klassennormen (S)
Beziehungsqualität	
Leistungsunabhängige Zuwendung; Vertrauen (S) Allgemeines pädagogisches Engagement; Pädagogischer Bezug zur Klasse (L)	Kohäsion/Konkurrenz; Dichte der soziometrischen Struktur, wahrgenommene soziale Anerkennung (S) Kontaktstruktur der Klasse; Wahrnehmung des Schüler-Verhältnissen (L)

UMWELTBEREICH FAMILIE: Theoretische Dimensionen und Erfassungsbeispiele
Anregungsgehalt (Niveau der Auseinandersetzung) Erziehungsstil; verbotsorientiert vs. induktiv Freizeitgestaltung: Bildungs- vs. Entspannungsinteresse Bildungserwartungen (E)
Beziehungsverhältnis (Emotionales Klima) Vertrauen; Kritik; Dissens; Kontrollverlustangst (E) Vertrauen und Engagement; Dissens; Gesprächsintensität (S)
Freiheitsspielräume Einstellungen: Konformitätserwartung; Zwangsnotwendigkeit; Konservativismus (E) Umgangsformen: autoritär vs. egalitär
Transparenz Informiertheit; Konfliktstruktur; Angemessenheit der Kindkonzepte (E) Instabilität und Willkür (S)

komplexe Sachverhalte zu diskutieren, die Gelegenheit, Probleme durchzuarbeiten, Strukturierungshilfen zu erhalten, all dies sind wichtige Stützen für die kognitiven Aspekte des Bewältigungshandelns. Unklarheiten, Unstrukturiertheiten, geringe Transparenz, niedriges Niveau der kognitiven Problemstrukturierung sind hinderliche und entwicklungseinschränkende Konstellationen.
Neben diesen Informationen spielen *emotionale Stützen* immer eine große Rolle. Trösten und helfen, akzeptieren und positiv verstärken, Vertrauen in die Selbstverantwortung und die Problembewältigung des andern zu äußern, all dies sind wichtige Voraussetzungen für eine positive Bewältigung komplizierter Anforderungen, insbesondere aber natürlich von sogenannten kritischen Lebensereignissen.
Neben diesen Stützmöglichkeiten gibt es viele *instrumentale Hilfen*, u.a. solche, die Übungsmöglichkeiten für den Erwerb wichtiger Kompetenzen der Problembewältigung enthalten. Diese implizieren wiederum, daß Fehler ohne katastrophale Konsequenzen gemacht werden können, daß diese Fehler korrigierbar sind und zum Ausgangspunkt für weitere Kompetenzentwicklungen werden (Familien als "fehlerfreundliche Systeme"). Solche Übungen sind aber nicht nur beim Erwerb intellektueller Kompetenzen wichtig, sondern auch bei sogenannten Ich-Funktionen, etwa bei der Fähigkeit, mit eigenen Bedürfnissen umzugehen, unmittelbare Belohnungswünsche zurückzustellen usw.

Der *Anregungsgehalt* ist insofern wichtig, als damit die Vielfalt und Qualität der Informationen indiziert wird, die für die kognitiven Aspekte der Entwicklung von entscheidender Bedeutung sind. Unterforderung und Überforderung werden nicht als entwicklungsförderlich angesehen.

Die *Freiheitsspielräume* sind insofern bedeutsam, als sie die Gelegenheiten zum explorativen Verhalten repräsentieren. Ohne solche Explorationen und ohne die Möglichkeiten, selbstverantwortetes Handeln zu initiieren, sich aber irren zu dürfen, ohne dadurch abgelehnt zu werden, sind wichtige Entwicklungsvoraussetzungen verbaut.

Die *Beziehungsqualität* ist insofern entscheidend, als sie das Zutrauen fördert, selber aktiv zu werden, Fehler machen zu können, aber dennoch akzeptiert zu sein.

Auch bei Freiheitsspielräumen und bei Beziehungsqualitäten dürften *optimale* Ausprägungen entwicklungsfördernder Konstellationen lokalisierbar sein. Absolute Freiheit und absolutes Chaos führen möglicherweise zu schwachen Strukturbildungen, da keine Konsequenzen der eigenen Handlungen erfahren werden.

Eine überbehütende Beziehungsqualität *(Overprotection)* kann die ungünstige Folge haben, daß keine neuen Erfahrungen außerhalb dieser Beziehung gesucht und möglich werden, und daß alle Veränderungen in der Beziehung die Form der Bedrohung der Beziehung annehmen. Emotionale Ablehnung bzw. Gleichgültigkeit dürften immer ungünstige Umweltbedingungen repräsentieren, da Möglichkeiten des "kontrollierten Fehlverhaltens" und ihrer Wiedereinbettung in positive emotionale Zusammenhänge wegfallen.

Von entscheidender Bedeutung für optimale Entwicklungsbedingungen scheint uns die *Transparenz* der sozialen Beziehungssysteme zu sein, da sie sowohl informativen als auch emotional gestützten Zugang zu höchstmöglichen Stufen der Information und Argumentation indiziert.

Wir gehen bei dieser Konzeption entwicklungsförderlicher Umwelten also nicht davon aus, daß eine möglichst quietistische Umwelt mit einem Minimum an Herausforderung und Konflikten besonders günstig ist. Wenn der reife Mensch kein "Naturprodukt" ist, sondern das Ergebnis aktiver Selbst- und Fremdgestaltungen, dann können Eltern ihre Kinder auch nicht optimal fördern, indem sie diese "in Ruhe lassen", indem sie diese "sich selbst entwickeln" lassen. Schon die These von der nötigen Konfliktinduktion, um einen Entwicklungsfortschritt zu erreichen, macht auf diesen Sachverhalt - sogar in bezug auf die kognitive Entwicklung - aufmerksam. Wenn Kinder etwas "werden" sollen, wenn Eltern eine Vorstellung von diesem zukünftigen Zustand haben, dann muß es vielfach zu Unterschieden zwischen den Vorstellungen der Eltern und den Wünschen der Kinder kommen.

Dieser "Widerspruch" ist aber nicht auf unterschiedliche Interpretationen eines Sachverhaltes, also auf kognitive Aspekte beschränkt. Eltern haben auch Verhaltenserwartungen, die zu den Verhaltenstendenzen der Kinder diskrepant sind. Aber auch sie sind notwendige Entwicklungsanreize. *Es gehört allerdings zu den großen pädagogischen Erfindungen der letzten hundert Jahre, daß vielfältige Möglichkeiten entdeckt wurden, Verhaltenserwartungen und Entwicklungsansprüche nicht nur moralisch-punitiv durchzusehen, sondern an den altersspezifischen Entwicklungswünschen der Kinder selbst anzuknüpfen.*

Solche Modellvorstellungen, die "gute Umwelten" an der *Fruchtbarkeit aktiver Auseinandersetzungen* messen, erlauben auch, neue Gefahrenquellen zu identifizieren. Solche könnten z.B. darin bestehen,

- daß Auseinandersetzungen nicht "erlaubt" erscheinen, weil sie das Harmoniebedürfnis verletzen, weil eine Symbiose gestört wird;
- daß mangelnde Aufmerksamkeit für fruchtbare Problembewältigung besteht, weil Eltern mit ihren eigenen Problemen okkupiert sind und das Interesse für die Kinder gering ist;
- daß Eltern überfordert sind, mit den komplexen Problemen ihrer Kinder fertig zu werden, Zeit und Analysekompetenzen fehlen und deshalb auf einfache Formen der Problembewältigung, auf Befehl und Strafe, zurückgegriffen wird;
- daß Eltern den notwendigen Wandel in der Form der Auseinandersetzung mit ihren Kindern nicht vollziehen, da sie das Wachstum ihrer Kinder nicht wahrnehmen bzw. nicht wahrhaben wollen und dadurch die Neuorganisation von Privatheit und Gemeinsamkeit, von erlaubtem Dissens und nötigem Konsens, von offen ausgehandelter Freiheit und Selbstverantwortlichkeit nicht nachvollziehen (s. auch LAUTERBACH, 1983);
- daß aufgrund der schwachen Beziehungsqualität kognitive Auseinandersetzungen sofort in Streit und Konflikte ausarten, die wiederum die Beziehungsqualität beeinträchtigen.

Gerade der letzte Punkt macht darauf aufmerksam, daß das entscheidende "Qualitätskriterium" wohl im *Verhältnis der emotionalen Beziehungsqualität und dem Niveau der kognitiv-moralischen Problembewältigung* liegen dürfte (s. POWERS et al., 1983). Ein wichtiger Indikator dafür dürften die gelingenden oder fehlenden metakommunikativen Prozesse sein, also die Fähigkeiten und Möglichkeiten, die Verstrickungen in einen akutellen Problemzusammenhang zu verlassen und sich auf einer Meta-Ebene über Ursachen und Folgen aktueller Formen des "Sich-Verbeißens" zu verständigen. Fairness, Analysefähigkeit und positive Emotionalität müssen zusammenwirken, um ein so kompliziertes "System" wie eine Familie am Leben zu erhalten. Diesen Merkmalen familiären Lebens müssen wir deshalb in unserer Analyse entwicklungsförderlicher Umwelten in der Frühadoleszenz besondere Aufmerksamkeit schenken.

Wir werden den Schwerpunkt darauf legen, daß wir eine unsichere emotionale Beziehung, eine unsichere Akzeptanz der Kinder durch die Eltern als besonders ungünstige Basis für risikobereite Auseinandersetzungen mit altersspezifischen Herausforderungen ansehen.

Dasselbe Denkmuster läßt sich auch auf die *Schule* als Erfahrungskontext anwenden. Heranwachsende erwarten von der Schule jedoch nicht in erster Linie, akzeptiert zu werden, und Lehrer sehen ihre primäre Aufgabe nicht darin, jedes Kind zu lieben. Aufgrund der Systemmerkmale der Institution "Schule" treten andere Momente entwicklungsförderlicher Umwelten in den Vordergrund. Es dürften insbesondere zwei Merkmalsbereiche sein, die hier von großer Bedeutung für die Entwicklung der Heranwachsenden sind: einmal das Ausmaß von Überforderung bzw. von Erfahrungen, den Leistungsansprüchen der Schule genügen zu können und zum anderen Erfahrungen des eigenen "Wertes", der Zuschreibung von Eigenständigkeit, "Würde", von "etwas sein", "etwas können", wie immer man die Wertschätzung im Rahmen eines formalisierteren Anerkennungssystems bezeichnen möchte.

Als besonders problematisch müßte man also zwei Erfahrungen in schulischen Kontexten ansehen: einmal die Erfahrung der chronischen Überforderung und zum anderen die Erfahrung fortwährender menschlicher Erniedrigung.

Auch im dritten zentralen Erfahrungsbereich der Frühadoleszenz, in der *Altersgruppe*, sind entwicklungshemmende negative Erfahrungen möglich. Ohne positive Erfahrungen in der Peer-Gruppe oder gar ohne außerfamiliäre Altersgruppe groß zu werden, ist deshalb problematisch, weil eine explorative Plattform für die Einübung von Autonomie und Selbständigkeit, von Intimität und Gegenseitigkeit fehlt, die für eine reife Persönlichkeit unter modernen Existenzbedingungen unerläßlich ist. Besonders für die Aufnahme von Kontakten mit dem anderen Geschlecht sind die Möglichkeiten der Einübung in Freundschaftsbeziehungen unentbehrlich. Belastungen können hier einmal - gemäß der freiweilligen Assoziation in Peer-groups - darin liegen, daß es jemand nicht schafft, soziale Akzeptanz in dieser Bezugsgruppe zu finden. Erst danach werden die hier geltenden Normen und Werte als Kriterien für Akzeptanz und Geltung wichtig. Letztere können zu sehr schwierigen Lernfeldern führen, wenn die Erfüllung der einen Kriterien (z.B. Schulleistungen) zu Ablehnungen in anderen Bereichen (z.B. soziale Anerkennung) führen. SPECHT (1982) verdanken wir umfassende Beschreibungen solcher Lernfelder, die "cross-pressure" implizieren.[4]

Alle diese Umweltbedingungen wurden hier implizit auf einen Kriteriumsbereich bezogen: auf ihr *Potential für "Entwicklungsförderung"*. Ganz allgemein gesprochen wird dieses in der Beförderung zunehmender Autonomie und Selbstverantwortlichkeit, in zunehmenden Kompetenzen des Umgangs mit sich selbst, mit anderen und mit Leistungsanforderungen gesehen. Gerade die Frühadoleszenz steht unter dieser Perspektive der Neustrukturierung von Selbständigkeit, Selbstverantwortlichkeit, sozialer Verantwortung und Unabhängigkeit. Wir sprechen hier bewußt nicht einseitig von Autonomie, ohne nicht jeweils das Moment der Verantwortlichkeit hinzuzufügen. Das Ideal einer gelungenen Persönlichkeitsentwicklung sehen wir in einer Verschränkung der Aspekte persönlicher Tüchtigkeit und Handlungsfähigkeit sowie sozialer Verantwortungsbereitschaft und sozialen Einsatzes, geleitet von einer Perspektive der "Vervollkommnung" im Rahmen universaler normativer Geltungsansprüche.

Auch wenn wir die Besonderheiten der sozialen Stützsysteme Familie, Schule und Altersgruppe im Auge haben müssen (s. SPECHT, 1982, FEND, 1977, FEND, 1980, LAUTERBACH, 1985), Besonderheiten, die wir aufgrund systemischer Analysen dieser sozialen Einheiten jeweils rekonstruieren müssen, so sollen doch drei bereichsübergreifende Merkmale dieser sozialen Kontexte zusammenfassend herausgegriffen werden und als Grundlage für Hypothesen zu entwicklungsfördernden sozialen Stützsystemen bei der Bewälti-

---

4 In Umrissen wird hier deutlich, welche Kumulation von Umweltbedingungen ein "psychisches Überleben" erschweren. Dies wäre z.B. dort der Fall, wo eine unsichere emotionale Akzeptanz in der Familie mit einer permanenten Überforderung in der Schule zusammentrifft und gleichzeitig noch von sozialer Isolierung in der Altersgruppe begleitet ist. Welche "Überlebensstrategien" Adoleszente unter solchen Umständen entwickeln, vermutlich in der Form pathologischen Verhaltens, wird hier eine Untersuchungsperspektive bilden.

gung altersspezifischer Aufgaben dienen. Die *kontext-übergreifenden Hypothesen* lassen sich zusammenfassend so formulieren:

1. Umwelten, die die Bewältigung jugendlicher Entwicklungsprobleme unterstützen, weisen einen *hohen kognitiven Anregungsgehalt* auf. Ein solcher kommt insbesondere in der Vielfalt und Intensität zum Ausdruck, in der Themen, die den Zukunftsbezug des Jugendlichen betreffen, zum Gegenstand zwischenmenschlicher Kommunikation und individuellen Lernens werden. Diese Dimension des kognitiven Anregungsgehalts sollte entscheidend dafür sein, ob und inwieweit der Jugendliche von einem Spektrum von prinzipiellen Wahlmöglichkeiten, die ihm für die Gestaltung der Zukunft offen stehen, überhaupt Kenntnis erhält. Damit ist im Kern die Interpretationshilfe der Umwelt bei der Explikation generationaler Opportunitätsstrukturen und Anforderungen angesprochen.
2. Entwicklungsfördernde Umwelten im Jugendalter öffnen ein hohes Maß an *individuellen Freiheitsspielräumen* des Handelns und der Orientierung. Sie räumen dem Jugendlichen damit die Möglichkeit ein, unterschiedliche Handlungsalternativen und Zukunftsentwürfe hypothetisch und spielerisch zu erproben und gegebenenfalls zu revidieren. Soziale Umwelten, die diesem Erfordernis genügen, sind flexibel in ihren Erwartungen und orientieren sich an den Bedürfnissen und Möglichkeiten der Personen und appellieren eher an Autonomie und Selbstverantwortlichkeit als an Unterordnung und Konformität. Gleichzeitig geben sie die nötigen Strukturen vor, sie ermöglichen also die Erfahrung konsistenten Erfolges bzw. konsequenter negativer Sanktionierung unfruchtbaren, verantwortungslosen und problematischen Handelns.
3. Entwicklungsfördernde Umwelten sind gekennzeichnet durch ein hohes Maß an *Stabilität und Qualität der sozial-emotionalen Beziehungen*. Die Erforschung neuer Handlungsfelder und die Einübung neuer Verhaltens- und Orientierungsformen ist für den Jugendlichen typischerweise mit einem hohem Maß an Angst und Unsicherheit verbunden, deren Bewältigung durch die Verfügbarkeit sozialer Beziehungen erleichtert wird, in denen er soziale Anerkennung, Wertschätzung seiner Person und prinzipielle Akzeptierung seines Handelns erfährt.

Entwicklungsfördernde Umwelten halten und stützen Heranwachsende; sie stoßen sie aber auch "ab", induzieren Ansprüche und Weiterentwicklungen; sie akzeptieren und fordern, sie sind in der Gegenwart lebenserfüllend und sie verweisen auf die Zukunft (MARCIA, 1983).

1.1.4.1 Zur Erfassung "guter" Umwelten

Die Erfassung guter Umwelten hat uns seit 1977 (s. FEND, 1977) immer wieder beschäftigt. Sie ist in SPECHT und FEND (1987) ausführlich dokumentiert. Es hat sich dabei als fruchtbar erwiesen, jeweils die Perspektiven von "Tätern" und "Opfern", von Eltern *und* Kindern, von Lehrern und Schülern gleichzeitig zu berücksichtigen. Die Divergenz der Perspektiven ist dann allerdings nicht nur ein methodisches Problem, also ein Problem fehlerhafter Erhebungen, sondern kann Ausdruck inhaltlicher Probleme in einer Familie bzw. einer Schulklasse sein. Je weniger sich Eltern und Kinder kennen, je unterschiedlicher sie dann über sich und ihre Kinder urteilen, umso gestörter ist die Kommunikation und umso weniger hilfreich können Eltern für die Entwicklungsprozesse ihrer Kinder sein.

Die pädagogische Qualität einer Umwelt manifestiert sich in unzähligen einzelnen Ereignissen, in unzähligen Transaktionen zwischen Eltern und Kindern, zwischen Lehrern und Schülern. Dabei werden auf beiden Seiten immer wieder "Fehler" gemacht, Fehler korrigiert, gute Beziehungen wieder hergestellt oder problematische verfestigt. Diese unzähligen Ereignisse und Handlungen kristallisieren sich schließlich zu Interpretationen und Wahrnehmungen der "Wirklichkeit" durch Kinder und Eltern, durch Schüler und Lehrer. Über solche "Kristallisierungen" bzw. "Chronifizierungen" in den Wahrnehmungen sollten die Umwelten erfaßt werden.[5]

Für die Analyse des Elternhauses als "social support" wollten wir einen zusammenfassenden Indikator konstruieren, der die generelle Qualität des Eltern-Kind-Verhältnisses bezeichnen sollte. Diese Möglichkeit hat sich auch empirisch ergeben. Die vier wichtigsten Dimensionen der Wahrnehmung des elterlichen Verhaltens von "Kindseite" bilden nämlich ein einziges Cluster, das aus vier Aspekten besteht. Diese Aspekte repräsentieren gewissermaßen *"Botschaften"*, die Kinder und Jugendliche als Summe aus den vielen Transaktionen wahrnehmen. Sie sollen jeweils im Anschluß an die Beschreibung der einzelnen Dimensionen formuliert werden.

- *Strafintensität und Mißachtung:* Diese Skala sollte den elterlichen Machtanspruch erfassen und die komplementäre Wahrnehmung indizieren, vornehmlich negative Sanktionen zu erfahren, die von den Eltern durch geringe Unterstellung von Selbstverantwortung und eigene Entscheidungsfähigkeiten der Kinder gerechtfertigt werden. Die Gewährung eigenständiger Experimentiermöglichkeiten ist hier also sehr gering. Die

5 Für diese Betrachtung hat sich die Übernahme von Metaphern aus der Charakterisierung von Veränderungen in der physischen Umwelt eingebürgert. Wie dort von "Wetter" und "Klima" gesprochen wird, so hier von "Ereignisgeschichte" und "sozialem Klima".

Botschaft, die Kinder von ihren Eltern insgeheim wahrnehmen - und die durch die entsprechenden Items operationalisiert ist -, könnte man so formulieren: "Es gibt bei uns viele Reibereien zwischen mir und meinen Eltern, dabei greifen die Eltern häufig zu Strafen - Sie meinen: Du mußt noch stark kontrolliert werden, nur unter Aufsicht und Druck verhältst du dich richtig! Du weißt noch nicht Bescheid, du bist noch unmündig!"

- *Wertschätzung und Respektierung:* Mit dieser Dimension wird die Wahrnehmung von Selbständigkeitsgewährung und von Ernstnehmen der kindlichen Positionen angesprochen. Eltern werden als vertrauensvoll wahrgenommen, sie postulieren Selbstverantwortung und eigenständige Meinungsbildung. Eltern unterstellen hier, daß Heranwachsende vernunftbegabte Menschen sind, ja daß sie sogar in einigen Punkten eher recht haben können als die Eltern selber. Sie sind dann bereit, sich selber zu korrigieren. Auch diese Dimension läßt sich wieder in eine wahrgenommene Botschaft umformulieren: "Meine Eltern mögen mich, ich bin ihnen viel Wert. Ich darf aber nicht alles tun; wenn sie etwas untersagen, dann wissen sie auch warum und sagen es mir auch. Das was ich sage ist wichtig, ich bin für die Eltern und ihr Leben sehr bedeutsam."
- *Inkonsistenz und Willkür:* In systemischer Sicht ist in den letzten Jahren eine Beurteilungsdimension der Familie wichtig geworden, die die Regelhaftigkeit und Vorhersehbarkeit von Handlungen der Familienmitglieder enthalten hat. Pathologische und gestörte Kommunikationen sollten dann darin zum Ausdruck kommen, daß in den gleichen Situationen ganz unterschiedliche Erwartungen formuliert werden. Diese "Irrationalität" bzw. Unvorhersehbarkeit elterlichen Handelns sollte hier erfaßt werden. Sie läßt sich als wahrgenommene Botschaft so formulieren: "Ich kann machen was ich will, aber wie die Eltern dann reagieren, dessen kann ich mir nicht sicher sein."
- *Transparenz und Interesse:* Die Offenheit der Eltern-Kind-Kommunikation, die Wahrnehmung der Möglichkeit, über alles und jedes jederzeit offen reden zu können, stand hier im Mittelpunkt. Sie wird hier in Verbindung mit der Überzeugung erfaßt, daß die Kinder für ihre Eltern wichtig sind. Die zentrale Botschaft, die bei den Kindern ankommt, ist die: "Wir interessieren uns sehr für dich, wenn du möchtest, kannst du immer zu uns kommen, du bist nie lästig, wir hören immer zu, wir können über alles reden."

Abb. 1.11: Illustration der Operationalisierung der sozialen Ressourcen

ELTERLICHES STÜTZSYSTEM
(bzw. ELTERNDISTANZ, wenn zusätzlich berücksichtigt: Dissens, Bezugspersonenwahl bei drei Problemen, Überbehütung, Ausziehwünsche - dann Konsistenzkoeffizient, 15jährige, .80)

Was erwarten Deine Eltern von Dir und wie gehen sie mit Dir um?
Antworte so, wie Du selbst Deine Eltern siehst, nicht wie Du Dir sie wünscht. Wenn Dein Vater und Deine Mutter sehr verschieden mit Dir umgehen, dann denke an den Elternteil, der für Dich wichtiger ist.
Antwortkategorien: stimmt völlig/stimmt ziemlich/teils teils/ stimmt wenig/stimmt gar nicht

STRAFINTENSITÄT UND MISSACHTUNG (Konsistenzkoeffizient, 15jährige, .85)
Meine Eltern sagen häufig zu mir, daß ich etwas noch nicht verstehe, wenn ich anderer Meinung bin.
Meine Eltern lassen mich oft eine Zeitlang links liegen, wenn ich etwas angestellt habe.
Meine Eltern sind häufig böse mit mir, wenn ich etwas gemacht habe, was ihnen nicht recht ist.

WERTSCHÄTZUNG UND RESPEKTIERUNG (Konsistenzkoeffizient, 15jährige, .86)
Meine Eltern nehmen immer ernst, was ich sage.
Meine Eltern geben meist nach, wenn sie einsehen, daß ich Recht habe.
Meine Eltern nehmen Rücksicht auf mich und erwarten das Gleiche von mir.

TRANSPARENZ UND INTERESSE (Konsistenzkoeffizient, 15jährige, .85)
Wenn ich Probleme habe, behalten ich sie lieber für mich, als meine Eltern um Rat zu fragen.
Meine Eltern haben meistens etwas anderes zu tun, wenn ich mal mit ihnen zusammen sein möchte.

INKONSISTENZ UND WILLKÜR (Konsistenzkoeffizient, 15jährige, .83)
Ich weiß überhaupt nicht, warum mir etwas erlaubt wird oder nicht.
Wenn meine Eltern mir etwas verbieten, wissen sie oft selbst nicht warum.

DIMENSIONEN DES "STÜTZSYSTEMS LEHRER" bzw. SCHULDISTANZ
(Konsistenzkoeffizient, 15jährige, .82)

DISZIPLINDRUCK (Konsistenzkoeffizient, 15jährige, .67)
Bei den meisten Lehrern müssen wir alles auf Kommando machen.
Bei den meisten Lehrern muß während des Unterrichtes vollkommene Ruhe herrschen.

BEVORMUNDUNG (Konsistenzkoeffizient, 15jährige, .68)
Die meisten Lehrer werden gleich ungeduldig, wenn man einmal etwas Falsches sagt.
Die meisten Lehrer wollen immer nur eine bestimmte Antwort hören.

BETEILIGUNGSCHANCEN (Konsistenzkoeffizent, 15jährige, .43)
Die Lehrer fragen und häufig nach unserer Meinung, wenn etwas entschieden oder geplant werden soll.
Bei uns hat es wenig Sinn, mit den Lehrern über Noten zu reden, da man doch nichts erreicht.

MACHTBEHAUTUNG (Konsistenzkoeffizient, 15jährige, .64)
Bei uns kommt es noch häufig vor, daß uns Lehrer anschreien.
Bei uns würde ein Lehrer nie zugeben, daß er sich einmal geirrt hat.

VERTRAUEN (Konsistenzkoeffizient, 15jährige, .67)
Man wird an dieser Schule von den meisten Lehrern ernst genommen.
Die meisten Lehrer versuchen, auf die Eigenarten und Probleme einzelner Schüler einzugehen.

VERMEIDUNG LEISTUNGSBEZOGENER DISKRIMINIERUNG (Konsistenzkoeffizent, 15jährige, .60)
Unsere Lehrer kümmern sich immer nur um die Leistungen einiger weniger Schüler.
Unsere Lehrer bemühen sich, daß alle Schüler wirklich etwas lernen.

ANONYMITÄT (Konsistenzkoeffizient, 15jährige, .67)
Wenn man hier Probleme hat, findet man niemanden, der sich um einen kümmert.
In unserer Schule geht man unbeachtet in der großen Schülerzahl unter.

"KLASSENGEMEINSCHAFT" bzw. DISTANZ ZUR SCHULKLASSE (Konsistenzkoeffizient , 15jährige, .67)
KONFORMITÄTSZWANG (Konsistenzkoeffizient, 15jährige, .74) Bei uns in der Klasse kann man sich nicht leisten, anders zu sein als die anderen. Bei uns wird man leicht zum Außenseiter, wenn man nicht tut, was die Klasse für richtig hält. KONKURRENZKAMPF (Konsistenzkoeffizient, 15jährige, .74) In unserer Klasse sieht jeder Schüler im anderen den Konkurrenten. Bei uns hat man manchmal das Gefühl, daß sich Schüler untereinander keine guten Noten gönnen. ZUSAMMENHALT (Konsistenzkoeffizient, 15jährige, .59) Viele meiner Mitschüler vertragen sich überhaupt nicht miteinander. In unserer Klasse gibt es unter Schülern verschiedene Gruppen,die wenig miteinander zu tun haben wollen.

Aus diesen vier Dimensionen ließ sich ein globaler Indikator *"elterliches Stützsystem"* konstruieren. Er verweist auf die Qualität des Eltern-Kind-Verhältnisses in dieser Lebensphase, indem er aus der Perspektive der Kinder die Gesprächsfähigkeit und damit das Beratungspotential der Eltern indiziert. Die Gewährung von Freiheitsspielräumen ist dabei ebenso zentral wie die emotionale Beziehungsqualität. Er repräsentiert also die besondere Ausgestaltung des Erwartungs-Interaktions-Beziehungsverhältnisses zwischen Eltern und Kindern. Das "Entwicklungsprogramm" der Eltern ist in der Form von Erwartungshaltungen und entsprechenden instrumentalen Aktivitäten (Interaktionen) repräsentiert. Die Beziehungsqualität kommt in der emotionalen Nähe und Akzeptanz sowie in der kommunikativen Transparenz zum Ausdruck.

Eine detaillierte Inspektion macht aber sichtbar, daß der *kognitive Anregungsgehalt* nicht direkt erfaßt wird. Dies kann auf der Grundlage unserer Daten auch nur sehr indirekt geschehen. Es ist uns nicht gelungen, dazu einen generellen Indikator zu konstruieren. Mehrere Hinweise aus der Elternuntersuchung werden dabei aber immer wieder geprüft werden. Insbesondere das Bildungsniveau im Elternhaus wird sich als wichtig erweisen. Es ist teils einfach durch den Schulbesuch der Eltern oder durch die Anzahl der Bücher im Elternhaus indiziert. Etwas direkter kommt es in den bildungsorientierten Lese- und Freizeittätigkeiten mit den Kindern zum Ausdruck.

Im Mittelpunkt wird somit die Bedeutung der Beziehungsqualität für die Bewältigung altersspezifischer Entwicklungsaufgaben bzw. für das Einschlagen von Risikopfaden der Entwicklung stehen, die den emotionalen Spielraum für eine rationale Aushandlung alltäglicher Konflikte und Erwartungen vorgibt. Wie die obige Darstellung zeigt, haben wir parallel zum elterlichen Stützsystem auch die Einbettung der Heranwachsenden in den *schulischen Kontext* und in die *Klassengemeinschaft* erfaßt. Die Illustration in der Abb. 1.11 muß an dieser Stelle noch für sich selber sprechen. Wir werden an den entsprechenden Stellen genauer auf diese Bereich der Umwelt von Heranwachsenden eingehen (s.a. SPECHT & FEND, 1986).

1.2 Untersuchungsdurchführung und Übersicht über die Studie

Der Konstanzer Längsschnitt zur Entwicklung in der Frühadoleszenz, der von 1976 bis 1988 von der Deutschen Forschungsgemeinschaft gefördert wurde, konzentrierte sich naturgemäß in den ersten Jahren auf konzeptionelle Arbeiten und auf die Konstruktion der Meßinstrumente. In mehreren Voruntersuchungen (s. FEND, NAGL, BRIECHLE, LAUTERBACH, RICHTER & GSCHING, 1985) wurde das Instrumentarium entwickelt, das 1979 bei Schülern des 6. Schuljahres erstmals eingesetzt wurde.

Das Hauptinstrumentarium bestand aus standardisierten Erhebungsbogen, die jährlich (über 5 Jahre) klassenweise ausgefüllt wurden. Die Erhebungen wurden alle ausschließlich von Mitarbeitern des Projektes durchgeführt. Über jede Untersuchungsdurchführung in jeder Klasse wurden Protokollbogen ausgefüllt, um die Qualität der Untersuchungsdurchführung zu kontrollieren (s. GSCHING et al., 1986a).

Als besonders aufwendig erwies sich die sogenannte "Feldpflege". Um das Vertrauen der teilnehmenden Jugendlichen, Eltern, Lehrer und Elternvertreter sowie der zuständigen Behörden aufrecht zu halten, wurden regelmäßig Informationsveranstaltungen durchgeführt und jährliche Zwischenberichte versandt.

Abb. 1.12: Design der Studie "Entwicklung im Jugendalter"

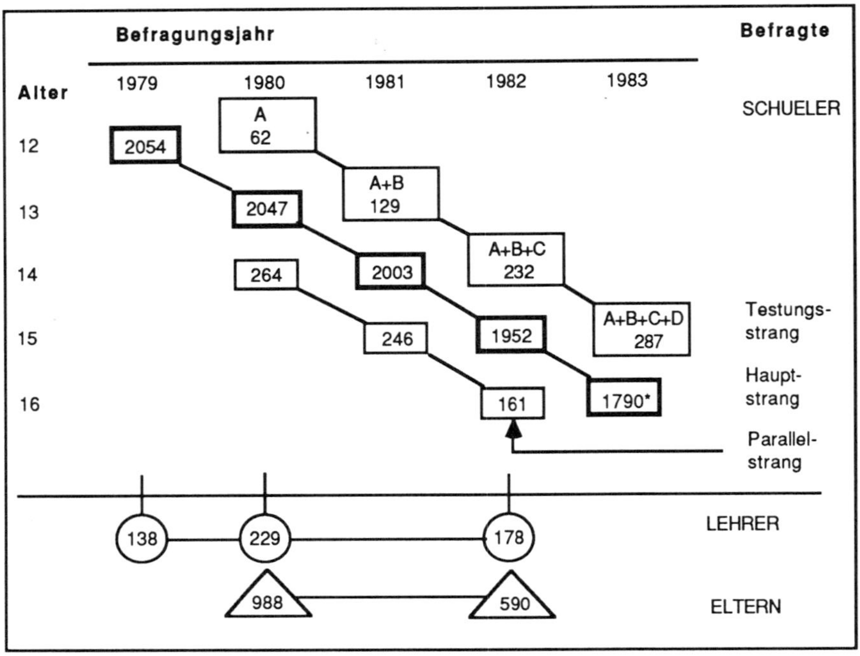

Die Zahlen geben den kompletten Stichprobenumfang pro Jahr an.

* davon: 128 Schulabgänger/Berufsanfänger (in der Regel Lehrlinge)
112 Abgänger in Schulen (in der Regel Berufsfachschulen)
1550 Real-, Gymnasial- und Gesamtschüler

Das Hauptinstrumentarium konzentrierte sich auf die Erhebung bei ca. 2.000 12jährigen, die wir jährlich bis zum 16. Lebensjahr (von der 6. bis zur 10. Stufe) getestet haben. Wie Abb. 1.12 illustriert, wurde dieser sogenannte Hauptstrang durch mehrere andere Untersuchungsteile ergänzt:

- In einem sogenannten *Testungsstrang* sollte erfaßt werden, ob sich die Testwiederholung verzerrend auf die Erfassung von Entwicklungsverläufen in der Adoleszenz auswirkt. Zu diesem Zwecke wurden aus ausgewählten Klassenverbänden in einem ersten Erhebungsjahr lediglich 25% der Schüler befragt und diese Gruppe jährlich um neue 25% ergänzt.
- Durch einen sogenannten *Epochalstrang* (Parallelstrang) sollte der Frage nachgegangen werden, ob wir es mit Besonderheiten einer ganz bestimmten Alterskohorte zu tun haben, oder ob die Verhältnisse, die wir im Hauptstrang finden, auch in anderen Jahrgängen wieder auftauchen.

- Da wir auf die Untersuchung der Bedeutung der Eltern sehr großen Wert gelegt haben, ist ein umfassendes Elterninstrumentarium entwickelt worden, das zweimal eingesetzt wurde, im Jahr 1980 und im Jahr 1982. Das erste Mal haben ca. 1.000 Eltern teilgenommen, das zweite Mal ca. 600.
- Die Erfassung des schulischen Einflusses repräsentiert eine alte Forschungstradition der Konstanzer Schuluntersuchungen, die sich ausführlich mit der Frage "erzieherischer Wirkungen" von Bildungseinrichtungen beschäftigt haben (s. FEND, 1982). Dieser Thematik sind wir bisher in der Regel über Wahrnehmungen des schulischen Handlungsfeldes durch Schüler nachgegangen. Um diese Perzeptionen auf ihre Validität und auf ihre möglichen Ursprünge hin zu untersuchen, wurden Lehrer mehrmals zu den erzieherischen Verhältnissen in den von uns untersuchten Schulklassen befragt.

Das standardisierte Instrumentarium, das den Kern des Konstanzer Längsschnittes bildet (s. Anhang 2), wurde jährlich durch offene und qualitative Erhebungsverfahren gestützt und begleitet. Neben nicht standardisierten und narrativen Interviews haben wir mehrfach Aufsätze zu ausgewählten Themen schreiben lassen und Satzergänzungstests vorgenommen. In der Endphase des Projektes sind mit Zustimmung von Eltern gezielt Fallstudien eingeleitet worden. Bei 6 Familien hatten wir die Möglichkeit, über 4 bis 8 Stunden mit allen Familienmitgliedern Interviews durchzuführen, Interaktionsspiele zu veranstalten und Videoaufnahmen zu machen.

Über die Stichprobengrößen der jährlichen Querschnitte gibt Abb. 1.12 Auskunft.[6]

Da jeweils komplette Jahrgangsstufen erfaßt wurden, unterscheiden sich die jährlichen Zahlen der Schüler im Hauptstrang nur wenig. Gleichwohl überschneiden sich die realisierten Stichproben aufeinanderfolgender Erhebungen nicht vollständig, da:

- Schüler nicht in jedem Jahr an der Befragung teilnahmen (z.B. wegen Krankheit);
- Schüler nicht in die nächste Klassenstufe versetzt wurden und damit aus der untersuchten Jahrgangsstufe ausschieden;
- bisher noch nicht befragte Schüler aus der nächsten Klassenstufe hinzukamen, die nicht versetzt worden waren;

6 Weitere Informationen zu den Stichproben befinden sich in Anhang 1.

- Schüler durch Schulwechsel (z.B. wegen Umzug der Eltern) verloren gingen oder neu in die Stichprobe hinzukamen.

Einem jährlichen "Verlust" von ca 250 Schülern (ca 14%) stand ein ebenso großer "Gewinn" gegenüber.

Fast alle Hauptschüler verließen nach der 9. Klassenstufe die Hauptschule; ein Teil von ihnen konnte mit einem speziell auf sie zugeschnittenen Fragebogen, der insbesondere Fragen zum Übergang in Ausbildung und Beruf enthielt, auch 1983 befragt werden. Die folgende Tabelle 1.1 gibt einen Überblick über die Entwicklung der Panelstichprobe insgesamt und getrennt nach Schulformen:

Tab. 1.1: Entwicklung der Panel-Stichprobe (nach Schulform 1980)

Teilnahme im Jahr:	Total:		Nach Schulform: (Absolut und %-Anteil vom Vorjahr) Hauptschule		Realschule		Gymnasium		Integr. Gesamtschule	
1979	1848*		teilweise Förderstufe, deshalb nicht getrennt darstellbar							
1979+1980	1574	85%	296		400		324		554	
1979+1980+1981	1316	84%	249	84%	331	83%	268	83%	468	84%
1979+1980+1981+1982	1072	81%	191	77%	272	82%	229	85%	380	81%
1979+1980+1981+1982+1983	851	79%	95	50%	239	88%	203	89%	314	83%

* Da zwei komplette Schulen ab 1980 nicht mehr an der Erhebung teilnahmen, sind sie hier auch in der Ausgangsstichprobe nicht berücksichtigt worden.

1.2.1 Perspektiven der Auswertung des Längsschnitts

Sowohl die Vielfalt des Instrumentariums als auch die Merkmale des Längsschnitt-Designs erlauben differenzierte Auswertungsmöglichkeiten.

Der Hauptgesichtspunkt wird dabei der sein, daß wir von Oberflächenphänomenen zu Tiefenstrukturen fortschreiten, von beobachtbaren Ereignis- und Handlungsgeschichten zu konkreten Meinungsbildungs- und Entscheidungsprozessen in dieser Lebensphase (Identitäts-Entwicklung) und weiter zu grundlegenden Persönlichkeitsstrukturen als Kompetenzen der altersspezifischen Lebensbewältigung.

Diese drei Bereiche sind in Abb. 1.13 dargestellt:

Abb. 1.13: Bereiche der Auswertung des Längsschnittes

EREIGNIS- UND HANDLUNGSGESCHICHTE	IDENTITÄTEN	PERSÖNLICHKEITS-BEREICHE
Geschichte des "Selbständig-Werdens"	Berufsentscheidung und berufliche Identität	Sozio-kogitive Kompetenzen
		Ich-Stärke
Leistungsgeschichte		Leistungsbereitschaft
Soziale Kontakt- und Erfolgsgeschichte	Geschlechtsrollenidentität und Lebenspläne in bezug auf Familie und Kinder	
Soziale Verantwortungen	Politische Präferenzen und politische Identität	Prosoziale Motivation
Kritische Lebensereignisse	Religiöse Bindung und weltanschauliche Identität	
Lebensorganisation in der Freizeit		
Aushandlungsgeschichte mit den Eltern		

Aufgrund dieser Merkmale von Jungen und Mädchen sind sehr vielfältige Querverbindungen zwischen einzelnen Handlungsbereichen möglich. Darin liegt ein Hauptvorteil der hier vorgestellten Studie zur Entwicklung in der Adoleszenz.

Da wir nicht mehr von einer ausschließlich endogen gesteuerten psychischen Entwicklung ausgehen, müssen wir die Einbettung dieser Persönlichkeitsmerkmale in die jeweilige soziale Umwelt untersuchen. Wir tun dies in zwei Schritten:

1. Einbettung in den sozialökologischen Kontext

Hier geht es darum, die interindividuellen Unterschiede in der Entwicklung auf Variationen in der sozialen Umwelt zurückzuführen. Als erster grober Schritt dazu werden vor allem zwei Kontextbedingungen berücksichtigt: die Schulformen, in denen die Kinder leben und lernen und die Region, ob großstädtisch oder ländlich. Diese Kontextbedingungen werden jeweils für Mädchen und Jungen getrennt dargestellt, da sich insgesamt gezeigt hat, daß die Entwicklung in der Adoleszenz bei Mädchen und Jungen unterschiedlich verläuft.
Die Schulformen als Lebenskontexte werden hier den sozioökonomischen Herkunftsbedingungen, also der sozialen Schicht-Zugehörigkeit vorgezogen.

Der Grund dafür liegt nicht nur in einem Zwang zur übersichtlichen Darstellung, sondern in der Sache. In der Regel gehen die Einflüsse der sozialen Herkunft in die Wahl von Schulformen und in bestimmte Schullaufbahnen ein. Die soziale Herkunft ist also nicht bedeutungslos, ihre Wirkung verläuft aber vor allem über die Wahl von Schulformen. Letztere werden dann zu zentralen Sozialisationsfeldern, die innerhalb soziale Herkunftsbedingungen eher homogenisieren. Die Schulformzugehörigkeit ist schließlich die Startbasis für den zukünftigen sozialen Status, sodaß über die Schulformzugehörigkeit indirekt der zukünftige soziale Status der Jugendlichen erfasst wird.

2. Einbettung in die soziale Nahwelt

Hier stehen die konkreten Lebens- und Erziehungsverhältnisse in der Familie, in der Schule und unter Altersgleichen im Vordergrund. Wir werden sie einmal über Wahrnehmungen der Kinder und Jugendlichen und zum andern unabhängig von diesen über Eltern und Lehrer sowie über Klassenkameraden erfassen. Die erfaßten Bereiche sind in Abb. 1.14 zusammengefaßt:

Abb. 1.14: Erfasste Bereiche der sozialen Nahwelt

FAMILIE	SCHULE	ALTERSGLEICHE
Distanz bzw. Nähe zur Familie (wahrgenommenes Familienklima)	Distanz und Nähe zur Schule (wahrgenommenes Schulklima)	Wahrgenommenes Klima in der Schulklasse, Normen in der Schulklasse
Information aus der Elternuntersuchung	Informationen aus der Lehrerbefragung	Soziometrische Einschätzungen der Mitschüler

Wir können somit die Variation in den Persönlichkeitsmerkmalen auf Indikatoren der sozialökologischen Rahmenbedingungen und auf Merkmale der sozialen Nahwelt zurückführen. Das Längsschnittdesign fügt zu diesen Analysemöglichkeiten eine neue Dimension hinzu.

1. Wir können alle oben beschriebenen Merkmale von Jungen und Mädchen auf ihren Verlauf in dieser Lebensphase hin befragen. Wenn wir uns dabei auf die globalen Änderungen mit dem Alter konzentrieren, dann eröffnet sich die Chance, die altersphasenspezifischen Besonderheiten herauszuarbeiten. Dies wird in einem eigenen Kapitel geschehen.
2. In einem komplizierteren Schritt können wir uns den interindividuellen Unterschieden im Entwicklungsverlauf widmen, sowohl was die Ereig-

nisgeschichte, die Identitätsentwicklung als auch was die Persönlichkeitsentwicklung betrifft.

3. Bei der gleichzeitigen Berücksichtigung von "Umweltbedingungen" haben wir die Chance zu prüfen, unter welchen Umweltbedingungen am Ende der Kindheit und bei welchen Ausgangsbedingungen der Persönlichkeitsentwicklung in dieser Lebensphase welche Entwicklungsverläufe wahrscheinlich sind.

Wir würden aber die Lesbarkeit dieses Forschungsberichtes arg behindern, wenn wir die verschiedenen Auswertungsmöglichkeiten schematisch anwenden würden. Unter dem Gesichtspunkt der Lesbarkeit versuchen wir, bei je einzelnen Fragen die wichtigsten Ergebnisse herauszuarbeiten. Für den Leser ist aber die obige Folie wichtig, um einzuschätzen, welche Auswertungsmöglichkeiten jeweils bestehen. Im Kern handelt es sich dabei um einen Kubus von Auswertungsmöglichkeiten mit den in Abb. 1.15 dargestellten Dimensionen:

Abb. 1.15: Architektur des Konstanzer Längsschnittes

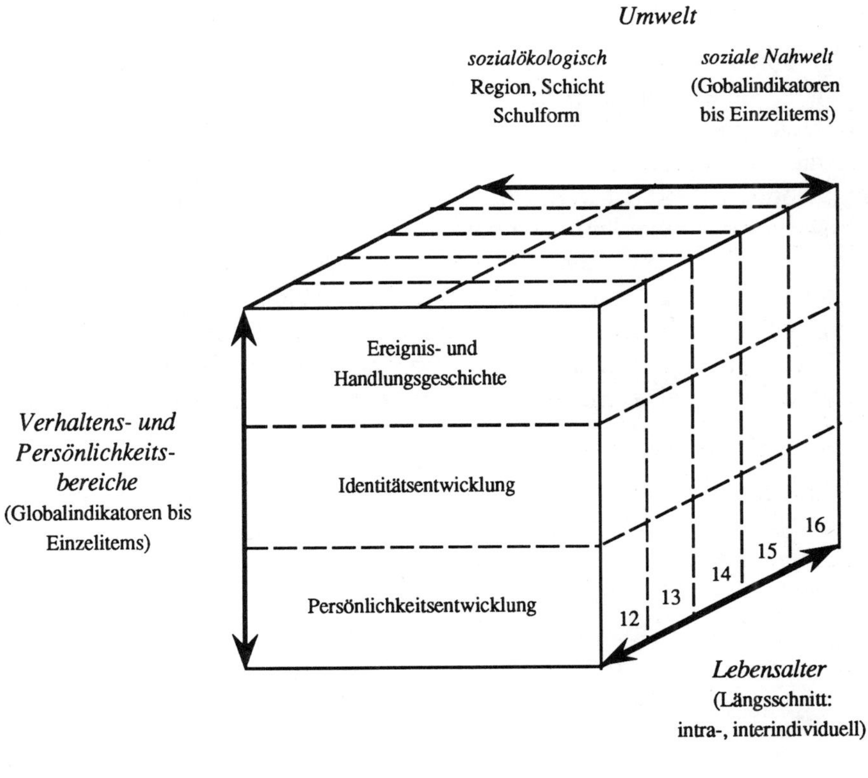

Diese drei Dimensionen, zusammen mit der jeweils getrennten Auswertung für Jungen und Mädchen sowie der Möglichkeit, Globalindikatoren zu bilden oder die konkreten Einzelitems zu berücksichtigen, ergeben die Gesamtarchitektur des Konstanzer Längsschnittes.

Insgesamt erlaubt dieser Datensatz vielfältige Analysen. Wir können

- von der Oberflächenstruktur des Handelns und Denkens zu Tiefenstrukturen der Persönlichkeit, von der Ereignisgeschichte zu psychischen Strukturbildungen vorstoßen;
- von der Analyse von Einzelvariablen zu komplexen ganzheitlichen Systemzusammenhängen vordringen;
- von einfachen Querschnittsanalysen zu längschnittlichen Veränderungen in einer Lebensphase vorstoßen und
- von allgemeinen altersspezifischen Veränderungsmustern zu interindividuellen und intraindividuellen Besonderheiten gelangen.
- Schließlich erlaubt die Berücksichtigung des sozialen Kontextes, von endogenen Entwicklungskonzepten zu interaktiven überzugehen.

Die gesamte Auswertung des Längsschnittes würde einen einzelnen Band sprengen. Sie erfolgt daher in drei Etappen, die zu jeweils getrennt lesbaren Berichten zum Übergang von der Kindheit in die Adoleszenz führen. Der erste hier vorliegende beschäftigt sich mit Normalität und Risiken des Übergangs von der Kindheit in die Adoleszenz. Nach der Gegenüberstellung der "klassischen" Entwicklungspsychologie mit "heutigen" Daten steht dann ein handlungs- bzw. bewältigungstheoretischer Ansatz im Vordergrund. Ein zweiter Band wird sich auf die Identitätsentwicklung im beruflichen, familiären, politischen und weltanschaulichen Bereich konzentrieren. Schließlich soll in einer dritten Arbeit auf die Problematik der produktiven Persönlichkeitsentwicklung unter modernen Lebensbedingungen eingegangen werden.

2. Zur Phänomenologie des Übergangs von der Kindheit in die Adoleszenz: Die klassische Entwicklungspsychologie auf dem Prüfstand

Wie verändern sich junge Menschen in unserem Kulturkreis, in unserer gegenwärtigen Epoche und in unserem Sprachbereich beim Übergang von der Kindheit in die Adoleszenz? Diese *deskriptive Fragestellung* wurde in der klassischen Entwicklungspsychologie sehr differenziert bearbeitet. In Anknüpfung an diese Forschungstradition soll hier versucht werden, die Deskription wieder etwas stärker zu pflegen als dies in der eher theoretisch orientierten Entwicklungspsychologie heute der Fall ist. Daher möchten wir das Besondere dieser Entwicklungsphase wieder stärker herausarbeiten, indem wir überprüfen, ob sich die alten entwicklungspsychologischen Fragestellungen auch heute noch auf der Basis unserer Längsschnittdaten zur Entwicklung von 12 bis 16 Jahren bestätigen lassen.

Selbstverständlich war auch die klassische Entwicklungspsychologie einer Charlotte BÜHLER und eines Eduard SPRANGER von theoretischen Vorstellungen darüber geprägt, welche "seelischen Gestaltänderungen" sich in dieser Lebensphase vollziehen. Bei Charlotte BÜHLER stand ein Konzept darüber im Hintergrund, wie sich der Mensch von seinen ersten Anfängen hin zur reifen Persönlichkeit entwickelt. Das Idealbild einer gesunden und funktionsfähigen erwachsenen Person stand bei ihr immer im Mittelpunkt. Der Anfang der Menschwerdung war ihr deshalb sehr genau bekannt, weil sie in vielen empirischen Untersuchungen Säuglinge und Kleinkinder erforscht hat. Auch Eduard SPRANGERs Entwicklungspsychologie war nicht atheoretisch: im Gegenteil, sie war von sehr elaborierten Vorstellungen geprägt, wie sich das Seelenleben des Menschen herauskristallisiert, indem der heranwachsende Jugendliche die kulturellen Gehalte in Kunst und Wissenschaft, in Politik und Recht, in Religion und Weltanschauung in seine eigene seelische Gestalt "anverwandelt".

Die verschiedensten, hier nicht im einzelnen aufzählbaren Untersuchungen mündeten schließlich in die Kanonisierung der Entwicklung von der Kindheit ins Erwachsenenalter durch REMPLEIN (1965). Aber auch bei REMPLEIN ist die phänomenologisch reichhaltige Darstellung nicht theorielos: sie ist vielmehr eingebettet in finale Vorstellungen, auf welche wünschenswerten Entwicklungsziele im Sinne einer reifen Persönlichkeit die einzelnen Stränge der seelischen Entwicklung bezogen sind. Die finale Perspektive ist insgesamt ein konstitutives Merkmal des alten Nachdenkens über die Entwicklung des Menschen. Sie war zwar anfangs eher von metaphysischen Konzepten der Entelechie geprägt, ja zeitweise herrschte ein kruder Vitalismus im Sinne des Überlebens der Begabtesten und Stärksten vor. Zunehmend wurde jedoch die finale Perspektive teils in die Person und ihre eigenen Entwicklungsbemühungen und teils in die pädagogische Umwelt verlegt. Die zielgerichteten inneren Entwicklungsprozesse waren in dieser Konzeption häufig ein Ergebnis der aktiven Selbstgestaltung von Heranwachsenden und natürlich häufig ein Ergebnis der "Entwicklungshilfe" durch Erwachsene. "Entwicklung" wurde dadurch aus der Sphäre des naturhaft Gegebenen herausgehoben und in die Zone des kulturell Aufgegebenen gerückt. Haben in der Kindheit vorwiegend Erwachsene die "Entwicklungsziele" vorgegeben, so nimmt diese der Heranwachsende in der Adoleszenz in die eigene Verantwortung. Fremderziehung wird zur Selbsterziehung, ein "externes Entwicklungsprogramm" wird zu einem "internen Entwicklungsauftrag".

2.1 Die Kanonisierung der klassischen Entwicklungspsychologie zum Übergang von der Kindheit in die Adoleszenz bei REMPLEIN

In der allgemeinen Charakterisierung der Adoleszenz im englischsprachigen und im deutschsprachigen Raum gibt es eine interessante Parallele. Ohne daß mir direkte Einflüsse bekannt wären, haben deutschsprachige und englischsprachige Autoren diese Lebensphase als besonders kritische Periode beschrieben. Stanley HALL (1904) spricht vom "Sturm- und Drangsyndrom" der Pubertät. Die Ursache für diese Destabilisierung der Person wurde in hormonellen Veränderungen gesehen. In den 20er Jahren dieses Jahrhunderts charakterisiert BÜHLER im Anschluß an die Arbeiten von HETZER (1927) die Pubertät als "negative Phase", wobei sich Hildegard HETZER auf detaillierte Protokolle des Verhaltens von Mädchen in Heimen stützt.

Anna FREUD (1958) wird schließlich in den 50er Jahren die Jugendphase als eine Periode charakterisieren, die in einer Weise aus der "Normalität" herausfällt, daß der Unterschied zwischen der altersspezifischen Disharmonie und psychopathologischen Entwicklungen nicht auszumachen ist. Diese Vorstellung, daß der Übergang von der Kindheit in die Adoleszenz eine endogen zumindest mitbedingte Destabilisierung bedeutet, hat den Erwartungshorizont für die Untersuchung dieser Entwicklungsphase über Jahrzehnte bestimmt. Besonders eindrucksvoll kommt dies in der Kanonisierung des entwicklungspsychologischen Wissens durch REMPLEIN (1965) zum Ausdruck.

Abb. 2.1: Konstruktionsform der Entwicklungspsychologie bei REMPLEIN: Die Stufen des Jugendalters im Gesamtüberblick

VORPUBERTÄT	Mädchen: 10 1/2 - 13 Jahre		Jungen: 12 - 14 Jahre	
	1. Ende der Vorphase			
	2. Neues im Überblick			
Phasendarstellung:	Orientierungsfunktionen: Wahrnehmungen Denken Phantasie	Antriebe und ihre Steuerung	Gefühle	pädagogische Implikationen
	3. Rückblick: Gestaltwandel			

PUBERTÄT	Mädchen: 13 1/2 - 15 1/2 Jahre		Jungen: 14 - 16 Jahre	
	1. Ende der Vorphase			
	2. Neues im Überblick			
Phasendarstellung:	Orientierungsfunktionen: Wahrnehmungen Denken Phantasie	Antriebe und ihre Steuerung	Gefühle	pädagogische Implikationen
	3. Rückblick: Gestaltwandel			

JUGENDKRISE UND ADOLESZENZ	Mädchen: 15 1/2 - 20 Jahre		Jungen: 16 - 21 Jahre	
	1. Ende der Vorphase			
	2. Neues im Überblick			
Phasendarstellung:	Orientierungsfunktionen: Wahrnehmungen Denken Phantasie	Antriebe und ihre Steuerung	Gefühle	pädagogische Implikationen
	3. Rückblick: Gestaltwandel			

GESAMTÜBERBLICK **ABWANDLUNGEN**

2.1.1 Personwerdung am Übergang von der Kindheit in die Adoleszenz im Lichte der "klassischen" Entwicklungspsychologie

Der Differenzierungsgrad in der Beschreibung der Übergangsprozesse von der Kindheit in die Adoleszenz im Rahmen der "klassischen" Entwicklungspsychologie kann hier nur angedeutet werden. Dazu soll eine Schematisierung der umfänglichen Beschreibungen von REMPLEIN versucht werden, um das klassische Vorstellungsmodell zu illustrieren.

In einer kunstvollen Verknüpfung von querschnittlichen und längsschnittlichen Betrachtungsweisen versucht REMPLEIN, die psychische Gestalt von Heranwachsenden in verschiedenen Altersphasen zu charakterisieren. Dazu teilt er die humane Entwicklung in verschiedene Lebensphasen ein, charakterisiert den psychischen Gesamtzustand am Anfang und am Ende der jeweiligen Phase. Für die Zwischenperioden gliedert REMPLEIN die Entwicklungsstränge in solche, die sich in den Orientierungsfunktionen vollziehen und in solche, die sich im Bereich der Motivationen, also der Antriebe und Steuerungen abbilden lassen. Die Veränderung der begleitenden Emotionen bildet jeweils einen dritten Entwicklungsstrang.

Wie aus der Abb. 2.1 hervorgeht, gliedert REMPLEIN den Übergang von der Kindheit ins Erwachsenenalter in drei Phasen: in die Vorpubertät, die Pubertät und die Adoleszenz. Er umspannt damit eine Lebensphase von zehn Jahren, vom 10. bis zum 20. Lebensjahr. Dabei registriert er den auch von der modernen Entwicklungspsychologie immer wieder betonten Sachverhalt, daß nämlich Mädchen in verschiedenen Entwicklungsbereichen einen Vorsprung von etwa zwei Jahren haben.

Das globale Verlaufsmuster ist nun das von einer destabilisierenden Krise in der Vorpubertät zu einem Aufbau neuer, erwachsener Haltungen, der nur kurzzeitig von der sogenannten Jugendkrise (Mädchen zwischen 15. und 16. und Jungen zwischen dem 16. und 17. Lebensjahr) unterbrochen ist.

2.1.1.1 Die Vorpubertät als Phase der Destabilisierung

Die Zeit vom Ende der Kindheit bis zur sogenannten Pubeszentendisharmonie, die in den Disproportionen zwischen den gewachsenen Gliedmaßen und dem kurzen Rumpf zum Ausdruck kommt, ist für REMPLEIN der Inbegriff der Entharmonisierung des Seelischen. Die Labilität des Verhaltens manifestiert sich bei Mädchen besonders in Launenhaftigkeit und Albernheit, bei

Jungen in Grobheit und ungebärdigem, unkontrolliertem Verhalten. Das Erscheinungsbild des Menschen in dieser Altersphase schwankt zwischen schwer zu bändigender Hyperaktivität und verträumter Passivität. Unterhalb dieser Phänomene spielen sich jedoch wichtige seelische Entwicklungen ab, die beim Denken zur Fähigkeit, abstrakte Operationen aufzubauen, führen, welche hypothetisches und technisch-konstruktives Denken möglich machen. Das Gedächtnis selber entwickelt sich vom mechanischen zum sinnvoll logischen Speichern. Allerdings wird die Vorstellungswelt häufig von Wunschträumen und Tagträumen, manchmal auch von Angstträumen überflutet.

Abb. 2.2: Entwicklungsverläufe der Jugendphase nach REMPLEIN: Vorpubertät

Mädchen: 10 1/2 - 13, Jungen: 12 - 14
Allgemeine Merkmale; Beginn des 2. Gestaltwandels; Flegel- oder Trotzphase
Mädchen: Negative Phase, Jungen: Flegelalter
Entharmonisierung der Körpergestalt und der Bewegungsgestalt
Labilität des Verhaltens
Mädchen: launisch und albern, Jungen; ungebärdig und grob
Neigung zu negativen und extremen Verhaltensweisen: Opposition, Jähzorn, Trotz, Auflehnung, Kritiksucht, Aggressivität
Mädchen: eher ablehnend, Jungen eher aufbegehrend
Leistungsrückgang, Zerstreutheit - dösen, träumen, schwätzen, kichern
Beginn des seelischen Strukturwandels; Entwicklungsziel: Abbau des Kindlichen und Vorbereitung des Reifen

Orientierungsfunktionen	Antriebe und ihre Steuerung	Gefühle
Vom Anschaulichen (konkreten) zum unanschaulichen Denken - Vorstellungsunabhängigkeit Operationen verfügbar (Bild: Vom Naturaltausch zum Geldverkehr); logisch-exakte Begriffsbildung Schlußfolgerndes Denken Stadium formaler Operationen Hypothetisches Denken: Welt des Möglichen Technisch-konstruktives Denken Gedächtnis: vom mechanischen zum sinnvoll-logischen (Mädchen: Höhepunkt im 14., Jungen im 15. Lebensjahr) Anschauungsgedächtnis bis zur Eidetik (10 - 16: 65% Eidetiker) Tagträumen - Wunschträumen Angstträume	Triebhafte Unruhe, Schwanken Über-sich-hinaus-Sein, Tätigkeitsdrang, Erlebnishunger, Risikofreude Abenteueralter: Karl May als Ersatzbefriedigung, Fernweh und Wanderdrang Lesewut - Langeweile Sexualtrieb - organgebunden bs. bei Jungen (Geschlechtsunterschiede) Trennung der Geschlechter voneinander Jungen nicht so fortgeschritten wie Mädchen: J: Demonstration von Kraft und Größe; M: menschliches Verstehen und charakterliche Qualitäten Suche nach Aufklärungsliteratur - besetzt von Grübeleien zur Sexualität, Beginn der Onanie - Selbstvorwürfe, Schuldgefühle - Ausgangspunkt der Selbsterziehung Triebfedern des individuellen Selbstseins: Steigerung des Geltungsstrebens, der Geltungssucht Renommierverhalten, Prahlen, Kritiksucht, Unabhängigkeitsstreben: Selbstbestimmung und Selbständigkeit (bs. in der Familie) Familienkonflikte, schlechtes Ver-	Erregbarkeit und Labilität, Unlusttönung, depressive Verstimmungen, Launenhaftigkeit, "Aprilwetter des Lebens" Angst - Maske der Patzigkeit, Phase höchster Affektivität Selbstgefühl; Innenwendung, Narzißmuß: Selbstbespiegelung, Selbstgefälligkeit, Eitelkeit, Selbstbewunderung - Abwechslung mit der Erschütterung der Selbstsicherheit: Minderwertigkeitsgefühle (Schwanken) Minderwertigkeitsgefühle und Masturbation Empfindlichkeit, Verletzbarkeit, Kränkbarkeit und Irritierbarkeit Schutz durch Selbstdarstellung Verstärkung des Schamgefühls Empfänglichkeit für religiöse Erfahrungen

	hältnis zur Schule (Geschlechtsunterschiede, Kulturunterschiede) Tendenz zur Isolierung: Verschlechterung des Verhältnisses zur Mitwelt Kinderfreundschaften brechen auseinander, Wechsel von Klassenführern Dissozialität Mädchen: empfindlich, scheu bis versteckt-feindselig Jungen: Bandenbildung und Gesellung (Mannschaftsspiele) Bewertungsmaßstäbe: Körperkraft, Geschicklichkeit, Mut, Findigkeit Übergänge zur Devianz Sammelfreudigkeit, Basteln und Werken: technische Interessen Mangelnde Pflichterfüllung Gefahr von Kurzschlußhandlungen: Fortlaufen, Kriminalität, Suizid (gefährlichstes Alter) Aufbau von Willensfunktionen: anfangs formale Übungen (Askese) Wertstreben aber erst vorherrschend am Anfang: Abbau bisheriger Wertweisen, Desorientierung "Wertezerfall" der Kindheit aber Geburtsstunde des Gewissens im Zusammenhang mit der Sexualität: Bewährungsprobe der bisherigen Erziehung	

Die wichtigsten Änderungen spielen sich jedoch im Bereich des Antriebslebens ab. Dies führt die klassische Entwicklungspsychologie auf die Verunsicherungen durch die hormonellen Einflüsse im Rahmen der sich vollziehenden Sexualreife zurück. Dies verändert besonders das Verhältnis der Jungen und Mädchen zueinander, wobei beide recht unbeholfene Formen der Selbstdarstellung zeigen: Mädchen ziehen sich zurück, kichern und klatschen, Jungen demonstrieren Kraft und Größe, renommieren und prahlen.

Die Destabilisierung wirkt sich auch in einer Verschlechterung des Verhältnisses zur Familie und zur Schule aus. Ehemals stabile Kinderfreundschaften brechen auseinander, Jungen beginnen sich mehr in Banden zu organisieren, Mädchen werden empfindlich und scheu bis versteckt-feindselig.

Dies ist auch eine Zeit, in der die in der Kindheit eingeübte Pflichterfüllung in Gefahr gerät und in der auch Kurzschlußhandlungen, wie Fortlaufen, Kriminalität und Suizid möglich werden. Die Willensübungen, die Möglichkeiten der Selbstbeherrschung und Selbstlenkung sind noch sehr rudimentär, die in der Kindheit aufgebauten Werte zerfallen eher.

Auf der Seite des Gefühlslebens korrespondiert diesen Entwicklungen eine hohe Erregbarkeit und Labilität, eine vorwiegende Unlusttönung bis hin zu depressiven Verstimmungen. REMPLEIN spricht in diesem Zusammenhang vom "Aprilwetter des Lebens". Mädchen und Jungen sind in dieser Altersphase hochgradig empfindlich, ihrer Patzigkeit nach außen korrespondiert paradoxerweise eine mimosenhafte Empfindsamkeit. In dieser Altersphase tauchen Minderwertigkeitsgefühle auf, die bei Jungen besonders im Zusammenhang mit der Masturbation stehen.

2.1.1.2 Die Phase der Pubertät

Diese Lebensphase, die bei Mädchen vom 13. bis zur zweiten Hälfte des 15. Lebensjahres und bei Jungen vom 14. bis zum 16. Jahr dauert, ist besonders durch die *Wendung nach Innen* gekennzeichnet. Das Denken beginnt jetzt, die eigenen Gedanken, Gefühle, Stimmungen und Affekte zu entdecken. Neben das vorher vorherrschende naturwissenschaftlich-kausale Denken tritt jetzt das *geisteswissenschaftlich-finale*. Es ist dies die Zeit der Selbstreflexion, die Phase, in der Tagebuch geführt wird, in der eine Programmatik der Lebensführung aufgebaut wird und in der auch das Seelenleben des Andern interessant und permanent analysiert wird.

Mit dem größeren Verständnis für geistige Zusammenhänge entwickelt sich auch das Weltbild in bezug auf die kulturellen Werttraditionen und in bezug auf Religion und Moral. Der Sinn des Lebens kommt erstmals als Fragehorizont ins Blickfeld, wenngleich alle Überlegungen zu dieser Thematik noch einen sehr subjektiven Charakter haben.

Im Bereich der Antriebe und ihrer Steuerung steigert sich die Intensität des Geschlechtstriebes. Er bahnt sich seinen Weg in den verschiedensten Formen des autoerotischen Verhaltens und in den verschiedenesten Vorformen des heterosexuellen Verhaltens.

Abb. 2.3: Entwicklungsverläufe der Jugendphase nach REMPLEIN: Pubertät

Mädchen: 13 - 15 1/2, Jungen: 14 - 16
Allgemeine Merkmale: Beginn mit der Pubeszentendisharmonie, Mädchen: Menarche, Jungen: erste Ejakulation - Ende: Geschlechtsreife
Nachlassen des Haltungszerfalls - Aufblühen der Innenwelt

Orientierungsfunktionen	Antriebe und ihre Steuerung	Gefühle
Innenwendung: Entdeckung des Ich: Gedanken, Gefühle, Stimmungen, Affekte Triebe, Strebungen, (seelisches Ich) Grunderlebnis der Einmaligkeit, der Individuation Selbstreflexion und Selbstkritik, Zufriedenheitsüberlegungen in bezug auf Seelisches (Standards der	1. Zunahme des Geschlechtstriebes, Kultur- ,Primitivpubertät, Verzicht auf unmittelbare Triebbefriedigung steigert die seelische Ergänzungsbedürftigkeit - auf dauernde Persönlichkeitswerte gegründete Geschlechterliebe. Formen des Geschlechtsverhaltens (Onanie, Petting, Homosexualität, Geschlechtsver-	1. Vertiefung des Gefühls: Sehnsucht, Leidenschaft, Begeisterung Leichte Anregbarkeit: Wechsel der Themen Gefühlsüberschwang ("ewige Liebe bis in den Tod") 2. Lebensgefühle: von der somatisch bedingten Vitalgestimmtheit (Zusammenhang mit Werter-

Selbstkritik)
Egozentrik und Subjektivismus
Tendenzen der Selbstüberschätzung
Mädchen: Wie bin ich? Welchen Eindruck mache ich auf andere?
Jungen: Wie ist die Welt?
Tagebuch-Zeit
Historische Einstellung zum Selbst
Programmatik der Lebensführung (und Selbstentwicklung)
Veränderte Einstellung zur Zeit: Tagespläne - Zeitlosigkeit der Kindheit verschwindet
Bewußtsein der Selbstverantwortlichkeit entsteht
Eschatologische Fragen: Tod (allgemein und nicht persönlich)
Erkennen fremden Seelenlebens
Kritik an Autoritäten, bewußte Gestaltung der Freundschaften
Kind *hat* seelische Regungen
Jugendliche erleben sie
Erwachen der Auffassungskategorien für Seelisches - gesteigerte sprachliche Aeusserungsfähigkeit (s. Aufsätze)
Selbstverstehen - Fremdverstehen - teleologisches Verstehen (Geschichte, Literatur, Kunst)
Entstehung des Verständnisses für die Rolle der Vernunft und der Verantwortung in Gemeinschaften
Weltbild-Erweiterung: noch idealistisches Weltbild
Werte des Wahren, Guten, Schönen und Heiligen übernommen
Erlernen selbständiger Stellungnahme: Moral, Religion, Kirche, Kulturkritik
Verläufe: Autonome und heteronome Naturen
Formale Merkmale jugendlichen Denkens: Rationalismus, Kompromißlosigkeit, Voraussetzungslosigkeit und Radikalismus
"Blindheit gegenüber den Realitäten dieses Lebens"
Subjektivismus aber notwendig (für lebendige Tradition und weiterführende Kulturschöpfung)
Phase der Glaubenszweifel
Sinn des Lebens als Fragehorizont

kehr)
"Geistige Versteppung"
2. Unabhängigkeit, Erwachsenseinwollen: jetzt über Selbstwertbetonung
Selbstdarstellung in Kleidung, Rauchen, Trinken, Fluchen
Streben nach selbständiger Stellungnahme
Nicht mehr überwältigt von Trieben, sondern aktive Gestaltungstendenzen entstehen
Aber noch unbestimmt: Durchwandern verschiedener Wertgebiete: Suche nach der Lebensform
Steigerung der Ichaufbauschungstriebfedern, hochgradige Selbstbezogenheit
Suchen im Du sich selbst (Phase größter Kontaktarmut) autistische Züge
Streben nach Selbsdarstellung: Ausdruck in Gedichten und in Kunst (expressive Darstellung)
3. Erwachen des Eigenwertstrebens: ruft den Willen zur Selbstgestaltung, Selbstvervollkommnung und Selbstbildung auf den Plan
Aufbau einer persönlichen Ethik (ethischer Rigorismus)
Thema der Vorbilder kommt auf (Verkörperungen der Werte)
Suche nach einer selbstgewählten Autorität
Identifikationsbereitschaft (Suche nach Verständnis und Führung)
So mußt du werden!
Eltern selten Vorbild - häufig Lehrer
Ablehnung ironischer Lehrer
Idealbildungsprozesse - Hochbild: Leitbild der Lebensführung
Ideal an anschauliches Vorbild gebunden; Ideal und abgelehntes Gegenideal
Aus inneren Antrieben u. äußeren Anstößen entsteht der Prozeß der Selbstgestaltung - Entstehung eines Lebensplanes - Zukunftsbezug; anfangs oft unrealistische Ziele
4. Innenwendung und verminderte mitmenschliche Bezogenheit
Die kindliche Extrovertiertheit weicht jugendlicher Kontaktablehnung
Weg von der Klasse als ganzes - hin zu wenigen Freunden
Gemeinschaftsstreben tritt auf: Zusammensein aus innerer Gleichstrebigkeit
5. Erwachen der seelischen Ergän-

leben)
Mädchen: nach Menstruation lassen leibliche Spannungs- und Schwächempfindungen nach; Kern der Unlust wandert nach Innen: Tendenz zu Schwermut und Weltschmerz, zu Depression und Traurigkeit im Zusammenhang mit der Sinnfrage.
Sentimentalität: Selbstgenießerische Hingabe an Erlebnisse des seelischen Schmerzes
3. Selbstgefühl: gedrückt, Wunsch etwas besonderes zu sein füllt Tagträume aus. Zweifel bei der Selbsteinschätzung
Bewegt sich zwischen Extremen
Entstehung des Eigenwertgefühls - gebunden an sittliche Lebensgestaltung
Kritikanfällig, verletzbares Ehrgefühl, Empfindlichkeit
4. Mitmenschliche Gefühlsregungen - Hang zur Ausschließlichkeit, Freundschaft - Schwärmen - Verehrung im Zusammenhang mit Persönlichkeitswerten (nicht mehr Dingwerte)
Verselbständigung ästhetischen Erlebens (Dichtkunst, Musik, bildende Kunst)
Vorliebe für das Heroische (Schiller)
Zug zum Romantischen und Sentimentalischen
Vorliebe für Moll (Schumann und Chopin)
Expressionismus
Aufbruch des Naturerlebens: Kind lebt in der Natur
Jugendlicher *erlebt* die Natur
Natur eingebaut in das Stimmungserlebnis (sentimentalisch, Sinn für Stille)
- Nachtschwärmerei - Wandern und Fahrten
Ehrfurcht: aus dem Gefühl des Überwältigenden (rel. Gefühl)
Insgesamt: erhöhte Empfindsamkeit nach Innen - Kühlheit nach außen
Vollendung der Gewissensbildung: vom heteronomen - autoritären Gewissen der Kindheit zum autonomen Gewissen
Herausbildung einer persönlichen Religiosität; Voraussetzung: Erlebnis der Individuation als Voraussetzung des Erlebnisses der Kontingenz ("Gefühl der schlechthinigen Abhängigkeit") Veränderung der Zeitperspektive: Biogra phische Rekonstruktion und Zukunftsentwürfe: Gefühle der Hoffnung und Sehnsucht jetzt erlebbar

	zungsbedürftigkeit: Erlösung (gegenstandslos) - Entsteht aus: (a) Erlebnis der Individuation und Einsamkeit, der (b) Feindlichkeit der Welt, (c) Verständnislosigkeit der Mitmenschen Abwendung von den Eltern, Unterscheidung jetzt erlernbar: Eros (Verlangen nach Zärtlichkeit, Vertrauen, Verstehen) und Sexus (körperlicher Genuß und Besitz) - beide noch getrennt. 2 Phasen: (1) Entstehung der Liebe zur leiblich-menschlichen Schönheit; Glaube an die Übereinstimmung zwischen körperlicher und seelischer Schönheit (2) Entdeckung der durchgeistigten Schönheit, Phase des Schwärmens: Eros richtet sich zuerst auf Erwachsene und auf das eigene Geschlecht - Freundschaftsbildungen - Scheu vor dem anderen Geschlecht - gleichgeschlechtliche seelische Wirbildung als Umweg zur Reife - Idealisierung des Freundes 6. Ablösung der Sachinteressen durch Personinteressen Geistige Interessen entstehen: Wissenschaft, Weltanschauung, Aesthetisches, Religiöses Ringen um Erkenntnis, metaphysisches Bedürfnis Erstarkung der Willenshaltung durch Selbsterziehung (Disziplinierheit, Zielstrebigkeit, weniger Masturbation)	

Neben diese Intensivierung des Geschlechtstriebes tritt vor allem das gesteigerte Streben nach Unabhängigkeit und nach Erwachsenseinwollen. Die Kindheit abzulegen, sich erwachsen zu präsentieren, das eigene Ich in seiner Bedeutung darzustellen, all dies charakterisiert nach REMPLEIN diese Lebensphase. Aber diese Selbstdarstellungstendenzen werden durch den *Aufbau neuer Ideale* gebändigt. Der Jugendliche sucht jetzt Vorbilder, er sucht personale Verkörperungen von Standards, denen er selber nachfolgen möchte. Lebenspläne werden in Ansätzen entwickelt, das eigene Handeln wird von einem gewünschten und antizipierten Zustand her gelenkt.

In bezug auf das andere Geschlecht erwacht langsam das Bedürfnis nach echten Kontakten, die seelische Ergänzungsbedürftigkeit äußert sich in der Form von Gefühlen der Einsamkeit, von Sehnsucht und von Hoffnungen. Mit dieser *stärkeren Zuwendung zum anderen Geschlecht ist die Abwendung von den Eltern* verbunden, das Erlebnis der Individuationen, der Einsamkeit, aber auch die Wahrnehmung von Verständnislosigkeit der Mitmenschen. In den auftauchenden Liebesbeziehungen lernt der Pubertierende zwischen Eros und Sexus unterscheiden, wenngleich beide noch getrennt sind. In dieser Altersphase beginnen sich sehr intensive Freundschaften anzubahnen, meist noch gleichgeschlechtlicher Art und häufig mit erotischen Komponenten.

In der Notwendigkeit, den eigenen Geschlechtstrieb zu bearbeiten, entsteht ein Übungsfeld der Selbsterziehung, der Fähigkeit zum Verzicht und der Selbstdisziplinierung.

Diese Altersphase ist von sehr intensiven Gefühlserlebnissen begleitet. Im Vordergrund steht aber nicht mehr so sehr das Schwanken der Stimmungen, sondern der Aufbau vertiefter Emotionen, das Aufkommen von Gefühlen der Sehnsucht und der Begeisterung. Der Kern der Unlust wandert nach Innen: es wird jetzt erstmals Schwermut und Weltschmerz erlebt, Gefühle der Depression und der Traurigkeit tauchen auf. Das Selbstgefühl ist noch weitgehend gedrückt, Selbstzweifel sind sehr häufig und lösen euphorische Gefühle eines überhöhten Eigenwertes ab. Heranwachsende Menschen dieser Lebensphase sind wiederum sehr verletzbar und sehr kränkbar.

Bei mitmenschlichen Gefühlen überwiegt die Komponente der Ausschließlichkeit und der Überhöhung. Diese Gefühle werden häufig von radikalen Ablehnungen und radikalen Feindschaften abgelöst.

Besonders im Zusammenhang mit Kunst- und Naturerlebnissen blüht nun aber auch ein reichhaltiges Gefühlsleben auf. Die Vorliebe richtet sich allerdings auf emotionsgeladene heroische Darstellungen, auf traurige Musik und auf expressive Naturdarstellungen.

2.1.1.3 Jugendliche und Adoleszenz

Nach der Jugendkrise (bei Mädchen zwischen 15 und 16, bei Jungen zwischen 16 und 17), die vor allem als Berufskrise und als Schulkrise auftaucht, mündet die seelische Entwicklung in eine Phase der Beruhigung, die in etwa im 20. Lebensjahr zu einem Zustand der Reife führt. Auf der körperlichen Seite erreicht der heranwachsende Mensch seine harmonische Endgestalt, von der seelischen Entwicklung her bahnt sich eine *Verbindung zwischen der Introversionsphase der Pubertät und der realistischen Wendung nach außen in der Adoleszenz* an. Der Kronzeuge für das Entwicklungsgemälde dieser Jugendphase ist für REMPLEIN besonders Eduard SPRANGER mit seiner Jugendspsychologie. In dessen Darstellung der Übernahme der Kultur kulminiert das Verständnis einer geisteswissenschaftlichen Jugendpsychologie.

Auf der Seite der Denkentwicklung manifestiert sich diese "positive Phase" besonders in einer *inhaltlichen Entfaltung des Reichtums an Wissen und Einsichten in Zusammenhänge der Natur, der Gesellschaft und des menschlichen Lebens* insgesamt. Dies ist auch die Lebensphase, in der der heranwachsende Mensch erstmals ein einheitliches Weltbild aufzubauen versucht.

Im Bereich der Antriebe und ihrer Steuerung bestätigen sich die vitalen Momente. Sie werden jetzt mehr und mehr von den eigenen *Idealen* beherrscht und kontrolliert. Der heranwachsende Mensch löst sich jetzt von seiner Ich-Bezogenheit, er wird offener für ideale Begegnungen mit anderen Menschen. Personen des anderen Geschlechtes sind nicht mehr reine subjektive Projektionen, sondern sie werden zunehmend in ihrer eigenen Wesenheit erfaßt.

Abb. 2.4: Entwicklungsverläufe der Jugendphase nach REMPLEIN: Jugendliche und Adoleszenz

Jugendkrise: Mädchen: zwischen 15 und 16, Jungen: zwischen 16 und 17
Berufskrise und Schulkrise; motorische Unruhe, gesteigerte Affektivität, Labilität
Lösungstendenzen
Beruhigungsphase: Adoleszenz - Mädchen: 16 1/2 - 20, Jungen: 17 - 21
Körperliche Endgestalt - Harmonisierungsphase
Von der Introversion der Pubertät zur Außenwendung - Festigung der Seelenstruktur
Fortsetzung und Abschluß der Kulturpubertät

Orientierungsfunktionen	Antriebe und ihre Steuerung	Gefühle
1. Intelligenzentwicklung mit Pubertät beendet (dort noch geisteswissenschaftliches Denken aufgebaut) Formale Schulung (Gymnasialjugend und Berufsschuljugend entwickeln sich auseinander). Denken und Fühlen treten in ein ausgeglicheneres Verhältnis - Versachlichung Anbahnung eines kritischen Realismus Rigorismus und Subjektivismus nehmen ab. 2. Versuch der Zusammenfassung des Wissens zu einem einheitlichen Weltbild - Philosophie und Religion.	1. Verstetigung des vitalen Antriebes 2. Steigerung des Gesellungsstrebens. Von der Verschlossenheit zur Öffnung. Wunsch nach Begegnung mit anderen Menschen; Bildungsreisen Letzte Stufe sozialer Reifung: Einsicht in die Grundlagen gesellschaftlicher und staatlicher Ordnung ("Nur das Gesetz kann uns Freiheit geben"). Sucht Gemeinschaft in der Gemeinsamkeit der Idee (von der Lebensgemeinschaft zur Ideengemeinschaft). Lehrer als "Weltanschauungshelfer" gesucht. Echte Du-Bezogenheit. Echte Selbstlosigkeit wird möglich - Entfaltung sozialer Gesinnungen ... objektives Verstehen des Du ... 3. Beendigung der psychosexuellen Reifung.	1. Allmähliche Beruhigung 2. Ausgeglichenheit, keine so starken Stimmungsschwankungen mehr. 3. Festigung des Selbstgefühls bzw. bei erfolgreichem Studium und "Glück in der Liebe" Schwankungen der Selbsteinschätzung nehmen ab. 4. Mitmenschliche Gefühle stabilisieren sich: Klärung des Verhältnisses zu Eltern und Erziehern: Freundschafts- und Vertrauensverhältnis möglich. Gefühle der Hoffnung auf konkrete Zukünfte verfestigen sich. Überwiegend: phasenspezifischer Frohsinn 5. Konsolidierung der Wertwelt - Strukturierung der persönlichen Wertwelt: Lebensformen (SPRANGER). Zentrum der Person kristallisiert sich heraus (ästhetisch, theoretisch, sozial, religiös, politisch)

	Geschlechterannäherung (Tanzstunde, Flirt). Experimentelle Formen der Annäherung. Bruch der homoerotischen Jugenfreundschaften. Verliebtsein: an äußerer Erscheinung orientiert (Eros im ersten Stadium) Erste Liebe: (Eros im zweiten Stadium) an durchgeistigter Schönheit orientiert ästhetische Überhöhung (gemeinsames Erleben von Natur und Musik) Verschmelzung von Eros und Sexus; Mädchen: 18 - 20 Jungen: 20 - 25 "Rein bleiben und reif werden" 4. Interessenentwicklung - Schaffensdrang - Leistungsstreben - Studienwahl Kräfte für Arbeit und Leistung werden frei - Versachlichung. Bewußtes künstlerisches Schaffen. 5. Verschiebung der Ideale: nicht persongebundend und vorbildgebunden - allgemeines Menschheitsideal taucht auf - Reich der abstrakten Werte (Wahrheitsliebe, Gerechtigkeitssinn, Pflichtgefühl, Verantwortungsbewußtsein). Kind: Gebote und Verbote der Autoritäten Pubertät: Personale Vorbilder Adoleszenz: Ideen selbst Ernst - geistige Reife - Verantwortungsfährigkeit in Ehe und Beruf. 6. Von der Selbstgestaltung zur Außenweltgestaltung.	Meist aber im Vordergrund: ökonomische Wertrichtung. Wichtige Phase des Aufbaus des Charakters: Übung in "Umsetzung": Willensstärke lernen
Schlußbetrachtung:	Kind lebt nur sein eigenes Leben - nun soll aber auch die Menschheit weiterleben: biologisch und geistig - über den Weg der Innenwendung	

Zur politisch-sozialen Umwelt wird keine bloß emotional bestimmte Haltung begeisterter Zustimmung oder radikaler Ablehnung mehr eingenommen, sondern sie ist nunmehr von der Einsicht in die Regulationsprinzipien, insbesondere von der Einsicht in die Bedeutung des Gesetzes getragen.

In diese Alterphase fällt vor allem die *psychosexuelle Reifung*. Von den ersten Stadien der Verliebtheit bewegt sich der heranwachsende Mensch fort zu echten Freundschaften, erlebten gegenseitigen Verpflichtungen bis hin zu einer Verschmelzung von Eros und Sexus. Als günstiges Stadium wird dafür für Mädchen die Zeit zwischen dem 18. und 20. Lebensjahr, für Jungen zwischen dem 20. und 25. angesehen. Um Reifeprozesse nicht frühzeitig abzukürzen und in primitive Bahnen zu lenken, wird ein langes Hinausschieben der sexuellen Vereinigung befürwortet.

Die Vollendung erfährt die Entwicklung auch beim Aufbau von Idealen, wo also Werte zum Antrieb für die Selbstgestaltung des eigenen Lebens in der Gemeinschaft der Menschen werden. Der Akzent verlagert sich hier von der *Selbstgestaltung der eigenen Person zur Außengestaltung der Welt*.

Im Bereich des Gefühlslebens ist diese Lebensphase eine solche der Beruhigung. Die Stimmungsschwankungen lassen nach, Ausgeglichenheit breitet sich aus. Besonders wenn die berufliche Laufbahn erfolgreich verläuft und der Kontakt zum anderen Geschlecht sich günstig entwickelt, festigt sich auch das Selbstgefühl. Die selbstvernichtenden Emotionen gehen ebenso zurück wie die unrealistischen Selbstüberhöhungen.

Im Emotionsleben kristallisiert sich eine Wertwelt heraus, die zum Zentrum der Lebensorganisation wird. Der heranwachsende Mensch findet jetzt sein *"Königs-Ich"*, d.h. aus den vielen möglichen Perspektiven, was er sein und werden möchte, ob er im ästhetischen, theoretischen, sozialen, religiösen, politischen oder technisch-ökologischen Bereich Selbstverwirklichung sucht, entscheidet er sich für einen bestimmten Weg der aktiven Selbstgestaltung und Weltgestaltung.

Das Stadium des reifen Menschen ist jetzt erreicht: "Das Ziel des Jugendalters besteht also 'in der Eroberung der Innenwelt, damit der Jugendliche durch das Verstehenlernen eigenen und fremden seelischen Erlebens fähig werde zum Zusammenleben mit einem Wesen des anderen Geschlechts, mit dem er seine Art fortpflanzen soll, und zum Zusammenleben mit Erwachsenen überhaupt, in deren geistigen Zusammenhang er sich hineinfügen, deren Kultur und geistiges Dasein er übernehmen und unter günstigen Umständen weiter- und höherführen will' (TUMLIRZ, 1954). Mit der Erreichung dieses Zieles ist die Entwicklung abgeschlossen: der Mensch ist in leib-seelisch-geistiger Hinsicht ein fertiger Erwachsener." (REMPLEIN, 1965, 549f.)

Auf der Folie dieses Entwicklungsgemäldes möchten wir unsere Längsschnittuntersuchung, die das Aufwachsen eines Altersjahrganges ab dem 12.

Lebensjahr in den 80er Jahren dieses Jahrhunderts untersucht, auswerten. Es sei an dieser Stelle aber auch ausdrücklich betont, daß dies insofern eine nachträgliche Konstruktion ist, als die klassische Entwicklungspsychologie erst in einer Schlußphase des Forschungsprojektes wieder entdeckt wurde.

Ich habe zwar als Hauptverantwortlicher des Adoleszenzprojektes die "klassische Entwicklungspsychologie" gewissermaßen in meiner eigenen Jugend- und Studiengeschichte internalisiert. Meine ersten jugendpsychologischen Lehrveranstaltungen waren in der Volksschullehrerausbildung ganz durch Eduard SPRANGERs Psychologie des Jugendalters bestimmt. Durch das von ihm geprägte Verständnis der Kulturpubertät und den humanistisch-literarischen Interessen des Jugendalters ist auch meine Studienwahl anfangs bestimmt gewesen: in einer ersten Studienphase habe ich mich philosophisch-literarischen Themen zugewendet. Die klassische Entwicklungspsychologie ist dann ein zweites Mal an der Universität für mich wirksam geworden, da ich bei einer Schülerin von Charlotte BÜHLER, bei Lotte SCHENK-DANZINGER, an der Universität Innsbruck Entwicklungspsychologie studiert habe. Das implizite Wissen um diese Entwicklungspsychologie hat allerdings auch dann weiter gewirkt, als die realistische Wende der Pädagogik und die Übernahme sozialisationstheoretischer Fragestellungen (s. FEND, 1969) mein Denken bestimmt hat.

Die Konzeption des Forschungsprojektes "Entwicklung im Jugendalter" war aber anfangs stärker von der Übernahme sozial-ökologischer und sozialisationstheoretischer Fragestellungen und von theoretischen Ansätzen der altersspezifischen Problembewältigung (Coping und Defense) bestimmt als von der Tradition der klassischen Entwicklungspsychologie. In der Erforschung der Persönlichkeitsentwicklung standen moderne Konzepte der Persönlichkeit, z.B. jene im Umkreis der Entwicklung des Selbst, der Bedeutung des Selbstwertgefühls und von Kontrollkognitionen stärker im Vordergrund als die deskriptive Phänomenologie der alten Entwicklungspsychologie.

Erst das aufsteigende Bewußtsein von der phänomenologischen Armut der modernen Entwicklungspsychologie hat zu einer Rückwendung des Blickes in die alte europäische Tradition geführt.

Selbstverständlich ist es nicht möglich, eine nicht konzipierte Fragestellung, wie jene nach einer möglichst präzisen Deskription von Entwicklungsverläufen im Jugendalter, die nicht geplant war, durch eine entsprechende Datenauswertung nachzuholen. Glücklicherweise haben wir aber sehr viele qualitative Informationen gesammelt, und glücklicherweise haben implizit alte Fragestellungen die Themen des Adoleszenzprojektes stark bestimmt. Das oft implizite und versteckte "Vorwissen" des Forschers ist hier im nachhinein wieder sichtbar geworden. Auf diesem Hintergrund sei deshalb eine Rekonstruktion von Jugendverläufen auf dem Horizont von "klassischen" Erwartungen versucht. Dabei können wir durchaus eingangs die skeptische Frage stellen, ob das Entwicklungsbild der Pubertätsentwicklung, das Charlotte BÜHLER (1922/1967) selber schon als die *heroische und grüblerische Pubertät* bezeichnet hatte, heute noch stimmt. Die Forschungen im amerikanischen Bereich sind dazu in der Regel eindeutig negativ: fast alle Untersuchungen belegen, daß die dort von Stanley HALL (1904) formulierten Charakterisierungen der Sturm- und Drangphase im großen und ganzen nicht zutreffen.

2.1.1.4 Untersuchungen zur Adoleszenz in den 60er Jahren

Im deutschen Sprachkreis haben nur wenige Autoren versucht, die alten entwicklungspsychologischen Hypothesen zu überprüfen. Das größte Verdienst, was die Übernahme der Ergebnisse dieser Forschung in Standardwerke der Entwicklungspsychologie angeht, kommt diesbezüglich NICKEL (1975) zu. Er integriert dabei die Arbeiten aus seinem eigenen Umkreis (TRAUTNER, 1972 und DEGENHARDT, 1971) und dem von EWERT (1984a).

Auch hier ist das Hauptergebnis, welches derzeit das Meinungsbild in der Entwicklungspsychologie des Jugendalters bestimmt, dies, daß der Übergang von der Kindheit in die Adoleszenz eher von Stabilität und kontinuierlichen Entwicklungssträngen gekennzeichnet ist als von Aufruhr und Destabilisierung. Wohl ergibt sich ein deutlicher Wandel der Familienbindung, also der Zentripedalität der emotionalen Bindungen, die zudem heute früher einsetzt als noch vor zehn Jahren. Diese emotionale Ablösung ist aber durchaus mit einer Stabilität der emotionalen Beziehungen zu den Eltern und zu sich selber verbunden, da erstere eine solche Ablösung selber wünschen und mit vollziehen (s. EWERT, 1984b, 179ff.). Diese positive Einschätzung des Jugendalters hat sich auch im neuen repräsentativen entwicklungspsychologischen Lehrbuch von OERTER und MONTADA (1982) niedergeschlagen.

Differenziert war dieser Frage lediglich NICKEL (1975) in seinem bekannten Standardwerk nachgegangen. Durch den Rückgriff auf die anthropologische Forschung zum Aufwachsen in primitiven Kulturen (s. MEAD, 1959) und durch den Rückgriff auf eigene Untersuchungen glaubte er nachweisen zu können, daß die puberale Entwicklung nicht immer und überall so krisenhaft abläuft, wie es die ältere Entwicklungspsychologie vermutet hat, sondern daß gesellschaftliche, kulturelle, sozioökonomische sowie schulische und familiäre Bedingungen diesen Prozeß in hohem Maße modulieren. Insbesondere die Einstellung im Elternhaus sei von großer Bedeutung (s. NICKEL, 1975, 216). Die Kontinuität und Stabilität der Kindheit bestehe fort, obwohl in dieser Lebensphase eine größere Rollenunsicherheit und Statusungewißheit zu verzeichnen sei, obwohl sich ein Streben nach Verselbständigung und damit verbundener Ablösung von der Autorität der Eltern einstelle. Selbst wenn man für diese Altersphase den Beginn der Selbstreflexion und ein verstärktes Interesse und Verständnis für psychische Vorgänge annehme und wenn man schließlich berücksichtigt, daß sich in dieser Phase Ich-Ideale herauskristallisieren (s. NICKEL, 1975, 217), so sei dies doch nicht mit einer allgemeinen Destabilisierung verbunden.[7]

Ein Hauptthema der klassischen Entwicklungspsychologie kristallisiert sich in der Hypothese, daß in dieser Altersphase auf den verschiedensten Ebenen ein Leistungsrückgang erfolgt. Besonders das 8. Schuljahr wurde als Zeitpunkt der höchsten Anfälligkeit für Schulversagen angesehen. Die Belege dafür sind allerdings sehr alt. Wenn SCHENK-DANZINGER (1987, 287) darauf Bezug nimmt, dann kann sie nur die alte Studie über Schwankungen von Schulleistungen und Führungszensuren von ERHARDT (1937) heranziehen. Nach dessen Erhebungen zeigte sich beim Mädchen ein Tiefpunkt in den Schulzensuren zwischen 12 und 14 Jahren, bei den Knaben ein Jahr später. Diese Studie ist jedoch mit beträchtlichen methodischen Mängeln behaftet, die schon für die Zeit vor dem 2. Weltkrieg, auf die sich seine Ergebnisse ja beziehen, zu vorsichtigen Interpretationen mahnen. Die Erhebung von DIETRICH (zit. in SEIFFGE-KRENKE & OLBRICH, 1982, 127) belegt für die Verhaltensnoten einen Tiefpunkt in der Beurteilung zwischen dem 5. und dem 7. Schuljahr. Insgesamt ist jedoch der Sachverhalt erstaunlich, daß es kaum detaillierte und repräsentative Untersuchungen über die Entwicklung des Notenbildes bei Jungen und Mädchen verschiedener Schulstufen und zu verschiedenen historischen Zeiten gibt.

NICKELs Resümee geht dahin, daß die Jugendphase heute weit weniger introvertiert erlebt werde als früher. Er meint in Übereinstimmung mit den Untersuchungen von BERTLEIN (1960) und seinen eigenen Erhebungen feststellen zu können, daß die Auseinandersetzung mit den Jugendproblemen

---

7 Seine Bezugsquelle für die Dokumentation von Destabilisierungen in der Gegenwart ist eine Untersuchung von DEGENHARDT (1971), der 914 Volks- und Oberschüler im Alter von 10 bis 14 Jahren im Rahmen einer größeren Längsschnittstudie beobachtet hat, die 1967 begonnen wurde. Darin glaubt nun NICKEL Belege zu sehen, daß eine zunehmende Distanzierung des erlebten Ichs und des Ich-Ideals der Mädchen von den Erwachsenen allgemein und insbesondere zum Vater festzustellen ist. Andererseits bleibe die erlebte Nähe der Stellung des eigenen Ich zur Mutter und zu Mädchen gleichen Alter durchaus erhalten. Alle diese Veränderungen vollziehen sich jedoch nicht plötzlich und sprunghaft, sondern eher kontinuierlich.
Andererseits verweist NICKEL methodenkritisch darauf, daß eine ähnliche Untersuchung zur affektiven Destabilisierung im Sinne der Entstehung ängstlich-depressiver Grundstimmungen noch fehle. NICKEL selber hat dazu verwandte Erhebungen angestellt, indem er Kindern des 5., 7. und 9. Schuljahres Angstskalen (allgemeine und spezifische Leistungsprüfungsangst) vorgelegt hat. Dabei fand er mit steigender Schulstufe signifikant abnehmende Angstwerte. Interessant sei aber, daß sich gerade für die Angstfaktoren (allgemeine unbestimmte Angst sowie Erwartungsangst und Gefühl der sozialen Isolierung) für die Mädchen im 7. Schuljahr ein gewisser Höhepunkt ergebe. Dies würde mit der kurvilinearen Verlaufscharakteristik übereinstimmen, die von der klassischen Entwicklungspsychologie formuliert wurde.

heute weniger gefühlsbetont und aufgewühlt erfolge und von einer stärkeren Versachlichung und Realitätsbezogenheit gekennzeichnet sei.

Seit den späten 60er Jahren gibt es nun keine Untersuchungen mehr, die einen detaillierten Überblick über Entwicklungsverläufe von der Kindheit in die Adoleszenz geben könnten. Dies ist der Anlaß, warum im folgenden auf dem bisher formulierten Erwartungshorizont eine detaillierte Beschreibung von Entwicklungsverläufen versucht wird.

Wir nehmen damit die "klassische" Fragestellung wieder auf: Welche lebensphasenspezifischen Veränderungen vollziehen sich heute beim Übergang von der Kindheit in die Adoleszenz? *Damit tritt die Frage nach den interindividuellen Variationen des Aufwachsens in den Hintergrund und die altersphasentypische tritt in den Vordergrund.*

Ihr möchten wir uns mit der Analyse qualitativen und offenen Materials nähern. Wir gehen von der allgemeinen Frage aus, was Heranwachsende heute in dieser Lebensphase bewegt und wie sie ihre Umwelt wahrnehmen.[8]

2.1.1.5 Stolz, Freude und Kummer von 12jährigen

Um zu erfassen, um was die Gedanken von Heranwachsenden kreisen, haben wir drei Fragen gestellt, die selbstreflexive Prozesse herauslocken sollten. Wir hatten die Vorstellung, daß es zu jeder Lebenszeit typische Bereiche gibt, die jemanden bedrücken, in denen also Veränderung, Entwicklungsfortschritt und Problembewältigung im Vordergrund stehen. Gleichzeitig sucht jeder Mensch in bestimmten Bereichen Trost, sucht er Freude, sucht er Einverständnis mit seinem Dasein. Neben Problembereichen und Lustbereichen gibt es auch Bereiche des Stolzes, der Identifikationsmöglichkeiten und des Aufbaus von Perspektiven, was man selber gern sein möchte, was dem Bedürfnis nach Selbsterhöhung entgegenkommt. In drei Satzergänzungen wollten wir die altersspezifische Organisation zu diesen Erlebnisbereichen erfassen:

- Ich bin stolz ...
- Am meisten Spaß macht mir ...
- Am meisten bedrückt mich ...

Worauf sind nun 12jährige stolz, was macht ihnen Spaß, was bedrückt sie am stärksten?

---

8 Dazu gibt es neuerdings wieder hervorragende Dokumentationen im Rahmen der neueren Jugenduntersuchungen (s. Jugend. Vom Umtausch ausgeschlossen, 1984, JUGENDWERK DER DEUTSCHEN SHELL, 1985, Musenalp-Express). Diese Dokumente harren jedoch noch einer altersspezifischen Auswertung.

Dazu äußern in unserer Kultur Mädchen und Jungen folgendes:

Ich bin stolz, daß meine Mutter und ich uns immer gut verstehen. Mit meinem Freund und meiner Freundin ins Schwimmbad gehen macht mir Spaß. Es bedrückt mich, daß ich mich zwischen zwei Freundinnen entscheiden muß.

Ich bin auf gar nichts stolz.
Spaß macht mir im Bett liegen und faulenzen. Bedrücken tut mich der Krach mit meinem Freund.

Auf meine Briefmarken und auf die Eins, die ich mit Garantie in Mathe bekomme.
Auf meine Freunde.
Spaß macht klettern, Fahrradfahren.

Auf meine 2 in Deutsch.
Spaß macht mir Handball.
Am meisten bedrückt mich die Zukunft.

Ich bin am meisten stolz darauf, daß ich mich in Deutsch verbessert habe.
Spaß macht mir schwimmen, Fahrradfahren und wandern.

Stolz bin ich auf mein Haustier und auf mein Klavier.
Spaß macht die Freizeit.
Bedrücken tun mich unangenehme Mitschüler.

Ich kann zur Zeit auf nichts stolz sein.
Spaß machen mir viele Sportarten, Tiere, Reisen.
Bedrücken tut mich die Schule, die Hausaufgaben.
Mich bedrückt, daß mein Vater meinen Bruder nicht leiden kann.

Stolz bin ich darauf, daß ich ein schönes Elternhaus habe. Es bedrückt mich, daß mein Freund mich nicht mehr mag.
Am meisten stolz bin ich auf mein Pferd.

Ich bin stolz auf meine Briefmarkensammlung.
Am meisten Spaß macht mir Fahrradfahren.
Am meisten bedrückt mich die Schule wegen der Noten.

Ich bin stolz, daß ich gut Fußballspielen kann.
Am meisten Spaß macht es mir, in einer großen Gesellschaft zu sein.
Es bedrückt mich, daß meine Freundin mit mir Schluß gemacht hat und mit jemand anderem geht.

Am meisten stolz bin ich auf unsere Orgel.

Ich bin stolz, daß ich gut in Ballett bin.

Ich bin zur Zeit mit meinen schulischen Leistungen sehr zufrieden.
Ich bin sehr pferdebegeistert und reiten macht mir am meisten Spaß.
Mich bedrückt zur Zeit der Krach mit einigen Freunden.

Mich bedrückt im Moment am stärksten, daß ich zu Hause unwahrscheinlich viel verboten bekomme. Ich bin sogar schon mal abgehauen, aber da hatte ich nur noch viel mehr Ärger bekommmen.

Ich bin stolz, daß ich zufrieden bin, daß ich alles habe. Ich bin gerne mit Freunden zusammen und unterhalte mich mit ihnen. Ich habe keine großen Probleme.

Ich bin stolz auf meine innerliche Veränderung in den letzten Monaten. Am meisten Spaß macht mir mit der Gruppe etwas zu unternehmen. Am stärksten bedrücken mich die momentanen Schwierigkeiten mit meiner Freundin.

Ich bin stolz, daß ich zur Zeit viele Freunde habe. Spaß macht mir Handball. Es bedrückt mich, daß ich von manchen gehänselt werde.

Ich bin stolz auf unser großes Haus mit einem großen Garten, das wir gekauft haben.
Am meisten Spaß macht mir Kunsterziehung; es bedrückt mich, daß wir zur Zeit ein neues Fach bekommen haben, wo ich doch mit Englisch kaum zurecht komme.

Stolz bin ich auf meine Leistung.
Mich bedrückt mein Elternhaus.
Daß ich sterben muß, bedrückt mich am meisten.

Stolz bin ich auf meine 3 Aquarien, am meisten Spaß macht mir Fußball, am meisten bedrückt mich mein kaputter Fußball.

Ich bin stolz, daß ich dieses Jahr das erste mal länger mit meinen Eltern zusammen in Urlaub fahre.
Spaß macht mir lesen und Musik hören, wandern. Es bedrückt mich, daß ich zur Zeit etwas meine Freundin verloren habe.

Ich bin stolz darauf, daß ich beliebt bin.
Ich bin auf meine schulischen Leistungen stolz.
Mich bedrückt: Ich möchte seit einem halben Jahr mit einem Jungen gehen, der nicht mit mir gehen möchte.

Ich bin stolz: in Mathematik und Kunst eine Eins im Zeugnis. Mich bedrückt, daß ich nicht schwimmen kann.
Am meisten macht mir Spaß, mit Freunden was zu unternehmen.

Ich bin am meisten stolz auf meine Freundin. Mir macht am meisten Spaß meine Hütte auf dem Abenteuerspielplatz zu bauen. Mein Feind, der sich immer mit mir prügeln will bedrückt mich.

Stolz bin ich auf meine Katze, Spaß macht mir Quatsch machen, bedrücken tut mich, daß ich nicht gut aussehe.

Zur Zeit kann ich auf meine Zeugnisnoten stolz sein. Am meisten Spaß macht mir fechten. Ich bin in einem Fechtkurs, der mir von der Schule angeboten wurde.

Wir haben ein Problem mit meiner Schwester. Sie hat ein Problem mit ihren Klassenkameradinnen. Sie wird von ihnen nicht akzeptiert und das schlägt ihr auf den Magen, dadurch ist sie auch unterleibskrank.
Zur Zeit bedrücken mich meine Eltern.

Stolz bin ich auf meine Noten und auf meinen Freund. Am meisten Spaß macht mir lernen und mit meinen Freundinnen oder meinem Freund zusammensein. Es bedrückt mich, daß meine Eltern herauskriegen, daß ich einen Freund habe (ich bin keine Deutsche, er ist Deutscher).

Ich bin stolz auf mein Zeugnis, mir macht es Spaß, mir Gedanken zu machen, es bedrückt mich: ich hatte Liebeskummer.

Ich bin stolz, daß ich ein Jugoslave bin. Mich bedrückt Heimweh.

Ich bin stolz, daß ich ein Pakistani bin. Mir macht Spaß, mit meinen Eltern zu reden. Mich bedrückt Heimweh.

Einige weitere Muster:

Ich bin am meisten stolz auf meine Schwester, es macht mir Spaß, mit meiner Freundin etwas zu unternehmen, am meisten bedrückt mich das Wetter.

Ich bin am meisten stolz auf mein Zimmer, am liebsten tue ich tanzen und Musik hören, am meisten bedrückt mich, daß ich noch keinen festen Freund habe.

Ich bin stolz, daß ich jeden Tag reiten darf. Spaß machen: reiten, schwimmen, in der Clique zusammensein. Mich bedrückt die Verschmutzung unserer Erde.

Stolz bin ich auf meinen Freund, Spaß macht mir, bei meinen Großeltern zu sein. Ich komme zur Zeit mit meinen Geschwistern nicht ganz gut aus.

Ich bin zur Zeit auf nichts stolz. Mir macht es Spaß in die Schule zu gehen. Es bedrückt mich, daß uns unser Klassenlehrer nächstes Jahr abgibt.

Ich bin stolz über meine Noten, am meisten macht mir schwimmen Spaß, mich bedrückt meine Figur.

Ich glaube, ich kann nicht stolz sein. Ich habe keinen Grund. Ich reite, das macht mir großen Spaß und ich turne gerne mit meiner Mutter. Ich hatte einen guten Freund, für mich war er mehr als ein Freund und jetzt redet er mit mir nicht mehr; das betrübt mich sehr.

Ich bin stolz auf mein Zeugnis. Ich gehe sehr gern schwimmen. Mich bedrückt, daß ein Junge gesagt hat ich sehe gut aus und es darf keiner wissen.

Ich bin stolz auf meine lieben Eltern und mein schönes Zuhause.

Spaß macht mir turnen, schön anziehen und rumalbern, mich bedrückt, daß meine Oma sehr schwer verletzt im Krankenhaus liegt und wahrscheinlich nie mehr laufen kann, also gelähmt ist.

Worauf ich stolz sein kann: ich beherrsche mich sehr gut. Am meisten Spaß macht mir mein Hobby Ballett. Mich bedrückt, daß meine Eltern getrennt leben.

Ich kann zur Zeit sehr stolz sein, da ich alleine mit einer älteren Freundin in den Urlaub gehen darf und mir das Geld alleine zusammengespart habe. Am meisten Spaß macht mir mit meiner Freundin zusammen zu sein.

Mich bedrückt zur Zeit überhaupt nichts, bin völlig zufrieden.

Ich bin stolz auf meine Zeugnisnoten. Spaß macht mir Kinder hüten und Hunde ausführen.
Mich bedrückt, ich gelte bei jedem Mitschüler nichts, nicht einmal bei meinen Geschwistern.

Im Moment kann ich auf meine Noten stolz sein. Ich habe 16 Katzen, die machen mir sehr viel Spaß, auch Mathe macht mir sehr viel Spaß. Ich denke, daß mich meine Eltern nicht gern haben.

Ich bin auf meine Stereoanlage besonders stolz. Am meisten macht mir Fußball Spaß. Mich bedrückt die bevorstehende Mathearbeit.

Stolz bin ich auf mein gutes Zeugnis und auf meine Eltern. Spaß macht mir Motorradfahren und im Wald spazierengehen, außerdem mein Hobby: Tenorhorn blasen. Eigentlich bedrückt mich nichts.

Ich bin stolz auf meine kleine Schwester und auf meine Noten.
Spaß macht es mir, mit meiner Schwester und meinem Vater zu tollen. Mich bedrückt, daß meine Schwester krank ist.

Ich bin stolz auf meinen Vater, weil er, wenn ich etwas in der Schule nicht verstehe, helfen kann. Mich bedrückt, daß ich in der Klasse nicht so beliebt bin.

Ich baue eine Festung für meine Spielzeugsoldaten, die mit allem wichtigen ausgerüstet sind. Darauf werde ich mächtig stolz sein. Lesen und basteln macht mir am meisten Spaß. Im Moment bedrückt mich überhaupt nichts.

Ich bin stolz auf meine Kleidung, ich bin stolz auf meine Schönheit, ich bin stolz auf meine Haare.

Ich bin stolz, daß sich das kleine Kätzchen von 2 Monaten so an mich gewöhnt hat, daß es hört, wenn ich es rufe. Vorher war es ganz schüchtern. Spaß macht mir, mit Katzen und mit meinem Schäferhund zu spielen: außerdem auf unserem Pferd Lotte zu reiten. Mich bedrückt, daß ich einen Jungen gern habe, der schon eine Freundin hat.

Ich bin stolz, daß ich so gescheit bin, ich bin stolz auf meine Begabung.

Ich bin stolz auf meine Skateboardkünste. Mich bedrückt mein inneres Seelenleben (Berufswunsch: Psychologin, F.H.).

Ich bin stolz auf meine verständigen Eltern und auf meinen Bruder. Am meisten Spaß macht mir reiten. Mich bedrückt, daß ich keinen Freund habe.

Ich bin stolz, daß ich in der Pfadfindergruppe bin, außerdem bei der freiwilligen Feuerwehr. Spaß macht mir eben die Pfadfinderei. Mich bedrückt: ich möchte eine Freundin haben, aber ich habe keine.

Ich bin stolz auf meinen kleinen Bruder, er ist 5 Jahre alt, fährt Rollschuhe, kann schon ein bißchen schreiben und sagt immer so ulkige Dinge. Am meisten Spaß macht mir zur Zeit das Reiten, Tischtennis spielen, Klavier spielen und Gitarre spielen. Wir bekamen eine neue Mitschülerin. Ich kümmerte mich sehr um sie und jetzt tut sie mich hinter meinem Rücken schlechtmachen. Sie will sich in den Vordergrund drängen. (Dieses Mädchen möchte Journalistin werden, F.H.).

Ich bin stolz darauf, daß ich eine gute Freundin habe und einen Bruder, mit dem man über alles reden kann. Am meisten Spaß macht mir lesen. Mich bedrückt, wie die Menschen früher lebten, z.B. in Ägypten (Pyramiden; das Mädchen möchte Schauspielerin oder Archäologin werden, F.H.).

Ich kann stolz sein, daß ich einen Freund habe, der mir in jeder Lage hilft. Ich habe sehr viele Hobbies: Rotes Kreuz, tanzen, turnen, schwimmen, Musik, wandern, mit meinem Freund ins Kino gehen, lesen, schreiben. Mich bedrückt, daß mir jemand meinen Freund wegnehmen könnte, z.B. meine allerbeste Freundin ist scharf auf meinen Freund.

Ich bin stolz auf meine Augen, Nase, Mund, Haare. Am liebsten mache ich: mit meiner Freundin etwas unternehmen. Mich bedrückt, daß ich manchmal schlechte Laune habe und weiß nicht warum.

Ich bin stolz auf mein Rennrad, am meisten Spaß macht mir Fußball spielen, am meisten bedrückt mich die vielen Hausaufgaben.

Ich bin stolz, daß ich nicht dumm bin, daß ich aufs Gymnasium kann. Am meisten Spaß macht mir reiten. Mich bedrückt, daß ich zur Zeit nicht reiten kann, da das Pferd krank ist.

Der erste Eindruck bei dieser Lektüre schwankt sicher zwischen Belustigung und Erschütterung, zwischen Verwirrung über die Vielfalt und Überraschung, was gewisse Regelmäßigkeiten angeht.

So lassen sich die Bereiche, auf die 12jährige *stolz sind*, relativ leicht gliedern. Unter den 60 Nennungen lassen sich folgende Gruppen unterscheiden:

- 20 nennen jeweils Leistungen, insbesondere Schulleistungen, aber auch besondere Fähigkeiten im Sport und in künstlerischen Bereichen.
- 16 Kinder sind stolz auf andere Personen, auf Eltern, überraschenderweise manchmal auch auf Geschwister, auf Freunde und Freundinnen.

- 11 Nennungen entfallen auf Gegenstände und Tiere, von der Briefmarkensammlung bis zur Orgel, über Haus und Garten, übers Fahrrad bis hin zu Katzen und Pferden.
- 8 Nennungen beziehen sich auf eigene Merkmale wie sich gut beherrschen können, zufrieden mit allem sein, eine innere Entwicklung durchgemacht zu haben, gut auszusehen, beliebt und anerkannt zu sein.
- Schließlich wird von 4 Kindern explizit geäußert, daß sie auf nichts stolz sein können.

Von hier aus ergibt sich bereits ein Vorblick auf die Schwerpunkte selbstreflexiver Prozesse: diese werden in diesem Lebensalter besonders um schulische Leistungen und entsprechende Kompetenzen gruppiert sein, sie werden sich sehr stark auf die personale Akzeptanzwahrnehmung in der Altersgruppe konzentrieren und sie werden sich generell auf die persönliche Wertschätzung, auf Ideale und Errungenschaften beziehen.

Um ein jeweils persönliches Profil einschätzen zu können, ist es sehr wichtig, die *"Quellen des Vergnügens"* zu kennen. Hier läßt sich für diese Altersphase ebenfalls ein klares, aber in diesem Fall sehr stark geschlechtsspezifisches Muster feststellen.

Allgemein gilt, daß sportliche Aktivitäten in allen Varianten im Vordergrund stehen. Sie sind in der Regel mit sozialen Gesellungsformen mit Gleichaltrigen verknüpft.

Bei den Mädchen gibt es einen auffallenden Aktivitätsschwerpunkt, der um Schwimmen und um Reiten gruppiert ist. Die Liebhaberei für Pferde ist so auffallend, daß es wundert, warum sich die Entwicklungspsychologie dieser Thematik noch nicht ausführlich gewidment hat.

Bei den Jungen liegt das Schwergewicht auf Fußball und Skateboardfahren. An zweiter Stelle werden kulturelle Aktivitäten wie Lesen, Musik hören, Malen usw. genannt.

Spaß an der Schule wird nur von einer einzigen Person explizit geäußert. Ansonsten stehen bei den sozialen Kontexten auch in dieser Altersphase schon Freunde und Freundinnen im Vordergrund. Nur manchmal werden Eltern noch genannt (3 Nennungen).

Auffallend ist auch, daß bloßes Herumhängen, Rumalbern, Faulenzen und Inaktivität selten genannt werden.

Eine Freizeitpädagogik dieser Altersphase ist somit vor allem eine Pädagogik der Aktivität, der semiformellen sozialen Organisation und des Sports.

Die *Sorgen* der Kinder in diesem Lebensalter gruppieren sich auch ganz klar um einen Schwerpunkt: um Ängste und Probleme mit gleichaltrigen Freunden und Freundinnen. Wahrgenommene Ablehnung, sich zwischen mehreren Freunden entscheiden zu müssen, Liebesentzug durch einen gegengeschlechtlichen Freund bzw. Freundin, all dies steht mit 24 Nennungen unter den 60 Jugendlichen klar im Vordergrund. 5 Nennungen entfallen auf Probleme mit den Eltern (Eltern mögen mich nicht, meine Eltern sind getrennt), 3 Kinder nennen Probleme mit Geschwistern und 5 haben Probleme im Zusammenhang mit der Schule.

Nur gelegentlich tauchen hier allgemeine Zukunftsängste auf: Bedrücktsein, weil man sterben muß oder Sorgen, weil man sich selbst nicht versteht (mich bedrückt mein inneres Seelenleben, daß ich nicht weiß, was mit mir los ist). Explizite Sorglosigkeit nennen nur 3 Jugendliche.

Der Stolz gruppiert sich also dominant um Leistungen und Kompetenzen, der Spaß um sportliche Aktivitäten und die Sorge um soziale Akzeptanz.

Ein Erstaunen sei an dieser Stelle nochmals festgehalten: bereits in diesem Alter (12 Jahre) äußern schon relativ viele Mädchen und Jungen Probleme mit Freundinnen und Freunden des anderen Geschlechts. Insgesamt fällt auch ein deutlicher Unterschied zwischen Jungen und Mädchen in Hauptschulen und Gymnasien ins Auge: der Reflexionsgrad bei Mädchen in Gymnasien ist ungleich ausgeprägter als etwa bei Jungen in Hauptschulen.

Ansonsten findet sich hier noch relativ viel Kindliches: Stolz und Identifikationen sind noch häufig um Gegenstände und um Tiere gruppiert, die Eltern spielen noch eine große Rolle, manchmal auch Geschwister.

Es wird aber auch klar, daß allgemeine, abstraktere Reflexionen über die eigene Person im Sinne der ganzheitlichen Identitätsbildung noch relativ selten sind. Ebenso wenig ausgeprägt sind Vorstellungen zur Politik, Vorstellungen zur gemeinschaftliche Existenzgestaltung in Staat und Gesellschaft. Politik interessiert in diesem Lebensalter noch sehr wenig, wenngleich der Informationsstand über dominante öffentliche Diskussionsthemen erstaunlich hoch ist (s. PRESTER, 1986).

Die uns interessierende Frage muß nun die sein, wie sich Sorgen, Bereiche des Vergnügens und Belastungen im Laufe der Adoleszenz verändern. Wieder soll hier über qualitative Ansätze berichtet werden, um diesbezüglich einen ersten Eindruck zu vermitteln.

2.1.1.6 Wie sehen Selbstwahrnehmungen zwei Jahre später bei 14jährigen aus?

Wir haben im 8. Schuljahr wieder die Frage danach gestellt, worauf die Jungen und Mädchen am meisten stolz sind, was ihnen am meisten Spaß macht und was sie zur Zeit am meisten bedrückt.

Es tauchen neue Interessen auf: sie konzentrieren sich einmal in hohem Masse um das *Mofa*. Ferner bedrückt die Jugendlichen jetzt, daß sie *am Abend nicht weg dürfen* und keinen festen Freund haben. Bei einigen taucht ein neuer Bereich des Stolzes auf: die Konfirmation.

Der Stolz auf schulische Leistungen bleibt bedeutsam, er wird jedoch auf einzelne Fächer und einzelne Leistungsbereiche eingegrenzt. Die Sorgen bei schlechten Noten beziehen sich schon differenzierter auf ihre *Bedeutung, etwa auf die damit verbundenen Berufsaussichten*. Auch die Beschreibungen werden sehr viel entfalteter. Wenn jemand auf ein Pferd stolz ist, schreibt er z.B. so:

> *"Ich bin stolz auf meine Pflegepferd, denn wenn ich in den Stall komme, wiehert es; dann weiß es ganz genau, daß es was von mir bekommt."*

Dieses Mädchen bedrückt:

> *"...daß ich nicht mehr so besonders gut in Englisch bin, denn wenn ich mich melde, nimmt mich der Lehrer nicht dran, aber wenn ich nichts weiß, dann komme ich bestimmt dran."*

Es wird also nicht die "objektive" Leistung als bedrückend empfunden, sondern die Wahrnehmung eines nicht unvoreingenommenen Lehrerverhaltens, das keine faire Chance für Leistungserfolg gewährt.

Die Quellen des Vergnügens vervielfältigen sich: Abends mal mit Freundinnen weggehen, ins Kino gehen, in Kaufhäusern rumwühlen. Auch die Gründe für die Sorgen werden expliziter:

> *"Mich bedrückt das Problem meiner Freundin, der ich gern helfen würde, aber nicht kann."*

Überraschend taucht in mehreren Fällen wieder der Stolz auf Geschwister auf:

> *"Ich bin stolz auf meine Schwester, die das Abitur hat."*

Einen anderen Jungen bedrückt,

> *"daß ich etwas zu wenig für die Schule mache, und daß mein Vater keine Arbeit findet."*

An den Eltern bedrückt diesen Jungen zudem, daß sie zu viel an ihm herumnörgeln.

Die Sorgen im Zusammenhang mit der Schule werden genauer begründet:

> *"Mich bedrückt, daß ich in manchen Schulfächern keine Leuchte bin, daß meine Mutter sich Sorgen darüber macht."*

Dieses Mädchen ist stolz darauf, daß sie sich mit ihren Freundinnen und mit ihren Freunden gut versteht, daß sie gute Eltern hat, mit denen sie über ihre und die Probleme der Freunde reden kann.

Auch die *Zeitperspektive* wird länger. Ein Mädchen berichtet folgendes:

> *"Mich bedrückt zur Zeit am meisten, daß es vielleicht einmal überhaupt keinen Zweck mehr hat, daß man auf die Schule gegangen ist."*

Der Spaß ist auch hier sehr entfaltet:

> *"Zur Zeit treffe ich mich am liebsten mit meinen Freunden. Wir sitzen zusammen und reden und machen vieles gemeinsam."*

Es bleiben zwar, so der Gesamteindruck über den altersspezifischen Wandel, die Schwerpunkte der Sorgen und Freuden, die schon die 12jährigen geäußert hatten, bei den 14jährigen weitgehend erhalten, sie werden aber differenzierter dargestellt. Neu kommen hinzu: Musik hören, Mofa fahren, mit Feunden zusammensein.

Die Identifikationen mit den Bezugspersonen, z. B. den Eltern, bleiben aber bedeutsam. Auch Gegenstände, Spiel und Sport spielen für die Identifikation noch eine große Rolle.

Manche schreiben schon kleine "Romane":

> *"Mir macht zur Zeit am meisten Spaß: Ich entwickle zur Zeit eine Zuneigung für die Schule. Fast alle Fächer machen mir Spaß, ausschließlich Französisch und Englisch. In der Freizeit steht bei mir - wie bei vielen anderen Jugendlichen auch - Fußball an erster Stelle.*
> *Ich bin zur Zeit am meisten stolz auf:*
> *Im vergangenen Jahr habe ich versucht, meiner Cousine das Leben zu retten. Sie ist im Eis eingebrochen und ich - selbstlos wie ich bin - nichts wie hinterher und da lag ich auch schon im Wasser. Zum Glück haben uns zwei ältere Menschen wieder herausgezogen.*
> *Mich bedrückt zur Zeit am meisten... Ich habe zur Zeit keine nennenswerten Sorgen. Was mich aber etwas bedrückt ist die Tatsache, daß Bayern im Europapokalspiel gegen Aston Villa 0:1 verloren hat."*

Der Sport als Kristallisationspunkt bleibt also auch in dieser Altersphase von enormer Bedeutung.[9] Dazu kommen aber neue Formen der Gesellung mit Freunden, neue Formen des Miteinanderseins, des Mofafahrens und des Musikhörens.[10]

Die Schule bleibt aber ein wichtiger Kristallisationsbereich für Stolz und für Sorgen. Die Begründungen werden aber einsichtiger, die Leistungsbereiche sind genauer unterschieden.

In einem nächsten Schritt gehen wir wieder den Weg in die Verallgemeinerung, wenn wir nach altersspezifischen Veränderungen in der Persönlichkeitsentwicklung und Lebensgestaltung suchen. Wir begleiten also eine ganze Generation von 12jährigen auf ihrem Weg von der Kindheit in die Adoleszenz, konkret bis ins 16. bis 17. Lebensjahr.

---

9 Die Reklame der Sparkasse für das Jugendsparen scheint also deren Mentalität zu treffen: "Den Kopf in der Schule, das Herz beim Sport und das Geld auf der Sparkasse."

10 Eine solche ganzheitliche Analyse der altersspezifischen Lebenssituation könnte auch theoretisch bedeutsam werden. In der Entwicklungstheorie von SIMMONS and BLYTH (1987) taucht z.B. der Begriff "arenas of comfort" auf (SIMMONS & BLYTH, 1987, 351). Damit meinen diese Autoren, daß zur Bewältigung der unvermeidlichen Entwicklungsanforderungen Erlebnisbereiche des Heranwachsenden gehören, in denen sie sich "wohl fühlen" können, in denen Entlastung und Erholung möglich ist. Würde dieser Untersuchungsansatz konsequent weitergeführt, dann hätte er zur Folge, daß die jeweilige Konfiguration einer Lebenssituation in einer bestimmten Lebensphase untersucht werden müßte. Eltern sehen ihre Kinder in dieser Weise, wenn sie die besondere Lage von "Markus" oder "Karin", von "Johannes" oder "Christine" beschreiben. In methodologischen Begriffen würde dies heißen, daß ein ipsativer Forschungsansatz zu pflegen wäre.

Die Schüler bis zum 12. Lebensjahr sind noch Kinder, sie müssen noch in vollem Umfang Kind und Jugend sein dürfen. Was heißt das?

(H. ROTH, 1949)

2.2 Entwicklungsbilder der Adoleszenz im Erwartungshorizont der klassischen Entwicklungspsychologie

Die allgemeinste These der klassischen Entwicklungspsychologie war die, daß insbesondere die Frühphase der Adoleszenz (von 10 bis 14) eine *Krisenperiode* ist. Sie soll hier in den verschiedenen Facetten, in denen sich der Übergang von der Kindheit in die Jugend abbildet und in denen sich eine Krise äußern kann, dargestellt werden. Folgenden Thesen, die die "alte" Entwicklungspsychologie entfaltet hat, soll im einzelnen nachgegangen werden:

1. Die Frühadoleszenz ist eine Phase der Destabilisierung, eine Phase der Selbstzweifel, der Lebensunzufriedenheit, des negativen Lebensgefühles und der Selbstabwertung.
2. Die Frühadoleszenz repräsentiert auch eine Phase der gesundheitlichen Belastung; somatische Beeinträchtigungen nehmen zu und die Ermüdbarkeit steigt.
3. In der Frühadoleszenz erhöht sich die Selbstaufmerksamkeit, die Beobachtung richtet sich auf das eigene Innenleben, es wird Tagebuch geschrieben und gegrübelt.
4. Mit der Destabilisierung geht ein Leistungs- und Haltungsverfall einher. Die Noten werden schlechter, die Bereitschaft zur Anstrengung geht zurück und die Disziplinprobleme verschärfen sich.
5. Die Frühadoleszenz ist eine Phase der Abwendung von den Erwachsenen, eine Phase der Distanzierung von Eltern und Lehrern.
6. In Bezug auf die Gleichaltrigen ergibt sich eine Doppelbewegung: einmal nimmt die Hinwendung zu den Freunden als Gesprächspartnern oder als Vertrauenspersonen zu, zum anderen aber steigt die Isolierungstendenz,

der Jugendliche möchte jetzt allein sein, die alte Klassensolidarität schwindet und die Anzahl der Freunde geht zurück.

7. Die Destabilisierung drückt sich auch in einem Wechsel zwischen Aktivität und Passivität aus. In dieser Lebensphase hängen Jungen und Mädchen häufig "herum", das Tagträumen nimmt zu, sie hören viel Musik und schauen viel fern.

8. Nach der ersten Phase der Destabilisierung setzen auch Aufbauprozesse der Persönlichkeit ein, die sich insbesondere in einer intensiveren Hinwendung zu kulturellen Angeboten und politischen Problemen, zu Überlegungen über Möglichkeiten des Lebens in dieser Welt äußern. Wenngleich hier der Höhepunkt erst in der späten Adoleszenz erreicht wird, so bahnt er sich bei den 15- bis 16jährigen schon an.

Diesen Fragen soll hier auf der Grundlage des Konstanzer Längsschnittes nachgegangen werden. Neben der deskriptiven Darstellung von Veränderungen auf der Basis von Einzelfeststellungen und Einzelinformationen sollen zusätzlich statistische Tests durchgeführt werden. Die Auswertungsstrategie beruht dabei auf Varianzanalysen mit Meßwiederholungen. In der Regel haben wir ja fünf Testungen vorgenommen, bei manchen Variablen allerdings nur vier. In der Basisstrategie stützen wir uns auf vollständige Informationen über fünf Meßzeitpunkte, die maximal 851 Personen umfassen (sogenannte "Fünflinge"). Wir konzentrieren uns dadurch auf eine ausgelesene Gruppe von Heranwachsenden, in der manifeste Problemfälle unterrepräsentiert sind. Sehr problematische Schüler, die z.B. in dieser Altersphase eine Klasse wiederholen, Problemfälle im Bereich der Delinquenz und der Psychopathologie fallen in der Regel aus solchen Stichproben heraus. Wenn wir somit Entwicklungsprobleme feststellen, dann dürften diese "in Wirklichkeit" noch ausgeprägter sein. Der besonderen Selektivität sind wir in detaillierten Stichprobenbeschreibungen nachgegangen (s. GSCHING et al., 1986a).

In die Varianzanalyse mit Meßwiederholungen können wir verschiedene unabhängige Variablen und Kovariaten einfügen. Zu den wichtigsten unabhängigen Variablen zählen natürlich das Geschlecht, das Bildungsniveau, die soziale Herkunft und die regionale Ökologie. Wir können also untersuchen, wie sich Mädchen in ländlichen Hauptschulen oder Jungen in städtischen Gymnasien entwickeln.

Alle diese Analysen für Einzelitems oder gar einzelne Dimensionen durchzuführen, erfordert einen ungeheuren Aufwand. Wir haben ihn zwar auf uns genommen, können ihn aber hier nicht in aller Breite referieren. Aus diesem Grunde werde ich mich in der zusammenfassenden Analyse häufig auf globale Scorebildungen konzentrieren.

2.2.1 Frühadoleszenz als Phase der Destabilisierung?

Unzählig sind die Beschreibungen des Übergangs von der Kindheit in die Adoleszenz als Phase des Sturm und Dranges, als Phase des aufgewühlten, grüblerischen und oft auch selbstzerstörerischen Seelenlebens. Um dieser These nachzugehen, haben wir die Indikatoren, die auf Selbstzweifel, auf emotionale Labilität und auf ein negatives Lebensgefühl schließen lassen, zu einer Gruppe zusammengefaßt.

Abb. 2.5: Destabilisierung - negative Phase

DIMENSIONEN	INDIKATOREN UND HYPOTHESEN
Selbstzweifel	Reduktion der Selbstakzeptanz Negatives Körperselbst
Emotionale Labilität	Reduktion der Emotionskontrolle und der Handlungskontrolle steigende Leistungsangst

Ist also die Adoleszenz eine Phase, in der die problemlose Akzeptanz der eigenen Person ins Wanken gerät, in der die Wahrnehmungen des eigenen Aussehens und der eigenen körperlichen Erscheinung ungünstig werden, in der die Kontrolle der Emotionen versagt, in der eine disziplinierte Ausführung von Handlungen schwieriger wird und in der die allgemeine Lebenszufriedenheit sinkt? Zur Überprüfung dieser Frage können wir die in Abb. 2.5 dargestellten Indikatoren zum Selbstzweifel und zur emotionalen Labilität heranziehen.

Abb. 2.6: Selbstwertgefühl und Selbstkonzept Aussehen

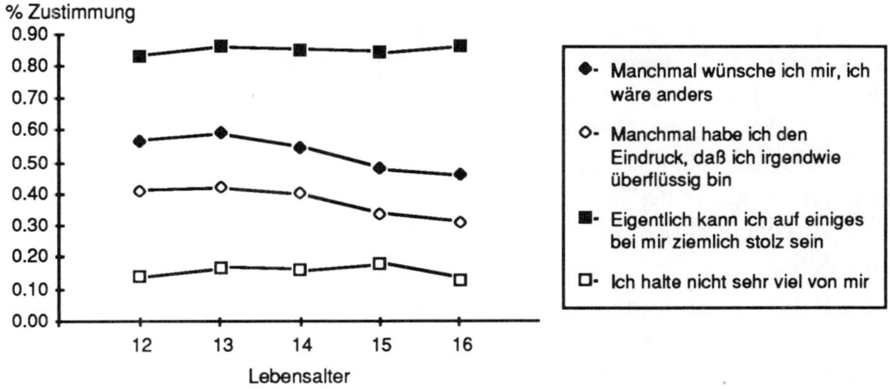

Selbstwertgefühl

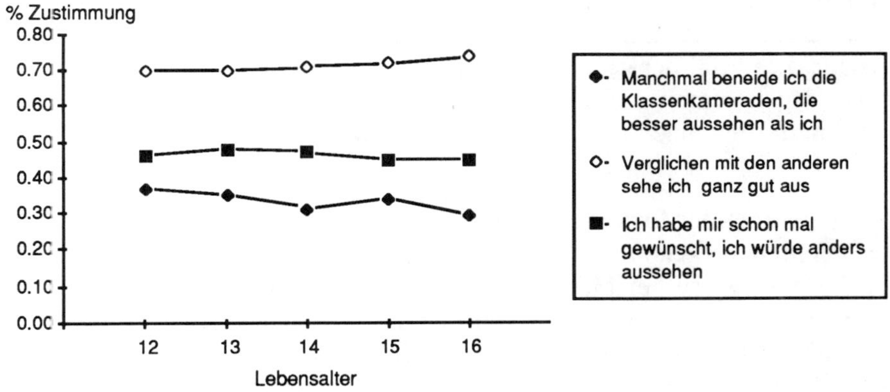

Aussehen

Aus der Abbildung 2.6 gehen die wichtigsten Ergebnisse zur Dimension Selbstzweifel hervor. Der erste Eindruck ist unzweideutig: Global ergeben sich für 12- bis 16jährigen keine deutlichen Destabilisierungen. Die Selbstakzeptanz bleibt gleich, in einigen Items nimmt sie sogar zu. So sinkt die Anzahl derer, die sich ganz unwichtig vorkommen und die Prozentsätze der Zustimmung zur Feststellung, "Manchmal wünsche ich mir, ich wäre anders", nehmen ab.

In bezug auf das eigene Körperselbstbild ergibt sich keine jahrgangsspezifische Verunsicherung. Auch die emotionale Destabilisierung, also Launenhaftigkeit, Unkontrolliertheit, Stimmungsabhängigkeit usw. verschlechtert sich über die Jahre nicht gravierend (ohne Abb.).

Eine genaue Inspektion ergibt jedoch zwei interessante Trends, die sich insbesondere vom 12. zum 13. Lebensjahr abspielen: Während die emotionale Labilität in der Form reduzierter Emotionskontrolle ("Es gibt Tage, an denen mir jeder auf die Nerven geht"; "Manchmal ist mir alles völlig egal"; "Manchmal weiß ich gar nicht, was mit mir los ist") zurückgeht, nimmt die Unbeherrschtheit zu. ("Wenn mich etwas ärgert, kann ich mich manchmal völlig vergessen"; "Manchmal kann ich mich vor Wut kaum beherrschen") (ohne Abb.).

In der Leistungsangst spiegeln sich kaum altersspezifische Änderungen. Lediglich der Wechsel von der 6. zur 7. Schulstufe bedeutet eine gesteigerte Belastung. Dahinter dürfte der für viele doch gravierende Schulwechsel von der Förderstufe in weiterführende Schulformen stehen (ohne Abb.).

Der Indikator "Handlungskontrolle" gibt andererseits unübersehbare Hinweise auf eine Stabilisierung der Handlungsregulation vom 12. zum 15. Lebensjahr. Die Zahl derer, die dem Item zustimmen, "Ich habe mir schon oft etwas vorgenommen und es nicht erreicht", und "Ich bin häufig unfähig, mich aufzuraffen einen Plan auszuführen", geht ganz deutlich zurück.

All dies würde hier für eine Phase der Stabilisierung sprechen. Bevor diese Interpretation vorgenommen wird, ist es jedoch wichtig zu untersuchen, ob sich diese Prozesse bei Mädchen und Jungen gleichsinnig abspielen. Eine entsprechende Varianzanalyse ergibt nun sehr deutlich, daß Mädchen weniger stabil sind als Jungen. Dies trifft bei allen Indikatoren der Destabilisierung zu. Mädchen haben ein niedrigeres Selbstwertgefühl, ein negativeres Körperselbstbild, eine geringere Handlungskontrolle und vor allem eine größere Leistungsangst. Den ausgeprägtesten Geschlechtsunterschied finden wir aber bei der Emotionskontrolle.

Abb. 2.7: Geschlechtsspezifische Unterschiede der Destabilisierung

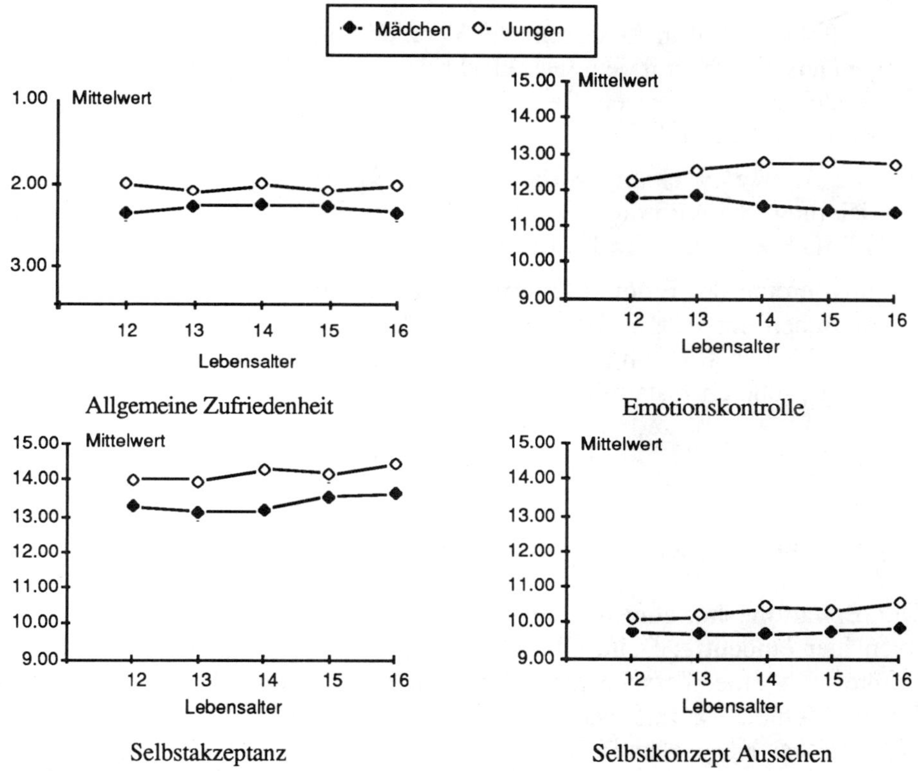

Eine detaillierte Inspektion der Entwicklung der Emotionskontrolle (Abb. 2.7) ergibt nun ein zusätzliches Phänomen. Neben dem unterschiedlichen absoluten Niveau zwischen Mädchen und Jungen läßt sich beobachten, daß bei den Mädchen nach dem 13. Lebensjahr eine emotionale Destabilisierung erfolgt. Bei den Jungen steigt die Emotionskontrolle kontinuierlich bis zum 14. Lebensjahr und sinkt dann etwas im 15. Lebensjahr. Diese Trends könnten darauf verweisen, daß die Destabilisierung bei den Jungen etwa zwei Jahre später erfolgt als bei den Mädchen. Damit würde man aber möglicherweise relativ geringe Unterschiede überinterpretieren. Da aber bei einigen anderen Dimensionen, z.B. bei der Selbstakzeptierung, ein ähnlicher Verlauf zu beobachten ist - auch hier erleben die Mädchen im 13. und 14. Lebensjahr einen Rückgang, die Jungen aber im 15. Lebensjahr - soll diese Interpretation hier erwähnt werden.

Zusammenfassend läßt sich das Ergebnismuster zur Destabilisierung so formulieren:

- Auffallend sind nicht so sehr die Veränderungen mit dem Alter als diejenigen, welche mit dem Geschlecht der Jugendlichen zusammenhängen. Mädchen sind in diesem Bereich in beiden Dimensionen deutlich weniger stabil als Jungen.
- Die Altersentwicklung verläuft eher in Richtung einer größeren Stabilisierung. Sie wird durch zwei Wellen von Einbrüchen, bei Mädchen im 13. und bei Jungen im 15. Lebensjahr etwas moduliert.
- Im Bereich der Emotionskontrolle gibt es eine signifikante Interaktion zwischen der Altersentwicklung und dem Geschlecht: Jungen entwickeln sich in Richtung einer größeren Stabilität, Mädchen in Richtung einer größeren Instabilität.

2.2.2 Zur Entwicklung der gesundheitlichen Belastungen

Der Erwartungshorizont aus der klassischen Entwicklungspsychologie ist auch hier eindeutig: Beim Übergang von der Kindheit in die Adoleszenz müßte sich eine Verschärfung der gesundheitlichen Probleme ergeben. Überschäumende Kraft wechselt hier danach ab mit totaler Erschöpfung, euphorisches Körper- und Selbstgefühl mit Mattigkeit und Verstimmungen.

Abbildung 2.8 gibt die Indikatoren wieder, mit denen wir dieser Frage nachgehen können. Die somatischen Belastungen werden in Bereichen wie Kopfschmerzen und Schlafstörungen eruiert, eine allgemeine Frage richtet sich auf das gesundheitliche Wohlbefinden insgesamt:

"Wie wohl fühlst Du Dich gesundheitlich, insgesamt gesehen?".

Abb. 2.8: Gesundheitliche Belastungen

DIMENSIONEN	INDIKATOREN UND HYPOTHESEN
Somatische Belastung	Anstieg von Kopfschmerzen, Schlafproblemen usw.
Gesundheitliches Wohlbefinden	Rückgang des Gefühls des Wohlbefindens
Belastbarkeit	Erschöpfungsanfälligkeit steigt

Bei den Fragen nach Kopfschmerzen und anderen somatischen Belastungen ist jeweils eine fünfstufige Antwortkategorie vorgegeben worden, die von "nie" bis "ein paarmal in der Woche" und "noch öfter" gereicht hat.

Schließlich können zwei Einzelitems Auskunft über die selbst wahrgenommene Belastbarkeit geben. Sie lauten:

- "Nach der Schule bin ich manchmal so erschöpft, daß ich erst mal Ruhe oder einen Mittagsschlaf brauche"
- "Wenn wir an einem Tag viele Stunden haben, habe ich oft Mühe, durchzuhalten und ganz wachzubleiben"

Das Entwicklungsbild bei diesen Indikatoren der gesundheitlichen Belastungen läßt sich übersichtlich beschreiben (Abb. 2.9). In den Durchschnittswerten für beide Geschlechter ergibt sich eine Verschlechterung des gesundheitlichen Wohlbefindens auf den verschiedensten Indikatoren. Besonders Einschlafschwierigkeiten, Verdauungsstörungen und Schwindelgefühle nehmen zu. Kopfschmerzen und Magen- oder Bauchschmerzen bleiben unverändert. Das ausgeprägt positive Gesundheitsgefühl ("Fühle mich gesundheitlich sehr wohl") im 12. Lebensjahr geht von etwa 55% auf 33% im 15. Lebensjahr zurück.

Abb. 2.9: Somatische Indikatoren

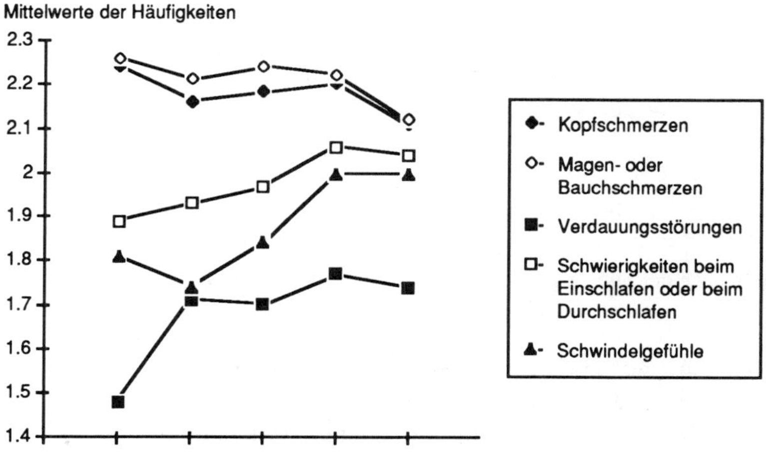

Das zweite Hauptergebnis ist ebenso unübersehbar: Verschlechterungen des gesundheitlichen Wohlbefindens ergeben sich vor allem bei Mädchen. Dieses Ergebnis ist sehr konsistent und schlägt sich, wie in Abb. 2.10 ersichtlich, beim gesundheitlichen Wohlbefinden und bei Erschöpfungsindikatoren zum Lernen in der Schule nieder. Auch bei der somatischen Belastung ist überdeutlich, daß Mädchen größere psychosomatische Probleme haben.

Abb. 2.10: Gesundheitliches Wohlbefinden

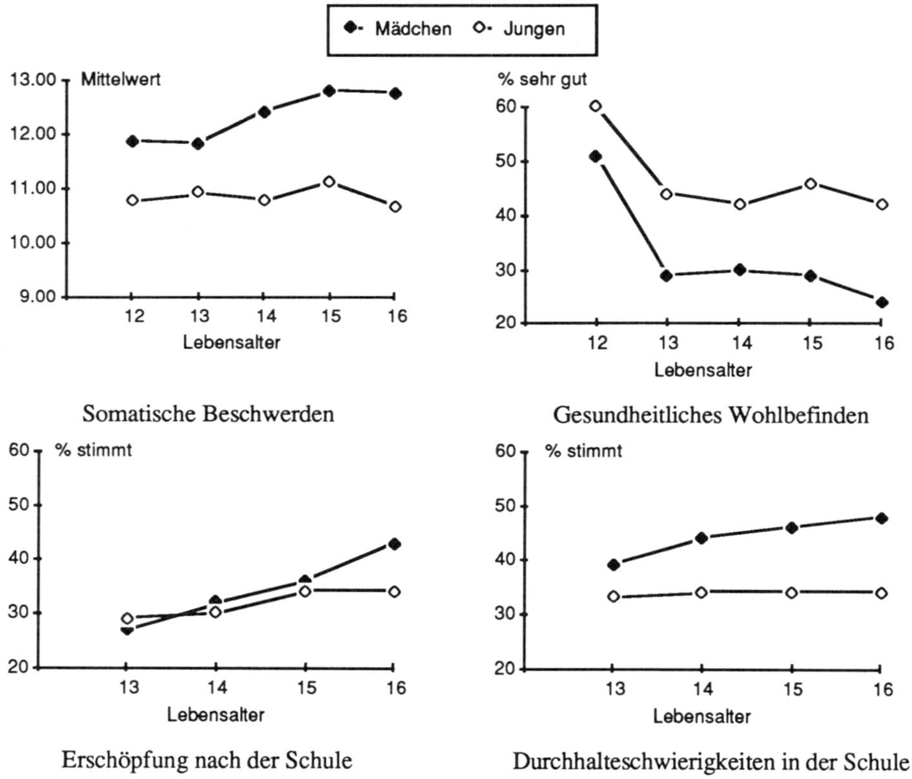

Es liegt natürlich auf der Hand, diese subjektiv empfundenen gesundheitlichen Belastungen besonders mit der Menarche und den monatlichen Regelblutungen bei Mädchen in Verbindung zu bringen. Wir können dies mit eigenen Daten weder bestätigen noch widerlegen. Erstaunlicherweise gibt es im deutschsprachigen Raum nur sehr wenige Untersuchungen, die sich mit der Verarbeitung körperlicher Veränderungen in dieser Altersphase beschäftigt haben. Das Ulmer Projekt bildet hier eine rühmliche Ausnahme, es ist aber von ungleich geringerer Größenordnung als viele amerikanische Untersuchungen. Gerade diese Untersuchung zeigt aber, daß die höhere gesundheitliche Belastung und der Beschwerdedruck (gemessen mit der Giessener Beschwerdeskala) bei Mädchen nicht durch solche Mädchen zustande kommen, die tatsächlich unter Menstruationsbeschwerden leiden (WEHNER, 1986, 93). Amerikanische Untersuchungen belegen zudem, daß die mit den körperlichen Veränderungen verbundenen Belastungen weniger dramatisch sind als früher vermutet wurde (s. STEINBERG, 1985, PETERSEN, 1985).

Die wahrscheinlichste Interpretation ist für uns die, daß zusätzlich zu den schwierigeren körperlichen Veränderungen Mädchen eher dazu neigen, Entwicklungsbelastungen somatisierend und nach innen gerichtet zu verarbeiten.

2.2.3 Adoleszenz als Phase der Innenwendung?

Die größere Aufmerksamkeit für das eigene Seelenleben, die entstehende Fähigkeit, neben dem kausal-naturwissenschaftlichen Denken nun auch geisteswissenschaftlich, hermeneutisch und psychologisierend zu denken, kennzeichnen nach etablierten Erwartungen Veränderungen von der Kindheit in die Adoleszenz. Wir können ihnen hier nur auf der Grundlage sehr unzureichender Indikatoren nachgehen. Sie bestehen einmal in Items zur Selbstaufmerksamkeit, also zur stärkeren Beobachtung des eigenen Innenlebens. Zudem haben wir nach der Häufigkeit des Tagebuchschreibens gefragt, ein Sachverhalt, der früher von vielen als indikativ für die gesteigerte Innenwendung angesehen wurde. (Abb. 2.11)

Abb. 2.11: Innenwendung

DIMENSIONEN	INDIKATOREN UND HYPOTHESEN
Selbstaufmerksamkeit	Anstieg der Selbstbeobachtung Tagebuch schreiben

Wie entwickelt sich unsere Kohorte auf dem Weg zu gesteigerter Selbstreflexion?

Die in Abb. 2.12 enthaltenen Daten sprechen dafür, daß Selbstaufmerksamkeitstendenzen tatsächlich mit dem Alter zunehmen. Je älter die Kinder werden, umso weniger orientieren sie sich allerdings an ihrer Vergangenheit, umso weniger fragen sie ihre Eltern, wie sie früher einmal waren. Andererseits beginnt eine Phase gesteigerter Selbstreflexion, wenn sie z.B. häufiger herausfinden wollen, was mit ihnen los ist, wenn sie den Wunsch intensiver empfinden, mehr über sich zu wissen usw.

Abb. 2.12: Selbstreflexion

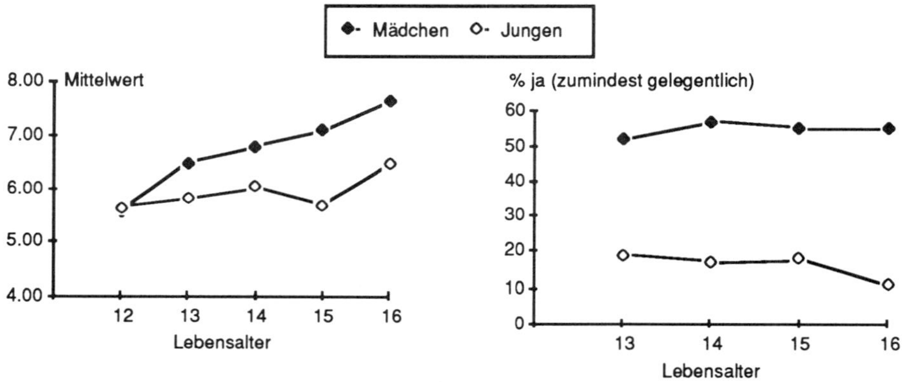

Selbstreflexion

Tagebuchschreiben

Operationalisiert als: Ich beschäftige mich in Gedanken oft mit mir selbst; manchmal versuche ich über mich selbst etwas herauszufinden usw.

Das Tagebuchschreiben hingegen bleibt über alle Jahre hinweg relativ konstant.

Das zentrale Ergebnis ist aber auch hier wiederum der große Geschlechtsunterschied. In der Tendenz zur Selbstbeobachtung sind sich Jungen und Mädchen im 12. Lebensjahr noch sehr ähnlich. Dann steigt jedoch die Selbstreflexion beim Mädchen kontinuierlich von Jahr zu Jahr an, bei den Jungen bleibt sie bis zum 15. Lebensjahr in etwa konstant und zeigt nur im 16. Lebensjahr einen Anstieg (dies sind auch hauptsächlich Gymnasiasten und Realschüler).

Besonders deutlich kommt der Geschlechtsunterschied in der unterschiedlichen Häufigkeit des Tagebuchschreibens zum Ausdruck. Wenn also von einer Innenwendung in dieser Altersphase gesprochen werden kann, so ergibt sich diese vor allem bei Mädchen.

2.2.4 Zum Leistungseinbruch in der Pubertät

Daß Pubertätsjahre Krisenjahre sind, wird nicht nur in der alten entwicklungspsychologischen Literatur sondern auch im etablierten "commonsense" vor allem an der schulischen Leistungsentwicklung festgemacht. Aus dem lernwilligen Kind entwickelt sich der lernscheue Jugendliche, der in seinen Arbeiten unzuverlässig wird, unkonzentriert ist und in der dauernden Gefahr des Schulversagens schwebt. Besonders das 8. Schuljahr wird als Krisenjahr geschildert, in dem auch die Intelligenzentwicklung nachlasse (s. REMPLEIN, 1965, 401).

"Die Lehrer haben ihre Not mit diesen Jahrgängen und die Eltern machen sich nicht unbegründet Sorgen mit ihren Halbwüchsigen. In der Schule sind sie unaufmerksam, zerstreut, zerfahren, vergeßlich, interesse- und teilnahmslos. Statt im Unterricht mitzuarbeiten, dösen sie oft verträumt vor sich hin, schwätzen und kichern oder lesen unter der Bank heimlich Schundhefte, die von Hand zu Hand wandern. Ihre Hausaufgaben vernachlässigen sie, ihre Heftführung läßt an Ordnung und Sauberkeit zu wünschen übrig. Ihre Schrift ist unregelmäßig, klecksig, weist Buchstabenverbiegungen, Zitterzüge, verwehte Unterlängen, Buchstabenvertauschungen, Auslassungen und viele Verbesserungen auf und spiegelt deutlich den oben besprochenen Bewegungszerfall. So sinken die Schulleistungen bedenklich ab und die Zahl der Repetenten ist nie so hoch wie in diesem Alter (in der 4. Klasse der höheren Schule). Der Leistungsrückgang ließ sich auch in arbeitspsychologischen Versuchen feststellen: im *Kraepelinschen* Dauerrechnen ist der durchschnittliche Leistungszuwachs der Dreizehnjährigen gegenüber den Zwölfjährigen unverhältnismäßig gering und die Vierzehnjährigen bleiben in der Mengenleistung gar hinter den Dreizehnjährigen zurück. Der Rückgang betrifft nicht nur die geistige sondern auch die körperliche Leistung. Bezeichnenderweise erfolgt im 14. Lebensjahr (in der 4. Klasse der höheren Schule) auch im Turnen ein plötzlicher Leistungssturz. Der ganze leib-seelische Organismus neigt zu erhöhter Ermüdbarkeit, was daher rührt, daß die inneren Organe wie der Rumpf im Wachstum zunächst mit den Beinen nicht Schritt halten und deshalb besonders Herz und Lunge überbeansprucht sind" (s. REMPLEIN, 1965, 401).

Bilden sich diese Prozesse auch in unseren Daten zu einer Kohorte in den 80er Jahren des 20. Jahrhunderts ab?

Dieser Frage können wir auf der Grundlage der Notenentwicklung und der Entwicklung der Klassenwiederholungen nachgehen. Zum andern haben wir viele Indikatoren zur Anstrengungsbereitschaft erhoben, die Hinweise darauf geben, ob tatsächlich ein Haltungsverfall stattfindet. Schließlich haben wir jedes Jahr Fragen zu Aggression und Disziplinproblemen gegenüber Lehrern und Mitschülern sowie Fragen zum Schuleschwänzen vorgelegt (s. Abb. 2.13)

Abb. 2.13: Leistungseinbruch

DIMENSIONEN	INDIKATOREN UND HYPOTHESEN
Leistungsverfall	Zunahme der Klassenwiederholungen (Höhepunkt; 8. Schuljahr) Verschlechterung der Noten
"Haltungsverfall"	Rückgang von Anstrengung und Anstrengungsbereitschaft
Disziplinverfall	Anstieg von schulischer Disziplinlosigkeit und von Schwänzen

Lassen sich auf dieser Grundlage die oben geschilderten Erwartungen und Befürchtungen bestätigen? Die in Abb. 2.14 dokumentierten Veränderungen des Notenbildes zeigen ein sehr differenziertes Bild. Einmal ist ersichtlich, daß sich besonders in Mathematik und Englisch leichte Notenverschlechterungen vom 12. zum 15. Lebensjahr einstellen. Von größerer Bedeutung als die altersbezogenen Änderungen sind jedoch die Geschlechtsunterschiede, und hier insbesondere jene in den sprachlichen Fächern. Die Mädchen sind hier klar besser als die Jungen, während sie in Mathematik beinahe einen Gleichstand erreichen.

Somit ist die erste Erwartung bestätigt: In der Pubertät ergibt sich tatsächlich ein Rückgang der Notendurchschnitte, der allerdings nicht so gravierend ist wie die Geschlechtsunterschiede. Diese Veränderungen vollziehen sich darüber hinaus bei Mädchen und Jungen gleichsinnig.

Abb. 2.14: Notenentwicklung vom 12. zum 15. Lebensjahr

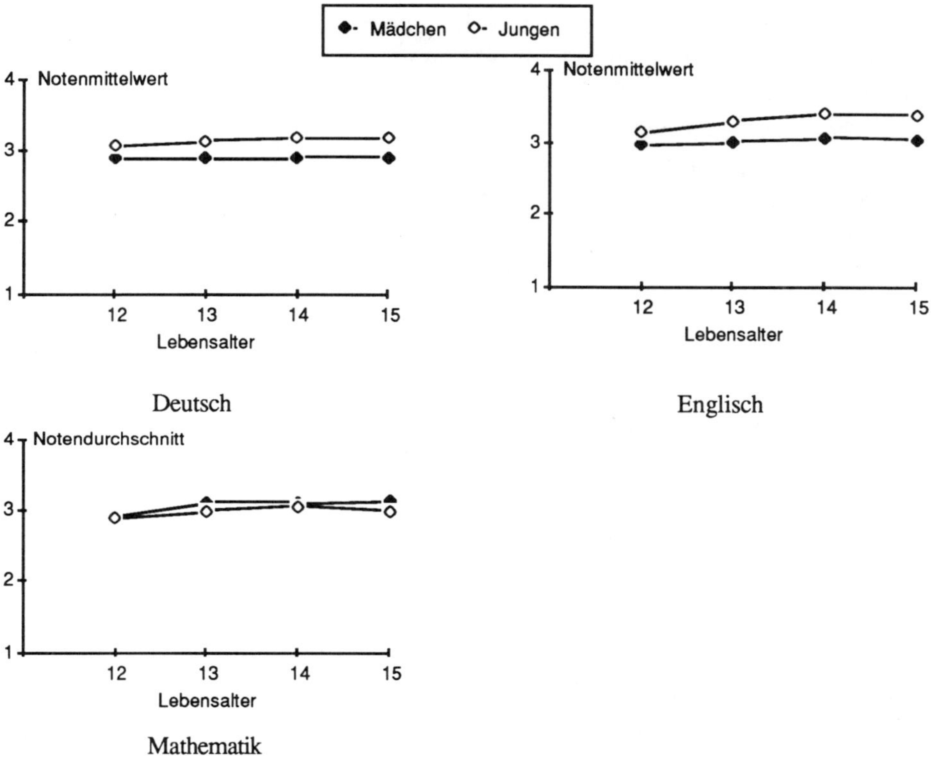

Über die altersspezifischen Sitzenbleiberquoten gibt es nicht nur Informationen aus der öffentlichen Bildungsstatistik, sondern auch mehrere eigene Erhebungen erlauben, diesbezüglich einen Überblick zu gewinnen. Der Längsschnitt selber ist hier insofern von Verzerrungen bedroht, als ja Klassenwiederholer jeweils aus dem Längsschnitt ausscheiden. Wir hatten aber jedes Jahr sehr viele Neuzugänge (ca. 250), so daß sich in den Querschnitten auch die Klassenwiederholungen in etwa abbilden lassen. Alle Informationen zusammengenommen belegen keine gravierenden schulstufenbezogene Schwerpunkte in den Klassenwiederholungen. In der 5., 7. und 9. Klasse ergeben sich "leichte" Häufungen von Klassenwiederholungen, nicht aber im ominösen 8. Schuljahr.

Dies sind selbstverständlich hoch interpretationsbedürftige Daten. Die entsprechenden Sitzenbleiberquoten könnten nämlich vor allem auf gestiegene Anforderungen zurückgeführt werden und nicht auf altersspezifische Leistungsprobleme. Im deutschen Bildungswesen setzt im 7. Schuljahr die zweite Fremdsprache ein, die bekanntlich eine hohe Zusatzanforderung bedeutet. Auf jeden Fall lassen die vorliegenden Daten von Klassenwiederholungen keine eindeutigen Schlußfolgerungen auf altersspezifische Entwicklungsprobleme zu (s. Abb. 2.15).

Abb. 2.15: Verlauf der Klassenwiederholungen, Rückblick von 9. Klässlern in Nordrhein-Westfalen und Niedersachsen

Erhebung 1978/79, N=3448

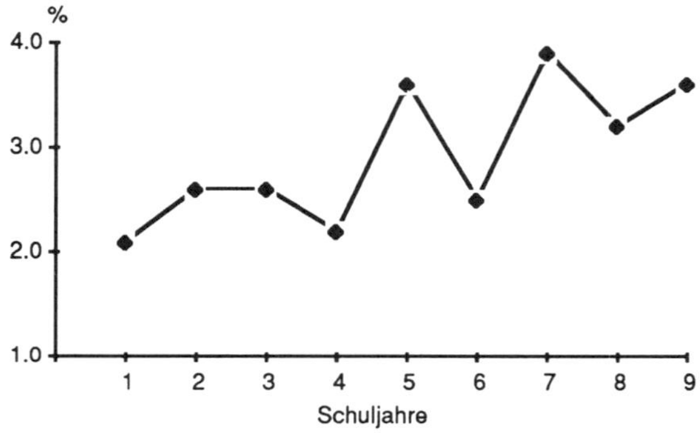

Die Veränderung von Anforderungen ist auch bei der Interpretation der Daten zu den selbstberichteten Hausaufgabeninvestitionen zu beachten. Überraschend ist nämlich der Sachverhalt, daß sich in den Zeitinvestitionen nur sehr wenige Änderungen vom 12. zum 16. Lebensjahr ergeben. Wohl schlägt sich ein Rückgang der Leistungsbereitschaft ganz klar in den selbstberichteten Anstrengungsbereitschaften nieder. Dabei gibt es interessanterweise keinen signifikanten Einfluß des Geschlechtes. Im Bewußtsein von Jungen und Mädchen geht also die Leistungsbereitschaft zurück, obwohl sie faktisch gleichviel Zeit über die Pubertätsjahre in Hausaufgaben investieren. Geht man aber davon aus, daß bei gestiegenen Lernanforderungen auch mehr Zeit investiert werden müßte, so ergibt dies zusammen ein sinnvolles Bild: gleiche Hausaufgabeninvestitionen bedeuten eine geringere Bereitschaft, die gestellen Anforderungen zu erfüllen.

Unübersehbar sind die altersbezogenen Veränderungen im Bereich von Disziplin, von rüpelhaftem Verhalten gegenüber Lehrern, von Aggression gegenüber Lehrern und von Schuleschwänzen. Lediglich die Aggression gegenüber Mitschülern ("mich mit anderen prügeln") verändert sich nicht in problematischer Richtung, im Gegenteil, sie geht insbesondere im 15. Lebensjahr zurück. Aber alle Indikatoren, die Schwierigkeiten mit den Lehrern und die Erfüllung von schulischen Erwartungen betreffen, zeigen den klaren altersbezogenen Trend, daß sich die Schwierigkeiten vergrößern. Dabei ergibt sich allerdings wieder ein sehr bedeutsamer Geschlechtsunterschied. Bei Jungen sind diese Veränderungen ungleich stärker ausgeprägt als bei Mädchen (s. Abb. 2.16). Dies betrifft besonders Probleme der Aggression und Normverletzung, Probleme des Schwänzens und des Störens.

Abb. 2.16: Leistungbereitschaft und Disziplin

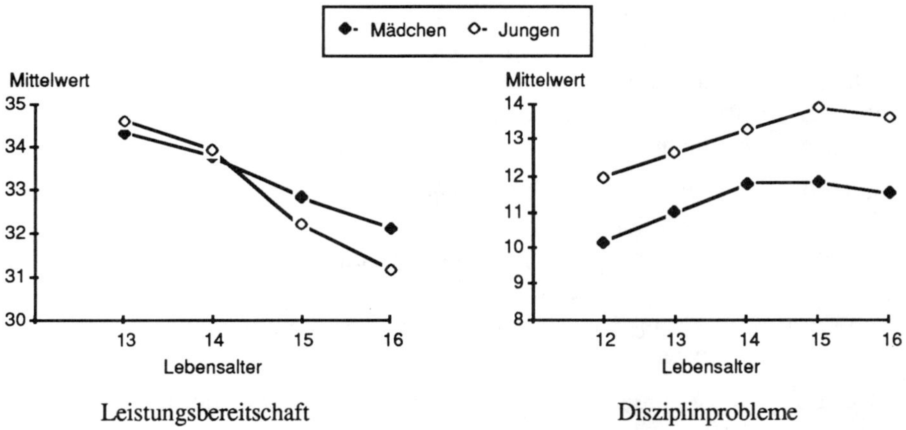

Auf diesen Dimensionen bilden sich Entwicklungsbelastungen von Jungen am deutlichsten ab. Sie kontrastieren unübersehbar zu den größeren gesundheitlichen somatischen Belastungen der Mädchen, so daß die alte These hier eine Bestätigung findet, daß die Mädchen Entwicklungsprobleme eher somatisierend und nach Innen, die eigene personale Wertschätzung betreffend verarbeiten, Jungen aber entsprechende Belastungen stärker externalisieren, in aggressivem und destruktivem Verhalten äußern. Während die Mädchen noch bessere Noten haben als Jungen, nähern sich Jungen und Mädchen in der in dieser Lebensphase steigenden Geringschätzung von schulischer Anstrengung einander an.

2.2.5 Zur Distanzierung von der Welt der Erwachsenen

Von Eduard SPRANGER stammt die Formulierung, daß in keinem Lebensalter das Bedürfnis nach Verstandenwerden so groß sei wie in der Jugendzeit. Gleichzeitig erreicht auch das Gefühl, unverstanden zu sein, hier einen Höhepunkt. Dieser Prozeß sei von einem Rückzug aus der Welt der Erwachsenen, aus der vertrauten Einbindung in Familie und schulisches Leben begleitet.

Die Psychoanalyse wiederum vermutet eine andere Dynamik. In der Lebensgeschichte von Objektbeziehungen ("Liebesdialoge" nach KAPLAN, 1988) ergibt sich für die Adoleszenz eine dramatische Phase, da jetzt libidinöse Besetzungen der Eltern zurückgehen, die frei werdenden Liebeswünsche sich narzißtisch auf die eigene Person richten, sich dann in enger Verbindung mit dem Narzißmus vorübergehend homoerotisch auf gleichgeschlechtliche Freunde erweitern, um schließlich bei glücklichem Verlauf beim gegengeschlechtlichen Partner zur Ruhe zu kommen.

Eine dritte Erwartung aus der klassischen Entwicklungspsychologie betont nicht so sehr das Leiden am Rückzug und am Unverstandensein, sondern mehr den kämpferischen Aspekt der aktiven und konfliktreichen Auseinandersetzung, wenn Heranwachsende ihren eigenen Standpunkt in der Welt durch die Formulierung eines Kontrastbildes zur Welt der Erwachsenen, zur Welt der Eltern aufbauen wollen.

Erstaunlicherweise spielen in vielen Tagebüchern um die Jahrhundertwende, wie schon Charlotte BÜHLER beobachtet hat, die Eltern kaum eine Rolle. Sie tauchen nicht als konkrete Personen mit ganz bestimmten Eigenschaften auf, sondern eher als entfernte Gestalten, die nicht realistisch geschildert werden. Erst die neuere Entwicklungspsychologie hat sich dem konkreten Eltern-Kind-Verhältnis in der Jugendphase stärker gewidmet. Die überwiegende Perspektive war dabei die der Sorge um den Verlust des Erziehungseinflusses der Eltern, eine Sorge, die die alte Entwicklungspsychologie klar so beantwortet hatte, daß die Fremderziehung durch die Eltern in der Adoleszenz in die Selbsterziehung durch die Heranwachsenden übergehen müsse. In einem Entwicklungsbild des Übergangs von der Kindheit in die Adoleszenz darf aus all diesen Gründen eine Beschreibung des Verhältnisses zu den Erwachsenen, insbesondere zu den Eltern und zur Schule, nicht fehlen. Wir sind diesen Beziehungen in unserem Projekt detailliert nachgegangen, so daß wir hier nur einen Überblick über die Veränderungen geben können. Die in Abb. 2.17 enthaltenen Indikatoren sind Zusammenfassungen sehr vieler Einzelitems zum Eltern-Kind-Verhältnis und zum Verhältnis zur Schule. Im folgenden sollen deshalb vorwiegend die Scores berichtet werden, Einzelitems und Einzelveränderungen werden im Text zur Illustration genannt.

Abb. 2.17: Distanz zu Erwachsenen

DIMENSIONEN	INDIKATOREN UND HYPOTHESEN
Distanz zu Eltern	Rückgang der positiven Wahrnehmung von Eltern
Wohlfühlen zu Hause	Rückgang des Wohlbefindens zu Hause
Dissens	Anstieg der Konflikte mit den Eltern
Gesprächsintensität	Rückgang der Kommunikation mit den Eltern
Bezugspersonenorientierung	Rückgang der Wahl von Erwachsenen als Vertrauenspersonen
Distanz zu Lehrern	Schule als feindlicher wahrgenommen
In der Schule wohlfühlen	Anstieg des sich Unverstanden-Fühlens

2.2.5.1 Zur Veränderung des Verhältnisses zu den Eltern

Die Vielzahl der Informationen, die wir zur Veränderung des Eltern-Kind-Verhältnisses haben, erlauben eine sehr detailreiche Schilderung des diesbezüglichen Übergangs von der Kindheit in die Adoleszenz. Hier kann nur ein grober Überblick versucht werden.

Dazu können wir uns auf die Scores stützen, die wir zur Wahrnehmung des Eltern-Kind-Verhältnisses, über die verschiedenen Dissenspunkte und über die Gesprächsintensität zu einzelnen Thema konstruiert haben. Schließlich haben wir ein allgemeines Item zum Wohlfühlen im Elternhaus in die Untersuchung eingeschlossen. Welches Bild ergibt sich bei der Betrachtung dieser Indikatoren?

Wie die Abb. 2.18 und 2.19 deutlich machen, geht die Wahrnehmung eines positiven Eltern-Kind-Verhältnisses tatsächlich in dieser Altersphase zurück. Von den 12jährigen fühlen sich zu Hause zwei Drittel sehr wohl, bei den 16jährigen wählen nurmehr 35% die Kategorie "sehr wohl" beim fünfstufigen Item zum "Wohlfühlen zu Hause".

Abb. 2.18: Wohlfühlen zu Hause und Beziehungsverhältnis zu den Eltern

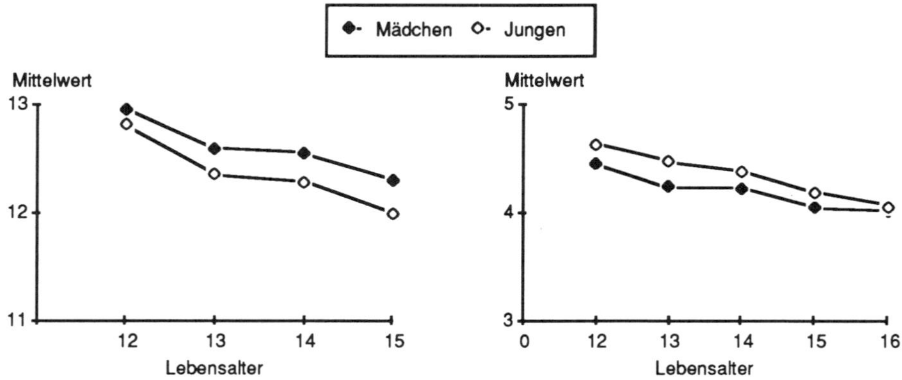

Elterliches Stützsystem

Wohlfühlen zu Hause

Abb. 2.19: Gesprächsintensität und Dissens

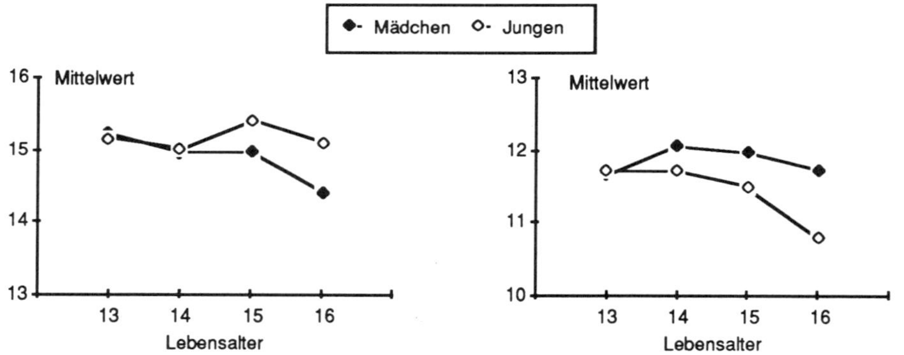

Dissens

Gesprächsintensität

Operationalisiert als Nichtübereinstimmung in Kleiderfragen, Benehmen, Kaufwünschen, Freundschaften, politischen Fragen usw.

Operationalisiert als Intensität der Gespräche über Schule, Religion, Freizeit, Zukunft und Beruf, persönliche Probleme

Diese Distanzierungsprozesse sind jedoch nicht von einem rapiden Anstieg der Dissenspunkte und der Konfliktpunkte zu Hause begleitet. Hier zeigt sich vielmehr ein kompliziertes Bild, das zudem für Mädchen und Jungen etwas unterschiedlich aussieht. Mädchen haben im 13. Lebensjahr den höchsten Dissens mit den Eltern, dann nimmt er kontinuierlich bis zum 16. Lebensjahr ab. Bei den Jungen sieht die Entwicklung etwas anders aus: sie haben zwei Jahre später, also im 15. Lebensjahr den höchsten Dissens. Dies verweist wiederum auf den schon mehrfach gefundenen Trend, daß bestimmte Probleme möglicherweise bei den Mädchen zwei Jahre früher auftauchen als bei den Jungen.

Eine interessante Entwicklung nimmt auch die Gesprächsintensität. Vorerst fällt auf, daß kein linearer Abfall festzustellen ist, daß also zu Hause nicht Jahr für Jahr weniger miteinander gesprochen wird. Das Muster, welches sich herauskristallisiert, ist das eines kurvenlinearen Trends (der quadratische Effekt ist statistisch hoch signifikant). Im 14. und 15. Lebensjahr besteht die größte Kommunikationsdichte, sie war im 13. etwas geringer, ebenso dann im 16. Lebensjahr. Hier wirkt sich auch das Geschlecht aus: Mädchen sprechen zu Hause mehr als Jungen.

Die Abb. 2.20 zur Bezugsgruppenorientierung macht auch ersichtlich, daß Eltern bei persönlichen und sozialen Problemen von Jahr zu Jahr weniger als Vertrauenspersonen und "Enthüllungspartner" (s. SEIFFGE-KRENKE, 1986, 32) gewählt werden. Bei politischen Fragen, also bei Orientierungsfragen zur Wirklichkeit, werden sie jedoch auch noch im Alter von 16 Jahren zu Zweidrittel als wichtigste Bezugsquellen genannt.

Abb. 2.20: Enthüllungspartner

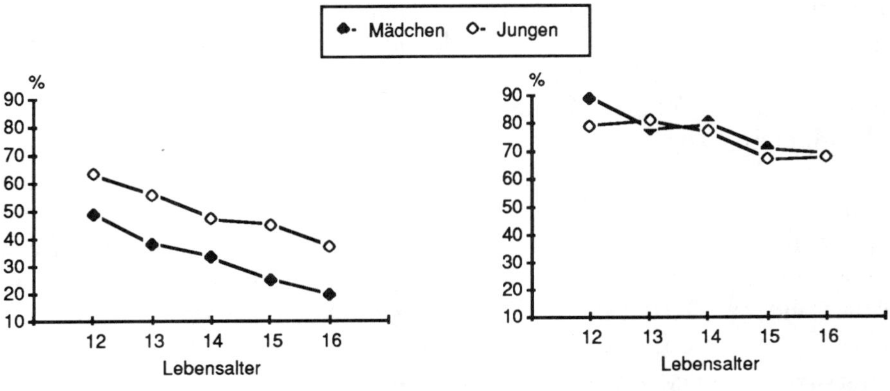

Eltern als Enthüllungspartner bei persönlichen Problemen

Eltern als Ansprechpartner in politischen Fragen

Wenn wir die Themen von Dissens (Elternkritik) und Gesprächsstoffen betrachten, dann fällt auf, daß der höchste Dissens am Beginn der Pubertät um Äußerlichkeiten, um jugendstilspezifische Kleidung und Kaufwünsche gruppiert ist. In der Mitte der Pubertät nehmen die Konflikte um "Ausgehen" und um Freunde zu. Schulleistungen werden jeweils von etwas über 30% der Jugendlichen beim Vergleich mit ihren Eltern als unterschiedlich gewichtet wahrgenommen. Weltanschauliche Diskrepanzen (Religion und Politik) werden von ca 40 bis 50% der Heranwachsenden gesehen.

Eine geringere Bedeutung von weltanschaulichen Themen kommt bei den Kommunikationsinhalten in der Familie zum Vorschein. Hier wird am häufigsten über die Zukunftsplanung der Kinder gesprochen und die Schullaufbahn der Kinder wird intensiv kommentiert.

Insgesamt ist der Schluß nicht gerechtfertigt, daß sich das Eltern-Kind-Verhältnis heute beim Übergang von der Kindheit in die Adoleszenz besonders krisenhaft und konfliktreich gestaltet. Zumindest spiegelt sich dies nicht exzessiv in den Wahrnehmungen der Kinder und Jugendlichen selber. Eine Detailanalyse der Hermeneutik der verschiedenen Wahrnehmungen macht aber sichtbar, daß dies trotzdem eine Phase des Wandels ist. Die emotionale Distanz zwischen Eltern und Kindern scheint größer zu werden (s. vor allem STEINBERG, 1987a, 1988). Die Offenheit der Kinder ihren Eltern gegenüber sinkt besonders bei der Diskussion persönlicher Probleme. Verschiedene Themenkreise werden also aus der familiären Diskussion ausgespart. Die Wahrnehmung, daß Eltern Verständnis für die eigenen Probleme haben, geht ebenfalls etwas zurück. Daneben nehmen Heranwachsende ein gesteigertes Kontrollbedürfnis der Eltern wahr, das auch von Beobachtungen der Unsicherheit, was Eltern nun verlangen sollen, begleitet ist. Das Verantwortungsbewußtsein der Eltern mit dem daraus resultierenden Kontrollbedürfnis kollidiert mit den Wünschen nach mehr Selbständigkeit auf seiten des heranwachsenden Kindes. Dieser Konflikt dürfte hinter den veränderten Wahrnehmungen der Kinder stehen. Dadurch beginnt sich langsam eine Spaltung einzustellen: persönliche Probleme und insbesondere Erfahrungen mit dem anderen Geschlecht werden als "eigene Probleme" betrachtet, mit denen man selber fertig werden muß und die deshalb auch weniger mit den Eltern besprochen werden. Hier werden altersgleiche Freunde des gleichen und des anderen Geschlechtes wichtiger. Zum anderen wird die Alltagsorganisation des Lebens, die Freizeitorganisation und vor allem die Zukunftsperspektive zu Hause intensiv diskutiert. Weltanschauliche Probleme, Auseinandersetzungen um Glaubensfragen und um Politik treten demgegenüber in dieser Altersphase in den Hintergrund.

An dieser Stelle ist auch wichtig zu betonen, daß wir hier vor allem Alterstrends analysieren. Wir wissen aus anderen Analysen, daß besonders zwei Einflußfaktoren einen sehr viel größeren Einfluß auf unterschiedliche Formen des familiären Zusammenlebens während der Pubertät haben: das Bildungsniveau des Elternhauses bzw. das eigene Bildungsniveau des Kindes (Schulformzugehörigkeit) und der sozialökologische Kontext städtischer und ländlicher Regionen. In ländlichen Gebieten, in Arbeiterkreisen und bäuerlichen Kreisen, werden heranwachsende Kinder am stärksten kontrolliert und die emotionale Distanz zu den Eltern ist hier am größten. Bei Kindern städtischer Bildungsschichten finden wir die größte emotionale Nähe und die geringste äußere Kontrolle. Neben diesen sozialökologischen Variationen besteht selbstverständlich eine sehr große individuelle Variation des Eltern-Kind-Verhältnisses in dieser Lebensphase. Welche Bedeutung dieser Variation zukommt, wird an anderer Stelle dieser Arbeit noch deutlich werden.

2.2.5.2 Zur Veränderung des Verhältnisses zur Schule

Noch markanter als der "Liebesentzug" gegenüber den Eltern ist in dieser Lebensphase der "Liebesentzug" gegenüber der Schule. Bei den 12jährigen fühlen sich noch 28% in der Schule sehr wohl und nur 2% gar nicht wohl, bei den 15jährigen sind nurmehr 7% euphorisch, etwa 9% aber sehr negativ eingestellt. Hier gibt es also einen klaren Alters-Effekt, dagegen keinen Einfluß des Geschlechts oder gar eine Interaktion zwischen Alter und Geschlecht (Abb. 2.21).

Abb. 2.21: Wohlfühlen in der Schule und Distanz zur Lehrerschaft

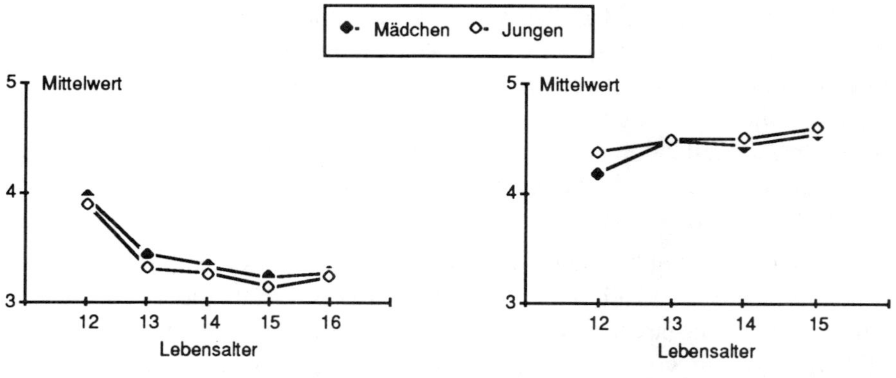

Wohlfühlen in der Schule

Distanz zur Lehrerschaft

Derselbe Sachverhalt bildet sich auf dem umfangreichen Instrumentarium zur "Schuldistanz" ab. Hier steigt die Distanz gegenüber der Schule besonders vom 12. zum 13. Lebensjahr und bleibt dann in etwa konstant. Überraschenderweise gibt es hier keinerlei Geschlechtsunterschiede. Andere Einflüsse, insbesondere solche des regionalen Kontextes sind hier viel größer, ebenso jene nach Schulformen und nach der sozialen Herkunft der Kinder.

Hinter den Einzelitems verbergen sich nun hier nicht im einzelnen dokumentierbare aber sehr vielfältige Unterschiede. Sie heben sich häufig gegenseitig auf, so daß die Wandlungstendenzen insgesamt geringer erscheinen als sie tatsächlich sind.

Deutlich ist z.B. die Wahrnehmung, daß die persönliche Zuwendung von seiten der Lehrer in dieser Altersphase nachläßt. Dadurch steigt auch das Bewußtsein, daß jeder für sich allein kämpfen muß. Die Lehrer scheinen sich also in ihrer Zuwendung sehr stark zurückzunehmen, andererseits reduzieren sie eine strikte Kontrolle im Unterricht, gewähren also mehr Selbständigkeit. Sie behandeln die Heranwachsenden seltener wie kleine Kinder und wollen seltener nur bestimmte Antworten hören. Sie schreien Kinder weniger häufig an, stellen sie dafür aber eher bloß.

Danach ändert sich in dieser Altersphase das gesamte Muster der sozialen Kontrolle in der Schule. *Es ist weniger von persönlicher Zuwendung und persönlicher Aufsicht getragen, sondern mehr von einer eher distanzierten, leistungs- und notenbezogenen, kühlen und Selbständigkeit unterstellenden Kontrolle gekennzeichnet.* Überlegener Zynismus wird häufiger wahrgenommen.

Insgesamt ist deutlich, daß auch im Bereich der Beziehungen zu den Erwachsenen die hier betrachtete Altersphase eine Zeit des Wandels ist. Das emotionale Bindungsgefüge ändert sich, die Gesprächskontexte verschieben sich, auch wenn man nicht global von einer krisenhaften Entwicklung sprechen kann. Gegenüber der klassischen Entwicklungspsychologie ergeben sich hier neue Untersuchungsperspektiven. Wie an anderer Stelle gezeigt wird, hat gerade die Erforschung des Eltern-Kind-Verhältnisses in der Jugendphase in den letzten Jahren große Fortschritte erzielt, auch wenn solche Untersuchungen nicht im deutschsprachigen Raum lokalisiert sind (s. z.B. YOUNISS & SMOLLER, 1985).

Insgesamt ist unübersehbar, daß das Altersspezifische des Übergangs von der Kindheit in die Jugendzeit vor allem darin besteht, daß die sozialen Beziehungsmuster reorganisiert werden. Dies hat vielfältige Auswirkungen für die Reorganisation von Autorität und Selbstverantwortung, für das Auftauchen neuer damit verbundener Konfliktzonen, für das virulent werden von Solidaritäts- und Konkurrenzbeziehungen in Schulklassen, für veränderte Rangkämpfe usw. Mit der Reorganisation des Beziehungsmusters zu anderen Personen ändert sich aber auch das Verhältnis des heranwachsenden Menschen zu sich selbst. Er tritt in die Phase der "Selbstlenkung", an die Stelle des autoritätsbezogenen elterlichen Über-Ichs tritt nun das Ich-Ideal, die Ausrichtung an selbstgesetzten Entwürfen dessen, was man zu sein erträumt und anstrebt.

Die wichtigste Änderung besteht wohl darin, daß sich die Kinder von der *gegebenen* Liebe der Eltern zur *aufgegebenen* der gleichaltrigen Partner fortentwickeln müssen. Dadurch taucht am Horizont die bittere Möglichkeit auf, Ablehung zu erfahren. Sich dieser neuen Liebe zu vergewissern wird nun zu einem Brennpunkt der Aufmerksamkeit.

2.2.6 Zur Veränderung der sozialen Beziehungsverhältnisse beim Übergang von der Kindheit in die Adoleszenz

Die Erwartungen, die uns hier die klassische Entwicklungspsychologie vorgibt, verweisen auf einen konfliktreichen Verlauf der Beziehungen zu Gleichaltrigen beim Übergang von der Kindheit ins Jugendalter. Aus der großen Schar der vielen Freunde ziehe sich der Pubertierende zurück. Alte Freundschaften zerbrechen, neue gefühlsintensive Bande zu ausgelesenen Freunden werden geknüpft. Die Innenwendung und die Individuationsprozesse dieser Altersphase führen auch dazu, daß sich heranwachsende Jungen und Mädchen häufiger einsam fühlen, seltener einen wirklichen Freund haben und sich in Distanz zu den Gleichaltrigen empfinden.

Da wir gerade dem Bereich der sozialen Beziehungen im Konstanzer Längsschnitt sehr große Aufmerksamkeit gewidmet haben, können wir viele Indikatoren heranziehen, um die "klassischen" Erwartungen zu überprüfen (Abb. 2.22).

Abb. 2.22: Einsamkeit, grüblerischer Rückzug, Isolierung von Freunden

DIMENSIONEN	INDIKATOREN UND HYPOTHESEN
Einsamkeit	Zeitweiser Anstieg von Gefühlen der Einsamkeit Wenige wirkliche Freunde Viel Zeit alleine Rückgang der Anzahl der Freunde
Soziale Einbettung	Zunahme Isolierter Rückgang sozialer Integration
Soziale Interessen	Rückgang sozialer Interessen
Soziale Fähigkeiten	Zeitweise Rückgang des sozialen Selbstvertrauens
Klassendistanz	Kritische Beurteilung der sozialen Beziehungen in der Schulklasse

2.2.6.1 Zu den Gefühlen der Einsamkeit

Wie Abb. 2.23 deutlich macht, sind Jungen und Mädchen, die in diesem Alter sagen, daß sie keinen Freund haben, eher selten. Nur etwa 10% meinen, daß sie keinen wirklichen Freund haben. Mit dem Alter geht jedoch das sichere Urteil, einen Freund zu haben, etwas zurück.

Häufige oder gelegentliche Gefühle der Einsamkeit berichtet gut die Hälfte aller Mädchen und etwa ein Drittel aller Jungen. Der Effekt, der hier auftaucht, ist klar ein geschlechtspezifischer: etwa 15 bis 20% mehr Mädchen fühlen sich häufig oder manchmal etwas einsam.

Der Trend zur exklusiven Intensivfreundschaft mit einer Person ist nicht sehr ausgeprägt. Er findet sich bei unter 10% der von uns befragten Kinder und Jugendlichen. Wieder sind es Mädchen, die stärker zu intensiven Freundschaften mit einer einzigen Person neigen.

Abb. 2.23: Vereinsamung und Freundschaften in der Jugendzeit (Fünflinge)

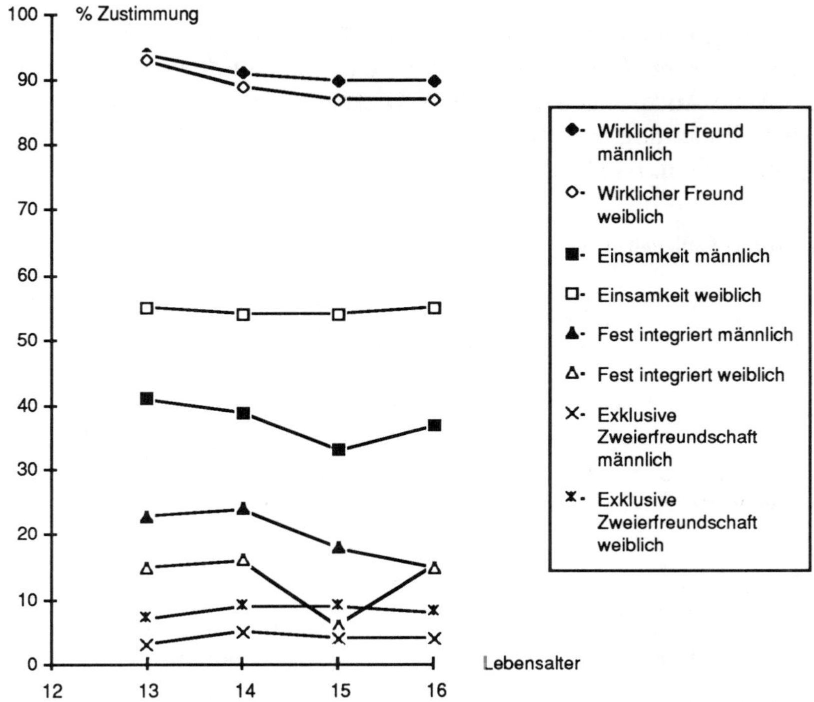

Insgesamt wird also das klassische Erwartungsmuster von einer steigenden Vereinsamung in der ersten Phase der Pubertät nicht bestätigt. Wenn es zutrifft, dann vor allem für Mädchen. Jungen entsprechen dem alten Erwartungsmuster besonders wenig.

2.2.6.2 Zur Entwicklung der sozialen Selbsteinschätzungen: Integriert, interessiert und kompetent?

Auf drei Dimensionen können wir die Entwicklung der sozialen Beziehungsstrukturen erfassen: Einmal bei der wahrgenommenen sozialen Einbettung, also dem Gefühl, sozial anerkannt zu sein, "dabei zu sein" und dazuzugehören; zum anderen bei den sozialen Interessen, also bei der Selbstwahrnehmung, daß einen das Innenleben der Mitmenschen sehr interessiert und schließlich beim sozialen Selbstvertrauen, also bei der Einschätzung der eigenen Durchsetzungsfähigkeit bzw. der sozialen Scheu und Schüchternheit in neuen Situationen.

Die Abb. 2.24 gibt die entsprechenden Veränderungen von der Kindheit in die Jugendzeit wieder. Dabei wird deutlich, daß sich auf allen Dimensionen altersspezifische Änderungen vollziehen. Diese sind bei der Wahrnehmung der sozialen Einbettung am geringsten und beim sozialen Selbstvertrauen eindeutig am größten. Es steigt in dieser Lebensphase deutlich an.

Abb. 2.24: Soziale Fähigkeiten

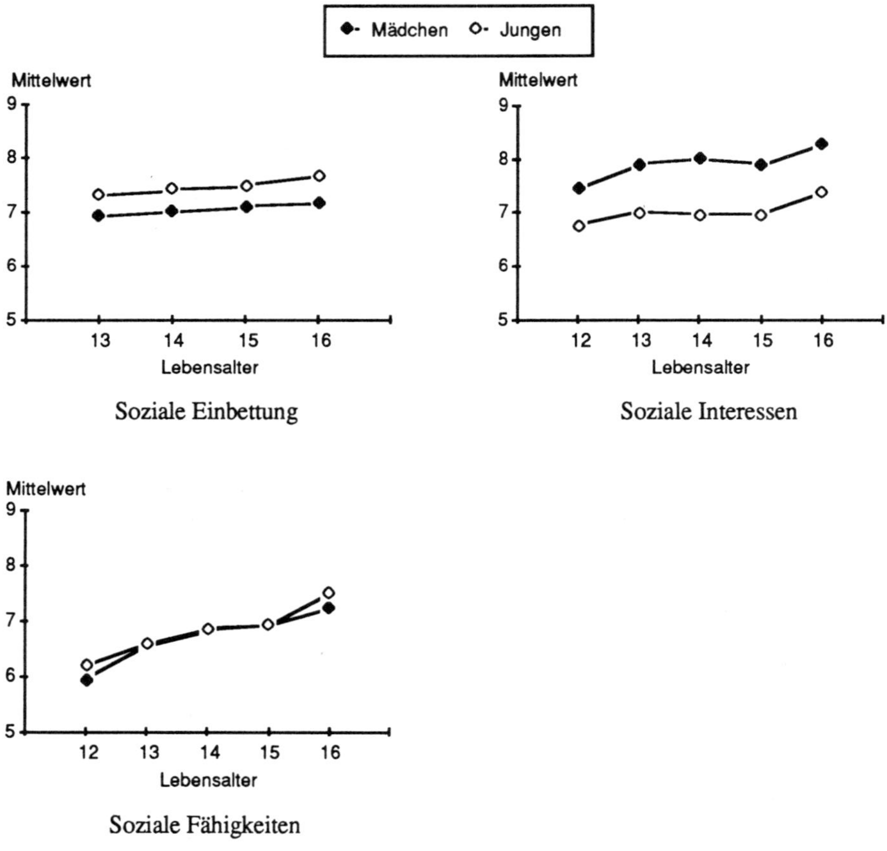

Das zweite auffallende Ergebnis bezieht sich wieder auf den Geschlechtsunterschied: Während Mädchen in bedeutend größerem Maße soziale Interessen und eine Offenheit für das Innenleben der Mitmenschen zeigen, ist das

Bewußtsein der positiven sozialen Einbettung bei Jungen stärker ausgeprägt. Eine neue Mädchengeneration deutet sich in Bezug auf das soziale Selbstvertrauen an: hier finden wir keine Geschlechtsunterschiede mehr.

2.2.6.3 Zur Wahrnehmung der sozialen Beziehungsverhältnisse in Schulklassen: sozialer Zusammenhalt oder individuelle Profilierung?

In einem dritten Bereich können wir Veränderungen in den sozialen Bewußtseinsstrukturen untersuchen: bei der Veränderung der Wahrnehmung, welche Normen in Schulklassen gelten und wie die sozialen Beziehungen der Mitschüler untereinander aussehen.

Wir können davon ausgehen, daß entsprechend der Erwartung der klassischen Entwicklungspsychologie im 12. und 13. Lebensjahr, also in der 6. und 7. Schulstufe, die größte Solidarität der Mitschüler untereinander bestehen müßte. Nach diesem Erwartungshorizont ist das Gesellungsbedürfnis dieser Jahrgangsstufe auf große Gruppen, auf "Banden" ausgerichtet. Erst langsam löst sich die Großgruppe in kleinere Freundschaftsgruppen auf.

Wie spiegelt sich dieser Erwartungshorizont in unseren Daten?

Wir können dazu Indikatoren heranziehen, die einmal auf Veränderungen in der wahrgenommenen Toleranz, in der Schulklasse, auch "anders sein" zu können, Bezug nehmen. In einem zweiten Bereich wird auf die Intensität des leistungsinduzierten Konkurrenzkampfes eingegangen und in einem dritten auf die Wahrnehmung, daß die größere Gemeinschaft zusammenbricht und sich eher Cliquen herauskristallisieren.

Hinter dieser Dynamik sozialer Beziehungen können konfliktträchtige Normen stehen, deren Erfüllung in Schulklassen Ansehen und Beliebtheit verschaffen (s. SPECHT, 1982). Gibt es hier altersbezogene Änderungen? Über die Frage, was für einen neuen Schüler von Vorteil wäre, um in der Klasse Anschluß und Freunde zu finden, können wir den regulierenden Werten in Schulklassen nachgehen. Die zentralen Konflikte, die sich hier abspielen, dürften jene zwischen individueller Profilierung und solidarischer Hilfestellung für Mitschüler sein. Ob sich diesbezüglich Verschiebungen in der Altersphase von 12 bis 16 ergeben, können wir in mehreren Dimensionen untersuchen.

Die Abb. 2.25 offenbart ein recht kompliziertes Muster. Einmal zeigen sich auf allen Wahrnehmungsdimensionen altersbezogene Veränderungen. Dabei wird der Konkurrenzkampf als abnehmend wahrgenommen, der Konformitätszwang aber als zunehmend. Der Klassenzusammenhalt zeigt eine uneinheitliche Entwicklung: Er ist im 13. Lebensjahr am höchsten und dann wieder im 16. Lebensjahr. In Bezug auf die letztere Schulstufe ist allerdings zu beachten, daß hier die Hauptschulklassen weitgehend fehlen.

Abb. 2.25: Wahrnehmung der Beziehungen in Schulklassen

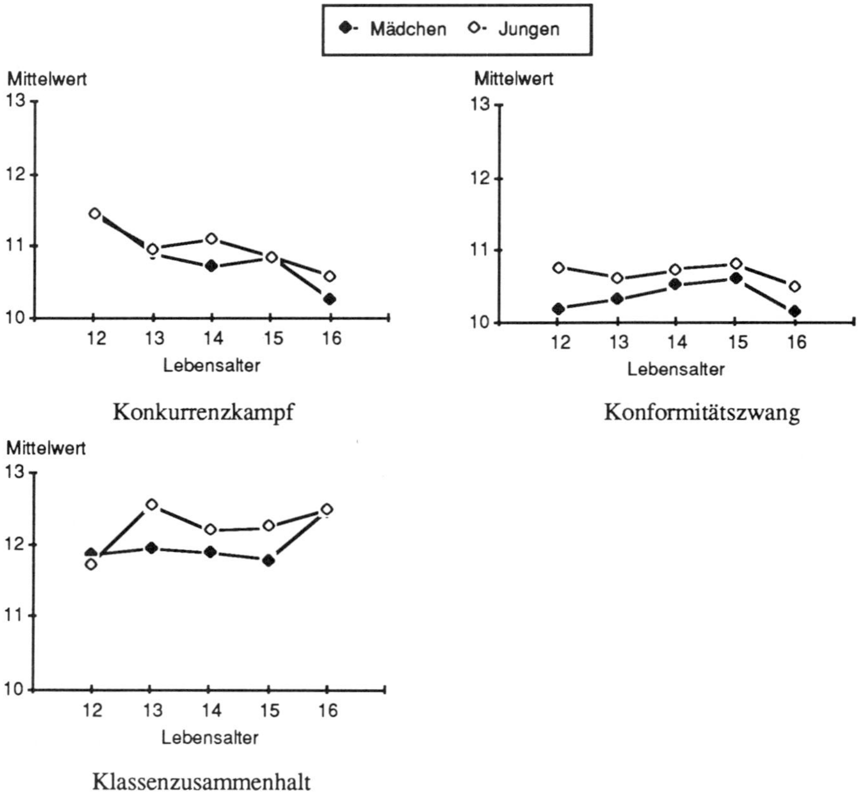

Bei den Veränderungen des Konformitätszwanges ergeben sich auch geschlechtsspezifische Differenzen: Jungen nehmen mehr sozialen Druck wahr als Mädchen. Alle anderen Unterschiede werden nicht signifikant.

Die Veränderungen auf der Dimension des Klassenzusammenhaltes bringt eine gewisse Bestätigung, daß besonders im 13. Lebensjahr ein hohes Solidaritätspotential vorhanden ist. Im 14. und 15. Lebensjahr zeigen sich stärkere Vercliquungen, ergeben sich stärkere Brüche in den sozialen Beziehungen - wie auch die Einzelitems belegen. Erst in den Gymasial- und Realschulklassen der 10. Schulstufe, also im 16. Lebensjahr, steigt dann wieder das Zusammengehörigkeitsgefühl.

Zur Abrundung dieses Bildes sei auf die Wahrnehmung verwiesen, welche Bedeutung schulleistungsbezogenes Verhalten bzw. gruppensolidarisches Verhalten in dieser Altersphase hat. Abb. 2.26 bringt das zu erwartende Muster an den Tag, daß Schulleistung als Statuskriterium zunehmend an Bedeutung verliert, dagegen steigt die Bedeutung gruppensolidarischen Verhaltens - also von Hilfestellungen im Zusammenhang mit Schulleistungen auch gegen die eigenen Interessen. Bezeichnenderweise ist in den Augen der Mädchen solidarisches Verhalten ein wichtigeres Statuskriterium als in den Augen von Jungen.

Abb. 2.26: Statusrelevanz von Schulleistung und Solidarität

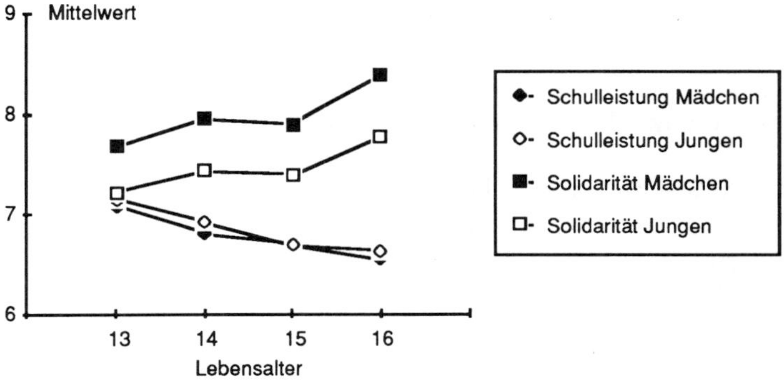

Insgesamt ergibt sich für den Bereich der sozialen Beziehungen unter Altersgleichen nicht das Bild einer sehr problemgeladenen Altersphase und sehr problemgeladener Entwicklungsverläufe. Das Bild rundet sich eher in der Hinsicht ab, daß der größte Teil der heranwachsenden Jungen und Mädchen sozial integriert ist und sich "zugehörig" fühlt. Die aus der klassischen Entwicklungspsychologie stammenden Erwartungen werden am ehesten von den Mädchen bestätigt. Sie beginnen eine stärkere Differenzierung sozialer Bindungen in "wahre Freundschaften" und sie leiden auch stärker unter Einsamkeitsgefühlen. In ihrer Wahrnehmung der sozialen Beziehungen in der Schulklasse setzen sie höhere Erwartungen an Solidarität. Alle Jugendlichen nehmen aber in dieser Altersphase eine Differenzierung und Intensivierung der Konflikthaftigkeit von Erwartungsstrukturen in der Schulklasse wahr. Die Balance zwischen individueller Profilierung, persönlichem Geltungsstreben und sozialer Selbstdarstellung sowie solidarischem Gemeinschaftsstreben ist offensichtlich noch schwer herzustellen. Erst gegen Ende der Pflichtschulzeit beginnt sich die Balance zu verfeinern. Hinter diesen Wahrnehmungen stecken aber sicher komplizierte individuelle Entwicklungsverläufe, die näher untersucht werden müßten.

Eine psychoanalytisch inspirierte Erwartung bestätigt sich bei den bevorzugten "Enthüllungspartnern": der Weg von der Wahl der Eltern zu der von gleichgeschlechtlichen Freunde hin zu gegengeschlechtlichen Ansprechpartnern. Das Heraustreten aus überwiegenden oder gar ausschließlichen innerfamiliären Kommunikationszusammenhängen und die Öffnung für gegengeschlechtliche Freundschaften, die teilweise Ablösung der Eltern als primären Gesprächspartnern durch "Fremde" gehört unzweifelhaft zu den wichtigsten Vorgängen in dieser Altersphase. Zutreffend ist sie deshalb als Zeit der "Beziehungskisten" apostrophiert worden.

2.2.7 Die Adoleszenz als Phase der Passivität?

In der "klassischen" Entwicklungspsychologie gehört die Wahrnehmung zur Phänomenologie der Adoleszenz, daß dies eine Zeit ungeheuren Wechsels zwischen Aktivität und Passivität, von überschäumenden Lebensdrang und "göttlicher Faulheit" ist.

Abb. 2.27: Passivität

DIMENSIONEN	INDIKATOREN UND HYPOTHESEN
Selbstbezogene, phantasiebezogene Freizeitaktivitäten	Zunahme des Tagträumens Zunahme des passiven Musikkonsums Zunahme des Fernsehens
Soziale Verantwortung und soziale Aktivität	Rückgang der häuslichen Verantwortung und des sozialen Engagements in und außerhalb der Schule

Auf mehreren Dimensionen können wir diese Frage überprüfen (Abb.2.27):

- Nimmt in dieser Zeit das Tagträumen zu, gewinnt der passive Musikkonsum sehr stark an Bedeutung, nimmt das Fernsehen zu?
- Ist dies eine Zeit, in der die soziale Verantwortung innerhalb der Familie zurückgeht, also zunehmend weniger Aufgaben übernommen werden

und ist dies eine Zeit, in der auch das soziale Engagement bei Entscheidungen in der Schule, also die schulische Mitbestimmung, eher abgelehnt wird?

Abb. 2.28: Freizeitaktivitäten nach Geschlecht

Mittelwerte über die Antwortkategorien: 1 fast jedesmal, 2 öfters, 3 hin und wieder, 4 nie

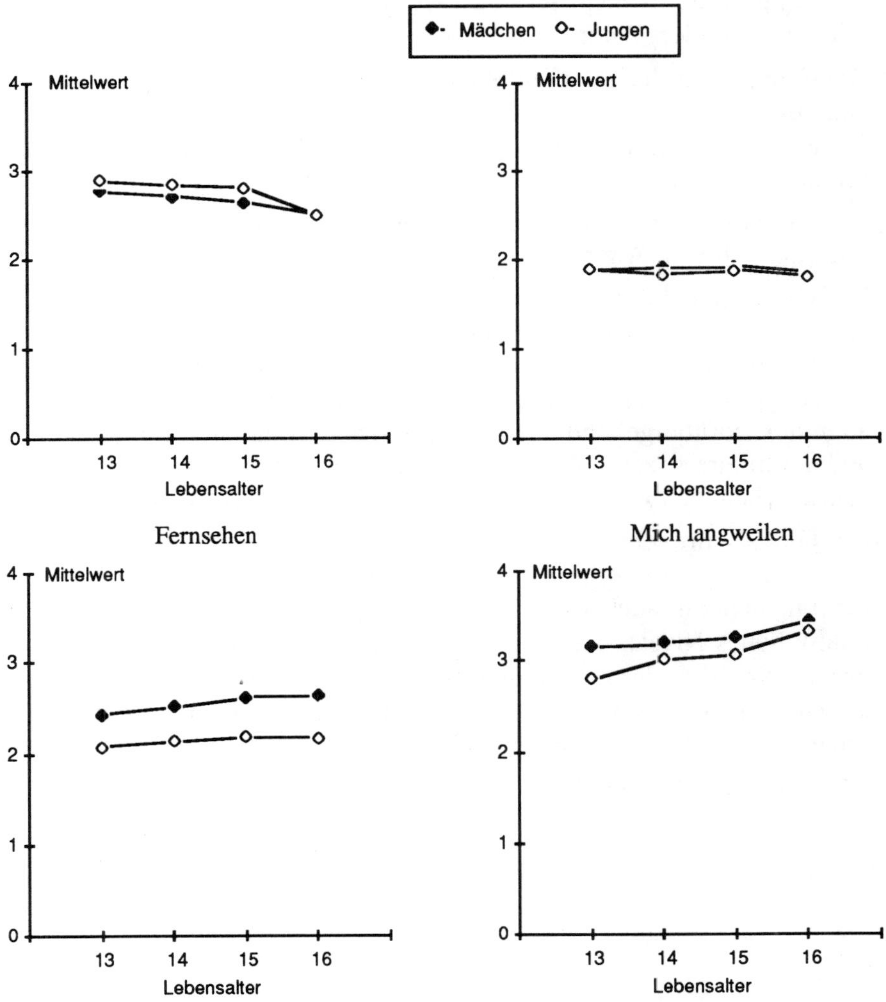

Fernsehen

Mich langweilen

Tagträumen (einfach meinen Gedanken nachhängen)

Pop-Rock-Discomusik hören

Die altersbezogenen Trendanalysen bringen folgendes zum Vorschein:

- Die Zeit von 13 bis 16 ist nicht die Zeit des Fernsehens. Diese Freizeittätigkeit geht tendentiell zurück (s. Abb. 2.28).
- Das "Träumen" nimmt aber unübersehbar zu; Tagträumen ist zwar bei Mädchen häufiger, aber auch Jungen zeigen eine mit dem Alter steigende Tendenz.
- Die Langeweile ist nicht sehr ausgeprägt, und sie intensiviert sich nicht mit zunehmendem Alter.
- Die Gruppenmitgliedschaften bleiben in dieser Altersphase konstant, das heißt es gibt keinen Einbruch in den außerschulischen Gesellungsformen. Erstaunlich stabil ist die Mitgliedschaft in Turn- und Sportvereinen (ohne Abb.).
- Die Beteiligungsrate an schulischen Mitbestimmungsprozessen nimmt ebenfalls mit dem Alter zu (s. Abb. 2.29).
- Die Gruppenverantwortungen, also die Verantwortungen zu Hause oder außerhalb des häuslichen Wirkungskreises erleben im 14. Lebensjahr einen klaren Höhepunkt: er ist auf die intensivere kirchliche Aktivität der protestantischen Jugendlichen zurückzuführen (Konfirmation). Sie ist aber nur vorübergehender Natur. Jungen sind im übrigen stärker in außerfamiliäre soziale Verantwortungen eingebunden als Mädchen. Zu Hause haben die Mädchen noch eindeutig mehr feste Aufgaben.
- Ein Globalscore, der die prosoziale Motivation und die prosoziale Orientierung insgesamt erfassen soll, weist einen unterschiedlichen Verlauf für Jungen und Mädchen auf: Mädchen zeigen über alle Jahre hinweg ein relativ hohes Niveau der sozialen Einsatzbereitschaft, das sich sehr signifikant von dem der Jungen unterscheidet. Jungen zeigen im 14. und 15. Lebensjahr ein besonders geringes Gefühl der sozialen Einsatzbereitschaft, was sich auch in einem quadratischen Verlauf für diese Gruppe niederschlägt (Abb. 2.30).

Abb. 2.29: Geschlechtsunterschiede in der prosozialen Motivation und im sozialen Engagement

Mittelwerte über die Antwortkategorien:

1	fast jedesmal	3	hin und wieder
2	öfters	4	nie

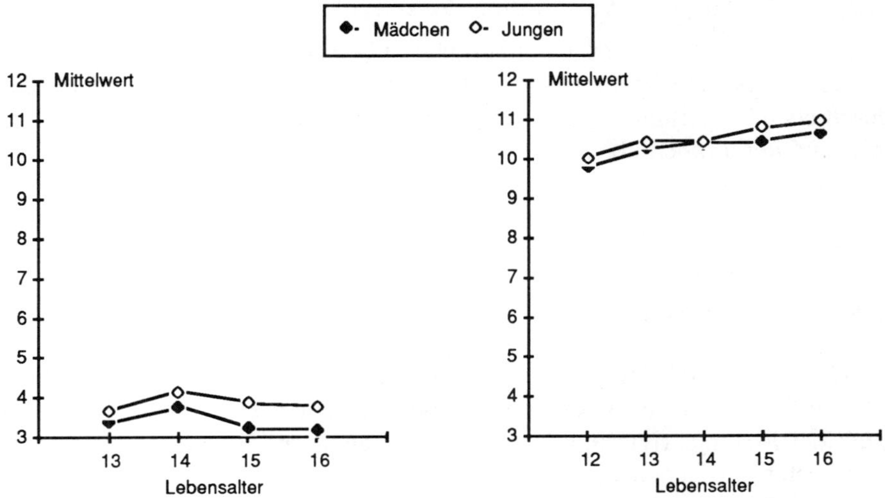

Soziale Verantwortung ausserhalb der Schule

Beteiligung an schulischer Mitbestimmung

Abb. 2.30: Entwicklung der prosozialen Motivation

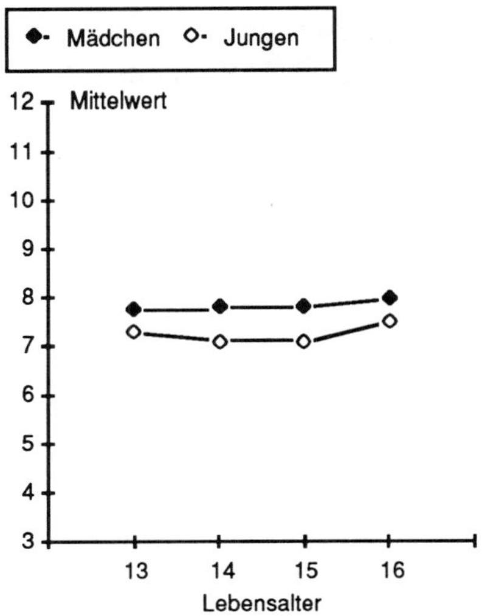

Insgesamt belegen unsere Daten keine ins Auge springende Gefahr zu passivem Verhalten. Kontinuität von der Kindheit in die Adoleszenz charakterisiert hier die Szene. Wenn Adoleszente allein sind, dann dominiert der (laute) Musikkonsum. Klassische kindliche Beschäftigungen, z.B. mit Haustieren, gehen zurück. Anspruchsvolle kulturelle Aktivitäten geraten in eine Krise.

Sportvereine repräsentieren das häufigste außerschulische und außerhäusliche Gesellungs- und Verantwortungsfeld. Die Kirche erreicht etwa 10% der Jugendlichen. Politische Jugendgruppen spielen eine sehr geringe Rolle. Das semiformelle Gruppenleben liegt offensichtlich darnieder.

2.2.8 Zum Prozeß der "Enkulturierung"

Besonders für die mittlere Adoleszenz, also ab dem 14., 15. Lebensjahr vermutet die klassische Entwicklungspsychologie einen sich intensivierenden Prozeß der Resubjektivierung kultureller Gehalte. Der Heranwachsende öffnet sich jetzt den Lebensbereichen von Politik, Gesellschaft, Kunst und dem Bereich des Naturerlebnisses.

Da wir uns auf die Altersphase von 12 bis 16[11] konzentrieren, liegt die Untersuchung der Enkulturationsprozesse altersspezifisch noch etwas zu früh, da in diesem Entwicklungsbereich der Höhepunkt erst in der späteren Adoleszenz erreicht sein wird.

Nichtsdestoweniger können wir in zwei Themenkreisen der Frage nachgehen, wie sich der Übergang von der Kindheit in die Erwachsenenwelt gestaltet (Abb. 2.31).

[11] Allerdings finden sich in unserer Stichprobe auch 11jährige und 17- bis 18jährige.

Abb. 2.31: Hineinwachsen in die Gesellschaft und Kultur

DIMENSIONEN	INDIKATOREN UND HYPOTHESEN
Politik und Gesellschaft	Mit dem 15. - 16. Lebensjahr einsetzende *Aufmerksamkeit* für politische Vorgänge Steigendes *Interesse* für Politik Steigende *Identifikation* mit dem Staat Steigende *Beteiligung* an schulischer Mitbestimmung Steigende *Analysekompetenz* und moralisches *Bewußtsein*
Kulturpubertät	Steigendes Interesse für Kunst und Literatur Musikalische Betätigung nimmt zu Auseinandersetzung mit Religion: Diskussionen mit Eltern und Freunden
Idealbildung	Präzisierung von Berufsvorstellungen, Partnervorstellungen, Lebenszielen, gesellschaftlichen Zielen

- Bei der Untersuchung, ob in dieser Altersphase bereits das Bewußtsein für politische Prozesse erwacht;
- Bei der Frage, wie jene Freizeittätigkeiten, die zum Kern der Kulturpubertät zählen, wie klassische Musik hören, Bücher lesen, Unterhaltung über weltanschauliche Fragen und Unterhaltung über Kunst und Natur, sich in dieser Altersphase entwickeln.

Insgesamt steht uns ein reicher Kranz an Indikatoren zur Verfügung. Hier sollen nur überblicksweise die Hauptergebnisse dargestellt werden.

2.2.8.1 Zum Erwachen des politischen Bewußtsein

In diesem Bereich haben wir sehr viel Mühe darauf verwandt, die Wissensstrukturen und die Kompetenzen zur Analyse politischer Prozesse zu erfassen. Wie die entsprechenden Abbildungen deutlich machen, steigt auch in dieser Altersphase das Wissen um demokratische Stukturen und die Analysekompetenz deutlich an. Der Alterseffekt ist unübersehbar. Es ergibt sich aber auch ein Geschlechtseffekt in dem Sinne, daß Jungen ein größeres politisches Verständnis zeigen. Allerdings verringert sich die Geschlechtsdifferenz bis zum Ende des 16. Lebensjahres sehr stark. Mädchen holen also in dieser Altersphase deutlich auf (Abb. 2.32).

Abb. 2.32: Politische Analysekompetenz

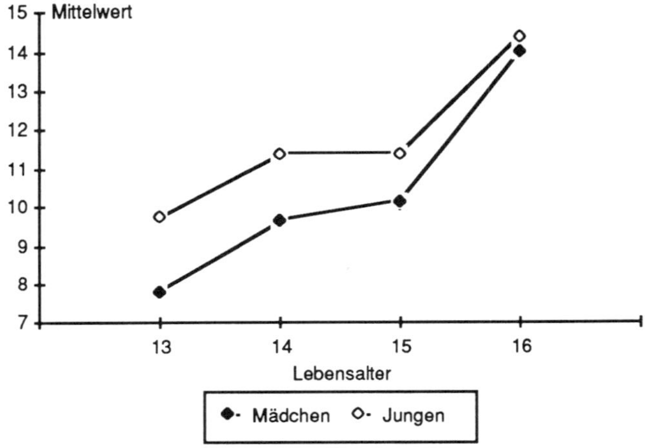

Wichtig und bedenkenswert erscheint der Befund, daß sich der Anstieg des politischen Verständnisses auf die höheren Bildungsgruppen, insbesondere auf Gymnasiasten konzentriert. Hauptschüler, deren Bildungsmöglichkeit nach der hier betrachteten Lebensspanne ohnedies gering sind, verzeichnen kaum einen nennenswerten Anstieg ihrer politischen Kompetenzen von 12 bis 16 (Abb. 2.33).

Abb. 2.33: Politische Analysekompetenz nach Schulformen

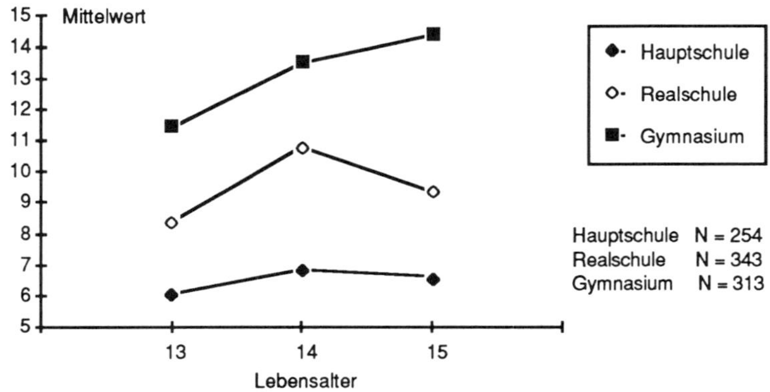

Der Prozeß des Erwachens eines politischen Bewußtseins ist von einer grösseren emotionalen Distanz gegenüber den politischen Verhältnissen begleitet.

Das Staatsvertrauen, das Vertrauen in geordnete und gerechte Verhältnisse sinkt von Schuljahr zu Schuljahr. Die kritische Distanz ist dabei bei den Mädchen deutlich ausgeprägter als bei den Jungen (Abb. 2.32).

Parallel zur größeren Skepsis steigt das politische Interesse, steigt die regelmäßige Information über politische Ereignisse. Wieder taucht hier auch der erwartbare Geschlechtseffekt auf: Jungen sind interessierter als Mädchen.

Zu diesen Ergebnissen kontrastiert jenes zur Entwicklung des moralischen Urteilsniveaus, also zur Präferenz höherwertiger Argumente bei der Lösung von sozialen Konflikten. Hier zeigen die Mädchen einen signifikanten Vorsprung. Erwartungsgemäß steigt auch das moralische Urteilsniveau in dieser Altersphase signifikant an (Abb. 2.34).

Abb. 2.34: Politisches Interesse, moralisches Urteilsniveau und Staatsvertrauen

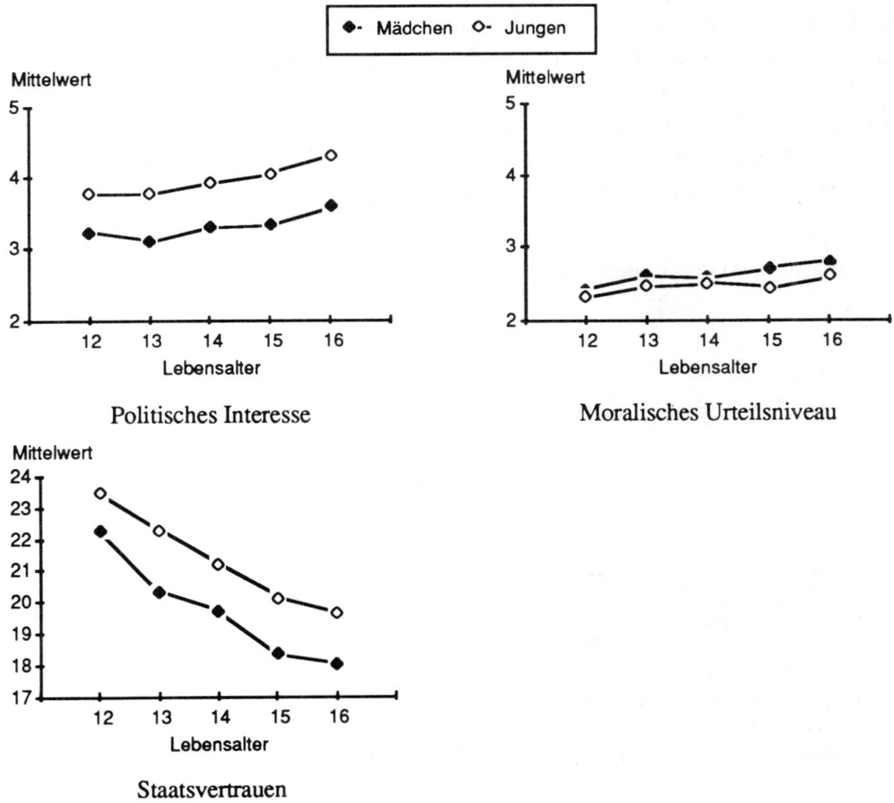

Das überwiegende Muster ist hier also jenes, daß in dieser Altersphase ein deutlicher Anstieg in der Öffnung zu politischen Ereignissen zu verzeichnen ist. Dabei stehen Jungen der Politik näher als Mädchen, wenngleich letztere mit zunehmendem Alter den Vorsprung der Jungen aufholen. Bedenkenswert ist vor allem die geringe "politische Öffnung" der Hauptschüler.

2.2.8.2 Zur Kulturpubertät von Jungen und Mädchen

Ein zur Steigerung des politischen Bewußtseins bei Jungen gegenläufiger Trend findet sich im Bereich des kulturellen Interesses. Hier sind es nämlich die Mädchen, die einen ganz klaren Vorsprung aufweisen und diesen über die Jahre hinweg noch ausbauen (Abb. 2.35). Während Jungen in ihrer Kulturentwicklung eher stagnieren, entwickeln sich die Mädchen weiter. Dies führt zu einer sehr großen Diskrepanz im 16. Lebensjahr. Er kommt vor allem darin zum Ausdruck, daß die Mädchen bedeutend mehr lesen, mehr Tagebuch schreiben (Abb. 2.28). Im 16. Lebensjahr reden die Mädchen auch mehr über Bücher, Theater und Filme, die sie gesehen haben. In der Orientierung in klassischer Musik ergeben sich keine Geschlechtsunterschiede, ebensowenig wie beim Reden über Religion.

Abb. 2.35: Jugendkultur: Bildungsorientierung

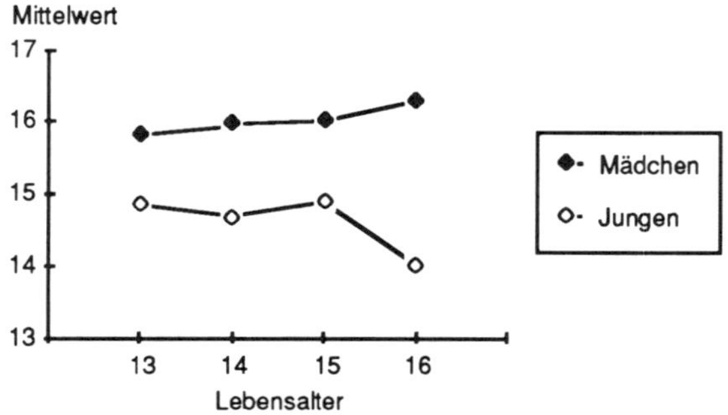

Operationalisiert als:
Reden über politische und gesellschaftliche Probleme, Fragen des Glaubens, der Weltanschauung und der Religion, Bücher, Theater, Filme, Kunst
Aktivitäten zu Hause: malen, Tagebuch schreiben, basteln oder handarbeiten, Bücher lesen, klassische Musik hören

Hier zeigt sich aber insgesamt nicht der erwartbare altersbezogene Anstieg. Die kulturellen Interessen scheinen in dieser Lebensphase eher zu stagnieren.

Ganz im Vordergrund stehen Orientierungen an Liebe und Sexualität, an persönlichen Problemen und Schwierigkeiten, an Kleider und Mode, am Aussehen, an den Persönlichkeitsmerkmalen anderer, also an einem Kultursyndrom, das wir im Anschluß an die Jugendzeitschrift, die für diese Altersphase besonders wichtig ist, als "Bravo-Kultur" bezeichnet haben. In diesem Bereich erfolgt der zentrale Entwicklungsprozeß. Er spielt sich heute mehr auf diesen Dimensionen ab als auf solchen der kulturellen Öffnung. Dabei zeigen wieder Mädchen einen klaren Vorsprung. Ihre Hinwendung zu dieser Kultur ist mit 13 bereits so ausgeprägt wie sie bei Jungen erst mit 16 Jahren ist.

2.3 Gesamtgestalten

Wenn wir auch in der Gesamtdarstellung an die alte Tradition der Entwicklungspsychologie anschließen wollen, dann müssen wir hier zusammenfassend versuchen, die verschiedenen Entwicklungsstränge wieder simultan zusammenzusehen. Dies soll hier geschehen. Ein solcher Versuch führt zu einem Entwicklungsbild dieser Lebensphase. Anfang und Ende müssen dabei besonders beachtet werden. Zudem müssen wir es geschlechtsspezifisch entfalten. Für Lehrer bedeutet dies, daß wir hier einmal das Bild von 6. und 10. Klassen als Extrempole im Auge haben und uns dann den Übergangsklassen widmen.

Insgesamt bietet sich uns *nicht* das Bild einer Lebensphase, die von einer Zunahme selbstzerstörerischer, grüblerischer, leidvoller und nach innen gewendeter Problemwahrnehmungen gekennzeichnet ist. Es offenbart sich eher eine pragmatisch orientierte, selbstbewußte und sozial extravertierte Jugendkohorte am Übergang von der Kindheit in die Adoleszenz. Sie ist skeptisch und informiert, an anderen Menschen interessiert, hat zu den Eltern überwiegend ein kommunikationsintensives und konfliktoffenes Verhältnis, öffnet sich den hedonistischen Möglichkeiten der gegenwärtigen historischen Epoche und sucht Sicherheit in intensiven sozialen Gesellungen mit Gleichaltrigen. Ohne im persönlichen Wohlbefinden stark betroffen zu sein, sieht sie die Zukunft eher skeptisch und die auf sie zukommenden Probleme nüchtern. Die Lebensziele dieser Altersphase verlagern sich auf den sicheren Abschluß der Schule und auf stabile Freundschaften mit Personen des eigenen und des anderen Geschlechtes. Damit ist hier ein Bild gezeichnet, das Charlotte BÜHLER in ihrem 1967 geschriebenen Vorwort zur 6. Auflage des Buches "Das Seelenleben des Jugendlichen" bereits an der amerikanischen Jugend beobachten zu können glaubte.

Doch nicht diese Generationsschilderung soll hier im Vordergrund stehen. Sie ermöglicht auch nur ein Oberflächenbild, unter dem sich die eigentlich interessanten Entwicklungen verbergen können. Es soll vielmehr auf den Wandel eingegangen werden, den Heranwachsende vom Ausgang der Kindheit bis in die Mitte der Adoleszenz erleben. Bei dieser Fragestellung zeigen die Daten sowohl Kontinuität als auch unübersehbaren Wandel.

Die besonders ins Auge springende *Kontinuität* betrifft die *Ich-Stärke und das Kontrollbewußtsein* der Jugendlichen. Es erfolgt hier nicht nur kein Einbruch, sondern auf den meisten Aspekten sogar eine Stärkung eines positiven Verhältnisses zu sich selbst.

Ein Unterschied muß hier bei aller Betonung der Kontinuität aber sofort erwähnt werden: Bei Mädchen ergeben sich deutliche Hinweise, daß sie stärkeren psychosomatischen und gesundheitlichen Belastungen ausgesetzt sind, beim Übergang von der Kindheit in die Adoleszenz Probleme mehr nach innen verarbeiten und somatisieren, und daß ihre Selbstaufmerksamkeit und ihre Selbstexploration zunimmt.

Jungen durchlaufen dagegen eine andere Entwicklung: In der Altersphase von 12 bis 16 beginnen sie nicht verstärkt, Probleme reflektierend und nach innen gerichtet zu bearbeiten. Sie demonstrieren eher eine nach außen gerichtete Distanzierung vom sozialen Erwartungshorizont in der Schule und im Elternhaus.

In der *Distanzierung von Leistungserwartungen und im Affektentzug gegenüber der Familie und der Schule* liegen zentrale Entwicklungslinien des Übergangs in die Adoleszenz heute. Damit ist auch eine Veränderung der hier erlebten sozialen Kontrolle verbunden: mit zunehmender Selbständigkeit und Eigenverantwortung wird der Familie und Schule auch emotionale Zuwendung entzogen und auf die neuen sozialen Beziehungsstrukturen, insbesondere auf jene zu Freunden und Partnern des anderen Geschlechtes, verlagert. Für die Gesamtgruppe bleibt jedoch in der Regel der gesprächsintensive und positive Kontakt zu den Eltern erhalten. Lediglich bestimmte Themen und Probleme werden nicht mehr primär mit Vater und Mutter diskutiert.

Ohne Zweifel erreichen aber Jugendliche heute in dieser Lebensphase *ein im Vergleich zu früheren Epochen unvorstellbares Maß an Selbständigkeit und Unabhängigkeit.* Mit 16 Jahren hat sich der Großteil der Jugendlichen schon der Kontrolle der Eltern entzogen. Der lebensgeschichtliche Zeitraum, in dem Eltern auf ihre Kinder einwirken können, ist also kürzer geworden. Die Risiken des Aufwachsens sind heute allerdings nicht kleiner als früher. Darin könnte auch in den Augen der Eltern die Dramatik dieser Lebensphase liegen.

Bei aller Öffnung für Probleme des gemeinschaftlichen Zusammenlebens in Politik und Gesellschaft, die in dieser Lebensphase eindeutig zu beobachten ist, zeigt sich noch keine besonders entfaltete neue Zuwendung zu kulturell anspruchsvollen Fragen und zu kulturell anspruchsvollen Tätigkeiten. Die *Kulturpubertät setzt also nicht hier ein, sie präsentiert sich vielmehr als ein Ausklingen der von den Eltern beeinflußten kulturellen Aktivitäten der Kindheit. Mädchen sind zudem heute zu wichtigeren Trägern der Kulturpubertät als Jungen* geworden; so ist die Distanz zwischen Gymnasialmädchen und Hauptschuljungen in dieser Lebenphase schon so groß, daß schwer vorstellbar ist, auf welcher gemeinsamen Verständnis-Basis diese Gruppen später Partnerbeziehungen eingehen könnten. Kulturpubertät vollzieht sich bei Jungen eher über "Weltprobleme", über das Interesse an politischen Fragen. Vorübergehend läßt sich in dieser Phase eine Verstärkung der sozialen Verantwortung beobachten. Sie ergibt sich im Zusammenhang mit der Konfirmation bei protestantischen Jugendlichen. Ansonsten steigen die *prosoziale Motivation* und die soziale Verantwortung nur sehr geringfügig an. Eigene Aktivitäten außerfamiliärer und außerschulischer Art konzentrieren sich, insbesondere bei Jungen, auf das Geldverdienen durch Gelegenheitsarbeiten.

Insgesamt ist aber erwartungsgemäß das Erscheinungsbild von 12jährigen im Vergleich zu 16jährigen - nicht nur was ihre körperliche Entwicklung angeht, sondern auch was ihre seelische Gesamtlage betrifft - sehr unterschiedlich. Während die 12jährigen, also die *Sechstklässler*, noch sehr positiv in Familie und Schule eingebunden sind, sich noch sehr wenig an öffentlichen Fragen und politischen Themen interessiert zeigen, mit einer Vielfalt häuslicher Aktivitäten und auf den Großgruppenverband in Schulklassen konzentriert sind, präsentieren sich 16jährige, als die *Zehntklässler*, auf vielen Dimensionen schon erwachsen. Sie haben ihre intensiven emotionalen Besetzungen von Familie und Schule eher neutralisiert und investieren mehr in Freundschaftsbeziehungen und in Beziehungen zum anderen Geschlecht. Sie zeigen sich gegenüber politischen Aufgaben und Problemen offen, aber auch kritisch. Sie verhalten sich gegenüber schulischen Erwartungen nicht mehr so konform und gegenüber Leistungsansprüchen demonstrieren sie eher Distanz. In vielen Bereichen haben sie aber ihr Erbe aus der Kindheit bewahrt: bei einer stabilen Selbsteinschätzung, beim Niveau kultureller

Aktivitäten, bei ihren sozialen Gesellungen innerhalb und außerhalb der Familie.

Es ist also unübersehbar, daß sich das Person-Umweltverhältnis vom 12. zum 16. Lebensjahr verändert hat. Was vorher überhaupt nicht im Blickfeld war, wird jetzt wahrgenommen und beurteilt; die Interessen und Bewertungen haben sich verändert; der Radius der räumlichen Mobilität ist größer geworden; die Selbstorganisation von Unternehmungen ist gestiegen. Verändert haben sich aber besonders die sozialen Beziehungsverhältnisse: Eltern bleiben zwar wichtig, die emotionale Beziehung zu ihnen ist weiterhin sehr wesentlich; sie regulieren aber das Verhalten nicht mehr so ausschließlich und Altersgleiche werden zu wichtigen ergänzenden emotionalen und interpretativen Bezugsinstanzen.

Parallel zur Veränderung des Person-Umwelt-Verhältnisses wandelt sich auch das Verhältnis der Person zu sich selber: sie muß ihr Selbstverständnis neu organisieren. Sie kann sich nicht mehr kindlich "geben" ohne ausgelacht zu werden und sie kann sich nicht mehr selbst als Kind verstehen. Im Prozeß der Innenwendung und der Selbstreflexion baut sie ein neues Selbstbild, ein neues Selbstideal auf und beginnt die eigene Entwicklung mehr und mehr in die eigene Hand zu nehmen.

Soweit das "Durchschnittsbild" der Veränderungen von der Kindheit in die Adoleszenz. Davon gibt es vielfältige Abweichungen, problematische Entwicklungspfade und gelungene.

2.3.1 Geschlechtsspezifische Bilder der Frühadoleszenz

Zu den eindrucksvollsten *Ergebnissen* dieser Auswertung gehört in meinen Augen der unterschiedliche Verlauf der Adoleszenz bei Jungen und Mädchen. Alte Vorstellungen der klassischen Entwicklungspsychologie konnten dabei bestätigt werden, aber in einigen Punkten ergaben sich doch überraschende Wandlungen.

Eine Kulturpubertät im klassischen Sinne erleben heute am ehesten noch die Mädchen. Sie zeigen eine steigende Innenwendung und ein steigendes Interesse am Seelenleben der anderen. Sie vor allem schreiben Tagebuch, und sie vor allem neigen zu Tagträumen. Sie sind es auch, die unter einer sich intensivierenden seelischen Labilität leiden und Probleme somatisierend verarbeiten. Über zwei Drittel äußern auch eine zunehmende Sorge, ob das eigene Ausssehen "gut genug" ist. Mädchen geraten früher und in einigen

Punkten auch heftiger mit den Eltern in Konflikt, die sie stärker kontrollieren möchten als Jungen. Andererseits reden die Mädchen zu Hause häufiger, und sie sind stärker in häusliche Verantwortungen eingebunden.

Ihr Leiden in sozialen Beziehungen, ihre Gefühle der Einsamkeit sind intensiver - und dies auf dem Hintergrund größerer sozialer Interessen und eines größeren sozialen Verständnisses. Mädchen sind also in dieser Lebensphase sozialer und verständnisvoller als Jungen. Sie lesen mehr und sind kulturell interessierter.

Im Vergleich zur Mädchen-Entwicklung verläuft die Frühadoleszenz von Jungen sehr viel äußerlicher. Probleme verarbeiten sie stärker nach außen gewendet, in der Form von Aggression und von Leistungsdistanz. Dies geschieht auf dem Hintergrund eines stabileren Selbstvertrauens und Komptenzbewußtseins. Ihre sozialen Verantwortungen liegen eher außerhalb des Hauses und ihr Interesse richtet sich stärker auf politische Ereignisse. Hier beginnen aber die Mädchen deutlich aufzuholen. Sie sind sogar skeptischer gegenüber den politischen Verhältnissen als Jungen, ihr politisches Interesse und ihre politische Analysekompetenz erreicht bei den 16-jährigen das Niveau der Jungen. In diesem Alter ist die Protestbereitschaft der Mädchen sogar größer als die von Jungen.

Im kulturellen Bereich richtet sich das Interesse von Jungen sehr stark auf unsere Industriekultur, auf Auto und Motorrad, auf Sport und Fußball. Sie sind stabiler in Cliquen eingebunden und gelten in Schulklassen mehr als Mädchen, sind also häufiger in Führungspositionen.

Wie sehr sich Mädchen und Jungen auch heute noch unterscheiden, soll in der Tab. 2.1 nochmals illustriert werden. Dort geht hervor, daß viele Vorstellungen über geschlechtsspezifische Unterschiede auch heute noch zutreffen.

Tab. 2.1: Männliche und weibliche Geschlechtsrollenidentität im varianzanalytischen Vergleich

N(w) = 805, N(m) = 705

Selbstkonzept- bzw. Persönlichkeitsdisposition	$\bar{x}$ w	m	%SSQ
Selbstkonzept des Aussehens	10.0	10.6	1.4***
Selbstkonzept der Begabung	10.5	11.2	2.8***
Selbstakzeptierung	13.6	14.4	2.7***
Emotionskontrolle	11.3	12.5	4.1***
Handlungskontrolle	13.0	13.5	1.0***
Ich-Stärke	6.7	7.5	4.7***
Empathiefähigkeit	14.5	13.8	2.1***
Rollenübernahmeinteresse	14.5	13.2	7.2***
Soziale Interessen	8.6	7.4	4.3***
Positives Selbstbild	7.3	8.2	3.5***
Andersgeschlechtliche Erfahrungen	1.8	2.0	1.3***
Freizeit: häusliche Behütung	15.6	14.0	5.9***
Versorgung eines Tieres	0.3	0.2	1.3***
Vertrauenspersonwahl	2.9	2.6	1.4***
Freizeit: Motor und Sport	4.6	5.4	10.8***
Fussball-Fan	2.2	2.0	1.4***
Geltungsstatus	2.1	3.2	1.3***
Gleichberechtigung im Beruf	4.1	3.6	4.0***
Protestbereitschaft	7.4	6.7	1.6***
Somatische Indikatoren	13.1	11.0	7.5***

%SSQ: Prozent Quadratsummen. Drei Zeichen bedeuten P = .999, zwei Zeichen P = .990 und ein Zeichen P = .950.

$\bar{x}$: Mittelwert

Die Orientierung an der "klassischen" Entwicklungspsychologie hat hier dazu geführt, daß die für alle Jugendlichen geltenden Veränderungen, bzw. Veränderungen bei verschiedenen Jugendgruppen, in den Vordergrund getreten sind. Gleichzeitig ergab sich eine Konzentration auf angenommene psychische Entwicklungsprozesse. Was alltäglich in dieser Altersphase geschieht, welche Probleme und Konflikte auftreten und wie diese im jeweiligen sozialen Feld bewältigt werden, kam dadurch nur partiell zum Vorschein. Mit dieser stärker handlungstheoretisch augerichteten "modernen" Perspektive möchten wir uns im folgenden intensiver beschäftigen.

3. Die Bewältigung altersspezifischer Entwicklungsaufgaben als Ereignisgeschichte des Selbständigwerdens in der Adoleszenz - Adoleszenz als Abfolge biographischer Ereignisse

Die moderne Jugendpsychologie, die sich mit der Bewältigung altersspezifischer Entwicklungsaufgaben beschäftigt hat, sah die zentralen Ereignisse in dieser Lebensphase um die *biologischen Veränderungen* und ihre soziale Verarbeitung gruppiert. Die *tatsächliche Ereignis- und Handlungsgeschichte* ist jedoch äußerst vielfältig und nicht nur auf biologische Veränderungen, soziale Beziehungsänderungen, die Partner- und Berufsfindung und den Aufbau einer eigenen Meinung beschränkt. Trotzdem verhelfen die Vorstellungen von den altersspezifischen Entwicklungsaufgaben zu einer gewissen Ordnung der Vielfalt des täglichen Lebens in dieser Altersphase. Wenn wir hier auf die tatsächlichen Ereignisse und Handlungsgeschichten in der Adoleszenz Bezug nehmen, dann behandeln wir diese Lebensphase gewissermassen als *biographische Periode*. Im letzten Kapitel haben wir die Veränderung der zugrundliegenden Persönlichkeitsstrukturen analysiert und damit die Adoleszenz unter dem Gesichtspunkt der seelischen *Entwicklung* betrachtet.

3.1 Ereignisgeschichten in der Adoleszenz

Eine konsequent verhaltenstheoretische Orientierung müßte damit beginnen, das Alltagsverhalten von Heranwachsenden systematisch zu ordnen und zu klassifizieren. Zeitbudget-Untersuchungen könnten helfen darzustellen, was Kinder und Jugendliche verschiedenen Alters während der Woche, an Wochenenden und in den Ferien tun. Wir finden solche Bemühungen auch tatsächlich, besonders im amerikanischen Sprachbereich. So hat eine Untersuchung bei etwa 100 Jugendlichen vom 9. bis zum 15. Lebensjahr über 24 Stunden (Freitag Mitternacht bis Samstag Mitternacht) folgende Aktivitätsschwerpunkte ergeben (s. TONER & KUNZ, 1985):

FERNSEHEN:	3.56 Stunden
MUSIK HÖREN:	3.72 Stunden
MIT FREUNDEN ZUSAMMEN SEIN	7.22 (Mädchen)/5.27 (Jungen) Stunden
LESEN	0.46 (Mädchen)/0.30 (Jungen) Stunden

Für deutsche Verhältnisse gibt die Studie von BONFADELLI et al. (1986, 129 ff.) die genauesten Einblicke in den Tagesablauf von Heranwachsenden, wobei allerdings der Gesichtspunkt der Mediennutzung im Vordergrund steht.

Das Leben in industrialisierten Gesellschaften ist danach auch für Heranwachsende in Produktion (Arbeit und/oder Lernen), Regeneration und Freizeit aufgeteilt. 24% der Zeit fällt auf "Produktion", 27% auf Freizeit, der Rest auf die Reproduktion. In der Freizeit wiederum steht die Geselligkeit im Vordergrund (31%), gefolgt vom Nichtstun (27%), sowie von Hobbies, Spiel und Sport (16 bzw. 13%). Der Besuch von Veranstaltungen füllt den Rest der Zeit.

Medien wenden sich fast alle Heranwachsenden zu (95%). Für unsere Altersspanne der 12 bis 16jährigen ergeben sich aber einige charakteristische Besonderheiten: das Fernsehen geht zurück, das Radio gewinnt an Bedeutung. Das Lesen von Zeitungen wird häufiger, das Lesen von Büchern nimmt ab.

Aus dem unabsehbaren Strom täglicher Ereignisse und Handlungen, die den Lebenslauf konstituieren, ragen bestimmte Klassen als besonders bedeutsam heraus. Dazu zählen jene,

- die die *Leistungsbiographie* betreffen, die Geschichte von Erfolgen und Mißerfolgen, Schulwechsel, Klassenwiederholungen, Abschlüsse und weiterführende Pläne.[12]

  Am Beispiel der Schulleistungen kann auch gut illustriert werden, daß eine Ereignisgeschichte gleichzeitig das Ergebnis soziokultureller Vorgaben (s. FEND, 1980) und aktiver Herstellung von seiten des Heranwachsenden im Rahmen der umgebenden sozialen Stützsysteme ist. Die Expansion und Differenzierung des Bildungswesens hat formal für alle die Möglichkeit geschaffen, auf der Basis selbstverantworteter Anstrengung zukunftsrelevante schulische Leistungen zu erzielen. Selbstgestaltung durch die Einübung in disziplinierte Lernanstrengung und durch den Erwerb von Kenntnissen und Fertigkeiten - dies ist ein zentraler Programmpunkt des okzidentalen Rationalismus im Sinne M. WEBERs. Diese

[12] Obwohl es kaum einen von den Eltern mit weniger Sorgfalt beobachteten Handlungsbereich als den der Schulleistungen gibt, nimmt er in klassischen entwicklungspsychologischen Analysen der Adoleszenz - möglicherweise wegen den Arbeitsteilungen mit der Pädagogischen Psychologie - keinen allzu breiten Raum ein.

Selbstgestaltung entspringt bestimmten psychischen Strukturbildungen, und sie mündet ein in deren Transformation. In dieser Arbeit konzentrieren wir uns auf den letzteren Aspekt: auf die Frage, welchen Stellenwert die Leistungsbiographie in der Adoleszenz für die Persönlichkeitsentwicklung hat. Die Leistungsbiographie können wir hier sehr detailliert nachzeichnen. Die Grobstrukturen ergeben sich durch:

- Empfehlungen der Grundschulen (4. Schuljahr) für den Besuch unterschiedlicher Schulformen (Hauptschule, Realschule, Gymnasium)
- Empfehlung der Förderstufen für den Besuch weiterführender Schulen (Hauptschule, Realschule, Gymnasium)
- Tatsächlicher Schulbesuch (Hauptschule, Realschule, Gymnasium)
- Schulwechsel und Schulformwechsel
- Besuche von Leistungskursen in Gesamtschulen
- Schulabschlüsse und Ausbildungswege vom Ende der Sekundarstufe I.

Die Feinstruktur der Leistungsbiographie können wir durch die Dokumentation der Noten in den Fächern Deutsch, Englisch, Mathematik, Sozialkunde und Sport für die gesamt Frühadoleszenz (6. bis 10. Schuljahr) beschreiben.

- Sodann gehören dazu Ereignisse und Handlungen, die die *soziale Biographie* konstituieren, die Geschichte des "Dabeiseins", die Geschichte von Geltung und Sympathie in der Schulklasse, die Integration in Cliquen und Freundschaften und die formellen sozialen Verantwortlichkeiten in der Schule und außerhalb der Schule.

Durch die in der Moderne gestiegene Bedeutung, die Vergemeinschaftungsformen unter Gleichaltrigen zukommt, hat die Entwicklungspsychologie den Biographien sozialer Integration oder Ablehnung große Aufmerksamkeit geschenkt. Obwohl weniger systematisch und gezielt herstellbar, dürfte den "sozialen Erfolgen" in der Adoleszenz eine große Bedeutung für die Identitätsentwicklung zukommen. Entsprechend wichtig erschien uns eine möglichst genaue Dokumentation sozialer "Beziehungsbiographien".

Dazu sollten einmal Indikatoren des *"Dabeiseins"*, der sozialen Akzeptanz helfen, die wir einmal auf dem sozialen Kreis der Schule und einmal auf außerschulische Umgangskreise bezogen. Zum ersten haben wir über alle 5 Erhebungsjahre soziometrische Fragen nach *Geltung* (Welche Schüler stehen bei Euch oft im Mittelpunkt?) und *Beliebtheit* (Welche Mitschülerinnen und Mitschüler magst Du besonders gern?) gestellt, diese im letzten Erhebungsjahr (10. Schuljahr) aber zweitens nach *Hilfsbereitschaft* und *sozialer Kompetenz* ergänzt.

Im außerschulischen Bereich sollte die Geschichte der *Freundschaftsbildung* und der *Cliquenintegration* die soziale Biographie indizieren. Dabei mußten wir auf die Angaben der Mädchen und Jungen selber zurückgreifen (Wie häufig triffst Du Dich mit Deinen Freunden außerhalb der Schule? Kannst Du in der Nachbarschaft jederzeit mit Freunden spielen? Bist Du in einem Kreis von Jugendlichen, der sich regelmäßig oder öfters trifft und sich zusammengehörig fühlt? Hast Du einen wirklichen Freund? Fühlst Du Dich manchmal oder häufig etwas einsam? Kommen Mitschüler zu Dir nach Hause?

Wieder wird uns aus diesem Entwicklungsbereich vor allem die Frage beschäftigen, wie sich der Grad der sozialen Einbettung auf die Identitätsbildung in der Adoleszenz auswirkt. Dies gilt für den Indikationsbereich zur Einbettung in *sozialen Verantwortlichkeiten*, die wir über folgende Fragen erfaßt haben:

Wenn Du an das letzte Jahr denkst, was hast Du da alles gemacht und wofür warst Du verantwortlich?

- ich habe ganz allein ein Tier versorgt
- ich hatte feste Aufgaben zu Hause (z.B. Abwaschen, Mülleimer, Einkaufen)
- ich habe zu Hause regelmäßig auf jüngere Geschwister aufgepaßt
- ich hatte in einem Verein, Club oder Jugendzentrum feste Aufgaben
- ich habe bei einer Klassen- oder Schulfeier etwas selbständig organisiert
- ich habe in den Ferien oder neben der Schule gearbeitet, um Geld zu verdienen
- ich habe etwas für die Kirche getan (z.B. bei Sammlungen geholfen, Meßdiener gewesen)
- ich habe einen kranken, behinderten oder älteren Menschen betreut (z.B. für ihn eingekauft, mit ihm spazieren gegangen)
- ich habe bei Sammlungen für wohltätige Zwecke mitgemacht (z.B. für Tierschutzverein, Müttergenesungswerk)

Die Intensität des sozialen Engagements haben wir schließlich über die Beteiligung bei Aufgaben der schulischen Mitbestimmung (Klassensprecher, Schülertreffen, Schulveranstaltungen, Flugblätter hergestellt, Mitarbeit bei Schülerzeitung) ermittelt.

Diese "Handlungsgeschichten" müssen im größeren Zusammenhang der Diskussion gesehen werden, daß Heranwachsen heute in einem *Verantwortungsvakuum* verläuft. Nachdem unmittelbare Arbeitszwänge und Notwendigkeiten der Mitarbeit bei der Existenzsicherung weggefallen sind, stellt sich die Frage, wie angesichts der ausschließlichen Ausrichtung an der Optimierung der individuellen Biographie Führungsbereitschaft, Hilfbereitschaft und soziale Verantwortung noch gelernt werden können. Wo es solche Kulturen des sozialen Engagements heute noch gibt, ist deshalb schon eine deskriptiv interessante Frage. Diejenige nach ihrem entwicklungsfördernden Einfluß ist allerdings noch die entscheidendere.

- Bedeutsam sind ferner Ereignisse und Handlungen, die die *Selbstorganisation der "freien Zeit"* betreffen, die Teilnahme und die Organisation von Festen und sportlichen Ereignissen, das Spielen von Instrumenten, der Besuch von kulturellen Veranstaltungen.

Ohne auf diese Aktivitäten einzugehen, kann das Erscheinungsbild der Adoleszenz nur sehr unzureichend beschrieben werden. Was tun Mädchen und Jungen heute am Uebergang von der Kindheit ins Erwachsenenleben vorwiegend, was tun sie auf dem Lande und was in der Stadt? Diesen vorerst deskriptiven Fragen sind wir mit Hilfe eines eigenen, entwickelten Instrumentariums nachgegangen, in dem verschiedene Freizeitaktivitäten in folgende Dimensionen gebündelt sind:

- Fernsehen: Ausmaß des täglichen Fernsehens und des Fernsehens am Wochenende

- Beschäftigung mit Haustieren: Diese Indikatoren wurden aufgenommen, weil sich gezeigt hat, daß besonders für Mädchen der Rückgang des Interesses an Haustieren einen Entwicklungsschritt im Sinne des entstehenden Interesses für das männliche Geschlecht bedeuten kann.
- Jugendkultur der Vereinsaktivitäten: Mitgliedschaft in Vereinen, besonders in Turn- und Sportvereinen
- Kirchliche Aktivitäten: Engagement im Umkreis religiöser Organisationen
- Bildungsorientierung: Beschäftigung mit intellektuellen Fragen (Glaubensfragen, politische Probleme), kulturellen Ereignissen (Theater, Filme, Kunst, Bücher, Musik) und kulturell anspruchsvollen Bereichen (Bücher lesen, malen)
- Bravo-Kultur: Beschäftigung mit spezifischen Problemen des Erwachsenwerdens: Reden über Probleme und persönliche Schwierigkeiten, Liebe und Sexualität, Aussehen, Kleider und Mode, Pop-, Rock- und Discomusik, Stars und Schallplatten usw.
- Motor und Sport: Beschäftigung mit Autos und Motorrädern, Fußball und Sport

Mit der Analyse dieser Aktivitäten, mit diesen Erscheinungsformen adoleszenter Lebensorganisation verbinden wir jedoch nicht nur deskriptive Interessen. Uns interessiert noch mehr die dahinter liegende Frage, ob sie nicht Symbolisierung und Ausdrucksformen verschiedener Wege der Persönlichkeitsentwicklung in der Adoleszenz sind. Es könnte durchaus sein, daß die Handlungsmuster in der "freien Zeit" indikativ für verschiedene Wege der Subjektwerdung und der Identitätsentwicklung sind. Deshalb werden wir nach ganzheitlichen Mustern der Alltagskultur von Heranwachsenden suchen.

- Schließlich zählen dazu Ereignisse und Handlungen, die sich auf die *Aushandlung von Normen und Freiheiten mit den Eltern* beziehen, auf den Kampf um die Erlaubnis, lange ausgehen zu dürfen, mehr Taschengeld zu bekommen, Kaufentscheidungen selber fällen zu dürfen, sich elterlichen Meinungen entziehen zu dürfen usw.

Selbstverantwortung und neue Freiheiten werden in dieser Altersphase besonders in Aushandlungen und Auseinandersetzungen mit den Eltern erkämpft. In unzähligen Diskussionen werden Regelungen vereinbart, alte Regelungen geändert, neue getroffen. Das Verhältnis zu den Eltern ist somit eine Geschichte von wechselndem Dissens und Konsens. Dabei geht es in der Regel um die folgenden Themen, bei denen wir Uebereinstimmung und Dissens erfaßt haben:

- Ausgehregelungen
- Verkehr mit Freunden (gleichgeschlechtliche und gegengeschlechtliche Freundschaften)
- Leistungen in der Schule
- Kaufentscheidungen und Taschengeld
- weltanschauliche Fragen
- Benehmen und Kleidung

Diskussionen um diese Punkte repräsentieren wiederum nur ein phänomenologisches Oberflächenmuster. Es repräsentiert wiederum das Zusammentreffen soziokultureller Standardisierungen bzw. Entstandardisierungen mit Veränderungen im Familiensystem durch die Persönlichkeitsgenese der Heranwachsenden im Sinne retardierter, akzelerierter oder zeitiger Entwicklungen selbstverantworteter Formen der Selbständigkeit.

Neben diesen Ereignisklassen, die für alle Heranwachsenden relevant werden und auf die wir an gegebener Stelle jeweils genauer eingehen werden, gibt es viele Einzelereignisse, die auf einzelne Kinder und Jugendliche einen tiefen Einfluß ausüben können. Die Literatur spricht hier von *"kritischen Lebensereignissen"*.

Wir haben diese teils durch geschlossene Antwortvorgaben bei Schülern, teils durch offene Fragen bei Eltern zu eruieren versucht. Die Fragevorgabe für die Jugendlichen lautet[13] :

> Gab es im vergangenen Jahr Ereignisse, die Dich persönlich sehr getroffen haben oder die sehr wichtig für Dich waren?
> - Meine Mutter ist gestorben
> - mein Vater ist gestorben
> - meine Eltern sind geschieden worden
> - mein Vater oder meine Mutter waren sehr krank oder hatten einen Unfall
> - ich selber war sehr krank oder hatte einen Unfall
> - ich bin von meinen Freunden getrennt worden, weil wir umgezogen sind

Die Eltern haben wir zweimal, einmal bei den 13jährigen und einmal bei den 15jährigen, mit folgender Frage konfrontiert, um die entsprechenden kritischen Lebensereignisse aus ihrer Pespektive kennenzulernen.

> "Gab es ein oder mehrere Ereignisse in den letzten Jahren im Leben Ihres Kindes, welche sie als besonders bedeutungsvoll für seine Entwicklung betrachten? In welcher Weise hat dieses Ereignis Ihrer Meinung nach Ihr Kind beeinflußt?"

Auf diese Frage haben uns Eltern von 13jährigen und von 15jährigen z.B. die folgenden Mitteilungen gemacht.

Antworten von Eltern 13jähriger Kinder:

> *Unsere Tochter ist bereits von uns adoptiert und hatte beide Elternteile innerhalb eines Jahres verloren.*
>
> *Geburt einer Schwester, Schulbeginn und -wechsel*
>
> *Eine Operation verbunden mit einem einwöchigen Klinikaufenthalt. Mein Kind hatte abstehende Ohren.*

[13] Bei den 16jährigen haben wir nochmals umfassend durch ein Zusatzinstrument Vorkommen und Bedeutung kritischer Lebensereignisse erhoben.

Krankenhausaufenthalt mit 6 Monaten. Das Kind erlitt einen Schock, lernte später laufen und sprechen. Stotterte vor Angst. Zuwendung von Verständnis, Liebe, Geduld, eine immerwährende Bestätigung half ihr, daß sie nach dem 11. Lebensjahr nicht mehr stotterte.

Vater trat in Sekte ein und versuchte durch Hypnosetechniken die Tochter zu gewinnen. Sie bekam große Angst vor ihm.

1. Trennung vom Vater durch Scheidung der Eltern. 2. Ständiger Aufenthalt bei fremden Leuten, durch die Berufstätigkeit der Mutter. 3. Sehr viele Umzüge innerhalb von 4 Jahren.

Einreise nach Deutschland (Exil). Schulwechsel zu Ernst-Reuter-Schule wurde ein sehr positives Ereignis.

Scheidung der Eltern vor 7 Jahren, dadurch Verlust des leiblichen Vaters. Zu frühe körperliche Entwicklung gegenüber Klassenkameraden.

1. Ehescheidung 1972, 2. lange Krankheit (1976/77+80) der Mutter, 3. das Fehlen eines Vaters bzw. einer vollständigen Familie (seit 1972), 4. 5 Umzüge/Schulwechsel innerhalb von 8 Jahren.

1. Mein Krankenhausaufenthalt, der damit verbundene Heimaufenthalt. 2. Scheidung, die damit verbundene Lieblosigkeit des Erzeugers, indem er sich persönlich und finanziell allen Pflichten seit Jahren entzieht. 3. Ich habe durch Beruf und Haushalt viel zu wenig Zeit.

Einweisung in die Kinder- und Jugendpsychiatrie, Heimeinweisung, nicht abnehmende Ablehnung durch die Mutter.

In den ersten 10 Lebensjahren sind wir aus beruflichen Gründen 7 Mal umgezogen. In der 5. Klasse stellte sie sich auf die beste Schule ein. (Darunter auch 9 Monate amerikanische Schule).

Scheidung der Eltern, Abwendung des Vaters, durch Wiederverheiratung erneute Änderung der Lebensweise, einjähriger Aufenthalt in Persien, durch unterschiedliche Auffassung von Erziehung entstehende Schwierigkeiten der Eltern. Finanzielle Schwierigkeiten durch Neubeginn in Deutschland, damit verbundene Taschengeldknappheit.

Enttäuschung über den Vater und Trennungsschmerz seit der Scheidung.

Der Schulwechsel ins Gymnasium war anfangs schwierig. Doch nach 2 Jahren war das überwunden, und nun besitzt unsere Tochter ein kaum erhofftes Selbstvertrauen. Ich hoffe, es bleibt so.

Berichte von Eltern 15jähriger Kinder

Im Jahr 1981 gab es Probleme. Er hat versucht, im Kaufhaus zu stehlen, wurde aber zum Glück erwischt! Das halte ich für einen großen Vorteil für das Kind.

Juni 1981 - Übersiedlung aus der DDR: - Schwierigkeiten mit dem neuen Bewertungsmaßstab in der Schule. - Freudige Begrüßung der wesentlich größeren Freiräume im hiesigen Schulbereich, trotzdem gesunde Skepsis.

Seit 1 1/2 Jahren Freundschaft mit einem Jungen. Dadurch sehr starke Ablösungsbestrebungen von den Eltern, insbesondere von der Mutter.

Durch den Tod meiner eigenen Mutter bin ich sehr unausgeglichen und nervlich angespannt. Mein Sohn wird mit meiner Schwäche irgendwie nicht fertig.

Mitglied in einer religiösen Musikgruppe. Bindung in diesem Bereich hinsichtlich einer aktiven Mitarbeit.

Die eigene Geschäftseröffnung. Das Kind erkannte, daß nur durch Fleiß und Leistung ein Ziel zu erreichen ist.

Es hatte in der Grundschule einen sehr "einfältigen" Lehrer, dem er noch die Aufsicht über einen schwierigen Schüler abnahm. Danach bekam er einen sehr strengen Lehrer. In der Förderstufe stellte man fest, daß unser Kind Legastheniker ist. Erst als er Klassensprecher wurde, wuchs sein Selbstwertgefühl.

Schulpraktikum bei einer Krankengymnastin = mehr Selbstbewußtsein; Ende der ersten Freundschaft mit einem Jungen = mehr innere Festigkeit.

Gehirnerschütterung durch Schlägerei in der Schule, die die Lernfähigkeit ca. 1/2 Jahr lang behinderte.

Kontakt mit Haschisch, LSD und Alkohol, Leistungsabfall in der Schule, Trauer um eine verlorene Freundin, ständige Berufstätigkeit der Mutter, totales Desinteresse des Vaters.

Startbahn West. Friedensbewegung.

Freund!! Positive Beeinflussung im familiären Bereich und auch in den schulischen Leistungen.

a) Pubertät, Eheschwierigkeiten, b) nachteilig, Schulinteresse hat nachgelassen, nicht mehr so zugänglich wie früher.

Kontakt mit Haschisch. Intensive Besuche von Scenekneipen. Demonstration Startbahn-West: Polizeigewalt.

Unser Sohn wurde etwas freier und aufgeschlossener, nachdem er sich den Pfadfindern angeschlossen hatte. Auch die Anschaffung eines Hundes wirkte positiv auf ihn ein.

Ja. Psychisch negativ (Mißtrauen einer ggfs. neuen partnerschaftlichen Verbindung meinerseits gegenüber).

Erfolg im Tennis als Leistungssport - sehr positiver Einfluß.

Es geschah nichts Spektakuläres: Andreas wurde in den letzten beiden Jahren zum leidenschaftlichen Angler, schloß sich einem Karate-Klub an und legte mehrere Gurtprüfungen ab, nimmt an Tanzkursen teil, lernte und lernt Mädchen kennen - kurz: Er wird eben reifer.

Plötzlicher Tod des sehr geliebten Großvaters. Damit fehlte von heute auf morgen wichtige Vertrauensperson. Noch engerer Anschluß an die Mutter (Beginnt erst jetzt selbständige Unternehmungen). Neubau unseres Sägewerkes - fand jetzt auch von der Mutter weg, den besseren Kontakt zum Vater. Möchte gleiches leisten. Ich glaube, er schafft es auch.

Unser Sohn durfte sich bei uns im Garten ein Vogelgehege bauen. Darauf ist er sehr stolz. Er hat dadurch eine schöne und sinnvolle Freizeitbeschäftigung bekommen. Auf diese Art und Weise hat er auch nicht so viel Zeit, seine Freizeit außer Haus zu verbringen.

Christian fand (durch seinen Klassenlehrer) zum wettkampfmäßigen Schach. Seither ist er selbstbewußter, weniger empfindlich, kontaktfähiger.

Ja. 1. Tod der Schwester. 2. Schulwechsel von Bayern nach Hessen. Zu 1.: aus dem sehr lebhaften und schelmenhaften Kind (vor 5 Jahren) wurde ein ernster, zurückgezogener Junge, stets bereit, seine Eltern und Mitmenschen vor Kummer zu beschützen. Zu 2.: Verlust guter Freunde und liebgewonnener Umgebung, aber auch weniger Schulstreß.

Mein Kind ist entschiedener Christ geworden, genau wie mein zweites Kind und ich. Dieses hilft uns, das Leben zu meistern.

Durch das öftere Zusammentreffen mit Jugendlichen in einem Jugendhaus ist meine Tochter selbstbewußter gworden. Sie hat gelernt, sich ihrer Haut zu wehren. Ihr Charakter hat sich gefestigt. Nie hat sie sich auf negativer Weise hin verleiten lassen, z.B. zum Rauchen.

Ja. Mein Kind ist Legastheniker. Es hatte aus diesem Grund in der Grundschule keine Benotung in Deutsch erhalten. Wir hatten unser Kind deshalb die Hauptschule besuchen lassen. Unser Kind wechselte gegen Ende des 6. Schuljahres auf eigenen Wunsch in die Realschule über, ohne die Klasse wiederholen zu müssen. Vom schlechtesten Schüler ist unser Kind durch eigenen Fleiß und Willen zu den besten in der Klasse geworden.

a) Psycho-Therapie des Vaters. b) Es hat das Verständnis für psychologische Probleme ganz bestimmt gefördert und auch schon einen tieferen Blick hinter menschliches Verhalten gefördert, natürlich in begrenztem Umfang.

Das Ereignis: Wiederverheiratung der Mutter! Dadurch bekam mein Sohn noch eine Schwester und einen Bruder dazu. Leider verstehen sich die Kinder nicht gut miteinander. Dadurch wurde mein Sohn doch etwas eigen.

Es war nicht gerade ein Ereignis, sondern das Hineinkommen in eine bestimmte "Clique". Seitdem "Es" mit diesen Fremden zusammen ist, ist es gleichgültiger der Schule gegenüber und seiner gesamten Umwelt.

1. Konfirmation - bewußte Aufnahme in die christliche Gemeinschaft. 2. Sacherwerb durch stetiges Sparen. 3. Falkland-Konflikt: frühzeitiger, gewaltsamer Tod junger Menschen fern ihrer Heimat für eine fragliche Sache!

Zwischen 13. und 14. Lebensjahr hatte unsere Tochter ihren ersten Freund (Liebelei). Die Schulleistungen kamen etwas durcheinander. Nun hat sie sich wieder gefangen, und die Eltern haben sich daran gewöhnt, daß sie langsam erwachsen wird.

Versetzungsgefahr in der 8. Klasse bedingt durch Gleichgültigkeit. Wir haben unserem Jungen immer wieder dargelegt, was er für Chancen hat, mit einem guten oder schlechten Schulabschluß. So auch bei der Versetzungsgefahr von der 8. Klasse in die 9. Klasse. Ab diesem Zeitpunkt, so haben wir das Empfinden, hat er begriffen, wofür er lernt.

Meine Tochter lernte vor einem 3/4 Jahr ihren ersten festen Freund kennen. Dadurch hat sich vieles verändert, und ich weiß nicht, ob der Fragebogen nun richtig ausgefüllt ist. Ein gewisses "Rivalitätsdenken" ist nicht auszuschließen. Wir hatten darüber schon viele Diskussionen und müssen das durchstehen.

Mein Sohn war ein dickes Kind. Unter ärztlicher Aufsicht hat er eine Diät gemacht. Er hielt sich sehr streng an die Regeln und hat sehr viel abgespeckt (15 kg). Dadurch wurde sein Selbstbewußtsein sehr ausgeprägt, und er hatte keine Komplexe mehr.

Ungerechte Behandlung durch eine Lehrerin. Mein Kind wurde trotzig und depressiv bis es die Unterstützung der Eltern und mehrerer Lehrer fand.

Ereignisse gab es keine, ich finde es nur schlecht, wenn beide Eltern berufstätig sind und nicht die Zeit für das Kind haben, die man haben müßte. Besonders hat sich das in der Schule bemerkbar gemacht. Unser Sohn ist zwar intelligent, besitzt aber keinen Ehrgeiz. Um es kurz zu machen, ich finde, daß mein Mann und ich Schuld daran haben, daß unser Sohn keine besseren Schulabschluß erreicht hat.

Der Umzug aus einer Wohngemeinschaft in eine Eigentumswohnung; Leben zu zweit mit Mutter; Konfirmation; wieder stärkere Annäherung an Vater; intensive Mädchenfreundschaften.

Die Scheidung der Eltern. Es hat sie verstört und unsicher gemacht - besonders, da der Vater sich nicht mehr um sie kümmert. Er lehnt es ab, sie zu sehen. Grundlos. Sie leidet darunter, fiel in der Schule ab.

Umzug aus einer schwäbischen Kleinstadt nach Frankfurt am Main. Andersgeartetes Milieu hat die Aufgeschlossenheit, die Toleranz und die Selbständigkeit meines Kindes erhöht. Die Notwendigkeit, sich in teilweise ungeordneten Verhältnissen in der Schule durchzusetzen, hat hierzu wesentlich beigetragen.

Ein Berufspraktikum Ende 1981 hat sich mit Sicherheit für ihn positiv ausgewirkt, hat er doch dadurch einen Weg für die Zukunft aufgezeigt bekommen. Die Ungewißheit des Berufswunsches ist genommen. Er ist befreiter, lernwilliger und zielstrebiger.

Hatte einen Freund, der Schluß machte, weil sie nicht intim werden wollte. War sehr enttäuscht, weil das gleiche kurz danach noch einmal passierte. Ließ in der Schule stark nach und schaffte Versetzung nur durch Nachprüfung in Mathematik!

Es ist unübersehbar, daß sich der überwiegende Teil der "kritischen Lebensereignisse" auf familiäre Konflikte, auf Umzug, auf neue Freundschaften, auf Leistungsprobleme, auf Krankheiten und Todesfälle bezieht.

Wie solche kritischen Lebensereignisse mit Hilfe der Umwelt bewältigt werden, beschäftigt die heutige Entwicklungspsychologie sehr stark. Ihre Bedeutung ist uns in einem Bereich besonders klar geworden: im Bereich ihrer Auslöserfunktion für *depressive Verstimmungen*. Um der Theorie von SELIGMANN (1979) nachzugehen, daß Depressionen dann entstehen, wenn Personen mit ungünstigen Selbstbeurteilungen und Selbstzweifeln belastende Ereignisse erleben, haben wir bei Jugendlichen, die wir nach dem Depressionsinvetar von BECK (1967) als depressionsgefährdet eingestuft haben (insgesamt 44 Jugendliche im Alter von 16 Jahren) nach Antworten der Eltern auf kritische Lebensereignisse gesucht. Bei 12 Eltern konnten wir solche Antworten finden. Sie sind in der folgenden Abbildung 3.1 wiedergegeben.

Abb. 3.1: Elternberichte über kritische Lebensereignisse bei Jugendlichen mit depressiven Verstimmungen

1. Scheidung der Eltern, 3 Umzüge in 4 Jahren und damit verbunden zweimaliger Schulwechsel. Das Kind leidet sehr darunter, daß der Vater sich nicht um es kümmert.
2. Von dem leiblichen Vater ist es wieder sehr enttäuscht. Ein neuer Vater gibt ihr jetzt viel Kraft und sicheres Auftreten nach außen. Es geht wieder aufwärts.
3. Tod des Vaters
4. Mein Kind hat zwei Mal die epileptischen Anfälle seiner Schwester miterlebt. Zunächst war das ein Schock mit starkem Leistungsabfall. Später hat es ein ausgeprägtes Verantwortungsgefühl für seine Mitmenschen entwickelt, vor allem Schwächeren gegenüber.
5. Umzug von Cuxhaven nach Reinheim/Odenwald; Kontakte zu neuen Bekannten schwierig; Freundeskreis nicht immer der beste; Anzeichen von Pessimismus.
6. Mein Kind hat gestohlen und ist in schlechte Gesellschaft geraten. Dadurch hat es sich immer weiter von uns entfernt. Die Beeinflussung ist also negativ.
7. Meine Scheidung; meine Kinder haben ihre Angst verloren.
8. Der Reitsport hat sich positiv in die Entwicklung eingefügt, physische Kräfte mobilisiert und selbstbewußt gemacht, die Kommunikation gefördert.
9. Längerer Krankenhausaufenthalt, 2 Operationen. Hat eine andere Einstellung zur Gesundheit und zum Krankenhaus bekommen. Versteht heute Nöte leichter.
10. Scheidung mit nachfolgenden finanziellen Problemen; Aufenthalt beim Stiefvater in Teheran; Eheschliessung, Rückkehr nach Deutschland. Die Scheidung hat eine engere Mutter-Sohn-Beziehung geschaffen,die inzwischen aber wieder lockerer geworden ist. Die neue Familiensituation hat sich nach Anpassungsschwierigkeiten positiv entwickelt.
11. Die Beantwortung dieser Frage würde zu weit führen.
12. Zusammenbruch einer neugegründeten Schülerzeitung; Rückzug auf sich selber, Zorn, Ärger, Enttäuschung über geringe Einflussmöglichkeiten in der Gruppe gegen Alleinvertretungsansprüche einzelner. Begriff Teamarbeit/Mitbestimmung wird jetzt mit sehr kritischen Augen gesehen.

Wie diese Abbildung 3.1. eindrucksvoll bestätigt, berichten fast alle (10 von 12) Eltern, die geantwortet haben, von schwerwiegenden kritischen Lebensereignissen. Deren Kinder haben sich nach dem BECK-Inventar als hoch depressiv verstimmt gezeigt.

3.1.1 Biologische Ereignisse

Wenn in der Entwicklungspsychologie der Frühadolszenz die Aufmerksamkeit auf die Verarbeitung von nur in dieser Altersphase auftauchenden Ereignissen gerichtet wird, dann treten die körperlichen Veränderungen und ihre jeweiligen Verarbeitungen klar in den Vordergrund. HAMBURG (1974) hat in einem frühen Aufsatz auf die große Diskontinuität in der biologischen Entwicklung von der Kindheit in die Adoleszenz aufmerksam gemacht: "I have chosen to focus on this period (ages twelve to fifteen) because it would appear to be of crucial importance to understand the challenges of the biological and psychosocial variables that confront individuals at this time. In both of these areas there is the sharpest possible discontinuity with the immediate past. In almost no sphere is it possible to draw on analogous experience as a support or guide. Early adolescence is clearly a critical period of development that involves the negotiation of unique biological, psychological, and social demands" (HAMBURG, 1974, 101).

In welchen biologischen Entwicklungsphasen sich die von uns untersuchten 12- bis 16jährigen Jungen und Mädchen befinden, muß hier deshalb als Hintergrundwissen zumindest angedeutet werden, auch wenn wir selber keine Möglichkeit hatten, uns der Verarbeitung der physischen Entwicklung detailliert zu widmen.

3.1.2 Biologische Ereignisse während der Adoleszenz: Die Pubertät

Erstaunlicherweise gibt es im deutschen Sprachraum nur wenige neuere Arbeiten, die sich differenziert mit den biologischen Veränderungen in der Adoleszenz beschäftigt haben. In den 50er Jahren hat das Phänomen der Akzeleration, also die historische Verschiebung des Eintritts der Geschlechtsreife, die Aufmerksamkeit der Entwicklungspsychologen gefesselt. Die alte Entwicklungspsychologie war auch von einer Parallelisierung biologischer Änderungen und der psychischen Stabilität oder Labilität in dieser Lebensphase ausgegangen, ohne allerdings differenziert und empirisch die Zusammenhänge zwischen der Funktionsweise des endokrinen Systems und der affektiven Entwicklung zu untersuchen. Seit damals ruht diese Thematik.[14]

[14] Dies trifft allerdings nicht für den amerikanischen Sprachraum zu, in dem gerade in den letzten Jahren die Zusammenhänge zwischen der hormonalen Entwicklung und der diese "begleitenden" Emotionalität intensiv untersucht werden (s. SUSMAN et al., 1987 und BROOKS-GUNN & WARREN (in press). Die Erwartung aber, daß sich unübersehbare und leicht identifizierbare Zusammenhänge ergeben, wird hier eher enttäuscht. Insgesamt sind die globalen und linearen Zusammenhänge eher schwach. Um solche zu entdecken, bedarf es detaillierter Erhebungen. So findet BROOKS-GUNN (in press) Hinweise für die These, daß die Emotionalität (im Sinne depressiver Affekte) dann vom Estradiol-Niveau beeinflußt wird, wenn die größte Änderungsrate der Steigerung von Estradiol-Sekretion zu verzeichnen ist. Einflüsse ergeben sich

Wir müssen uns deshalb auf Untersuchungen in anderen Ländern konzentrieren und eine gewisse Generalisierbarkeit der Ergebnisse für Industrienationen unterstellen (s. für eine Zusammenfassung KATCHADOURIAN, 1976).

Es ist unübersehbar, daß sich die "innere Umwelt", mit der der Heranwachsende umgehen muß, in dieser Altersphase stark verändert. Sie wandelt sich zudem in hohem Maße geschlechtsspezifisch. Dazu einige bekannte Sachverhalte:

- Die Geschlechtsreife hat sich in den letzten 40 Jahren etwa um 2 Jahre vorverlegt, bei Mädchen vom 15. Geburtstag auf den 13. bzw. kurz davor;
- Waren vor einigen Jahrzehnten soziale Klassenunterschiede für das Tempo der Geschlechtsreife sehr bedeutsam, so sind diese schichtspezifischen Unterschiede heute verschwunden;
- Mädchen entwickeln sich etwa 2 Jahre früher als Jungen;
- Die Variation in der Entwicklung der Geschlechtsreife und im Körperwachstum ist insbesondere bei Jungen sehr groß: manche haben ihr Körperwachstum schon abgeschlossen, während es bei anderen noch gar nicht begonnen hat.

Das psychologisch interessanteste Phänomen ist nun tatsächlich diese große Variation im Durchlauf durch die Pubertät. Dank einer umfassenden Untersuchung in der Schweiz (LARGO, 1987) haben wir die Möglichkeit, diese Variabilität auch für deutschsprachige Verhältnisse detailliert darzustellen.

Bei den Mädchen zeigen sich die ersten Anzeichen der Pubertät bereits nach dem 9. Lebensjahr. Bis alle Mädchen (zumindest 97%) die Reifentwicklung durchlaufen haben, dauert es 10 Jahre - bis zum 20. Lebensjahr (Abb. 3.2). Die Menarche tritt bei Schweizer Mädchen im Mittel mit 13.4 Jahren auf. Frühestens kann dies aber nach LARGO mit 10 Jahren und spätestens mit 16 Jahren geschehen, sodaß die somatische Pubertätsentwicklung bei Mädchen

---

gewissermaßen dann, wenn das edokrine System "eingeschaltet" wird. Dadurch steigt die Erregbarkeit und damit auch die Beeinflußbarkeit durch negative soziale Ereignisse dieser Lebensphase wie Enttäuschungen durch Freunde. Insgesamt klären soziale Faktoren, wie z.B. Normen der Altersgruppe, wann gegengeschlechtliche Kontakte "angemessen" sind und soziale Akzeptanz- bzw. Ablehnungserfahrungen mehr Varianz im Verhalten auf als direkte hormonale Einflüsse. Interaktionen sind hier ebenfalls wichtig. So zeigen z.B. frühreife Mädchen mit älteren Freunden in größerem Ausmaß abweichendes Verhalten als solche ohne ältere Freunde. Wir stehen hier aber erst am Beginn neuer Forschungsbemühungen, die sich mit direkten und interaktiven Effekten zwischen biologischen Änderungen und dem Verhalten beschäftigen. Eines zeichnet sich aber ab: von direkten, massiven und leicht identifizerbaren Parallelen auszugehen, wie es die alte Entwicklungspsychologie tat, ist nicht mehr angemessen.

um 6 Jahre variieren kann. Ähnlich lange dauert das Durchlaufen der physischen Reifung auch bei Jungen (Abb. 3.3) und ähnlich variabel ist die somatische Pubertätsentwicklung.

Abb. 3.2: Somatische Pubertätsentwicklung bei Mädchen

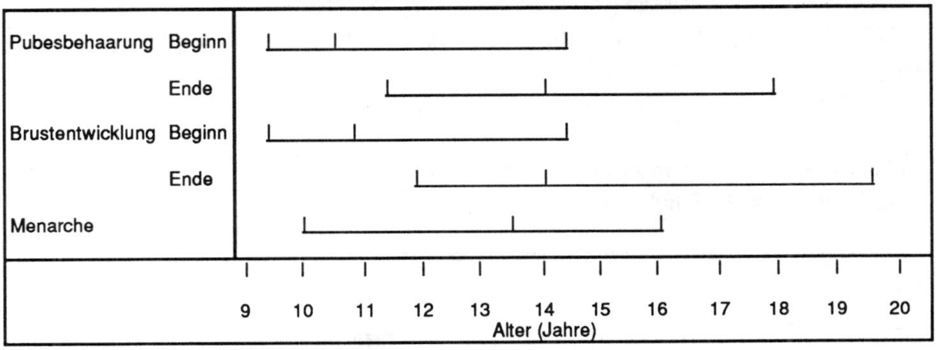

Aus LARGO (1987, 23)
Der Balken bezeichnet den zeitlichen Streubereich (3 - 97%), die mittlere Marke das durchschnittliche Auftreten eines Merkmals.

Abb. 3.3: Somatische Pubertätsentwicklung bei Knaben

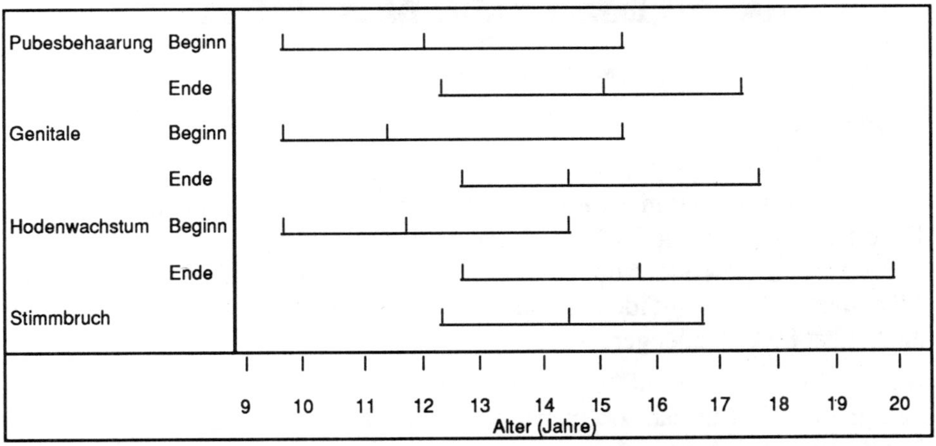

Aus LARGO (1987, 24)
Der Balken bezeichnet den zeitlichen Streubereich (3 - 97%), die mittlere Marke das durchschnittliche Auftreten eines Merkmals.

Für Lehrer sind besonders die Konsequenzen wichtig, die sich aus dieser Variabilität für die Zusammensetzung der Schulklassen vom 5. zum 10.

Schuljahr ergeben, also für die Schulklassen unserer Untersuchung. Vom äußeren Erscheinungsbild machen diese Jahrgänge manchmal einen grotesken Eindruck. "Erwachsene Frauen" sitzen zwischen kindlichen Jungen, großgewachsene Männer bei knabenhaften Mädchen. Es dauert auch nach PETERSEN 10 Jahre, bis eine ganze Alterskohorte den Prozeß der Pubertät durchlaufen hat und 4 Jahre für jedes Individuum.

PETERSEN (1987) hat die schulklassenspezifische Variation untersucht und folgende Verteilungen von Jungen und Mädchen, die mindestens in der Mitte der Pubertät sind, für die 6. bis 8. Schulstufe gefunden.

Abb. 3.4: Verteilungen von Jungen und Mädchen, die mindestens in der Mitte der Pubertät sind, für die 6. bis 8. Schulstufe

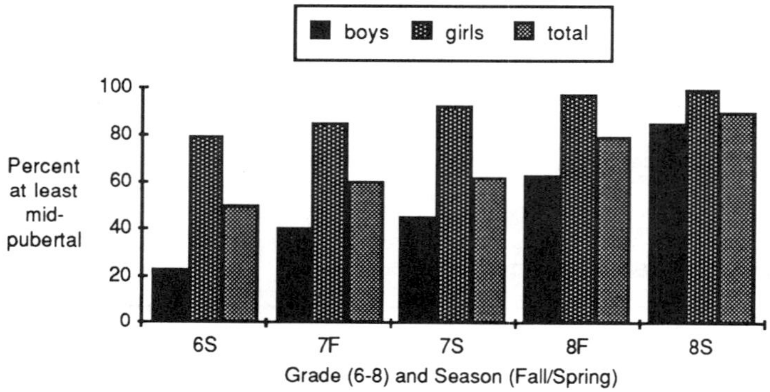

Aus PETERSEN (1987, 54)

In der 6. Klasse waren ca 80% der Mädchen mindestens in der Mitte der Pubertät, aber nur gut 20% der Jungen. Erst im Frühjahr der 8. Klasse ergab sich eine gewisse Annäherung im Entwicklungsstand von Jungen und Mädchen. Fast alle Mädchen waren zumindest in der Pubertätsmitte, aber auch etwa 80% der Jungen.

Auf diesem Hintergrund liegt es nahe zu vermuten, daß der Sachverhalt einen großen Einfluß hat, ob man sich bei der Mehrheit befindet oder in der Minderheit ist, in der körperlichen Entwicklung entweder sehr früh oder sehr spät dran ist. Der Verarbeitung dieser Situation durch die betroffenen Jungen und Mädchen hat die Forschung in Amerika (s. exemplarisch LERNER & FOCH, 1987) deshalb große Aufmerksamkeit gewidmet.

Die Frage, die die Forschung dabei bewegt hat, ist auf dem Hintergrund klassischer entwicklungspsychologischer Annahmen sehr interessant: Welchen Einfluß haben die körperlichen Veränderungen wie z.B. die hormonalen Prozesse? Die globale Antwort scheint die zu sein, daß weniger direkte Einflüsse bestehen als etwa die klassischen Entwicklungspsychologie angenommen hat (vgl. z.B. PETERSEN, 1987, SUSMANN et al., 1987). Von einem direkten Parallelismus zwischen hormonalen und seelischen Prozessen zu sprechen, wie es die alte Entwicklungspsychologie getan hat, scheint nicht berechtigt zu sein. Definitive Antworten, etwa über den Einfluß der hormonellen Veränderungen auf die (rasch wechselnden) Stimmungen in dieser Lebenslage, auf die steigende Aggressivität bei Jungen und die größere Empfindlichkeit der Mädchen, stehen noch aus. Die wichtigsten Einflüsse sind sozial vermittelt, etwa im Rahmen von Interpretationen und Wertungen wie sie in Abb. 3.5 dargestellt sind.

Abb. 3.5: Modell der Beziehungen zwischen biologischen, soziokulturellen und psychologischen Faktoren in der frühen Adoleszenz

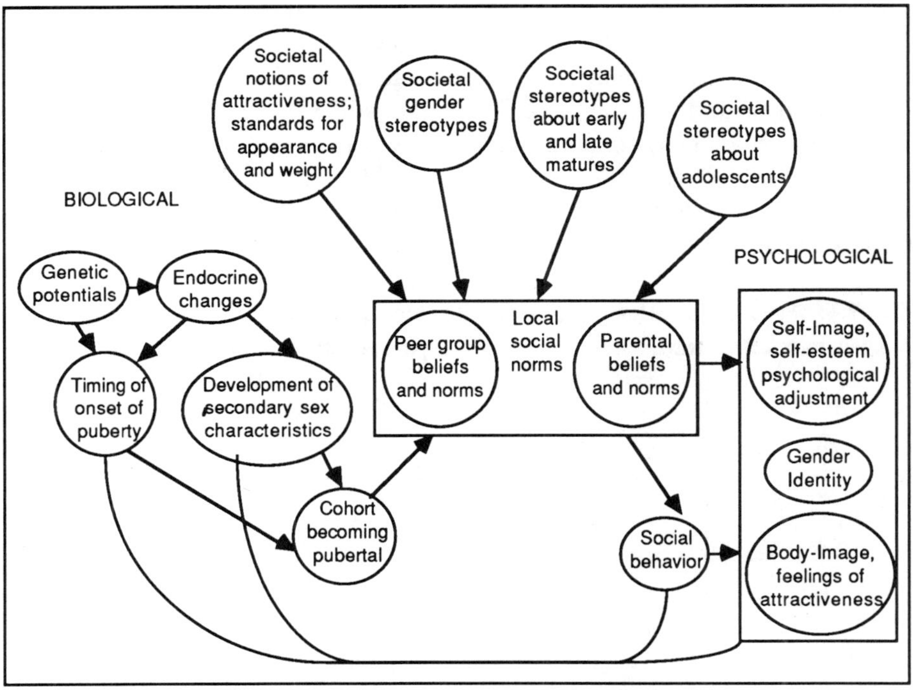

Aus PETERSEN (1987, 51)

Nach diesem Modell spielt die Wirkung, die die körperliche Entwicklung auf die Wahrnehmungen der Umwelt (der Peers und der Eltern) hat, eine große Rolle. Diese sozialen Wahrnehmungen sind vor allem Kontrastwahrnehmungen, also Wahrnehmungen, wie jemand im Vergleich zu anderen aussieht. Bei Mädchen kommt hinzu, daß sie in dieser Altersphase für ältere Jugendliche an Attraktivität sprunghaft zunehmen können. Sehr frühreife Mädchen fühlen sich dagegen in ihrer eigenen sozialen Umwelt häufig "fremd" und sie werden auch von weniger entwickelten Altersgleichen als "fremdartig" wahrgenommen. Sie nehmen sich als "ausgestellt" wahr, machen sich nicht selten durch eine krumme Körperhaltung kleiner und versuchen, ihren Entwicklungsstand durch entsprechende Kleidung zu verbergen. All dies macht überdeutlich wie behutsam Lehrer mit diesem Phänomen umgehen sollten. Ähnliche Wahrnehmungen sind bei sehr spät reifenden Jungen zu vermuten. Die neuen sozialen Zuwendungen und die eigenen körperlichen Veränderungen (s. die Selbstbetrachtungszeiten vor dem Spiegel) bleiben den Heranwachsenden selber natürlich nicht verborgen. Sie schlagen sich in einem entsprechenden positiven oder negativen Körperselbstbild nieder, das sich nach PETERSEN (1987, 51) wie in Abb. 3.6 dargestellt entwickelt. Danach ist es besonders für Mädchen von großer Bedeutung, wie sie sich im Vergleich zur Altersgruppe entwickeln. PETERSEN vermutet, daß frühreife Mädchen deshalb am stärksten durch ihren relativen körperlichen Entwicklungsstand negativ beeinflußt sind, weil sie nicht nur im Vergleich zu anderen Mädchen, sondern auch im Vergleich zur Altersgruppe insgesamt "auffallend" sind (PETERSEN, 1987, 52). Von großer Bedeutung sind also die "sozialen Signal-Werte" sichtbarer physischer Änderungen, daß jemand nun "anders" ist, daß jemand "attraktiv" ist.

Abb. 3.6: Modell der Beziehungen zwischen den Indikatoren puberaler Veränderungen (ausgenommen Brustentwicklung), Körperwahrnehmung und Gefühl der Attraktivität

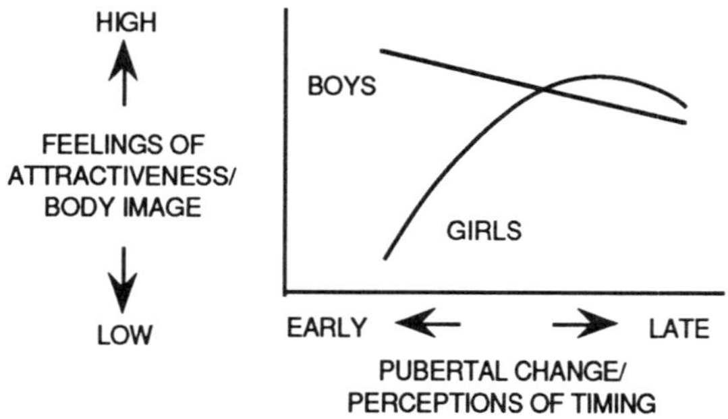

Aus PETERSEN (1987, 51)

Wir haben in unserer eigenen Untersuchung aus äußeren Gründen keine Möglichkeit gehabt, den jeweiligen puberalen Entwicklungsstand festzuhalten, obwohl dies als Plan früh formuliert war. Als Hilfskonstruktion haben wir versucht, relative Abweichungen von der normalen körperlichen Entwicklung über die Angaben zur Körpergröße und zum Körpergewicht festzustellen. Ueber entsprechende Selbstangaben lassen sich Mädchen identifizieren, die früh (7. Schulstufe) relativ groß und schwer sind (eine Standardabweichung über der "Normalität") und denen gegenüberstellen, die sich genau im Durchschnitt befinden. Gleiches ist für spät (9. Schulstufe) noch sehr kleine und untergewichtige Jungen möglich.

Wie sieht das Körperselbstbild und die Selbstakzeptanz dieser Gruppen aus? Ein Versuch, Antworten auf diese Fragen zu bekommen, ist in Abb. 3.7 enthalten, die eine Auswertung der Angaben über Körpergröße und Körpergewicht und ihren Zusammenhang zum Selbstbild des eigenen Aussehens enthält. Die verschiedenen Auswertungsvarianten haben ergeben, daß die Muster tatsächlich für Jungen und Mädchen unterschiedlich sind. Bei Mädchen wirkt sich besonders ein hohes Körpergewicht in den Anfangsphasen der Pubertät (hier mit 13 Jahren) negativ auf das Körperselbstbild aus. Bei Jungen ist die Körpergröße mit 15 die kritische Variable. Sind Jungen in diesem Alter besonders klein, dann sind sie mit ihrem Erscheinungsbild besonders unzufrieden.

Abb. 3.7: Selbstkonzept Aussehen in Abhängigkeit vom Gewicht mit 13 (Mädchen) bzw. von der Größe mit 15 (Jungen) (Schülerlängsschnitt)

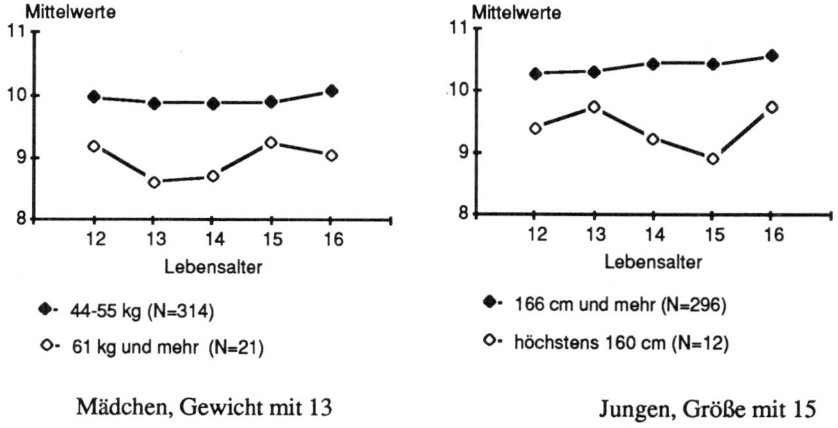

Mädchen, Gewicht mit 13

Jungen, Größe mit 15

Es ist somit unübersehbar, daß das körperliche Erscheinungsbild auf die Selbstwahrnehmung zurückwirkt. Entsprechende Zusammenhänge sind inzwischen deutlich nachgewiesen (s. LERNER, 1987). Ein bestimmter Körpertypus (ein mesomorphes Erscheinungsbild) wird im Rahmen unserer kulturellen Stereotype eindeutig bevorzugt und positiv bewertet. Mit positiven Bewertungen sind auch positive soziale Zuwendungen verbunden.

Diese sozialen Zuwendungen oder Abwendungen, die sich sogar in der gewählten physischen Distanz zu einem Gesprächspartner niederschlagen, wirken sich auf die Selbstwahrnehmung und schließlich auf die Problemlosigkeit der sozialen Anpassung bis hin zur generellen Selbstakzeptanz aus. Diese "Wirkungskette" ist inzwischen nachgewiesen (s. LERNER, 1987). Auf diesem Hintergrund ist es verständlich, daß die Sorge um das eigene körperliche Erscheinungsbild in Verbindung mit Unsicherheiten über die soziale Anerkennung zu einer der vier Hauptsorgen (neben Schulleistungen, Konflikten mit Eltern und Suchtgefahren) dieser Lebensphase (VIOLATO & HOLDEN, 1988) zählt.

Es ist ein erstaunliches Phänomen, daß es im deutschsprachigen Raum kaum größer angelegte Untersuchungen gibt, die sich mit der psychischen Verarbeitung der Pubertät und den körperlichen Veränderungen in der Adoleszenz beschäftigen. Dabei dürfte der sozialen Definition von physischer Attraktivität in dieser Altersphase und deren Folgen für die Akzeptanz des eigenen Körpers und damit auch der eigenen Person eine enorme Bedeutung zukommen.

Lediglich in einem Ulmer Forschungsprojekt wurde die Frage untersucht, welche Auswirkungen das biologische Entwicklungsstadium (definiert nach TANNER, 1962) auf das psychosomatische Beschwerdebild und auf Selbstkonzepte von Mädchen und Jungen hat (s. auch WEHNER, 1986). Auf der Ulmer Datenbasis konnten keine direkten Zusammenhänge, etwa zwischen dem Zeitpunkt der Menstruation und dem Beschwerdebild (nach dem Giessener Beschwerdebogen) festgestellt werden. Für definitive Aussagen ist aber die querschnittliche Datenbasis von wenigen Schulklassen zu klein.

3.1.3 Wege des Erwachsenwerdens in der Adoleszenz heute

Die körperlichen Reifungsprozesse machen unübersehbar, daß die Jungen und Mädchen nun erwachsen und selbständig werden. Der Umgang mit den neuen körperlichen Möglichkeiten und Gefahren ist deshalb ein wichtiger Teil des Weges zum reifen Erwachsenen.

Um diesen Prozeß des Selbständigwerdens unter den heutigen gesellschaftlichen Bedingungen zu verstehen, ist ein kurzer sozialhistorischer Rückblick auf die Institutionalisierung des Lebenslaufes erforderlich. Zu den wichtigsten sozialgeschichtlichen Beiträgen dazu zählt die Verfeinerung von Erkenntnissen über die Art und Weise, wie bestimmte gesellschaftliche Konfigurationen den Lebenslauf von Menschen konstituieren (s. KOHLI, 1985). Im Rahmen dieser Analysen ist bewußt geworden, daß uns selbstverständlich erscheinende Lebensphasenvorstellungen, z.B. die Dreiteilung des Lebens in "Vorbereitung auf den Beruf", "Berufsausübung" und "Rentenalter" das Ergebnis nachzeichenbarer historischer Prozesse sind. Auch die Lebensphase der Adoleszenz ist historisch und gesellschaftlich "programmiert", wodurch sozial festgelegt wird, was "normal" oder "erlaubt" bzw. was "abweichend" und "ungewöhnlich" ist. Rechtlich normativ ist dies in den Stufen der Strafmündigkeit und der Geschäftsfähigkeit, im Jugendschutz und ähnlichen rechtlichen Regelungen niedergelegt.

Um den Prozeß des Selbständigwerdens in seiner heutigen Problematik zu verstehen, muß dieser gesellschaftlich-kulturelle Hintergrund bekannt sein. Nach der Meinung vieler Beobachter ist die heutige Situation dadurch charakterisiert, daß in früheren Zeiten als selbstverständlich geltende Normierungen, was in einem bestimmten Alter erlaubt oder verboten ist, zusammengebrochen sind. In zwei Thesen, die heute in der Jugendsoziologie weit verbreitet sind, kommt dies zum Ausdruck.

- Die These der *Entstandardisierung* (s. OLK, 1986) besagt global, daß einst selbstverständlich erschienene Grenzen zwischen Kindheit und Adoleszenz sowie zwischen den verschiedenen Phasen der Spätadoleszenz und dem Erwachsenenalter fließend geworden sind. Privilegien der Erwachsenen und älterer Jugendlicher sind teils vorverlegt worden, teils in die individuelle Aushandlung zwischen Eltern und Kindern überantwortet worden.
- Die These der *Entsynchronisierung* (TROTHA, 1982) verweist darauf, daß Entwicklungen in den einen Verhaltensbereichen nicht mehr synchron mit solchen in anderen verlaufen. Besonders deutlich ist dies in bezug auf die sehr späte ökonomische Selbständigkeit, die frühen Privilegien der Teilnahme am Konsum der Erwachsenen und die frühe Aufnahme heterosexueller Aktivitäten der Fall.

Selbständigkeit dokumentiert sich jedoch in sehr vielen einzelnen Ereignissen und Eroberungen neuer Entscheidungsmöglichkeiten. Für den deutschsprachigen Raum sind Ereignisgeschichten von Jugendlichen bisher am schönsten im Rahmen der Shell-Studien (JUGENDWERK DER DEUTSCHEN

SHELL, 1981, 1985) von FUCHS erforscht worden. FUCHS hat sich 45 "Fixpunkte" ausgedacht und mit folgender Instruktion vorgegeben:

> "Eine Auswahl von Ereignissen und Entwicklungen im Leben, an denen man merkt, daß man älter wird, habe ich hier auf diesen Kärtchen. Wenn Sie einen Punkt schon hinter sich haben, sagen Sie bitte, in welchem Alter das war. Sonst sagen Sie bitte, in welchem Alter Sie das voraussichtlich erreichen werden. Aber vielleicht können oder wollen Sie einzelne Punkte auch gar nicht erreichen."

Einen illustrativen Einblick über die erreichten Stufen der Selbständigkeit im Alter zwischen 14 und 17 gibt Tabelle 3.1. Sie macht die Sprünge in der Selbständigkeit in dieser Altersphase eindrucksvoll sichtbar.

Tab. 3.1: Entwicklungsstufen in der Jugendzeit

Itemtext laut SHELL-Studie	habe erreicht/ werde erreichen	Total %	Jungen %	Mädchen %
1. Zum ersten Mal auf eigene Faust eine Urlaubsreise machen.	bis 14 J. 15-17 J.	11 49	9 52	7 45
2. Weggehen und Heimkommen, wann man will.	bis 14 J. 15-17 J.	5 50	6 52	3 43
3. Selbstbestimmen, wie man aussehen will.	bis 14. J. 15-17 J.	28 55	23 56	33 53
4. Größere Anschaffungen selbst bestimmen und aussuchen.	bis 14 J. 15-17 J.	8 36	8 41	7 31
5. Einen Tanzkurs machen.	bis 14 J. 15-17 J.	17 66	9 66	23 66
6. Über gute Umgangsformen verfügen.	bis 14 J. 15-17 J.	21 40	18 34	23 46
7. Sich über polititische Themen gut unterhalten können.	bis 14 J. 15-17 J.	3 38	4 39	1 37
8. Zum ersten Mal verliebt sein.	bis 14 J. 15-17 J.	32 54	27 55	37 53
9. Selbst sexuelle Erfahrungen (mit dem anderen Geschlecht) machen.	bis 14 J. 15-17 J.	15 64	14 64	16 63
10. Anfangen, sich über die eigene Zukunft Gedanken zu machen.	bis 14 J. 15-17 J.	15 45	15 40	14 50
11. Zum ersten Mal Rückblick halten, was man aus seinem Leben gemacht hat.	bis 14 J. 15-17 J.	6 27	5 25	6 29
12. Zum ersten Mal nicht mehr weiterleben wollen.	bis 14 J. 15-17 J.	26 45	22 43	28 46

Aus JUGENDWERK DER DEUTSCHEN SHELL, 1981, 124 - 344

Für die gesamte Jugend von 12 bis 16 sieht die Durchschnittsbiographie so aus, daß folgende Aufgabenbewältigungen und Freiheiten im Mittelpunkt stehen:

1. Weggehen und Heimkommen, wann man will (Lösung von den Eltern),
2. Selbständigkeit in Freizeit, Liebe und Sexualität (Eigenständigkeit der biographischen Entscheidungen),
3. Teilnahme an Beruf, Leistung, Geld, Konsum und Straßenverkehr.

Zu welchem Zeitpunkt die wichtigsten Stationen der jugendlichen Biographie im Prozeß des Selbstständigwerdens erreicht werden, geht aus Tab. 3.2 hervor.

Tab. 3.2: Stationen der Jugend-Durchschnittsbiographie, Mittelwerte und Streuung von 14 Fixpunkten

	Mittelwert Jahre	Standard-abweichung Jahre
Zum ersten Mal verliebt sein	15.4	2.8
Selbst bestimmen, wie man aussehen will	15.5	2.5
(für Jungen) Selbst sexuelle Erfahrungen mit Mädchen machen (für Mädchen) Selbst sexuelle Erfahrungen mit Jungen machen	16.2	2.0
Über gute Umgangsformen verfügen	16.8	2.0
Weggehen und heimkommen, wann man will	17.1	1.9
Anfangen, sich über die eigene Zukunft Gedanken zu machen	17.1	3.4
Zum ersten Mal auf eigene Faust eine Urlaubsreise machen	17.2	2.6
Größere Anschaffungen selbst bestimmen und aussuchen	17.7	2.9
Von den meisten Leuten mit "Sie" angesprochen zu werden	17.9	3.8
Gegenüber Vorgesetzten (Chefs) seinen eigenen Standpunkt vertreten können	18.3	3.3
Das erste eigene Auto fahren	19.3	2.3
Die (erste) Berufsausbildung abschließen	20.2	2.9
Aus dem Elternhaus ausziehen (unabhängig von den Eltern wohnen)	20.6	3.0
Genug Geld verdienen, um für sich selbst sorgen zu können	20.7	3.2

Aus JUGENDWERK DER DEUTSCHEN SHELL, 1981, 274

Da die von uns untersuchten Jugendlichen am Ende der Erhebung durchschnittlich 16.6 Jahre alt waren, fallen wichtige Fixpunkte der Verselbständigung noch in diese Untersuchungsphase, insbesondere der relativ früh erwünschte Kontakt mit dem anderen Geschlecht. Viele wichtige Entscheidungen und Entwicklungen spielen sich aber danach ab. Dies betrifft insbesondere die Berufsentscheidung, die ökonomische Selbständigkeit und die völlige Disposition über die eigene Zeit. Dies bestärkt uns in der Ansicht, daß es wichtig ist, *verschiedene Phasen der Adoleszenz zu unterscheiden*. Die in

Tab. 3.2 aufgeführten Standardabweichungen machen uns zusätzlich darauf aufmerksam, daß es Jugendliche gibt, die relativ früh und solche, die relativ spät eine Verselbständigung anstreben. Mit dieser Problematik von Verfrühung und Verspätung werden wir uns im folgenden beschäftigen.

Davor darf aber nicht unerwähnt bleiben, daß die Jugend heute auf fast allen Dimensionen der Selbständigkeit früher "dran ist" als noch vor 30 Jahren. Besonders deutlich ist dies bei Freizügigkeiten und Kontaktmöglichkeiten mit dem anderen Geschlecht der Fall (s. Abb. 3.8). Jugendliche werden heute aber später ökonomisch und ausbildungsmäßig selbständig. Dies hat auch zur Folge, daß heute insbesondere Jungen weniger rasch aus dem Elternhaus ausziehen und eine eigene Wohnung finanzieren können. Selbständig zu wohnen ist sehr teuer geworden. Dies spüren Studenten, aber auch Auszubildende. Da Eltern in der Spätadoleszenz in der Regel keine Kontrollansprüche mehr stellen, ergeben sich neue Formen des teil-selbständigen Zusammenlebens als Übergangslösung.

Abb. 3.8: Etappen der Jugendbiographie im sozialgeschichtlichen Vergleich

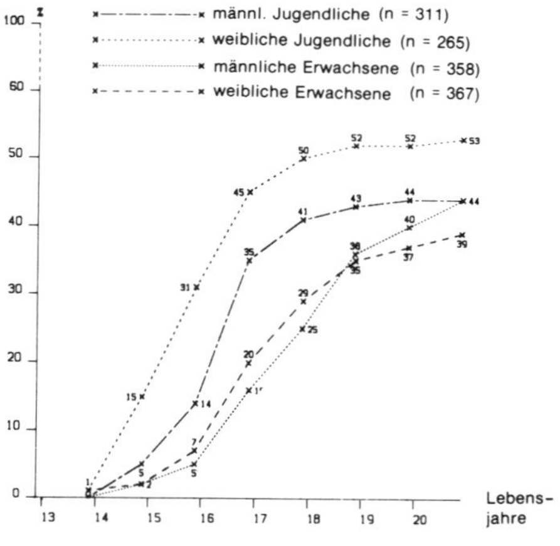

Der erste Tanzkurs, kumulierte Ereignishäufigkeiten (in Prozent). Vergleich der Jugendlichen '84 (21-24J.) und der Erwachsenen '84, nach Geschlecht.

Aus JUGENDWERK DER DEUTSCHEN SHELL, 1985, 202

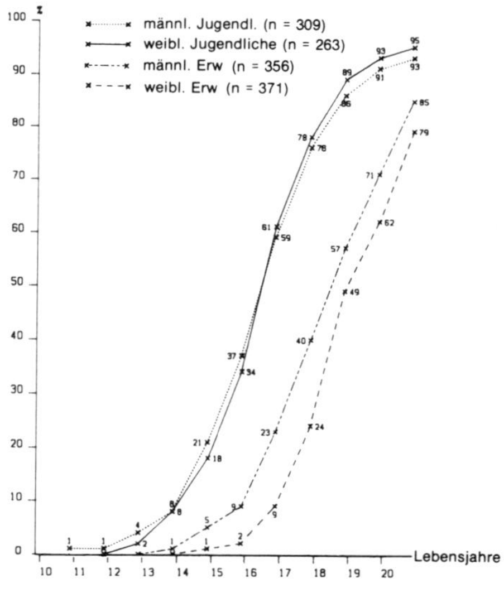

Erste sexuelle Erfahrungen mit dem anderen Geschlecht, kumulierte Ereignishäufigkeiten (in Prozent). Vergleich der Jugendlichen '84 (21-24J.) und der Erwachsenen '84, nach Geschlecht.

Aus JUGENDWERK DER DEUTSCHEN SHELL, 1985, 205

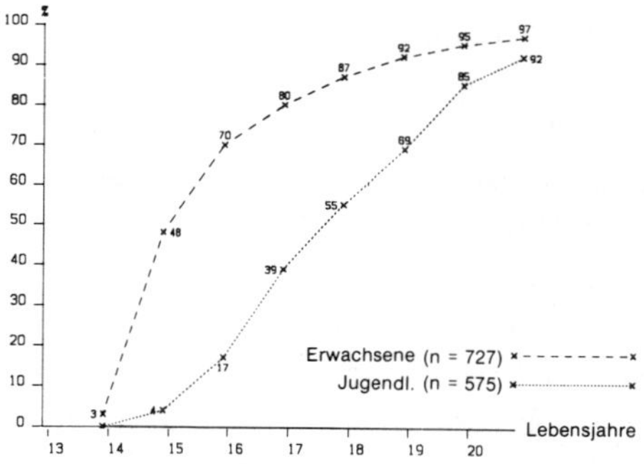

Aus der Schule gekommen, kumulierte Ereignishäufigkeiten (in Prozent). Vergleich der Jugendlichen '84 (21-24J.) und der Erwachsenen '84.

Aus JUGENDWERK DER DEUTSCHEN SHELL, 1985, 217

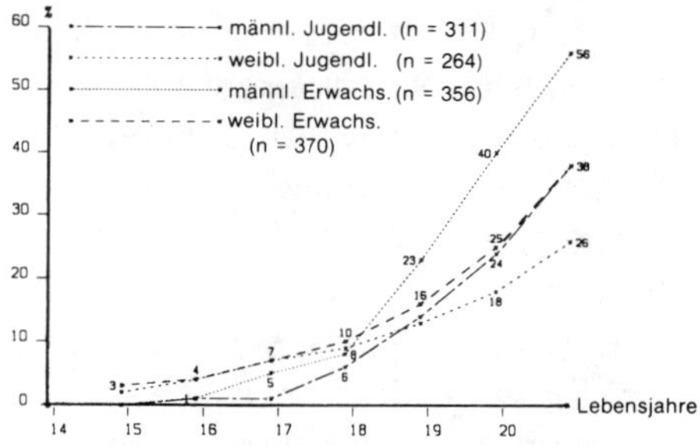

Auszug aus dem Elternhaus, kumulierte Ereignishäufigkeiten (in Prozent). Vergleich der Jugendlichen '84 (21-24J.) und der Erwachsenen '84, nach Geschlecht.

Aus JUGENDWERK DER DEUTSCHEN SHELL, 1985, 222

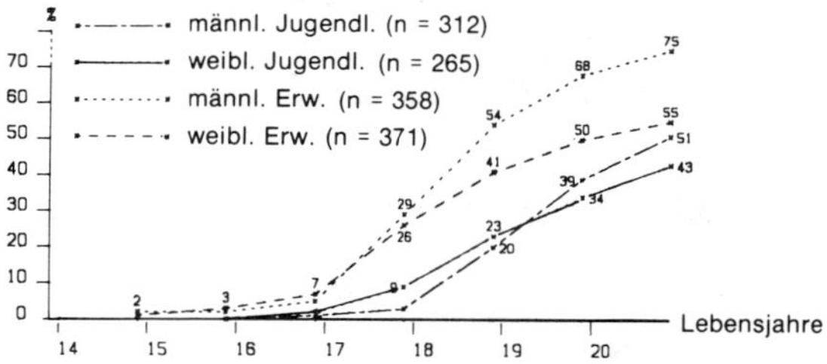

Die erste Berufsausbildung abgeschlossenen, kumulierte Ereignishäufigkeiten (in Prozent). Vergleich der Jugendlichen '84 (21-24J.) und der Erwachsenen '84.

Aus JUGENDWERK DER DEUTSCHEN SHELL, 1985, 219

Der Großteil der Jugend scheint aber keine Schwierigkeiten zu haben, die altersspezifischen Entwicklungsaufgaben zu lösen. Nach den Untersuchungen von DREHER und DREHER (1985) gibt es altersspezifische Höhepunkte in der Bedeutungseinschätzung von Entwicklungsaufgaben, die für Mädchen und Jungen unterschiedlich aussehen. Eine unbezweifelt große Bedeutung hat für alle der Beruf, die Einbettung in Freundschaftsbeziehungen und die Gewinnung einer eigenen Position, einer eigenen Identität.

Hinter den Stufen der Selbständigkeit stehen also wichtige altersspezifische Themen: Einen eigenen Freundeskreis aufbauen, über sich selbst im Bilde sein, wissen wer man ist und was man will sowie eine Berufsperspektive entwickeln. Je älter die Jugendlichen werden, um so mehr rücken dann auch Fragen der Intimbeziehungen und der Ablösung vom Elternhaus in den Vordergrund. Wenngleich die Heranwachsenden großen Wert darauf legen, diese eigene Entwicklung auch selbst in die Hand zu nehmen, so ist doch die hohe Bedeutung, die sie dabei der elterlichen Hilfe zuschreiben, unverkennbar. Sie wird dort begrüßt, wo Eltern eine akzeptierende, verständnisvolle Grundposition einnehmen, wo sie Freiheit gewähren, um Verhalten zu erproben, wo sie emotional stützen und das Selbstbewußtsein stärken (s. DREHER & DREHER, 1985, 51).

Diese Lebensphase ist somit sehr aufwendig, sehr "anstrengend" und sehr intensiv. Die Heranwachsenden stehen unter einem deutlichen Entwicklungsauftrag und auch unter Entwicklungsdruck (s. SILBEREISEN & KASTNER, 1985, 208). Wie die Abbildung 3.9 zeigt, ist ein gewisser Höhepunkt des Entwicklungsdrucks im 14. Lebensjahr festzustellen, wenn man die Differenz zwischen dem gewünschten und dem gegenwärtigen Entwicklungsstand als Operationalisierung von Entwicklungsdruck akzeptiert.

Abb. 3.9: Durchschnittlicher Entwicklungsdruck, differenziert nach Entwicklungsaufgabe und Alter (Querschnitt)

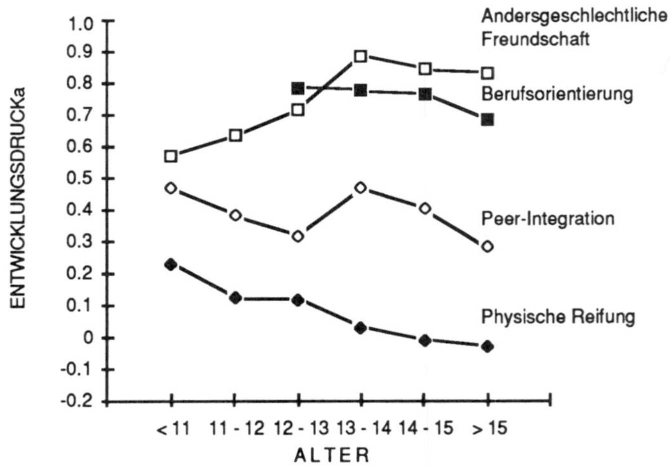

Aus SILBEREISEN und KASTNER, 1985, 208)
Entwicklungsdruck [a] = gewünschter minus gegenwärtiger Entwicklungsstand

Auf dieser Grundlage und im Anschluß an COLEMAN (1980) spezifizieren die Autoren auch Entwicklungsstreß. Er ist dort gegeben, wo "... die Gesamtheit des Wissens und der heuristischen Strategien eines Jugendlichen nicht ausreicht, um eine bestimmte Entwicklungsaufgabe, ungeachtet oder gerade wegen ihrer hohen subjektiven Dringlichkeit, zu lösen." (SILBEREISEN & KASTNER, 1985, 208). Wenn mehrere Probleme zusammenkommen, z.B. Schulleistungsprobleme und Akzeptanzprobleme beim anderen Geschlecht oder gar Arbeitslosigkeit, dann ergibt sich aus der *Problemkumulation* eine Krisensituation, da der Heranwachsende nicht nacheinander fokussierend Entwicklungsaufgaben bewältigen kann. Die Regel dürfte jedoch die sein, daß es Heranwachsenden gelingt, zu einer Sequentierung der zentralen im Vordergrund stehenden Entwicklungsaufgaben zu gelangen (s. COLEMAN, 1984); wie dies z.B. in Abb. 3.10 zum Ausdruck kommt.

Abb. 3.10: Sequentierung der Entwicklungaufgaben im Alter zwischen 11 und 17 Jahren

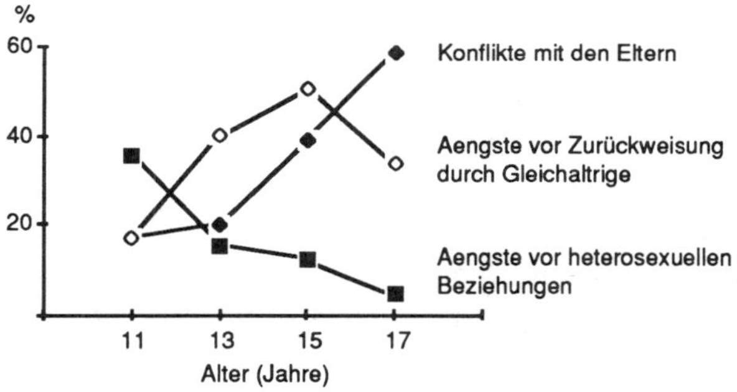

Aus COLEMAN (1984, 66)

3.2 Interindividuelle Variationen des Selbständigwerdens und von Risikoentwicklungen

Es ist ein offensichtlicher Sachverhalt, daß die Unterschiede im Prozeß des Selbständigwerdens zwischen einzelnen Jugendlichen sehr groß sind. Es gibt Jugendliche, die ihre Kindheit sehr früh abstreifen wollen und sehr schnell Privilegien des Erwachsenenstatus suchen. Andere schreiten auf diesem Wege sehr viel langsamer voran. Mit dieser Frage der *interindividuellen Variation des Entwicklungstempos und des zu frühen, normalen oder zu späten*

Übergangs in die Erwachsenenwelt wollen wir uns an dieser Stelle beschäftigen. Diese Fragestellung ist gerade angesichts der Entstandardisierung des *"Dürfens und Wollens"* in verschiedenen Lebensphasen und angesichts der Destandardisierung verschiedener Entwicklungsstränge von entscheidender Bedeutung. Nach einer Phänomenologie von Risikoindikatoren des Selbständigwerdens im Alter zwischen 12 und 16 Jahren wird es darum gehen, die Bedingungen zu suchen, die Heranwachsende dazu führen, möglichst früh bzw. eher verzögert riskante Symbolisierungen des Erwachsenenstatus zu suchen. Um dies sinnvoll zu tun, bedürfen wir aber eines zweiten sozialgeschichtlichen Erwartungshorizontes.

Erwachsenwerden bedeutet einerseits, mehr Freiheit und eigene Entscheidungsmöglichkeiten zu haben, andererseits muß dieser Prozeß von größerer Selbstverantwortlichkeit begleitet sein. Unausgewogenheiten zwischen Freiheitswünschen und Selbstverantwortungbereitschaften veranlassen Eltern und andere verantwortliche Erwachsene ja häufig zu kontrollierenden Eingriffen. Die zentrale Problematik in dieser Altersphase sehen nun viele zeitkritische Beobachter darin, daß sich unsere gegenwärtige Gesellschaft *zwei Sinnkulturen* leistet, die potentiell antagonistisch sind. Die eine konzentriert sich um das Wertsystem von Arbeit, disziplinierte Lebensführung und selbstgewählte Einschränkungen für langfristige Ziele. Dieses Erwartungsmuster von Disziplin und Leistung, das in der Jugendphase besonders im Bereich schulischer Anforderung lokalisiert ist, sich aber auch auf die Kontrolle der potentiellen Suchtgefahren und die körperlichen Trägheiten bezieht, entspringt dem, was als "moderner okzidentaler Rationalismus" beschrieben worden ist (s. FEND, 1988). Es ist in unserer Gesellschaft im Leistungssport in besonders prägnanter Form versinnbildlicht. Aus dem Erfolg des marktorientierten Wirtschaftssystems entspringt aber (s. z.B. Daniel BELL, 1976) ein zweites Sinnsystem, das mehr um die Befriedigung von Bedürfnissen, um die Erfüllung von Wünschen, um die Optimierung des eigenen Wohlbefindens und um eine "erfüllte" Erlebnisweise gruppiert ist. Dieses Lebensmuster des Hedonismus und des "schönen Lebens", das die Werbung tagtäglich vor Augen führt, repräsentiert eine Sinnkultur, an der sich Heranwachsende dann in hohem Maße orientieren können, wenn der Genuß der entsprechenden "Segnungen" gleichzeitig als Indiz für erfülltes Leben, für Erwachsensein und für "Persönlich-bedeutsam-Sein" gilt. Der letztere Aspekt ist besonders für die Adoleszenz wichtig. Geht es doch in diesem Alter in hohem Maße um die Demonstration, kein Kind mehr zu sein, sondern sich schon als Erwachsener behaupten zu können.

Auf diesem Hintergrund gewinnt die Analyse der interindividuellen Variation im Erreichen von Selbständigkeit eine auch lebensgeschichtlich wichtige

Bedeutung, wenn das Medium der Symbolisierung von Erwachsensein in riskanten Verhaltensweisen (Rauchen, Trinken, riskantes Verhalten im Straßenverkehr usw.) besteht. Mit einer größeren Möglichkeit, über den eigenen Tagesablauf zu bestimmen und mit erweiterten finanziellen Ressourcen kann u.U. die für die spätere Lebensplanung problematische Konsequenz verbunden sein, sich früh in solche sexuellen Verhaltensgewohnheiten einzulassen, die persönliche Entwicklungen und spätere Chancen verbauen. Ein freizügiger Umgang mit finanziellen Ressourcen und die Neigung zur Sofortbefriedigung von Konsumwünschen können zudem bedeuten, sich langfristigen beruflichen Ausbildungszielen zu verschließen und damit in diskontinuierliche berufliche Lebensläufe einzutreten.

Nicht zuletzt aus all diesen Gründen erscheint vielen Eltern und Erziehern die Adoleszenz als besonders risikoreich, weil hier erstmals die Gefahr auftaucht, durch die Übernahme der in den Massenmedien präsentierten Symbole des Ansehens und der sozialen Geltung das *altersphasenspezifische Bedürfnis nach symbolischer Selbsterhöhung und nach sozialer Geltung* zu befriedigen. Erwachsenenorientiertes Konsumverhalten, z.B. Rauchen und Alkoholkonsum, können hier die entwicklungspsychologische Funktion erhalten, im Rahmen des Anerkennungsstrebens unter Gleichaltrigen und des Strebens nach Selbständigkeit die *Distanz gegenüber der Kindheit* zu symbolisieren und einen Zustand des statushohen Erwachsenseins zu suggerieren. Es erscheint aus diesen Gründen für die Beurteilung von Entwicklungpfaden von der Kindheit ins Erwachsenenalter außerordentlich wichtig zu erfahren, wie sich Heranwachsende in der Übergangszeit diesbezüglich verhalten. Den Risiken des Herauswachsens aus der Kindheit und den Phasen des Selbständigwerdens möchten wir hier deshalb in folgenden Bereichen nachgehen:

1. Welche Kinder streben früh nach Privilegien des Erwachsenseins, insbesondere im Bereich des Rauchens, des Alkoholkonsums, der uneingeschränkten Ausgehmöglichkeiten und der ökonomischen Selbständigkeit?
2. Welche Jungen und Mädchen suchen früh Kontakt mit dem anderen Geschlecht und suchen hier feste Bindungen?

3.2.1 Erwachsenwerden und seine Symbole in der heutigen Zivilisation: Rauchen, Alkohol, ökonomische Ressourcen und Freiheiten

Es ist in der Forschung inzwischen vielfach belegt, daß die hier untersuchte Lebensspanne von 12 bis 16 eine *entscheidende Einstiegsphase* in Rauchen und Alkoholkonsum ist. Dies ist nicht nur von gesundheitspolitischer Relevanz, sondern auch entwicklungspsychologisch sehr aufschlußreich. Daß dies gerade in dieser Lebensphase geschieht, verweist darauf, daß die fraglose Autorität der Eltern in der Kindheit im Wandel begriffen ist. Eltern können ihren Kindern diese neuen Verhaltensweisen nicht mehr einfach verbieten, ja die schlichte Kontrolle dieses Verhaltens fällt schwer. Es stellt sich zusätzlich die Frage, ob mit den Anfälligkeiten für Verführungen zum Rauchen und Alkoholkonsum nicht paradigmatische Besonderheiten des Adoleszenzverlaufs für bestimmte Jugendliche verbunden sind. Unter dieser Fragestellung werden wir im folgenden zentrale Indikatoren des Erwerbs von Privilegien der Erwachsenen untersuchen: Rauchen, Alkoholkonsum, Ausgeherlaubnis, ökonomische Ressourcen (Taschengeld). Wir konzentrieren uns damit auf Kinder, die auch in der Adoleszenz den Eltern wenig Kummer machen, die sicher, lebendig und wenig konflikthaft durch diese Lebensphase gehen und vergleichen sie mit solchen, die alle Risiken der Unabhängigkeit in einer teils hedonistischen, aber auch leistungsorientierten Kultur durchschreiten.

Die in der modernen Entwicklungspsychologie wichtig gewordene Untersuchung der Ereignis- und Handlungsgeschichte einer Lebensphase unter dem Gesichtspunkt, welche sozialen und persönlichen Ressourcen helfen, die dahinter stehenden altersspezifischen Entwicklungsaufgaben zu bewältigen, soll hier am Beispiel dieser Indikatoren einer möglichen Risikoentwicklung im Prozeß der Verselbständigung exemplarisch unternommen werden. Wir möchten zeigen, daß sie eine strategische Bedeutung haben, daß es also nicht mehr oder weniger zufällig ist, wer früh raucht, viel Geld hat, unabhängig über seine Zeit verfügen kann, früh alkoholische Getränke konsumiert, früh Kontakt zum anderen Geschlecht sucht. Diese äußeren Ereignisse und Handlungen hängen, so soll gezeigt werden, mit der Einbettung in die jeweilige Lebenssituation und mit den in der Kindheit aufgebauten personalen und sozialen Ressourcen der Problembewältigung zusammen.

Für eine geordnete Darstellung müssen wir aber mit den epidemiologischen Fragen beginnen: wie bei Jungen und Mädchen der Prozeß der "Initiation" in Risikoverhalten beginnt.

3.2.1.1 Entwicklungsepidemiologie von Risikoindikatoren

Wenn wir die altersbezogene Entwicklung der Heranwachsenden bei den genannten vier Merkmalen des "Selbständigwerdens" betrachten (s. Abb. 3.11), dann wird offensichtlich, daß die Lebensphase von 12 bis 16 das erste Einstiegsalter für zentrale Privilegien, aber auch für zentrale Gefährdungen von "Unabhängigkeit" ist. Diese Entwicklungen haben wir über vier Einzelfragen erhoben, deren Wortlaut aus Abb. 3.11 hervorgeht. Valditätsuntersuchungen anderer Projekte bestätigen, daß über solche einfachen Fragen das dahinterstehende Verhalten erstaunlich zuverlässig erhoben werden kann (s. SEMMER et al., 1987).

Abb. 3.11: Privilegienzuwachs in den Lebensjahren 13 bis 16 (Risikoindikatoren)

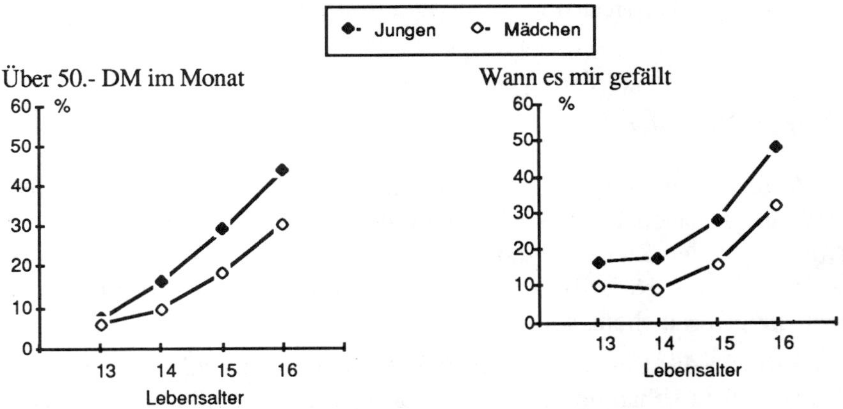

Wieviel Geld hast Du im Monat durchschnittlich zur freien Verfügung (Taschengeld, selbst verdientes Geld, von Fall zu Fall verdientes Geld, von Fall zu Fall bekommenes Geld)

Wann mußt Du, wenn Du am Wochenende ausgehst, zu Hause sein? (Ich darf nicht weg, bis 21 Uhr, bis 22 Uhr, bis 23 Uhr, bis 24 Uhr, wann es mir gefällt)

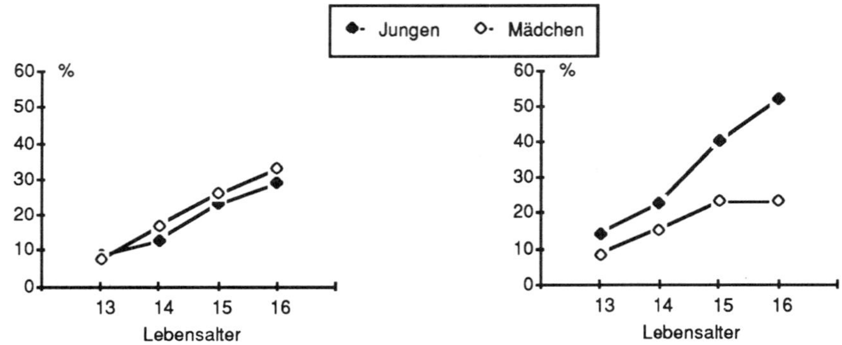

Wie oft rauchst Du?
Mehr als 3 Zigaretten am Tag
(noch nie, probiert und wieder aufgegeben, gelegentlich, täglich 1-2, täglich 3-5, täglich 6-10, täglich mehr als 10 Zigaretten)

Wie oft trinkst Du Alkohol?
Etwa einmal pro Woche bzw. täglich
(Ich trinke keinen Alkohol, weniger als 1mal im Monat, etwa 1mal im Monat, etwa 1mal pro Woche, täglich)

3.2.1.2 Zur Prävalenz des Rauchens

Wie aus Abb. 3.11 hervorgeht, sind ein Viertel bis ein Drittel aller 16jährigen regelmäßige Raucher, d.h. sie rauchen mehr als 3 Zigaretten täglich. Neben dieser in der Zwischenzeit gut dokumentierten Einstiegsphase ins Rauchen von 12 bis 16 ist besonders die sozialökologische Aufgliederung der Prävalenz des Rauchens wichtig.

1. Der Zeitpunkt des Einstiegs in den Nikotingenuß ist in hohem Maße vom Bildungsniveau abhängig: Von den 13jährigen Hauptschülern rauchen ca. 15% täglich 3 und mehr Zigaretten, von den Gymnasiasten nur 2,5%.
2. Mädchen beginnen zwar etwas später zu rauchen, sie überholen die Jungen aber ab dem 14. Lebensjahr.
3. In der Stadt wird etwas mehr geraucht als auf dem Lande.
4. Die Intensität des Rauchens variiert schließlich in hohem Maße auch schulspezifisch (s. FEND & SCHRÖER, 1985). Letzteres verweist darauf, daß es offensichtlich schulbezogene Normen und damit verbundene "Ansteckungseffekte" des Rauchens gibt.

Besonders aufschlußreich für das Verständnis der Einstiegsprozesse in regelmäßiges Rauchen sind Auswertungen, die sich mit der Frage beschäftigen, wieviele regelmäßige Raucher jedes Jahr aus der Nichtrauchergruppe hinzukommen bzw. wieviele regelmäßige Raucher jedes Jahr in dieser Altersphase wieder in das Stadium des Nichtrauchens zurückkehren.

Bei einer solchen Analyse ergibt sich, daß ca. 10% in der Altersspanne zwischen 13 und 16 jährlich neu regelmäßig zu rauchen beginnen. Die jährliche Zunahme steigt aber vom 13. bis zum 16. Lebensjahr von 8% auf 12% an. Je jünger die Kinder sind, um so häufiger geben sie auch erste experimentelle Rauchversuche wieder auf. Im Alter von 13 bis 14 sind dies fast 19%, in der Altersspanne von 15 nach 16 aber nur mehr ca. 12%. Das Grundmuster dieser Lebensphase ist das vom Nichtrauchen zum experimentellen Rauchen bis hin zum regelmäßigen Griff zur Zigarette. Die Anzahl derjenigen, die aus dem letzten Stadium ins erste zurückfinden, wird mit zunehmendem Alter geringer.

Völlige Nichtraucher bzw. nur gelegentliche erste Ansätze bis zum Alter von 15 Jahren finden wir nur bei etwa 20% aller Hauptschüler bzw. 34% aller Gymnasiasten.

3.2.1.3 Zur Prävalenz des Alkoholkonsums: Jungen auf dem Lande in Hauptschulen als besondere Problemgruppe

Die Initiation in regelmäßigen Alkoholkonsum erfolgt für viele Jugendliche ebenfalls in der Frühadoleszenz. Beinahe die Hälfte aller Kinder hat mit dem 13. Lebensjahr noch keinen Kontakt mit Alkohol gehabt. Der **tägliche** Alkoholkonsum wächst aber in dieser Altersphase von 2,5% im 13. Lebensjahr auf knapp 8% im 15. und 16. Lebensjahr. Einmal pro Woche bzw. täglich kommen 52% der Jungen und ca. 24% der Mädchen mit Alkohol in Kontakt.

Im Geschlechtsunterschied zeigt sich die deutlichste Differenz zum Rauchen: Für Alkohol sind besonders Jungen anfällig und hier wieder in besonderem Maße Jungen in Hauptschulen und Jungen auf dem Lande. Letztere konsumieren zu fast 23% täglich Alkohol, im Gegensatz etwa zu Mädchen in städtischen Gymnasien, die in diesem Lebensalter (15. Lebensjahr) nur zu etwa 2% täglich Alkohol zu sich nehmen.

3.2.1.4 Suchtanfälligkeit im Epochalvergleich

In unseren Schuluntersuchungen, die sich über mehrere Jahre erstreckten, haben wir einige begrenzte Möglichkeiten, die Prävalenz des Rauchens heute mit der Häufigkeit des Rauchens in früheren Altersjahrgängen zu vergleichen. Im Jahre 1972 haben wir in einer kleinen Stichprobe (N=535) von Schülern nach der Häufigkeit des Rauchens gefragt. Dies ist allerdings mit anderen Antwortkategorien geschehen als in der hier vorgestellten Längsschnittstudie. Lediglich die "Habe noch nie geraucht"-Kategorie ist identisch. Auf dieser Grundlage ist es zumindest möglich, einen Hinweis für die Abstinenz der 15jährigen im Rauchen und Trinken im Vergleich der frühen 70er mit den frühen 80er Jahren zu bekommen. Wie aus Tabelle 3.3 hervorgeht, ist die Gruppe der völligen Nichtraucher in den letzten 10 Jahren kleiner geworden. Bei den Hauptschülern haben sich aber diesbezüglich kaum Veränderungen ergeben, sie waren schon früher und sind auch heute noch die anfälligste Gruppe. Mädchen dieser Schulform hatten 1972 die meisten experimentellen Erfahrungen mit dem Rauchen.

Tab. 3.3: Rauchen und Alkoholkonsum im Epochalvergleich, Prozentsätze "Abstinenter" 9. Stufe (15jährige)

	1972 N	Noch nie geraucht	Kein Alkohol	1982 N	Noch nie geraucht	Kein Alkohol
Hauptschule	96	18.1	34.4	470	20.4	31.4
Realschule	124	34.1	19.4	573	20.6	20.5
Gymnasium	108	51.4	23.6	509	34.4	28.4

Die Alkoholabstinenz hat sich dagegen über die letzten 10 Jahre nur unwesentlich verändert. Hier sind es insbesondere die Hauptschulmädchen, die am häufigsten gar keinen Kontakt mit Alkohol haben. In der Regel haben früher und heute etwa 25% der Heranwachsenden bis zur 9. Schulstufe noch praktisch keinen Alkohol konsumiert.

Die besten Epochaldaten über Alkohol, Rauchen, Drogen und Medikamentengebrauch sind in der bayrischen Studie "Jugend fragt Jugend" für die Jahre von 1973 bis 1984 zu finden. Dort zeigt sich ein Rückgang des regelmäßigen Alkoholkonsums von 53% (1973) auf 33% (1984). Während der Drogengebrauch eher stabil geblieben ist (1973: 12%, 1984: 10,6%), ist das Rauchen ebenfalls leicht rückläufig (1973; 44%, 1984: 38%).

3.2.1.5 Zur Erweiterung der eigenen Freiheit: Ausgeherlaubnis und verfügbares Geld

Zum häufigsten Konfliktstoff zwischen Eltern und Kindern in dieser Lebensphase zählt die Kontrolle bzw. die Aushandlung von Vereinbarungen zum abendlichen Ausgehen bzw. zum Ausgehen am Wochenende. "Unabhängig-werden" bedeutet für viele Heranwachsende in dieser Lebensspanne, keine Ausgehbeschränkungen mehr zu erfahren. Wie sich dies vom 13. zum 16. Lebensjahr entwickelt, zeigt Abb. 3.11. Die Variationsbreite der Einschränkungen, die verschiedene Gruppen von Jugendlichen in dieser Lebensphase erfahren, ist sehr groß. Von den 13jährigen Mädchen berichten nur 10%, daß sie keinen Ausgehbeschränkungen unterliegen, von den 16jährigen Jungen tun dies ca. 50%. Vom 13. zum 16. Lebensjahr verdreifacht sich die Wahrscheinlichkeit, keine Ausgehbeschränkungen mehr zu erfahren. Gleichzeitig wird hier auch ein Geschlechtseffekt deutlich: Mädchen unterliegen strengeren Kontrollen als Jungen.

Selbständigkeit bedeutet aber auch, über eigene ökonomische Ressourcen zu verfügen und damit unabhängig von den Eltern außerhalb der Familie handeln zu können. Der entsprechende Verlauf vom 12. zum 16. Lebensjahr, was die Verfügbarkeit von mehr als 50 DM im Monat angeht, ist in Abb. 3.11 enthalten und ist im großen und ganzen parallel zu jenem des Wegfalls von Ausgehbeschränkungen. Am Anfang haben nur etwa 7% 50 DM monatlich zur Verfügung, mit 16 ist dies bei etwa 40% der Adoleszenten der Fall. Wieder haben die Jungen deutlich mehr Geld als die Mädchen.

Vergleicht man das Aufwachsen von Mädchen und Jungen in unterschiedlichen ökologischen Kontexten, dann tauchen einige interessante Phänomene auf. Ausgehbeschränkungen erleben besonders Mädchen in Hauptschulen und auf dem Lande. Interessanterweise erfahren Oberschichtkinder weniger Ausgehbeschränkungen. Für letztere ist auch das Ergebnis nachdenkenswert, daß Kinder aus dieser Schicht ökonomisch kürzer gehalten werden, d.h. sie haben weniger Taschengeld zur Verfügung als etwa Kinder aus der Arbeiterschaft. Hauptschüler haben ebenfalls mehr Geld flüssig als Gymnasiasten, Kinder in der Stadt mehr als auf dem Lande.

3.2.1.6 Der sozioökologische Kontext von Gefährdungen

In welchen sozialökologischen Kontexten welche Gefährdungen besonders häufig sind, wird durch die Tabelle 3.4 deutlich. Gefährdung wird hier als regelmäßiges Rauchen von mehr als 10 Zigaretten täglich, täglicher Alkoholkonsum, Fehlen von Ausgehbeschränkungen und mehr als 100 DM Taschengeld im Monat definiert. Dies sind jeweils die extremsten Ausprägungen auf den genannten Indikatoren. Aus Tabelle 3.4 geht eine Gefährdungsgruppe ganz klar hervor: Hauptschuljungen auf dem Lande. Sie sind zu 26% regelmäßige Raucher, 23% trinken täglich alkoholische Getränke, ein Drittel erfährt überhaupt keine Ausgehbeschränkungen und 22% dieser Heranwachsenden haben mehr als 100 DM Geld im Monat zur Verfügung. Hauptschuljungen in der Stadt folgen dieser Gruppe an zweiter Stelle.

Tab. 3.4: "Erwachsenenprivilegien" in sozialökologischen Kontexten, Prozentangaben 15jährige

	Mädchen				Jungen			
	Stadt		Land		Stadt		Land	
	Hauptschule	Gymnasium	Hauptschule	Gymnasium	Hauptschule	Gymnasium	Hauptschule	Gymnasium
N=	71	73	121	157	77	72	113	127
Rauchen mehr als 10 Zigaretten	20	4	13	3	19	1	26	2
Täglich Alkohol	3	0	5	3	16	6	23	7
Keine Ausgehbeschränkung	12	16	25	16	31	25	33	25
Mehr als 100 DM im Monat Taschengeld	24	7	7	3	32	12	22	7

Unter den Mädchen sind besonders jene in städtischen Hauptschulen "gefährdet". Sie rauchen am häufigsten und haben am meisten Geld zur Verfügung. Die Gefährdung durch Alkohol ist bei dieser Gruppe jedoch noch gering.

Insgesamt ergibt diese relativ einfache Aufgliederung nach sozialökologischen Kontexten sehr große Unterschiede in der Suchtgefährdung. So berichtet nicht ein Mädchen in städtischen Gymnasien, täglich Alkohol zu trinken, wohl aber tun dies fast 25% aller Jungen auf dem Lande.

Ähnlich groß sind die Differenzen bei den ökonomischen Ressourcen: Nur 3% der Gymnasiastinnen auf dem Lande haben mehr als 100 DM im Monat zur Verfügung, dagegen 32% aller Hauptschuljungen in der Stadt.

3.2.2 Rauchen: Ein strategisch wichtiger Indikator für die Analyse des Adoleszenzverlaufs

Vergleichende Versuche, Rauchen, Alkoholkonsum, Ausgehbeschränkungen oder ökonomische Ressourcen vorherzusagen, haben ein wichtiges Ergebnis erbracht, das uns dazu veranlaßt, dem Rauchen hier noch etwas größere Aufmerksamkeit zu widmen. Unter allen Indikatoren des "Erwachsenwerdens" ist das Rauchen am besten vorherzusagen. Wir können mit verschiedenen Bedingungsvariablen etwa dreimal mehr Varianz als beim Alkoholkonsum aufklären. Offensichtlich ist der Alkoholkonsum in dieser Altersphase noch nicht so verbreitet, daß Abstinenz oder Konsum bereits Hinweise für verschiedene Entwicklungspfade sein könnten.[15]

Rauchen hingegen scheint sehr indikativ für verschiedene Wege der symbolischen Selbstdarstellung vor dem neuen, imaginierten oder realen Publikum der Peers zu sein. Auf zwei Pfaden wollen wir dieser Interpretation näher nachgehen. Der erste wird durch die Frage repräsentiert, wie das Persönlichkeitsprofil von Nichtrauchern und regelmäßigen Rauchern aussieht. Im zweiten Schritt versuchen wir, Rauchen durch die schulische und soziale Lebenssituation, was objektiven Erfolg in der Schule und unter Altersgleichen angeht, und durch entsprechende persönliche und soziale Ressourcen vorherzusagen. Hier kommt das bekannte Stress-Coping-Modell zum Tragen.

3.2.2.1 Persönlichkeitsprofile von Rauchern und Nicht-Rauchern

Bereits JESSOR (1986) hat auf die Bedeutung des Persönlichkeitssystems als der Resultante der kindlichen Sozialisation für entsprechendes Problemverhalten in der Adoleszenz verwiesen. Zwei Aspekte hat er besonders hervorgehoben: die schulische Leistungsmotivation und das Streben nach Unabhängigkeit. Schließlich hat er auf Gefühle der Entfremdung gegenüber der sozialen Umwelt, insbesondere gegenüber dem politischen und sozialen System verwiesen. Damit zusammenhängend sieht JESSOR in persönlichen Gefühlen der mangelnden Kontrolle der Umwelt, also Gefühlen, angestrebte Ziele nicht erreichen zu können und in labilen Selbstwertschätzungen wichtige Determinanten des Problemverhaltens.

Schließlich sind nach JESSORs Theorie des Problemverhaltens weitere Folgen der kindlichen Sozialisation zu berücksichtigen, etwa die Toleranz gegenüber sozialer Abweichung und schwache moralische Kontrollen.

Auf indirektem Wege bietet unsere Untersuchung ebenfalls Möglichkeiten, der Frage nachzugehen, wie durch Kindheitserfahrungen geprägte Persönlichkeitsmerkmale den Weg durch die Adoleszenz - hier in der Form der Anfälligkeit für "Problemverhalten" - bestimmen. Folgende Dimensionen der Persönlichkeit, die gleichzeitig personale Ressourcen der Problembewältigung sind, könnten wichtig sein:

---

15 Mädchen, welche trinken, haben zwar in der Regel größere Probleme mit sich selbst (geringeres Selbstvertrauen), und sie leben unter unglücklicheren Familienverhältnissen. Bei Jungen ist dies nicht so stark der Fall. Hier müßte man besonders der Problemgruppe der Hauptschuljungen näher nachgehen.

- Mit Hilfe der gemessenen *soziokognitiven Kompetenzen* können wir indizieren, in welchem Ausmaß Heranwachsende in der Lage sind, soziale Prozesse zu durchschauen und sich gegen werbungsinduzierte Versuchungen zu wehren.
- Die erfaßte *Ich-Stärke* sollte indizieren, in welchem Ausmaß ein Kind vor dem Eintritt in die Pubertät eine stabile positive Einstellung zu sich selbst und ein stabiles Bewußtsein der Kontrolle des eigenen Lebens erworben hat. Wer ein positives Verhältnis zu sich selber hat, der ist nicht darauf angewiesen, sich selbst durch quasi-erwachsenes Verhalten zu beweisen.
- Die *Leistungsbereitschaft* indiziert den Grad der positiven Einbettung in schulische Erwartungen. Wer die Disziplin zu stetigem Lernverhalten aufbringt, der müßte auch in der Lage sein, sich gegenüber Suchtgefahren rational und kontrolliert zu verhalten.
- Die wahrgenommene *"soziale Einbettung"* kann darauf verweisen, wie dicht jemand in Peer-Gruppen-Kontakte eingebunden ist. Wer hier keine Problem hat, der muß sich auch nicht durch demonstratives "Rauchen" Aufmerksamkeit verschaffen. Wer Probleme der sozialen Akzeptanz hat, der ist für Einflüsse von Gruppennormen besonders empfänglich und bemüht, ihnen demonstrativ, z. B. über Rauchen und Alkoholkonsum zu entsprechen.
- Die *sozialen Interessen* beschreiben die Stärke der Motivation zu sozialen Kontakten mit Gleichaltrigen. Wer sich für das Innenleben anderer Menschen interessiert, der dürfte auch differenzierter über soziale Vorgänge nachdenken, diese besser durchschauen und damit gegen Versuchungen zu riskantem Verhalten besser gefeit sein.
- Die selbstperzipierten *sozialen Fähigkeiten* können das Gefühl der Kontrollierbarkeit und Initiierbarkeit gewünschter sozialer Beziehungen unter Peers indizieren. Ist dieses Bewußtsein sehr ausgeprägt, dann sind Brücken wie "eine Zigarette anbieten" weniger vonnöten.
- Mit zwei Indikatoren, mit dem der "sozialen Einsatzbereitschaft" und dem des "moralischen Urteilsniveaus" haben wir die Möglichkeit, die Ausrichtungen an Standards der *Hilfsbereitschaft*, des sozialen Einsatzes und des moralischen Verhaltens anzudeuten. Sie müßten ebenfalls gegen Versuchungen und Verführungen zu rauchen resistent machen.
- Schließlich erlaubt es ein Indikator für das *"politische Interesse"*, einen Hinweis für die Aufgeschlossenheit für größere soziale und politischen Zusammenhänge zu erhalten. Wer hier sehr interessiert ist, der müßte

entsprechende Interessen der Industrie und Werbung auch besser durchschauen und damit gegen ihre Versuchungen widerstandsfähig sein.

Wir können die Profile von rauchenden und nicht-rauchenden Jugendlichen auf diesen Dimensionen des Persönlichkeitssystems für das Alter von 13 bis 15 darstellen. Wir haben dies auch getan und jeweils übereinstimmende Muster gefunden, so daß wir uns hier auf die Gruppe der 15jährigen konzentrieren können. Die Abb. 3.12, die die Profile für die Nichtraucher und für die regelmäßigen Raucher (mehr als 10 Zigaretten pro Tag) enthält, bringt ein markantes Ergebnis zum Vorschein, das mit den Grundannahmen von JESSOR (1986) übereinstimmt: regelmäßiges Rauchen in diesem Alter ist vor allem mit einer *Distanzierung von schulischen Leistungsanforderungen, mit größerem Absentismus und größerer Distanz gegenüber den Lehrern* verbunden. Rauchen ist somit in der Frühadoleszenz mit einer Distanzierung vom "Normalentwurf" der Bewährung in Leistungssituationen in diesem Alter assoziiert.

Abb. 3.12: Persönlichkeitsprofile von regelmässigen Rauchern (mehr als 10 Zigaretten pro Tag) und Nichtrauchern

15jährige, N = 196/433, z-Werte

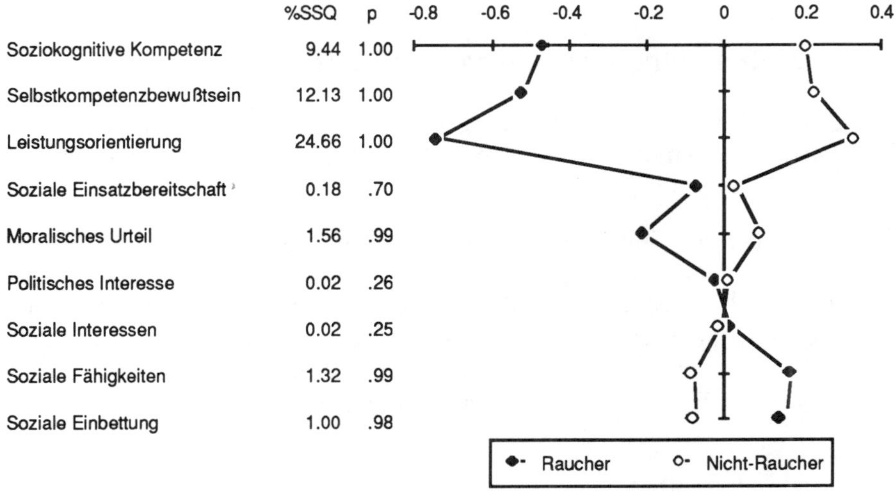

Ein weiteres Ergebnis ist sehr auffallend: die soziokognitive Kompetenz der regelmäßigen Raucher ist deutlich niedriger, und vor allem ihre Ich-Stärke ist weniger ausgeprägt. Hier nicht weiter dokumentierte Analysen verschiedener Dimensionen der Ich-Stärke ergeben, daß insbesondere die Kontrollkognitionen in bezug auf Schulerfolg und die Wahrnehmungen, daß einem für die Zukunft schon viel verbaut ist, in hohem Maße mit dem Rauchen zusammenhängen.[16] Mit der Distanzierung von schulischen Leistungserwartungen ist also auch eine Einschätzung der eigenen Person verbunden, in diesem Erfolgssystem ohnedies nicht reüssieren zu können.

Im Bereich der sozialen Einbettung, der sozialen Interessen und sozialen Fähigkeiten ergeben sich kaum größere Unterschiede zwischen Rauchern und Nichtrauchern. Da Raucher eine geringere Ich-Stärke haben, die ansonsten stark mit einer negativen Einschätzung der eigenen sozialen Situation verbunden ist, muß dieses Ergebnis beachtet werden: Entgegen der üblichen Zusammenhänge geben Raucher eine etwas bessere soziale Einbettung an. Dies könnte bedeuten, daß dem Rauchen kompensatorische Prozesse zwischen schulischen Mißerfolgen und Anerkennungswerben bei Peers zugrundeliegen (s. auch SEMMER et al., 1987), daß Rauchen und Trinken zum Medium der Befriedigung des Geltungsbedürfnisses und des Anerkennungsbedürfnisses werden.

Diese Vermutung können wir durch eine weitere Analyse fundamentieren, die sich mit dem Freizeitprofil und der Freizeitkultur von Rauchern und Nichtrauchern beschäftigt.

3.2.2.2 Freizeitkultur von Rauchern und Nichtrauchern

Analog zum obigen Verfahren haben wir für alle Jahre (hier aber nur für die 15jährigen dokumentiert) die Freizeitkulturen von Rauchern und Nichtrauchern untersucht (s. Abb. 3.13).

Die Analyse ergibt keine so gravierenden Differenzen wie beim Persönlichkeitsprofil. Es wird aber deutlich, daß eine Mitgliedschaft im Sportverein etwas vor Rauchen schützt und daß die wenigen Jugendlichen, die in politischen Jugendgruppen engagiert sind, mehr rauchen. Raucher müssen mehr Geld verdienen, und sie sind weniger häuslich gebunden. Sie haben außerdem weniger häusliche Aufgaben als Nicht-Raucher.

---

[16] Mit zunehmendem Alter (von 12 bis 16) erweist sich die Subdimension "Emotionskontrolle" als bedeutsam (2,2% bis 6%). Somatische Symptome sind ebenfalls von Jahr zu Jahr (12 bis 15) stärker mit Rauchen gekoppelt (0,2% SSQ bis 5,4% SSQ). Rauchen und Trinken zusammen sind bei den 15jährigen mit größerer Lebensunzufriedenheit verbunden.

Abb. 3.13: Freizeitkulturen von regelmässigen Rauchern (mehr als 10 Zigaretten pro Tag) und Nichtrauchern

15jährige, N = 196/433, z-Werte

	%SSQ	p
Keine Gruppenzugehörigkeit	0.06	.440
Politische Jugendgruppen	3.32	1.000
Geld verdienen	1.95	1.000
Bravo-Kultur	1.17	.980
Motor und Sport	1.41	.990
Tier versorgen	.94	.980
Feste Aufgaben zu Hause	3.86	1.000
Bildungsorientierung	.17	.650
Fernsehen	.00	.024
Kirchliche Bindung	5.43	1.000
Turn- und Sportverein	2.45	1.000

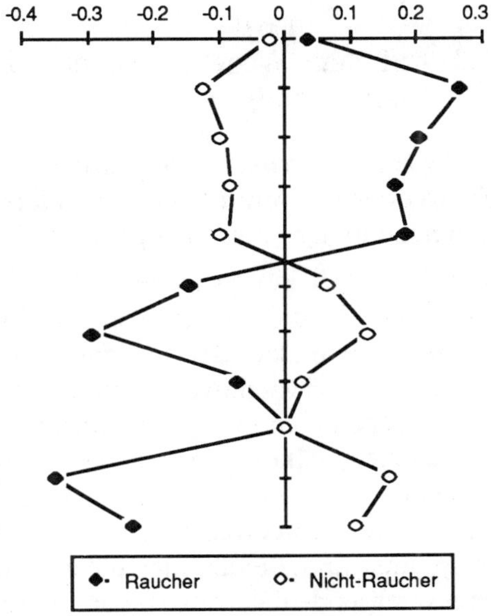

Ihre Nähe zur Bravo-Kultur ist etwas größer, erstaunlicherweise ist aber ihre Bildungsorientierung nicht unterschiedlich. Letzteres trifft auch für das Fernsehen zu. Besonders auffallend: Die Bindung an kirchliche Aktivitäten und Gruppen schützt vor der Anfälligkeit zu regelmäßigem Rauchen. Mit diesen Ergebnissen bestätigen wir die in den wichtigsten Untersuchungen (s. JESSOR, 1986) berichteten Befunde. Sie verweisen aber auch darauf, daß es verschiedene Subkulturzonen des Rauchens gibt, etwa politisch engagierte Gymnasiasten oder konsumorientierte Hauptschulmädchen.

Die Gruppe der Raucher ist also *nicht homogen*. Sie setzt sich einmal aus Heranwachsenden mit einem ausgeprägten Kompensationsbedürfnis persönlicher Probleme und zum andern aus intellektuellen Jugendlichen mit einem Distanzierungsstreben zur offiziellen Kultur zusammen. Diese These der Nicht-Homogenität der Gruppe der Raucher wird auch durch den Sachverhalt gestützt, daß Schüler, die sich an schulischen Mitbestimmungs-Möglichkeiten beteiligen, häufiger rauchen. Diese Jugendlichen verbinden mit dem Rauchen immer noch - wie dies z.B. bei Frauen in Frühphasen der Emanzipationsbewegung und in der Studentenbewegung der Fall war - eine Distanzierungssymbolik von einer kritisierten "offiziellen Kultur". Sie sind natürlich mit den "rauchenden" Hauptschulmädchen nicht zu vergleichen.

3.2.2.3 Auf dem Wege zu einem Vorhersagemodell von Risikoverhalten

Bereits diese Profilanalysen von Rauchern und Nichtrauchern führen uns auf Ursachen von *Risikoverhalten in der Adoleszenz*, die inzwischen mehrfache Bestätigungen in der Forschung gefunden haben.

1. Es mehren sich in den letzten Jahren Versuche, Risikoverhalten in der Adoleszenz in den Gesamtkontext der Persönlichkeitsentwicklung zu stellen. Insbesondere der sogenannte Coping-Ansatz versucht, Drogenanfälligkeit und Risikoverhalten im Straßenverkehr in den Kontext von *Lebensbelastungen* und entsprechendem Bewältigungshandeln einzubauen. Rauchen, Alkoholkonsum und Drogengebrauch im engeren Sinne werden hier als Bewältigungsversuche von *Unsicherheit*, von *Mißerfolg* und *negativen emotionalen Stimmungen* verstanden. Wenn man die Anreizsysteme und Belohnungsfelder in der Lebenswelt von gefährdeten Heranwachsenden analysiert, dann erscheint ihr Ausweichen auf befriedigendere Erlebnisformen bei der Ausschließung von "offiziellen Erfolgswegen" rational. Ihre Entwicklungspfade bewegen sich somit ebenfalls auf "rationalen Bahnen", wenngleich das Verhalten an der Oberfläche riskant und "unvernünftig" erscheint.
   Folgt man diesem Ansatz, dann sind vor allem die Erfolgskonstellationen in der Adoleszenz zu untersuchen. Für uns bedeutet dies vor allem, Erfolge im Bildungswesen und Erfolge in den Anerkennungsstrukturen der Gleichaltrigen zu berücksichtigen. Dazu können wir mehrere Indikatoren heranziehen:
   - die Stellung im gesamten Schulsystem, (Gymnasium, Realschule und Hauptschule);
   - die Notenstruktur in den einzelnen Fächern.

   Zur Erfassung der sozialen Anerkennung in der Altersgruppe können wir die Wahl als beliebter Mitschüler bzw. als Schüler, der häufig im Mittelpunkt steht, berücksichtigen. Wir haben entsprechende soziometrische Indices über Fragen wie, "Wer gilt in Deiner Klasse besonders viel?", und "Welchen Mitschüler magst Du besonders gern?", (5 Schüler waren jeweils aus der Klassenliste auszuwählen) entwickelt.

2. Es wäre gewiß ein Irrtum, wollte man unterstellen, daß der Prozeß des Hineinwachsens in Risikoentwicklungen einem blinden Schicksal folgt und eine fatale naturhafte Gesetzmäßigkeit hat. Wenn man das subjekttheoretische Modell, das heute in der Sozialisationsforschung üblich ist, zugrundelegt und damit also unterstellt, daß den jeweiligen Oberflächenindikatoren sinnbestimmte und problemlösungsorientierte Handlungen von Heranwachsenden und von ihren Bezugspersonen zugrundeliegen, daß also Heranwachsende ihren Prozeß des Selbständigwerdens auch selbst aktiv gestalten und dabei Hilfe und Unterstützung, Widerstand oder Strafe erfahren, dann müssen wir die Etappen des Selbständigwerdens danach analysieren, welche persönlichen und sozialen Ressourcen Heranwachsende haben, diesen Prozeß sinnvoll zu gestalten. Wir müssen also untersuchen, in welcher Weise persönliche und soziale Ressourcen dazu beitragen, mit den Anforderungen der Adoleszenz fertigzuwerden und Belastungen zu verarbeiten. Insbesondere interessiert dabei natürlich, wie das Erbe aus der Kindheit, das sich in einer bestimmten Persönlichkeitsstruktur kristallisiert hat, den weiteren Bewältigungsprozeß in der Adoleszenz bestimmt. Wir fragen damit, wie die Bewältigungsressourcen am Ende der Kindheit als Ergebnis der Sozialisation bis zu diesem Zeitpunkt beschaffen sind und welchen Einfluß sie auf die Risikoentwicklung in der Adoleszenz haben. Hier wird das Modell von JESSOR (1986, 242) besonders relevant: Welche Werte, insbesondere im Bereich der Schulleistungen, haben sich bis zum Ende der Kindheit stabilisiert, und in welcher Weise sind Eltern selber positive Bezugspersonen und einflußreiche Vorbilder?
   Dem schützenden und kompensierenden Verhalten der Eltern müßte bei entsprechenden Belastungen eine besondere Bedeutung zukommen.
   Schließlich hat sich die Entwicklung bis zum 12. Lebensjahr auch in einem bestimmten Niveau der soziokognitiven Kompetenzen und der Ich-Stärke stabilisert. Sie bilden *persönliche Ressourcen*, die vor Risikoverhalten schützen müßten. Damit können wir Prädiktoren definieren:
   - Wahrnehmung der Eltern als positives soziales Stützsystem;
   - soziokognitives Kompetenzniveau;
   - Ich-Stärke;
   - Stabilisierung von Leistungsnormen und schulischen Verhaltensnormen;

3. Insbesondere KANDEL (1986) verdanken wir sehr detaillierte Untersuchungen über die *Bedeutung von Freunden, von sozialen Situationen und*

von Altersgleichen insgesamt, die die Wahrscheinlichkeit des Auftretens von Risikoverhalten mitbestimmen.
Nach ihren Untersuchungen sind es besonders jene Adoleszenten, die die Kongruenz und die Ähnlichkeit zwischen sich selber und ihren Freunden maximieren wollen, die für rauchende oder Alkohol konsumierende altersgleiche Vorbilder besonders empfänglich sind. Sie suchen sich bereits solche Freunde aus, die ihnen ähnlich sind, und sie richten ihr Verhalten nach solchen Vorbildern aus (Selektion und Sozialisation). Entsprechende Zusammenhänge haben sich bereits bei den Freizeitkulturen gezeigt. Damals waren häusliche Verpflichtungen und Kirchenbindungen wichtige Resistenzbedingungen.
Neben einem Versuch, die Bedeutung "rauchender Meinungsführer" in Schulklassen zu untersuchen, soll im folgenden nochmals der Erklärungsgehalt folgender Merkmale der sozialen Aktivitäten berücksichtigt werden:

- das Ausmaß der Kirchenbindung als Indikator für traditionale und eher strenge moralische Kontrollen;
- der Grad der schulischen Mitbestimmung als Anlaß der Gesellung von durchsetzungskompetenten Altersgleichen;
- der Grad der Bildungsorientierung im Freizeitverhalten.

Welche Bedeutung diesen Prädiktoren zukommt, soll mit einer Regressionsanalyse eruiert werden, die *getrennt für Jungen und Mädchen* gerechnet wird. Dabei können wir die *Intensität des Rauchens* allein oder *Trinken, Rauchen und Flippern* zusammen prognostizieren. Da uns Längsschnittdaten und Querschnittdaten über Rauchen bei den 13- bis 16jährigen zur Verfügung stehen, können wir sowohl *"Gleichzeitigkeitsanalysen"* (z.B. Prädiktoren und Kriterien bei 15jährigen) als auch echte *Vorhersageanalysen* (Prädiktor bei 13jährigen, Kriterium bei 15jährigen) rechnen.

Eine Regressionsanalyse mit diesen Prädiktoren ergibt nun für alle Altersphasen von den 13- bis zu den 16jährigen bei Querschnittsanalysen und bei Längsschnittanalysen jeweils ganz ähnliche Ergebnisstrukturen. Es sollen hier deshalb nur die Ergebnisse der Querschnittsanalysen für die 15jährigen berichtet werden[17] (s. Tab. 3.5).

---

[17] Diese querschnittliche Analyse ist nicht zuletzt deshalb gerechtfertigt, weil intensiv rauchende Jugendliche als Problemgruppe überproportional häufig aus Wiederholungsuntersuchungen ausscheiden. Dadurch unterschätzen längsschnittliche Analysen die Bedeutung bestimmter Prädiktoren.

Tab. 3.5: Regressionsanalysen zur Prädiktion von Rauchen bei 15jährigen

Prädiktoren gemessen bei 15jährigen (Ausnahme: Soziokognitive Kompetenzen gemessen bei 14jährigen)

Mädchen (N = 704)	**15jährige: Wie oft rauchst Du?**					
	Korrelation	T	Beta	ohne Pooling	%SSQ	mit Pooling
Schulform (Hauptschule, Realschule,Gymnasium)	-.21	-4.20 +++	-0.154	***	4.6	***
Notensumme 1)	.29	5.57 **+	0.187	***	7.9	***
Sympathie	-.00	-1.17	-0.038		0.2	
Geltung	.15	1.55	0.055	+**	3.0	**+
Ich-Stärke	-.14	-0.41	-0.014	+	0.5	+
Soziokognitive Kompetenzen	-.15	-0.85	-0.031		0.1	
Leistungsbereitschaft	-.46	-9.33 ***	-0.328	***	13.9	***
Nähe zu den Eltern	.30	2.89 ++	0.104	++	0.8	++
Kirchenbindung	-.20	-2.07 +	-0.068		0.4	+
Beteiligung an schulischer Mitbestimmung	.21	4.06 +++	0.141	+++	1.5	+++
Bildungungsorientierung	-.10	-1.00	-0.033		0.1	

Jungen (N = 607)	**15jährige: Wie oft rauchst Du?**					
	Korrelation	T	Beta	ohne Pooling	%SSQ	mit Pooling
Schulform (Hauptschule, Realschule,Gymnasium)	-.31	-4.25 +++	-0.181	***	9.5	***
Notensumme 1)	.11	2.47 +	0.087	+++	2.1	+++
Sympathie	.06	1.75	0.064	++	1.2	++
Geltung	.18	2.91 ++	0.110	++*	3.4	**+
Ich-Stärke	-.19	-0.86	-0.032	++	1.3	+++
Soziokognitive Kompetenzen	-.26	-3.13 ++	-0.134	++	1.1	++
Leistungsbereitschaft	-.33	-4.88 *++	-0.183	***	5.4	***
Nähe zu den Eltern	.30	3.62 +++	0.136	+++	2.1	+++
Kirchenbindung	-.19	-3.08 ++	-0.109	++	1.1	++
Beteiligung an schulischer Mitbestimmung	.27	5.04 **+	0.182	+**	3.0	**+
Bildungungsorientierung	.03	-0.17	-0.006		0.0	

T: Signifikanz des Regressionskoeffizienten (H0-Hypothese: Regressionskoeffizienz = 0)

Beta: standardisierter Regressionskoeffizient

%SSQ: Der durch die einzelnen Regressoren erklärte Prozentsatz an Varianz und die Signifikanz dieses Anteils ohne Pooling und mit Pooling. Dabei wird unterschieden zwischen "gewöhnlicher" Signifikanz und der nach einem simultanen a posteriori Test nach Scheffé. Letzterer wird durch die Sternchen verdeutlicht, während der durch die Verfälschung der Signifikanzniveaus weniger konservative übliche Test durch zusätzliche "+" dargestellt wird. Drei Zeichen bedeuten P = .999, zwei Zeichen P = .990 und ein Zeichen P = .950.

Mit bzw. ohne Pooling: Der Begriff Pooling betrifft die Zusammensetzung des Errorterms, der für die Signifikanzprüfung verwendet wird. "Ohne Pooling" bezeichnet die Varianzabtestung des einzelnen Prädiktors gegen die Fehlervarianz. "Mit Pooling" bedeutet die Abprüfung des einzelnen Prädiktors gegen die anderen Prädiktoren plus die Fehlervarianz.

1) Hoher Wert: schlechte Noten

Wie schon bei den 13-, den 14- und nun auch bei den 15jährigen, hängen die Schulformzugehörigkeit und die Notenstruktur, also das Erfolgsprofil der Schulkarriere, sehr deutlich mit der Intensität des Rauchens zusammen. Ca.

12% seiner Varianz wird dadurch aufgeklärt.[18] Dabei ist für die Jungen die Schulformzugehörigkeit bedeutsamer als die Noten, bei Mädchen ist es umgekehrt. Für sie ist der relative Erfolg innerhalb ihres Klassenverbandes für die Erklärung von Rauchen aussagekräftiger.

Auch die sozialen Erfolgskonstellationen bestimmen die Intensität des Rauchens mit: Je größer die soziale Geltung in der Schulklasse ist, desto größer ist auch die Wahrscheinlichkeit des Rauchens. Hier haben wir einen ersten Hinweis auf die kompensatorische Bedeutung der intensiven sozialen Aktivitäten rauchender Adoleszenter.

Das Selbstvertrauen und die soziokognitiven Kompetenzen spielen nach Konstanthaltung der bereits genannten Prädiktoren nurmehr eine geringfügige Rolle. Bei Jungen sind aber interessanterweise beide trotzdem noch signifikant.

Sehr bedeutsam ist nun wieder die Distanzierung von Standards des fleißigen und regelbeobachtenden Verhaltens in der Schule. Besonders Mädchen zeigen, wenn sie rauchen, eine starke Distanzierung von schulischen Leistungserwartungen und eine geringe Internalisierung entsprechender Standards. Bei Jungen ist dies nicht so ausgeprägt, wenngleich ebenfalls sehr bedeutsam.

Nach Konstanthaltung dieser Faktoren ist nurmehr bei Jungen die Qualität des elterlichen Stützsystems bzw. die Distanzierung von den Eltern und der Konfliktgrad im Elternhaus zusätzlich bedeutsam.

Nach all diesen Prädiktoren wird durch die zusätzlichen Hinweise auf soziale Gesellungen und Freizeitkulturen nicht mehr sehr viel Varianz aufgeklärt. Lediglich die Beteiligung an der schulischen Mitbestimmung erweist sich noch als wichtig. Offensichtlich werden hier soziale Kontaktfelder bei sehr durchsetzungsfähigen und sozial kompetenten Jugendlichen geschaffen, die das Rauchen fördern. Auch die Kirchenbindung bleibt noch - insbesondere bei Jungen - ein schützender Faktor. Nach Konstanthalten dieser Prädiktoren bleibt für die Bildungsorientierung keine varianzerklärende Potenz mehr, wenngleich die Korrelation noch in Richtung "weniger Rauchen bei größerer Bildungsorientierung" geht.

Wir können der Frage nach dem relativen Einfluß der verschiedenen Prädiktorengruppen nochmals nachgehen, wenn wir sie in Blöcke auflösen und wie in Tab. 3.6 dargestellt, getrennt analysieren, wie bedeutsam jeweils die schulische Situation, die soziale Situation, die persönlichen Ressourcen, was

---

[18] Genauer müßte es "Prozent aufgeklärter Quadratsummen" (SSQ) heißen.

Ich-Stärke und soziokognitive Kompetenzen angeht und schließlich das soziale Stützsystem des Elternhauses ist.

Tab. 3.6: Prädiktion von Rauchen mit Alkoholkonsum bei 15jährigen Mädchen und Jungen nach Blöcken von Prädiktoren

	Rauchen		Alkoholkonsum	
	%SSQ Mädchen	%SSQ Jungen	%SSQ Mädchen	%SSQ Jungen
Schulische Situation (Schulform, Noten, Leistungsbereitschaft)	25.70	21.70	9.40	12.70
Soziale Situation (Beliebtheit, Geltung, Beteiligung an schulischer Mitbestimmung, Kirchenbindung,Geld verdienen)	8.30	7.32	1.89	3.68
Persönliche Ressourcen (Soziokognitive Kompetenz, Ich-Stärke)	3.72	8.41	3.06	1.16
Soziale Ressourcen (Nähe zu den Eltern, feste Aufgaben zu Hause)	9.46	11.41	6.56	4.33

%SSQ: Der durch die einzelnen Prädiktoren aufgeklärte Anteil an Varianz des Rauchens.

Das Ergebnis ist wieder sehr deutlich: Alle Variablenblöcke hängen hochsignifikant mit der Prävalenz des Rauchens zusammen; am stärksten ist dies wieder bei der schulischen Situation der Fall. 23% der Varianz können zusammen durch Schulform, Noten und die Internalisierung von Leistungserwartungen aufgeklärt werden. Die verschiedenen Indikatoren der sozialen Situation klären ca. 7% der Varianz des Rauchens auf. Sie liegen aber alle in der Richtung, daß eine intensivere soziale Aktivität stärker mit Rauchen verbunden ist.

In ähnlicher Größenordnung liegt der Einfluß der persönlichen Ressourcen, was die soziokognitive Kompetenzen und das Selbstvertrauen betrifft. Schließlich sei die zweitwichtigste Faktorengruppe erwähnt: die Qualität der familiären Einbettung des Adoleszenten, die ca. 10% der Varianz des Rauchens aufzuklären vermag.

Was hier in der Form von Regressionsanalysen relativ wenig anschaulich versucht wurde, können wir mit Hilfe eines vereinfachten Verfahrens, nach dem die Prozentsätze des Rauchens bzw. des Trinkens auf der Grundlage dichotomisierter Prädiktoren vorhergesagt werden, nochmals illustrieren. Dabei kommt in anschaulicher Weise das Modell der Problembewältigung und der dabei hilfreichen sozialen und personalen Ressourcen zum Tragen. Die Basisvorstellung ist die, daß die Lebenssituation eines Heranwachsenden eine unterschiedlich belastende Konstellation darstellen kann. Wer in der Schule gut ist, erfährt von dieser Seite z.B. wenig Entwicklungs- und Veränderungsdruck. Mit einem anderen Bedeutungsgehalt trifft dies auch für die soziale Einbettung, z.B. im Klassenverband zu. Wer hier eine herausgehoben positive Position einnimmt, der lebt ebenfalls im Einverständnis mit einem zentralen Bedürfnis dieser Lebenpshase Adoleszenz. Objektive Lebenskonstellationen müssen aber immer subjektiv interpretiert, bewertet und gewichtet werden. Dies kann nun in problemverschärfender oder in problemerleichtender Weise geschehen. Entscheidende Einflußquellen für den einen oder anderen Weg schienen uns die personalen und sozialen Ressourcen zu sein. Personale Ressourcen sehen wir vor allem in der aus Erfolgserfahrungen in der Kindheit resultierenden Ich-Stärke. Zuversicht und Zutrauen, Probleme bewältigen zu können, sind in hohem Maße dafür bedeutsam, daß Aufgaben angegangen werden und daß trotz Hindernissen und Schwierigkeiten durchgehalten wird (s. die "self-efficacy"-Forschung von BANDURA, 1986). Als besonders wichtige soziale Ressource betrachten wir das elterliche Stützsystem, das dann als wirksam angesehen wird, wenn es sich im Bewußtsein der immer gegenwärtigen Hilfsmöglichkeiten durch die Eltern niedergeschlagen hat.

Dieses Modelldenken haben wir auf einfache Weise umgesetzt. Im Kern wollten wir wissen, wie sich die Lebenssituation am Ende der Kindheit auf die Inititiationsprozesse in Risikoverhalten auswirkt. Schützt eine glückliche und erfolgreiche Kindheit vor Risiken in der Adoleszenz? Dieser Frage sind wir dadurch nähergetreten, daß wir Problem- oder Glückskonstellationen am Ende der Kindheit (im 12. Lebensjahr) jeweils in positive und negative Zustände eingeteilt haben (s. für die Gruppenbildung Tab. 3.7).[19]

Tab. 3.7: Definition und Verteilung der Prädiktoren von Risikoverhalten

Prozent der jeweiligen Gesamtverteilung

	Ausprägungen	12jährige
		%
Schulerfolg:	(-) schlecht (10 - 15)	45
(Notensumme Deutsch, Mathematik, Englisch)	(+) gut (5 - 8)	36
Geltungsstatus:	(-) niedrig (0)	40
(Anzahl soziometrischer Wahlen)	(+) hoch (3 - 94)	28
Ich-Stärke:	(-) niedrig (0 - 7)	65
	(+) hoch (8 - 10)	35
Elterliches Stützsystem:	(-) schwach (2 - 11)	38
	(+) stark (14 - 20)	40

[19] Bei der Gruppenbildung haben wir versucht, Trichotomisierungen vorzunehmen. Dabei sollten aus Gründen der Übersichtlichkeit nur die oberen und unteren Drittel jeweils in die Analyse aufgenommen werden. Da einzelne Kategorien jeweils stark besetzt waren, ergeben sich keine exakten "Drittel". Beim Selbstvertrauen mußten wir eine Dichotomisierung vornehmen, um adäquate Besetzungen der Zellen mit "schwachem elterlichen Stützsystem" sicher zu stellen.

Von dieser Ausgangsbasis wird dann untersucht, ob sich Prognosemöglichkeiten zum Risikoverhalten im Alter von 15 Jahren ergeben. Wir hätten selbstverständlich die Möglichkeit, dies für alle Jahre entweder prognostisch oder simultan (z.B. Lebenssituationen und Ressourcen der 16jährigen und Risikoverhalten der 16jährigen) zu rechnen - was auch geschehen ist. Um die Darstellung übersichtlich zu halten, soll aber nur auf die Vorhersage des Verhaltens 15jähriger auf der Basis der Situation im Alter von 12 Jahren eingegangen werden. Andere Analysen bestätigen und verstärken manchmal die dabei gefundenen Ergebnisse, was an geeigneter Stelle im Text begleitend erwähnt werden soll. Die Ergebnisse einer solchen Auswertung (s. Tab. 3.8 und 3.9) machen sichtbar, wie wichtig es ist, die Situation von Mädchen und Jungen getrennt zu betrachten und gleichzeitig jeweils die Notenstruktur im Zusammenhang mit dem sozialen Geltungsstatus zu sehen. Die Haupttendenzen können hier so zusammengefaßt werden:

1. Zur Bedeutung der Noten und des Geltungsstatus: Obwohl immer Schüler mit einem hohem Geltungsstatus mehr rauchen als solche mit einem niedrigen und Schüler mit guten Noten weniger rauchen als solche mit schlechten, ergeben sich ausgeprägte Problemgruppen: bei den *Mädchen* sind es insbesondere jene *mit schlechten Noten und einem hohen Geltungsstatus*. Sind die Mädchen mit 12 Jahren in dieser Situation, dann rauchen von diesen mit 15 Jahren 45%. Haben Mädchen gute Noten und einen niedrigen Geltungsstatus, dann rauchen sie nur zu 15%.

2. Für die Jungen ist besonders auffällig, daß sie in der Situation, in der Mädchen besonders viel rauchen, zur Problemgruppe des Alkoholkonsums gehören. Haben sie mit 12 Jahren schlechte Noten, aber einen hohen Geltungsstatus, dann trinken von diesen mit 15 bereits 20% täglich Alkohol. Im gegesätzlichen Fall trinkt ein einziger Junge täglich Alkohol.

Tab. 3.8: Prädiktion von Rauchen und Alkoholkonsum bei 15jährigen auf der Grundlage von Informationen (Noten, Geltungsstatus) mit 12 Jahren

Prozentangaben; + , - : Erklärung siehe Tab. 3.7

Im Alter von 12 Jahren	Noten	Geltung	N	Im Alter von 15 Jahren Rauchen: nie	regelmässig (tägl. mehr als 3-5 mal)	Alkoholkonsum: nie	täglich
Mädchen	+	+	153	24	23	22	4
	+	-	106	26	15	36	7
	-	+	63	3 **	45	13	13
	-	-	176	18	20	26	6
Jungen	+	+	136	34	21	19 *	6
	+	-	63	49	5	37	0
	-	+	113	11	30	13	20
	-	-	173	17	18	24	12

Tab. 3.9: Prädiktion von Rauchen und Alkoholkonsum bei 15jährigen auf der Grundlage von Informationen (elterliches Stützsystem, Ich-Stärke) mit 12 Jahren

Prozentangaben; + , - : Erklärung siehe Tab. 3.7

Im Alter von 12 Jahren	Elternbeziehung	Ich-Stärke	N	Im Alter von 15 Jahren Rauchen: nie	regelmässig (tägl. mehr als 3-5 mal)	Alkoholkonsum: nie	täglich
Mädchen	+	+	122	24	16	27	3
	+	-	141	20	18	32	3
	-	+	23	17	13	22	13
	-	-	170	14	34	21	6
Jungen	+	+	138	29	15	26	5
	+	-	82	37	15	26	4
	-	+	43	21	30	23	19
	-	-	128	16	32	18	14

Diese Zusammenhänge wiederholen sich bei der Gleichzeitigkeitsanalyse, sie verschärfen sich aber insbesondere beim Rauchen. Mädchen mit schlechten Noten und einem hohen Geltungsstatus rauchen zu 56%, Mädchen mit guten Noten und einem niedrigen Geltungsstatus nur zu 8%.

3. Wenn man nun die protektiven Faktoren wie "elterliches Stützsystem" und "Ich-Stärke" am Ende der Kindheit analysiert, dann ergeben sich ebenfalls deutliche Unterschiede im Risikoverhalten. Mädchen mit einer positiven Eltern-Beziehung und einer soliden Ich-Stärke rauchen mit 15 nur zu 16%, solche, bei denen diese Ressourcen schwach ausgeprägt sind, zu 34%. Ähnlich sehen die Verhältnisse bei Jungen aus. Insgesamt ist jedoch die Elternbeziehung wichtiger als das Selbstvertrauen.
4. Bei der Analyse der entsprechenden Entwicklungen bei Jungen ergibt sich wieder eine Problemgruppe beim Alkoholkonsum: Jungen mit problematischen Elternbeziehungen, aber einer hohen Ich-Stärke. Tendenziell ist dies auch bei den Mädchen der Fall.
5. Bei der Gleichzeitigkeitsanalyse (ohne Tab.) verschärfen sich wiederum die Zusammenhänge, es taucht aber noch markanter eine Problemgruppe des Alkoholkonsums auf: es sind dies Jungen mit negativen Elternbeziehungen und eine eher schwachen Ich-Stärke.

Damit finden wir insgesamt die These bestätigt, daß Rauchen und auch - in diesem Alter zwar weniger ausgeprägt - Alkoholkonsum in die allgemeine Lebenssituation der Jugendlichen eingebettet ist. Ein guter schulischer Leistungsstand, eine stabile familiäre Situation und ein unproblematisches Selbstvertrauen schützen vor Anfälligkeiten.

Mehrere Indikatoren verweisen darauf, daß Raucher einen anderen Weg der eigenen Selbststabilisierung als den über die Bewährung im schulischen Erfolgssystem und im Rahmen der familiären Situation suchen. Sie sind stärker an der Altersgruppe orientiert, sie sind intensiver und früher am anderen Geschlecht interessiert, ihre soziale Geltung und Beliebtheit ist ihnen wichtiger und sie beteiligen sich häufiger an Ansehen verschaffenden Aktivitäten, z.B. im Kontext der schulischen Mitbestimmung. Problematische Prädispositionen aus der Kindheit und weniger stabile und glückliche soziale Einbettungen im Elternhaus, der Schule und der Altersgruppe wirken mit konkreten Präferenzen für außerfamiliäre Settings und soziale Kontakte, die wiederum erhöhte Angebote und Gelegenheiten für Rauchen schaffen, zusammen. Diese erhöhten Angebote und Verführungen stehen im Zusammenhang mit kulturellen Images von Selbstdarstellungen und von attraktivem

Leben, für die Kinder je nach ihrer Lebensgeschichte und Lebenssituation unterschiedlich empfänglich sind.

Es bewährt sich somit auch eine Integration verschiedener theoretischer Modelle:

- Das *Coping-Modell* ist wichtig, weil es die Matrix der Erfolgschancen und Erfolgsschwierigkeiten sowie der Entwicklungsbelastungen in der Lebenslage eines Heranwachsenden indizieren hilft und Hinweise enthält, wie mit Belastungen bewältigungsstrategisch oder verteidigungsstrategisch umgegangen wird.
- Die *Theorie der Selbstpräsentation* (ELKIND, 1980) und des "öffentlichen Selbstbildes" ist wichtig, weil sie deutlich macht, daß sozial attraktive Symbole gesucht werden, um sich vor einem imaginären Publikum selbst darzustellen. Das neue "imaginäre Publikum" in der Adoleszenz bildet die Altersgruppe, sehr häufig die noch distanzierte Gruppe des anderen Geschlechtes.
- Die Theorie der Selbstpräsentation vor einem gedachten Publikum läßt sich gut mit jener der Gewinnung von *Kontrolle und der Stabilisierung einer positiven Selbsteinschätzung* verbinden. Risikoverhalten kann dann als Versuch interpretiert werden, angesichts versperrter Erfolgswege neue Formen der symbolischen Selbsterhöhung zu suchen.
- Auf dieser Grundlage sind verschiedene theoretische Modelle entwickelt worden, die die lebensweltlichen Orientierungen der Heranwachsenden erklären können. Die *Theorie des sozialen Lernens*, die besonders den Modelleinfluß und den situativen Einfluß (Settings) von Altersgleichen[20]

---

[20] Eine Hauptsorge vieler Erzieher im Rahmen der Diskussion um die geheimen Miterzieher besteht darin, daß in der Altersgruppe die wichtigsten Verführer zum Rauchen gesehen werden. Dies ist in der Forschung auch vielfach belegt (s. KANDEL, 1986) worden. Wir können dieser Frage in einer besonderen Variante nachgehen: in der Frage, ob der Sachverhalt, daß in der Schulklasse Rauchen mit sozialer Geltung und sozialer Beliebtheit zusammenhängt, einen Ansteckungseffekt auf die ganze Klasse hat. Wir können Beziehungen der folgenden Art herstellen: Gibt es Zusammenhänge zwischen der Geltungsrelevanz und Beliebtheitsrelevanz von Rauchen in einer Schulklasse mit dem absoluten Niveau des Rauchens in einer Schulklasse? Wir haben entsprechende Analysen für alle Jahrgänge durchgeführt und kommen zum folgenden Ergebnis: Es gibt keine sehr stringenten und systematischen Zusammenhänge. Weder in früheren Erhebungen, in denen wir dieser Frage schon nachgehen konnten, haben sich Beziehungen gezeigt, noch in neueren Untersuchungen. Lediglich ein Sachverhalt ist auffallend: Bei den 13jährigen ergeben sich entsprechende Zusammenhänge in Hauptschulen und integrierten Gesamtschulen, aber nicht in Realschulen und Gymnasien. Es könnte also sein, daß das entsprechende Einflußpotential der schulischen Altersgruppe nach Jahrgängen und Schulformen variiert. Es scheint aber so zu sein, daß eine Schulklasse durch eine entsprechende Aufklärung sehr gut gegen diese Wirkungszusammenhänge zu immunisieren ist. Selbstverständlich müßte der Frage noch genauer nachgegangen werden, ob z.B. außerschulische Freundschaften, insbesondere solche mit dem anderen Geschlecht, wenn etwa Mädchen einen älteren männlichen Freund haben, zur Induktion von Rauchverhalten führen. Auf den Einfluß von Kontextnormen verweist der Sachverhalt, daß die Intensität des Rauchens *schulspezifisch* signifikant variiert (s. FEND &

betont, geht davon aus, daß eine unterschiedliche Prädisposition besteht, die Kongruenz mit Altersgleichen zu maximieren. Damit wird eine Prädisposition untersucht, sich Freunde zu wählen, die einem ähnlich sind bzw. denen man ähnlich werden möchte. (Selektion und Sozialisation). Besonders Mädchen, die Kontakt mit älteren Freunden haben, welche dann rauchen, sind dafür sehr prädisponiert.

- Schließlich erweist sich das soziale Stützsystem der Familie[21], die Wirklichkeit definierende und Werte übertragende Macht des Elternhauses als sehr wichtig. Entscheidend ist hier, ob es Eltern gelingt, im Rahmen eines positiven Beziehungsverhältnisses ihre Kinder an die langwierigen und aufwendigen Pfade schulischer Erfolgssuche zu binden.[22]

3.2.3 "Erfahrene" und "Unerfahrene" in Kontakten zum anderen Geschlecht: Zur Bewältigung einer zentralen altersspezifischen Entwicklungsaufgabe in der Adoleszenz

Wir haben uns deshalb im letzten Abschnitt so ausführlich mit dem Rauchen beschäftigt, weil uns die frühe oder späte Initiation in dieses Verhalten para-

---

SCHRÖER, 1985). Es gibt Schulen, in denen nur 6% der Schüler rauchen und solche, in denen dies 56% tun.

21 Teils zur Illustration, teils als Erweiterung sollen hier einige zusätzliche Ergebnisse von Detailanalysen berichtet werden, die auf die hohe protektive Bedeutung des Elternhauses verweisen. Wenn wir bei den 15-jährigen die Elterninformationen über die Freizeitintensität mit ihren Kindern heranziehen und gleichzeitig die Wahrnehmung eines positiven Stützsystems von seiten der Jugendlichen berücksichtigen, dann ergeben sich wieder extrem unterschiedliche Gefährdungen. Wenn Eltern *viel Freizeit* mit ihren Kindern verbringen und das *Eltern-Kind-Verhältnis aus der Sicht der Jugendlichen* gut ist, dann rauchen nur 3,6%. Im gegenteiligen Fall ist dies bei 33% der Jugendlichen der Fall. Wenn wir diese Analyse noch getrennt für Jungen und Mädchen durchführen, dann extremisieren sich die Unterschiede nochmals. Unter den männlichen Jugendlichen, die von guten Beziehungen zu den Eltern berichten und viel Freizeit gemeinsam mit ihnen verbringen, *raucht kein einziger*. Bei den Mädchen, die in der ungünstigsten Situation sind, tun dies ca. 40%.
Die Elternuntersuchung erlaubt eine weitere Analyse, die Aufschluß über die familiären Hintergründe des Rauchens gibt. Eltern, die "rauchende Kinder" haben, leben stärker in Dissens mit ihnen und ihre Kontrollverlustangst, also ihre Furcht, ihr Kind könnte in schlechte Bahnen und Kreise geraten, ist größer. Erwartungsgemäß haben sie weniger Wünsche an Selbständigkeit und außerhäusliche Aktivitäten ihrer Kinder als Eltern, deren Kinder nicht rauchen. Wieder ist hier ein geschlechtsspezifischer Effekt interessant: Besonders bei den 13jährigen Jugendlichen ist die Besorgnis der Eltern bei den Mädchen deutlich ausgeprägter als bei den Jungen, wenn ihre Heranwachsenden rauchen.
Ob Eltern selber geraucht haben, ist nicht erhoben worden. Untersuchungen dazu (s. NIEDERBERGER, 1987, 78ff.) zeigen eine mässige Modellierung, die von der der Geschwister und Peers weit übertroffen wird.

22 Auf ähnliche Weise könnte man die steigende Bekanntschaft mit Alkohol analysieren. Generell zeigt sich dabei ein ähnliches Prädiktionsmuster wie beim Rauchen, das allerdings wesentlich weniger ausgeprägt ist. Die schulische Situation erklärt ca. 11% der Varianz, die soziale Situation 2,1%, die persönlichen Ressourcen 1,8% und die elterliche Situation 5,2%.

digmatisch für bestimmte Verlaufsprozesse der Adoleszenz zu sein schien. Es gibt offensichtlich ein Syndrom von früher körperlicher Entwicklung, Frühinitiation in Rauchen und Alkoholkonsum und von früher Unabhängigkeit vom Elternhaus, das einen Entwicklungspfad indiziert, der aus langfristigen und hohen Leistungsforderungen herausführt und über frühe Altersgruppenbindungen und soziale Erfolge beim anderen Geschlecht eine persönliche Selbstdarstellung und Stabilisierung anstrebt. Auf der Suche nach adoleszenten Entwicklungspfaden, die sich durch das gesamte Projekt zur "Frühadoleszenz" zieht, haben wir damit erste empirische Belege für mögliche Risikoentwicklungen gefunden. Letztere sehen wir aber sowohl bei einem zu langen Verbleiben in der behüteten Atmosphäre des Elternhauses, welches im Extremfall zum Aufwachsen "ohne Altersgruppe" führen kann, als auch bei einer forcierten Deidentifikation mit langfristigen Leistungsanforderungen und frühzeitigen Orientierungen an unmittelbaren Befriedigungsmöglichkeiten durch Konsum und legale oder illegale Drogen.

Wer Frühentwicklung und Spätentwicklung in der Adoleszenz untersucht, der würde sich dem Vorwurf aussetzen, gerade die altersspezifischen Eigenarten zu übersehen, wenn er nicht zumindest in Ansätzen der Frage nachgehen würde, wie sich diese im Bereich des *Aufbaus gegengeschlechtlicher Kontakte* darstellen. Freundschaften zum anderen Geschlecht sind entwicklungsstrategisch bedeutsame Ereignisse, die wichtige Einschnitte im Prozeß des "Abstreifens der Kindheit" markieren.

Die hier berichtete Bestandsaufnahme des "Fortschrittes" und der "Qualität" von Freundschaften mit dem anderen Geschlecht bei 16- bis 17jährigen Jungen und Mädchen muß auf dem Hintergrund von zwei Forschungsrichtungen gesehen werden:

1. Die erste besteht in den Untersuchungen zu *sozialhistorischen Entwicklungen* des Sexualverhaltens der heranwachsenden Generationen. Die größere Liberalisierung, insbesondere der Abbau negativer Sanktionen im Zusammenhang mit vorehelichem Geschlechtsverkehr, ist für die letzten Jahrzehnte gut dokumentiert (s. FEND, 1988). In bezug auf das tatsächliche Sexualverhalten junger Generationen in verschiedenen historischen Epochen dieses Jahrhunderts haben wir weniger gute Unterlagen. Die wichtigste dazu belegt für die letzten 20 Jahre, daß 16- bis 17jährige Mädchen heute etwa den gleichen heterosexuellen Erfahrungsstand haben wie vor 20 Jahren 20jährige Studentinnen (s. CLEMENT, 1986). Wir wissen aber auch, wie sich die "Erfolgsquoten" von festen Beziehungen und von Ehen in diesem Jahrhundert verändert haben. Die Scheidungs-

zahlen belegen, daß heute etwa jede dritte Ehe geschieden wird. Scheidung ist aber auch nur ein sehr grober Indikator dafür, wie "unglücklich" und wie "unerfüllt" eine Zweierbeziehung auf Dauer ist. Die Forschung zur "Ehezufriedenheit" könnte hier Aufschluß geben. Es darf aber vermutet werden, daß die Erfolgsquote einer lebenslangen glücklichen Zweierbeziehung zwischen einem Drittel und der Hälfte aller festen "Kontakte", die am Ende der Adoleszenz und am Beginn des jungen Erwachsenenalters geschlossen werden, liegt.

2. Im Rahmen der *entwicklungspsychologischen Forschung* wird die Partnerwahl als ein sich in der Regel stufenförmig entwickelnder Prozeß verstanden, der sowohl in die gesamte Persönlichkeitsentwicklung als auch in die lebensweltlichen Umstände eines Heranwachsenden eingebettet ist (s. für eine knappe Übersicht MUUSS, 1982, 87 ff.).

Wie alle Entwicklungen in der Adoleszenz, so hat auch die Annäherung der Geschlechter ihre Vorläufer in früheren Lebensphasen. Es ist ein langer Weg von der frühen Mutterbindung bis zu reifen sozialen Beziehungen zu andersgeschlechtlichen Partnern. Immer intensiver hat sich die Forschung in den letzten Jahren mit diesem Prozeß beschäftigt (s. z.B. DAMON, 1983).

Für den Aufbau von Kontakten mit dem anderen Geschlecht ist besonders eine Untersuchung interessant, die bereits am Ende der 50er Jahre von DUNPHY in Australien durchgeführt wurde (s. DUNPHY, 1963). DUNPHY hat sich mit der Entwicklung von Schulcliquen beschäftigt, wobei ihn besonders die Frage interessiert hat, wie aus den streng geschlechtsgetrennten Cliquen der Grundschulzeit immer häufiger Zweierbeziehungen gegengeschlechtlicher Art am Ende der Pflichtschulzeit entstehen.

Aus dieser Untersuchung ist das viel zitierte Stufenmodell (Abb. 3.14) zu diesem Prozeß hervorgegangen, das auch hier wiedergegeben werden soll (s. DAMON, 1983, 258, s. MUUSS, 1982).

Abb. 3.14: Stufenmodell der Gruppenentwicklung in der Adoleszenz

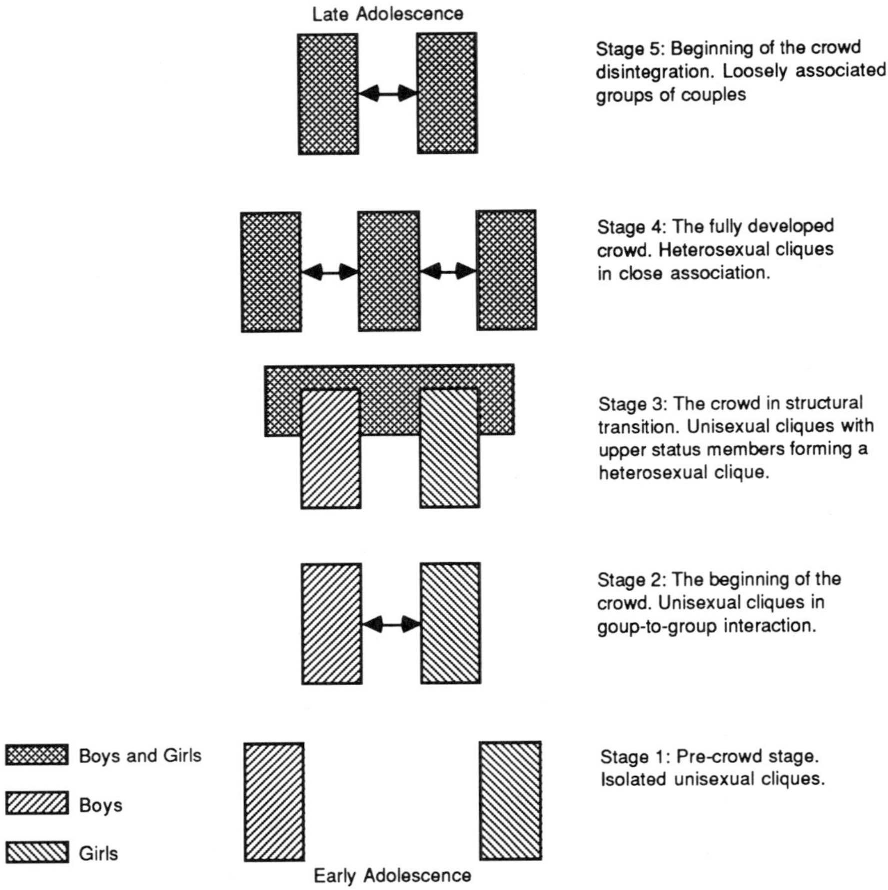

Aus DUNPHY, 1963, 26

Auf der ersten Stufe gehören die Heranwachsenden einer geschlechtshomogenen Gruppe an, die noch nicht stark nach Cliquen strukturiert ist. Auf einer zweiten Stufe entstehen stärker Cliquen, die miteinander interagieren. Die Cliquen umfassende Einheit nennt DUNPHY die "Crowd", unter der er den losen Verband von 15 bis 30 Jugendlichen versteht. Unter den 303 untersuchten Personen fand er 12 Crowds (Durchschnittsgröße ca. 20). Innerhalb dieser Crowds fanden sich dann Cliquen, die in der Regel eine Größenordnung von 6 Personen hatten. Interessant ist nun die dritte Stufe, auf der die *statushohen* Mitglieder der einzelnen Cliquen gegengeschlechtliche Beziehungen aufzunehmen beginnen. Nach diesem Übergangsstadium entsteht dann die geschlechtsheterogene Clique, die sich auf einer fünften Stufe in Gruppen lose verbundener Paare aufzulösen beginnt.

Hier wird deutlich, wie Heranwachsende sich zuerst in der Schutzzone geschlechtshomogener Gruppen aufhalten, dann sehr viele "uneigentliche" und "versuchsweise" Kontakte zum anderen Geschlecht aufbauen, in diesen Annäherungsversuchen wieder die Unterstützung ihrer eigenen Clique suchen, um schließlich den Schritt in die Paarbeziehung zu wagen.

Dabei müssen wir uns jeweils bewußt sein, welche unterschiedliche *Bedeutung* die Beziehungswahrnehmung, "einen festen Freund bzw. eine feste Freundin zu haben", haben kann. Viele Beziehungen sind in diesem Alter noch sehr experimenteller Natur, sie sind stark von Phantasien geprägt, sie haben häufig einen uneigentlichen Charakter. Es würde sich lohnen, dem in einer eigenen Untersuchung nachzugehen (s. z.B. DAMON, 1983, 260ff.). Dabei wäre sicher nicht nur das soziokognitive Niveau der Freundschaftsvorstellungen zu beachten, sondern es wären auch jene psychodynamischen und sozialstrategischen Aspekte (s. ELKIND, 1980) einzubeziehen, die daraus resultieren, daß die Aufnahme gegengeschlechtlicher Kontakte ein so "riskantes Unternehmen" ist, daß viele Sicherungen, Rückzugsmöglichkeiten und öffentliche Verschleierungsstrategien eingebaut werden. "Riskant" ist dieses "Unternehmen" deshalb, weil "Mißerfolg" bedeuten kann, nicht "attraktiv" zu sein, potentiell "nichts wert zu sein" und dies "veröffentlicht" zu bekommen.

Auf diesem sozialgeschichtlichen und entwicklungspsychologischen Hintergrund soll hier über "Normalität" und interindividuelle Variation der gegengeschlechtlichen Freundschaftsbildungen als Teilprozeß des Selbständigwerdens und der Autonomiegewinnung berichtet werden. Darin kommt auch die "Bewältigung" einer zentralen altersspezifischen Entwicklungsaufgabe zum Ausdruck.

1. Es soll in einem ersten Anlauf ein Überblick darüber gegeben werden, wie der "Erfahrungsstand" und die "Beziehungsqualität" von gegengeschlechtlichen Freundschaften bei 16- bis 17jährigen Jungen und Mädchen aussieht. Wir werden es aber insofern mit einer ausgelesenen Stichprobe zu tun haben, als wir dazu nur solche Jugendliche erfassen konnten, die im 10. Schuljahr noch im allgemeinbildenden Schulsystem waren. Dadurch fallen "Problemgruppen", wie wir sie in Hauptschulen teilweise gefunden haben, weitgehend weg.

2. In welchem Ausmaß der Erfahrungsstand und die Beziehungsqualität nach sozialökologischen Merkmalen variieren, wird uns in einem nächsten Schritt beschäftigen.
3. In einer weiteren Annäherung an den Versuch, den "Erfahrungsstand" von Adoleszenten in ihre Persönlichkeitsentwicklung einzubetten, werden wir die entsprechenden Persönlichkeitsprofile und Freizeitkulturen von sehr erfahrenen und weniger erfahrenen Jugendlichen vergleichen.
4. Da es bei den 16jährigen eine große interindividuelle Variationsbreite von "Erfahrenen" und "Unerfahrenen", von "Frühen" und "Späten" gibt, muß sich unsere Aufmerksamkeit auf die Vorhersage des jeweiligen Entwicklungsstandes richten. Wir gehen dabei analog zur Analyse des Rauchens und Alkohohlkonsums vor, allerdings von folgenden inhaltlichen Erwartungen geleitet:
   - Je positiver die Integration in die familiäre Umwelt ist, je harmonischer das Verhältnis zu den Eltern ist, umso später lösen sich Heranwachsende aus diesem Beziehungsnetz und umso später nehmen sie gegengeschlechtliche Freundschaften auf.
   - Je höher die Ich-Stärke ist, um so früher nehmen Heranwachsende gegengeschlechtliche Beziehungen auf.
   - Je größer die Belastungen in der Lebenswelt von Heranwachsenden sind, insbesondere im Bereich der schulischen Leistungen und der familiären Konflikte (z.B. bei Scheidungen), umso früher streben Heranwachsende eine Stabilisierung des eigenen Selbst in gegengeschlechtlichen Freundschaften an.
   - Frühe Freundschaften mit dem anderen Geschlecht nehmen jene Adoleszenten auf, die vorher gut und statushoch in die Peergroup integriert waren.
   - Der Grad der Früherfahrung in gegengeschlechtlichen Beziehungen ist ein Teil des allgemeinen Prozesses, früh erwachsen zu werden und selbständig an den Privilegien der Erwachsenen teilzuhaben.

3.2.3.1 Zur Erfassung der gegengeschlechtlichen Beziehungen

Bei den 16- bis 17jährigen Jungen und Mädchen, die noch im allgemeinbildenden Schulsystem des 10. Schuljahres sind, haben wir sowohl das "Erfahrungsausmaß" als auch die "Beziehungsqualität" mit den in Tab 3.10 enthaltenen Fragen zu erfassen versucht.[23]

[23] Die Fragen wurden jeweils in getrennten Fragebogenheften für Mädchen und Jungen gestellt.

Tab. 3.10: Erfahrungen von Jungen und Mädchen mit 16 Jahren

N =1646

Prozentangaben, **: 1%-Signifikanz nach Chi^2-Test

"Erfahrungsausmaß"	Mädchen		Jungen
Gegenwärtige Freundschaften: Manche Mädchen (Jungen) in Deinem Alter haben schon Erfahrung mit Jungen (Mädchen), andere glauben nicht, daß das schon wichtig ist.			
- Ich habe zur Zeit eine feste Freundschaft mit einem Jungen (Mädchen);	41		24
- ich habe zur Zeit lockere Bekanntschaft mit einem oder mehreren Jungen (Mädchen);	41	**	56
- ich habe zur Zeit keine Freundschaft mit einem Jungen (Mädchen).	18		21
Hattest Du schon früher einmal eine(n) festen Freund(in)?			
- Nein;	33		33
- ja einmal;	35	**	22
- ja schon mehrmals	33		45
Wie lange dauerte Deine bisher längste Freundschaft mit einem Jungen (Mädchen)?			
- Weniger als ein Monat;	17		23
- ein Monat bis ein halbes Jahr;	34		35
- ein halbes Jahr bis ein Jahr;	21		21
- länger als ein Jahr.	28		21

"Beziehungsqualität"	Mädchen		Jungen
Wie würdest Du die Beziehung beschreiben die Du jetzt zu Deinem Freund (Freundin) hast?			
- Ich fühle mich sehr wohl in der Beziehung und finde es interessant;	57		54
- ich fühle mich meistens recht wohl in der Beziehung;	18		31
- mal fühle ich mich wohl, mal finde ich es schwierig mit meinem Freund (Freundin);	20	**	14
- ich fühle mich nicht mehr so wohl, es gibt oft Schwierigkeiten zwischen uns;	5		2
- ich fühle mich gar nicht mehr wohl, wir streiten uns ständig.	1		0
Zukunft: Dauer der jetzigen Freundschaft Wie lange glaubst Du, wird Deine jetzige Freundschaft dauern?			
- Vielleicht das ganze Leben;	20		15
- für lange Zeit,	32		29
- das ist noch völlig offen;	41		48
- ich schwanke in dieser Frage von Tag zu Tag;	4		4
- wahrscheinlich nicht mehr lange.	3		4
Wie lange meint Dein(e) Freund(in), wird Eure Beziehung halten?			
- Er (sie) meint, vielleicht das ganze Leben;	31		18
- er (sie) meint, sicher für lange Zeit;	39		39
- das ist für ihn (sie) noch völlig offen;	28	**	40
- er (sie) schwankt in dieser Frage vonTag zu Tag;	1		2
- er (sie) meint, wahrscheinlich nicht mehr lange.	2		1
Dauer der jetzigen Freundschaft: Wie lange bist Du schon mit Deinem jetzigen Freund (Freundin) fest befreundet?			
- Weniger als ein Monat;	18		28
- Monat bis halbes Jahr;	28		39
- halbes Jahr;	23		19
- länger als ein Jahr.	31		19

Zusätzlich haben wir das *Interesse* an gegengeschlechtlichen Freundschaften und die eigene Unsicherheit bzw. *Kompetenz*, solche Freundschaften auch aufzunehmen, erfaßt (s. Tab. 3.11):

Tab. 3.11: Interesse an gegengeschlechtlichen Freundschaften und Kompetenzbewußtsein

N = 1646, Prozentangaben

	% Zustimmung für Mädchen	Jungen
Was sind *Deine eigenen Meinungen* und Erfahrungen zum Thema "Freundschaft mit Jungen (Mädchen)"?		
- Ich fühle mich zu jung für eine feste Beziehung.	13	10
- Ich interessierte mich noch nicht so sehr für Mädchen (Jungen).	8	6
- In meinem Alter kann man sich ruhig noch etwas Zeit lassen mit festen Freundschaften.	51	44
- Andere Dinge sind mir zur Zeit viel wichtiger als Mädchen (Jungen).	33	34
- Wenn mir ein Mädchen (Junge) gefällt, weiß ich nicht, wie ich es (ihn) als Freund(in) gewinnen kann.	34	34
- Immer, wenn mir ein Mädchen (Junge) gefällt, hat es (er) schon eine(n) an dere(n) Freund(in).	12	18
- Wenn mir ein Mädchen (Junge) gefällt, fürchte ich, daß ich keine Chancen bei ihm (ihr) habe.	36	24
- Wenn mir ein Mädchen (Junge) gefällt, weiß ich nicht, wie ich es anfangen soll, es (ihn) kennenzulernen.	32	32

Mit welchen *Erwartungen an Intimität, an Geborgenheit* aber auch *an Ungebundenheit* gegengeschlechtliche Freundschaften verbunden sind, haben wir durch 2 Skalen zu bestimmen versucht. Sie sollen hier auszugsweise wiedergegeben werden (s. Tab. 3.12). Dabei sticht der Sachverhalt ins Auge, daß die Wahrung der Autonomie gleich bedeutsam ist wie das Finden von Geborgenheit.

Tab. 3.12: Erwartungen an Beziehungen bei 16jährigen

N = 1646, Prozentangaben, **: 1%-Signifikanz nach Chi^2-Test

	% Zustimmung für Mädchen		Jungen
Welche der folgenden Dinge findest du selbst für eine Beziehung mit einem Mädchen (Jungen) wichtig und welche eher unwichtig?			
Ungebundenheitsbedürfnis			
- daß ich keinerlei Verpflichtungen habe,	58		52
- daß ich mich dabei nicht binde,	53		52
- daß man nicht aneinander kleben bleibt,	75	**	66
- daß man in seinem Leben nicht eingeschränkt wird;	88	**	78
Geborgenheitsbedürfnis			
- daß man alles zusammen macht;	45		53
- daß jeder den anderen kennt wie sich selbst;	82		80
daß man weiß, daß man sich immer liebt;	80		75
- daß es keine Geheimnisse zwischen uns beiden gibt;	88	**	80
- daß der (die) Freund(in) toll aussieht;	16	**	54
- daß man Erfahrungen mit Mädchen (Jungen) bekommt.	35	**	51

Schließlich ist die Aufnahme gegengeschlechtlicher Freundschaften eng in die Erwartungen und Normen der Umwelt eingebunden. Insbesondere die eher einschränkenden und kontrollierenden oder Freiheit gewährenden *Erwartungen der Eltern* und die Bedeutung von gegengeschlechtlichen Freundschaften für die *Anerkennung in der Altersgruppe* dürften wichtig sein. Mit den in Tab. 3.13 dokumentierten Fragen haben wir dazu Informationen gewonnen:

Tab. 3.13: Definition von gegengeschlechtlichen Freundschaften in Bezugsgruppen

N = 1646, Prozentangaben

	% Zustimmung für	
	Mädchen	**Jungen**
Zum Thema Freundschaft mit Jungen(Mädchen)		
- Meine Eltern sehen es gerne, wenn ich mich schon ernsthaft für Jungen (Mädchen) interessiere.	2	8
- Meine Eltern überlassen es ganz mir.	70	79
- Meine Eltern meinen, in meinem Alter sollte ich mich noch eher zurückhalten.	19	11
- Meine Eltern sind eher dagegen, daß ich jetzt schon eine(n) Freund(in) habe.	6	2
- Meine Eltern sind strikt dagegen.	3	1
Was denken Deine Freunde (Freundinnen) bzw. die anderen Jungen (Mädchen), mit denen Du häufig zusammen bist über das Thema "Freundschaft mit einem Mädchen (Jungen)"?		
- Wenn man keine Erfahrung mit Mädchen (Jungen)hat, wird man von anderen häufig aufgezogen.	5	15
- Wer eine(n) feste(n) Freund(in) hat, steigt im Ansehen der anderen.	19	28
- Eine(n) feste(n) Freund(i)n zu haben, ist für die meisten meiner Bekannten eine wichtige Sache.	37	43
- Ob man eine(n) Freund(i)n hat oder nicht, ist unter meinen Freunden (Freundinnen) ziemlich unwichtig	77	63
Wieviele Deiner Freundinnen (Freunde) und den Mädchen (Jungen), mit denen Du zusammen bist, haben selbst eine(n) feste(n) Freund(in)?		
- fast alle	17	8
- einige	67	66
- keine	16	26

Es versteht sich von selbst, daß alle diese Fragen jeweils in unterschiedlicher Formulierung für Mädchen und Jungen gestellt werden mußten. Die Antworten darauf belegen, wie selbstverständich in diesem Alter für viele Jugendlichen gegengeschlechtliche Beziehungen schon sind. Nur gut 10% fühlen sich noch zu jung. 70 bis 80% nehmen wahr, daß sie in dieser Frage völlige Freiheit von den Eltern her haben und nur 10 bis 20% berichten, daß in ihrer sozialen Umgebung niemand schon feste Freundschaften hat.

3.2.3.2 Validitätsprobleme

Die entscheidende Frage für die Einschätzung der obigen Informationsgrundlage ist die, wie ernst man die in der Frageformulierung unterstellte Definition "feste Freundschaft" nehmen soll. Was hier als meßtheoretisches Problem erscheint, ist von der Entwicklungspsychologie her gesehen nichts weniger als die Frage, welche Bedeutungszuschreibungen zu Partnerwahlen in der Adoleszenz erfolgen. Dies ist ein sehr komplexer Prozeß, der in mehreren Entwicklungsstufen und mehreren Phasen abläuft (s. DAMON, 1983 und vor allem KÜRN, 1984 und Ch. BÜHLER, 1967). Ihm können wir hier nicht in allen Details nachgehen. Es sei aber festgehalten, daß hier mit "fester Freundschaft" eine Beziehung der beginnenden Exklusivität unterstellt wird. Danach wird eine Person ausgewählt, die wichtiger ist als alle anderen und mit der eine Beziehung eingegangen wird, die potentiell auf Dauer ausgerichtet ist. Gleichzeitig sind mit dieser Beziehung besondere Erwartungen an Anerkennung, Geborgenheit, Gegenseitigkeit und Intimität verbunden. In der ersten Phase ist insbesondere bei der Partnerwahl von männlichen Jugendlichen die äußere Attraktivität von großer Bedeutung, ein Sachverhalt, den wir auch in unseren Untersuchungen bestätigen können. Die größte Differenz zwischen Jungen und Mädchen bei dem, was einem am Partner wichtig ist, ergibt sich in bezug auf die Formulierung: "... daß meine Freundin toll aussieht."

Es ist offensichtlich, daß wir den vielen Einflußfaktoren auf die Bedeutungsverleihung bei gegengeschlechtlichen Freundschaften, die in bezug auf den Partner vorgenommen wird, nicht im einzelnen nachgehen können. Wir müßten dazu die wichtigen psychoanalytischen Untersuchungen zur Objektwahl in der Adoleszenz, zu den verschiedenen Phasen der narzißtischen Projektion bis hin zu reifen Partnerbeziehungen referieren (s. z.B. KAPLAN, 1984). Hier soll uns in einem ersten Schritt lediglich interessieren, ob die Beantwortung der Frage nach festen Freundschaften einem sinnvollen Muster folgt. Dazu haben wir für Mädchen und Jungen getrennt die entsprechenden Selbstdefinitionen der Beziehung zum anderen Geschlecht mit Hilfe des gesamten Indikatorengefüges zur Freundschaftsbildung untersucht (s. Abb. 3.15).

Abb. 3.15: Status und Bedeutung "fester Freundschaften" bei Jungen und Mädchen mit 16 Jahren

Prozentangaben nach Gruppen heute fester und heute lockerer bzw. fehlender Freundschaften

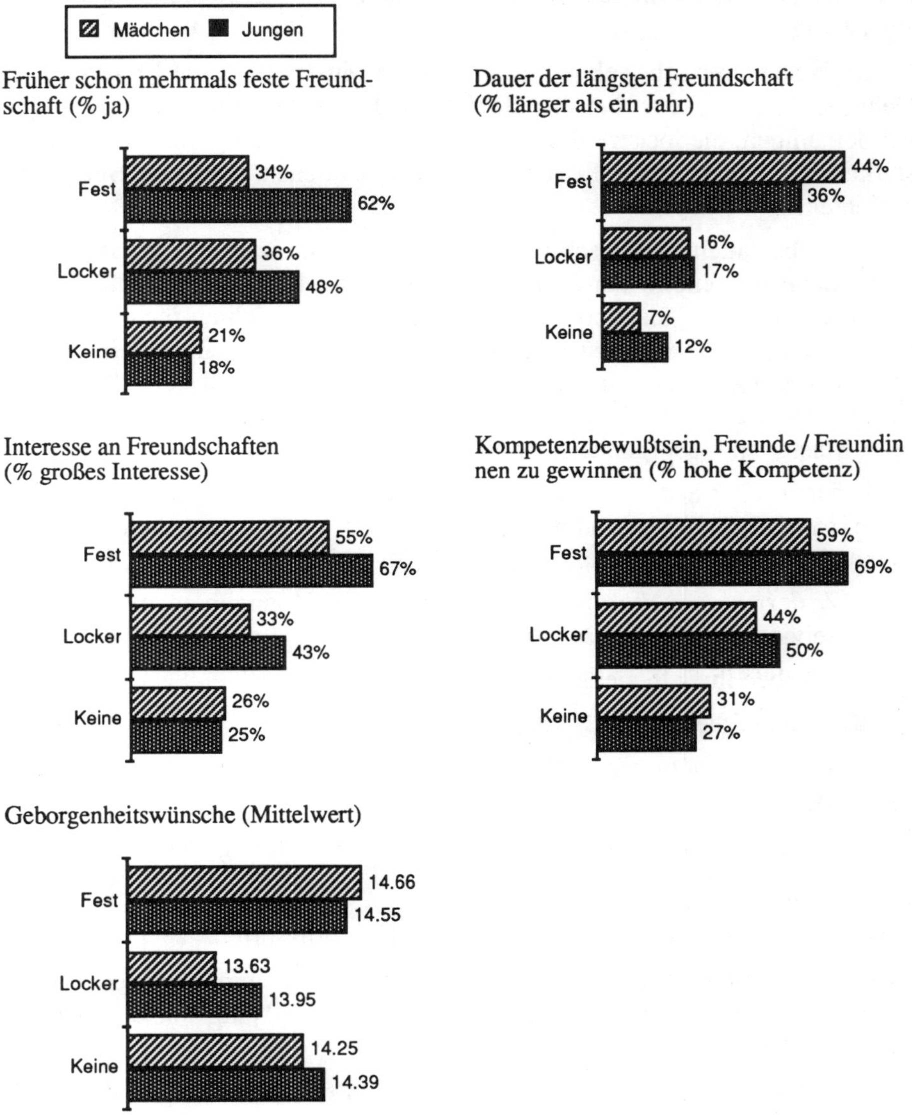

Dabei wird das erwartbare, sehr sinnvolle Muster sichtbar: Wer bereits eine *feste* Freundschaft hat, berichtet solche Erfahrungen auch schon in der Vergangenheit. Wer sich fest gebunden fühlt, der unterstreicht, daß diese Beziehung auch schon relativ lange dauert; wer viele Erfahrungen hat, berichtet zudem ein höheres Interesse an Freundschaften und ein deutlich ausgeprägteres Selbstvertrauen in bezug auf die Aufnahme von gegengeschlechtlichen Beziehungen.

Einem besonderen, aber ebenfalls sinnvollen Muster folgt die Erwartung an Geborgenheit: Diese ist bei den "fest gebundenen" am stärksten ausgeprägt, bei denjenigen, die lockere Bekanntschaften angeben, am geringsten. Wieder stärker entfaltet ist dieses Erwartungsmuster bei denen, die keine Beziehung berichten.

Hier ist aber auch ein Geschlechtsunterschied sehr wichtig, der auf unterschiedliche Akzente in der Bedeutungsverleihung bei Mädchen und Jungen verweist. Mädchen, die sich fest gebunden fühlen, berichten nicht so häufig wie Jungen von vielen wechselnden Kontakten in der Vergangenheit, und sie erwähnen eine längere Bindungsdauer. Sie sind also in dieser Altersphase bereits treuer und auf Dauer eingestellt. Gleichzeitig ist das damit verbundene Muster an Geborgenheitserwartungen ausgeprägter.

Wir können aber auch die festen Beziehungen mit der Beurteilung der *Beziehungsqualität* in Verbindung bringen. Wenn wir dies tun, dann kommen wir zu folgendem Ergebnis:

- 20% derjenigen, die eine "feste Freundschaft" angeben, meinen, daß diese vielleicht *das ganze Leben* dauern wird;
- 34% geben ihrer Beziehung eine lange *Lebensdauer*;
- 40% halten dies noch für völlig offen.

Nach den wahrgenommenen Vorstellungen des Partners sind die Bindungen sogar noch fester:

- 29% nehmen Erwartungen einer lebenslangen Bindung wahr,
- 41% einer sehr langen und
- nur 28% halten dies beim Partner noch für völlig offen.

Zudem halten 80% ihre Beziehung für meistens oder immer sehr erfreulich. Aber fast die Hälfte der "Beziehungen" ist noch sehr "jung", also jünger als ein halbes Jahr.

Es entspricht wiederum den Erwartungen, daß die Beziehungen der Mädchen schon etwas verbindlicheren Charakter haben. Sie selber schätzen die Zukunft ihrer Beziehung längerfristig ein, und vor allem ihre Partner erwarten bereits festere Bindungen. Mädchen nehmen zu 33% lebenslange Bindungswünsche wahr, Jungen nur zu 19%. Gleichzeitig sind ihre Bekanntschaften auch schon älter als die der Jungen. Insgesamt dokumentieren diese Daten für viele 16- bis 17jährigen schon eine *erstaunliche Ernsthaftigkeit gegengeschlechtlicher Kontakte.*

Die obigen Zusammenhänge lassen es auch sinnvoll und solide erscheinen, Typologien von Erfahrungsgraden zu bilden. Wir finden in diesem Alter noch völlig Unerfahrene, wir treffen auf experimentell sich Verhaltende, und wir finden schon viele, die in feste Beziehungsstrukturen eingebunden sind. Die Qualität dieser Beziehungsstrukturen wird uns in einem nächsten Schritt interessieren.

3.2.3.3 Gegengeschlechtliche Freundschaften im sozial-ökologischen Kontext: Die "Normalität" heute und ihre Variation

Hier soll in einem ersten Schritt die deskriptive Frage beantwortet werden, wie häufig mit dem 16. Lebensjahr schon Beziehungen zum anderen Geschlecht, die als "fest" wahrgenommen werden, eingegangen werden. Auf diesem Analyseniveau wäre besonders ein sozialhistorischer Vergleich interessant, um epochale Änderungen in den Mustern gegengeschlechtlicher Freundschaften zu eruieren. Schon erwähnte Untersuchungen verweisen auf pädagogisch nicht unbedenkliche Verfrühungstendenzen. Uns interessiert aber hier die heutige "Normalität", auf davon abweichende "Verspätungen" bzw. "Verfrühungen" soll in einem zweiten Schritt, in dem die interindividuelle Variation im Vordergrund steht, eingegangen werden.

Wie schon einfache Auszählungen der Anzahl fester Freundschaften sichtbar machen, ist es in diesem Bereich wieder ganz entscheidend, die Situation von Mädchen und Jungen getrennt zu analysieren. Etwas über 40% aller Mädchen berichten schon feste Freundschaften, bei den Jungen sind es nur 24% (s. Tab. 3.10). Andererseits berichten Jungen häufiger, früher schon mehrmals feste Freundschaften gehabt zu haben (45% im Vergleich zu 33% der Mädchen). Schließlich taucht der symptomatische Sachverhalt auf, daß Mädchen stärkere Kontrollen und Zurückhaltungsimpulse von seiten der Eltern wahrnehmen (28% der Mädchen im Vergleich zu 14% der Jungen, Tab. 3.13).

Freundschaften mit dem anderen Geschlecht zu haben, halten - wie bereits erwähnt - in diesem Alter fast alle Jungen und Mädchen für *entwicklungsangemessen*. Nur eine Minderheit (10 bis 13%, s. Tab. 3.11) hält sich noch für zu jung. Entsprechend weit verbreitet ist auch das Interesse an gegengeschlechtlichen Freundschaften. Die Erwartungshaltung ist noch sehr ambivalent: sie ist sowohl von großen Nähe- und Geborgenheitswünschen als auch von Wünschen der "Unabhängigkeitsbewahrung" - insbesondere bei Mädchen - geprägt (s. Tab. 3.12).

Es bestätigt sich hier also wieder, daß Mädchen zwar häufiger fest gebunden sind, diese Freundschaften aber weniger häufig gewechselt haben und daß sie einem stärkeren Erwartungsdruck und teilweise auch einem stärkeren Crosspressure von Eltern und Freunden ausgesetzt sind. Ihre gleichaltrigen Freundinnen haben schon häufiger feste Beziehungen, so daß sich daran ein Maßstab der Attraktivität und Begehrtheit knüpft. Andererseits erleben sie im Elternhaus stärker Zurückhaltungswünsche. Jungen dürfen sich freier bewegen, sie können die Freundschaften problemloser häufiger wechseln, und ihre Beziehungen sind flüchtiger und äußerlicher.[24]

In diesem Handlungsbereich der gegengeschlechtlichen Freundschaftsbildung würden wir bei einer sozialökologischen Aufgliederung besonders Unterschiede zwischen städtischen und ländlichen Gebieten erwarten. Die Stadt gilt insgesamt als liberaler, als anonymer, auf dem Lande sind dichtere soziale Kontrollnetze zu vermuten (s. Tab. 3.14).

[24] Hier ist aber nochmals ein Hinweis auf die Besonderheit der Stichprobe der 16jährigen angebracht: Wir haben hier nur Informationen von solchen Jungendlichen, die noch im 10. Schuljahr des allgemeinbildenden Schulwesens sind. Dadurch fallen schon sehr viele Hauptschüler aus dem gesamten Jahrgang weg. Zudem antworten in der Regel eher "unproblematische" Schüler. Insbesondere im Längsschnitt ist die Verlustrate bei Adoleszenten mit Problemen größer als bei solchen, die sich unproblematisch entwickeln. Insgesamt haben wir also immer eine "positive Auslese", was auch bedeutet, daß die berichteten Zusammenhänge in einer vollständigen Stichprobe stärker ausgeprägt wären.

Tab. 3.14: Gegengeschlechtliche Freundschaftsbildungen im sozialökologischen Kontext

Prozentangaben, *: 5% Signifikanzniveau (Chi^2)
**: 1% Signifikanzniveau (Chi^2)

		Jungen			Mädchen	
Feste Freundschaft		23		**	41	
Früher schon mehrmals feste Freundschaften		44		**	32	
Zurückhaltung der Eltern		14		**	27	
	Stadt		Land	Stadt		Land
Feste Freundschaft	25		23	40		42
Früher schon mehrmals feste Freundschaften	51	*	41	38	*	30
Zurückhaltung der Eltern	6	**	18	24		30
	Oberschicht	Mittelschicht	Grundschicht	Oberschicht	Mittelschicht	Grundschicht
Feste Freundschaft	31	20 *	24	31	44	35
Früher schon mehrmals feste Freundschaften	31	46 *	43	22	31	30
Zurückhaltung der Eltern	11	15	13	22	25	33
	Gymnasium		Haupt-, Real- und Gesamtschule	Gymnasium		Haupt-, Real- und Gesamtschule
Feste Freundschaft	20		25	42		41
Früher schon mehrmals feste Freundschaften	38		48	34		32
Zurückhaltung der Eltern	15		12	31		27
	Eltern geschieden		nicht geschieden	Eltern geschieden		nicht geschieden
Feste Freundschaft	48		40	30		23
Früher schon mehrmals feste Freundschaften	60	**	43	50	*	30
Zurückhaltung der Eltern	17		30	8	*	14

Die Ergebnisse zeigen aber, daß sich im Verhalten der Heranwachsenden städtische und ländliche Gebiete stark angenähert haben. In den z.Z. bestehenden festen Freundschaften ergeben sich keine signifikanten Unterschiede mehr. Daß Freundschaften in der Stadt aber früher einsetzen, enthüllt die Frage, ob früher schon mehrmals feste Freundschaften bestanden haben. Hier haben Jungen und Mädchen in der Stadt einen etwa 10%igen "Vorsprung".

Die "begrenzende" Normorientierung auf dem Lande kommt auch in der Wahrnehmung elterlicher Einschränkungen, und hier besonders bei Jungen, zum Ausdruck. Jungen in der Stadt fühlen sich beinahe völlig jenseits elterlicher Einschränkungen und Kontrollen.

Große Homogenisierungen finden wir bei dieser Alterskohorte auch in bezug auf die soziale Herkunft und in bezug auf die besuchte Schulform: sie differenzieren das Freundschaftsverhalten kaum.[25]

An einigen Stellen ergeben sich auch Interaktionen zwischen dem Geschlecht, der Schulform und dem sozialökologischen Kontext. So haben Mädchen in ländlichen Gymnasien bereits häufiger einen festen Freund, bei den Jungen ist dies umgekehrt. In ländlichen Gymnasien klafft somit die Bindung ans andere Geschlecht bei Jungen und Mädchen besonders stark auseinander (44% Mädchen, 18% Jungen). Lediglich in der Langzeitperspektive der Bindungen ergeben sich schichtspezifische Differenzen: Adoleszente aus der Grundschicht nehmen häufiger dauerhafte Beziehungserwartungen ihrer Partner wahr (31%) als Jugendliche aus der Oberschicht (14%). Wenn also feste Bindungen eingegangen werden, dann sind diese in der Oberschicht noch experimenteller, mit mehr Vorbehalten und Offenheit versehen, sowie weniger auf Dauer konzipiert.

Wenn wir unsere sozialökologische Perspektive verfeinern und nicht nur das Aufwachsen von Mädchen und Jungen auf dem Lande in verschiedenen Schulformen analysieren, sondern auch familienstrukturelle Merkmale wie Berufstätigkeit der Mutter, Vollständigkeit der Familie, Scheidung und Trennung der Eltern berücksichtigen, dann verknüpfen sich mit einer solchen Analyse sehr vielfältige und oft gegensätzliche Erwartungen. Sie seien hier in zwei Fragen formuliert:

- Führt die Berufstätigkeit der Mutter dazu, daß deren jugendliche Kinder möglichst früh feste Bindungen außerhalb der Familie suchen?
- Führt die Scheidung der Eltern dazu, daß ihre Kinder Angst vor festen Bindungen haben oder erfolgt eine Flucht aus den konfliktreichen familiären Beziehungen in außerfamiliäre Stabilisierungen durch feste Freundschaften?

Auf die erste Frage ist eine ganz klare negative Antwort möglich: die Berufstätigkeit der Mutter steht in keinem Zusammenhang mit dem Muster gegengeschlechtlicher Freundschaftsbildungen von Jungen und Mädchen in diesem Alter. Anders ist dies jedoch bei Scheidungsfällen. Kinder aus geschiedenen Ehen haben bereits häufiger wechselnde feste Bindungen in der Vergangenheit gehabt (54% im Vergleich zu 33%) und ihre gegenwärtige Bindungshäufigkeit ist größer. Mädchen aus geschiedenen Ehen haben mit

---

25 Einige zusätzliche Hinweise seien hier erwähnt: Wenn Jungen und Mädchen auf dem Lande eine feste Beziehung haben, dann ist damit etwas eher die Erwartung verbunden, daß sie sehr lange, vielleicht sogar ein Leben lang halten wird. Wenn sich Jungen und Mädchen auf dem Lande "finden", dann ist damit also eine etwas ausgeprägtere Langzeitperspektive verbunden.

16 schon zu 50% mehrmals feste Freundschaften gehabt, solche aus nicht geschiedenen nur zu 30%. Bei Jungen berichten sogar 60% von wechselnden festen Freundschaften in der Vergangenheit, Heranwachsende aus nicht-geschiedenen Ehen tun dies nur zu 43%. Zudem nehmen Adoleszente von Eltern, die geschieden sind, größere Freiheiten in der Selbstgestaltung gegengeschlechtlicher Freundschaften wahr.[26]

Anstelle einer Zusammenfassung seien hier nochmals die Extremgruppen in bezug auf Ausmaß und Beziehungsqualität gegengeschlechtlicher Freundschaften herausgegriffen:

- Am häufigsten berichten Gymnasialmädchen auf dem Lande, am wenigsten Jungen in Gymnasien auf dem Lande feste Freundschaften.
- Am häufigsten hatten Jungen in städtischen Gymnasien frühere Freundschaften, am wenigsten häufig Gesamtschulmädchen und Realschulmädchen auf dem Lande.
- Die langfristigsten Beziehungserwartungen berichten Mädchen vom Lande, die kurzfristigsten Jungen aus städtischen Gymnasien.
- Langfristige Partner-Erwartungen nehmen vor allem Realschulmädchen vom Lande wahr, am wenigsten ist dies bei Jungen in ländlichen Gymnasien der Fall (41% im Vergleich zu 5%).

3.2.3.4 Persönlichkeitsprofile und Bezugsgruppenorientierung bei Adoleszenten mit unterschiedlicher gegengeschlechtlicher Orientierung

Im Alter von 16 bis 17 Jahren finden wir sehr viele Jugendliche, die noch überhaupt keine andersgeschlechtlichen Erfahrungen haben, können diesen aber auch solche gegenüberstellen, die in diesem Bereich schon sehr "fortgeschritten" sind. Der erste Schritt im Suchprozeß nach Ursachen für *interindividuelle Variationen* ist noch eher explorativ angelegt, wenn wir die *Persönlichkeitsprofile*, die Profile der *Freizeitkulturen* und die *Bezugsgrup-*

[26] Eine weitere Vermutung könnte sich darauf beziehen, daß die Geschwisterposition einen Einfluß auf die Frühzeitigkeit gegengeschlechtlicher Freundschaften hat. Es ist eine allgemeine Erwartung, daß es die Ältesten immer schwerer haben, sich entsprechende Freiheiten zu erkämpfen. Diese Erwartungen bestätigen sich allerdings nicht in der vermutbaren Deutlichkeit. Bei Mädchen sind die Unterschiede ganz geringfügig, bei Jungen zeigt sich die Tendenz, daß die Einzelkinder und die jüngsten Kinder mehr Erfahrungen haben als die Ältesten und die Mittleren (27 bis 23% feste Freundschaften im Vergleich zu ca. 15%). Nur in bezug auf die vergangenen Erfahrungen werden die diesbezüglichen Unterschiede auf dem 5%-Niveau signifikant.

penorientierungen sehr erfahrener und sehr wenig erfahrener Jugendlicher betrachten.[27]

3.2.3.5 Zur Definition des "Erfahrungsgrades"

Um "Erfahrene" und "Unerfahrene" zu unterscheiden, kombinieren wir die beiden Fragen zu *bestehenden* bzw. zu den *vergangenen* festen Freundschaften. Aus dieser Kombination ergeben sich 6 Gruppen:

1. Unerfahrene: Weder heute noch früher feste Freundschaften.
2. Erste lockere Bekanntschaften: Zur Zeit lockere Bekanntschaften mit einem oder mehreren Jungen bzw. Mädchen und früher noch keine feste Freundschaft.
3. Experimentelle Versuche: Zur Zeit lockere Bekanntschaft mit mehreren Mädchen oder Jungen und früher einmal eine feste Freundschaft bzw. zur Zeit keine feste Freundschaft, aber früher schon einmal eine feste Freundschaft.
4. Erste Liebe: Zur Zeit eine feste Freundschaft, aber noch keine zu einem früheren Zeitpunkt.
5. Früher intensive Erfahrungen: Schon mehrmals feste Freundschaften in der Vergangenheit, zur Zeit aber keine bzw. lockere Bekanntschaften.
6. Erfahrene: Zur Zeit bestehende feste Freundschaft, früher entweder einmal oder schon mehrmals feste Freundschaften.

3.2.3.6 Zum Persönlichkeitsprofil

Für diese Gruppen können wir die Persönlichkeitsprofile, die Freizeitkultur-Profile und die Bezugsgruppenprofile, getrennt für Mädchen und Jungen, analysieren. Die Hauptergebnisse sind in Tab. 3.15 enthalten. In diesen Analysen sind die oben erwähnten Gruppen 1 bis 3 zu den "Unerfahrenen" und die Gruppen 5 bis 6 zu "Erfahrenen" zusammengefaßt worden.

Das Persönlichkeitsprofil dieser unterschiedlichen "Erfahrungsgruppen" unterscheidet sich bei Mädchen und Jungen in einigen Punkten sehr deutlich, in anderen wiederum nicht. Grundlegende Dimensionen der Ich-Stärke, der

[27] Wir konzentrieren uns im folgenden nur auf die Erfahrungsintensität im Sinne von Häufigkeiten fester Freundschaften *heute* und *früher*. Die Erklärung der wahrgenommenen Beziehungsqualität erweist sich in diesem Alter als ungleich schwieriger, so daß wir sie an dieser Stelle ausklammern.

soziokognitiven Kompetenz und der Depression sind in allen "Erfahrungsgruppen" in der Regel gleich ausgeprägt.[28]

Wie beim Rauchen und Trinken ist ein frühes Interesse an einer frühen Bindung ans andere Geschlecht indikativ für Distanzierungen von Leistungs- und Schulerwartungen.

Am markantesten sind jedoch die Unterschiede in der sozialen Selbsteinschätzung und der sozialen Einbettung in die Altersgruppe. Erfahrene sind insgesamt sozial aktiver, sie beteiligen sich stärker an schulischer Mitbestimmung, sie gelten in der Schulklasse mehr und werden als sympathischer angesehen.

Eine Dimension, die für die Partnerwahl sehr wichtig ist, erweist sich ebenfalls als sehr signifikant: Das Selbstkonzept des eigenen Aussehens steigt kontinuierlich mit dem hier definierten "Erfahrungsgrad". Andererseits ist die Weltaufgeschlossenheit, was die Hinwendung zum politischen Bereich angeht, völlig unabhängig vom Erfahrungsgrad in gegengeschlechtlichen Freundschaften (vgl. Tab. 3.15).

Dieses Persönlichkeitsprofil verweist sehr deutlich darauf, daß mit dem Erfahrungsgrad in gegengeschlechtlichen Freundschaften eine "Spezialisierung" in der Suche nach Erfolg bei Altersgleichen, unter Relativierung des Lebensentwurfes von Leistung und Zukunft, verbunden ist.

3.2.3.7 Zum Profil der Freizeitkulturen

Auch das Freizeitprofil mehr oder weniger erfahrener Jugendlicher unterscheidet sich in einigen Punkten deutlich. Während wir bei den Gruppenzugehörigkeiten (Zugehörigkeiten zu Turn- und Sportvereinen, politischen Jugendgruppen, kirchlichen Jugendgruppen oder keiner Gruppenzugehörigkeit) kaum Unterschiede finden, ergeben sich solche in den Freizeitkulturen. In Tab. 3.15 sind sie nach ihrer Bedeutsamkeit geordnet. Dabei zeigt sich, daß gegengeschlechtlich "Erfahrene" bedeutend weniger fernsehen, religiös weniger gebunden und am stärksten an der Bravo-Kultur orientiert sind. Sie engagieren sich also stärker außerhäuslich.

[28] Ein markanter Unterschied ergibt sich allerdings zwischen den erstmals verliebten Jungen und Mädchen: Hier sind die erstmals verliebten Jungen besonders wenig ich-stark, was sich auch in erhöhter Depressivitätsneigung zeigt. Bei Mädchen ist diese Situation umgekehrt. Die Jungen klammern sich womöglich sehr an ihre "erste Liebe" und suchen hier Geborgenheit.

Tab. 3.15: Persönlichkeitsprofil und Freizeitprofil von 16jährigen Jungen und Mädchen bei unterschiedlicher Kontaktintensität mit dem anderen Geschlecht

Erfahrene: Gruppe 1-3, Kombination der Fragen nach gegenwärtigen u. früheren Freundschaften
Unerfahrene: Gruppe 5-6
Gereiht nach % aufgeklärter Quadratsummen durch "Erfahrungsgrad" (%SSQ)
Signifikanzen: * P% .95 ** P% .99 ***P% 1.00

	Mädchen		**Jungen**				**%SSQ**
	Unerfahren	Erfahren	Unerfahren	Erfahren	Geschlecht	Erfahrung	Interaktion
N=	322	384	315	342			
Persönlichkeitsprofil	Mittelwerte		Mittelwerte				
Soziales Kompetenzbewußtsein	6.6	7.8	6.8	8.2	0.3 *	7.0 ***	-
Leistung und Disziplin	6.5	5.9	6.2	5.5	1.6 ***	4.6 ***	-
Selbstkonzept Aussehen	9.5	10.4	10.3	10.9	2.8 ***	4.5 ***	-
Perzipierte soziale Einbettung	6.7	7.4	7.3	8.0	3.0 ***	3.6 ***	-
Soziale Interessen	8.0	8.4	7.1	7.6	5.9 ***	1.7 ***	-
Soziometrischer Status	2.8	3.2	2.4	3.1	0.4 *	1.5 ***	-
Soziale Einsatzbereitschaft	7.9	7.9	7.2	7.6	1.6 ***	-	-
Soziokognitive Kompetenzen	5.6	5.6	6.0	5.7	-	-	-
Moralischer Urteilstest	2.8	2.8	2.6	2.6	1.4 ***	-	-
Ich-Stärke	6.5	6.6	7.5	7.5	7.0 ***	-	-
Politisches Interesse	4.8	4.8	5.4	5.4	2.0 ***	-	-
Freizeitprofil							
Fernsehintensität	3.4	2.6	3.8	3.4	3.3 ***	3.0 ***	0.4 *
Kirchenbindung	5.3	4.9	5.0	4.7	0.8 **	2.3 ***	-
Bravo-Kultur	25.5	26.3	22.9	24.4	8.1 ***	2.2 ***	-
Bildungsorientierung	16.7	16.1	14.4	14.1	10.0 ***	0.5 **	-
Politische Jugendgruppen	0.01	0.01	0.02	0.05	0.7 **	0.4 **	0.4 **
Motor und Sport	4.05	4.45	5.5	5.4	15.2 ***	0.3 *	0.6 **
Geld verdienen	0.39	0.42	0.48	0.53	1.0 ***	-	-
Tier versorgen	0.34	0.32	0.23	0.19	1.8 ***	-	-
Keine Gruppenzugehörigkeit	0.30	0.29	0.16	0.14	3.1 ***	-	-
Feste Aufgaben zu Hause	0.62	0.60	0.36	0.37	5.9 ***	-	-
Turn- und Sportverein	0.45	0.43	0.59	0.61	2.4 ***	-	-

Signifikant sind auch die Diskrepanzen in bezug auf die Bildungsorientierung. Die größte Bildungsorientierung zeigen die noch unerfahrenen Mädchen, die geringste die sehr erfahrenen Jungen. Die Diskrepanz zwischen diesen beiden Gruppen ist hoch signifikant. Ebenso ausgeprägt sind die Unterschiede zwischen diesen beiden Gruppen in der Ausrichtung auf Auto, Sport und Motorräder.

In Abb. 3.16 sind diese Ergebnisse nochmals graphisch, ohne Berücksichtigung der Geschlechtsunterschiede zusammengefaßt.

Abb. 3.16: Persönlichkeitsprofil und Freizeitprofile bei 16jährigen nach Kontaktintensität mit dem anderen Geschlecht

Erfahrene: Gruppe 1-3, Unerfahrene: Gruppe 5-6, Kombination der Fragen nach gegenwärtigen u. früheren Freundschaften

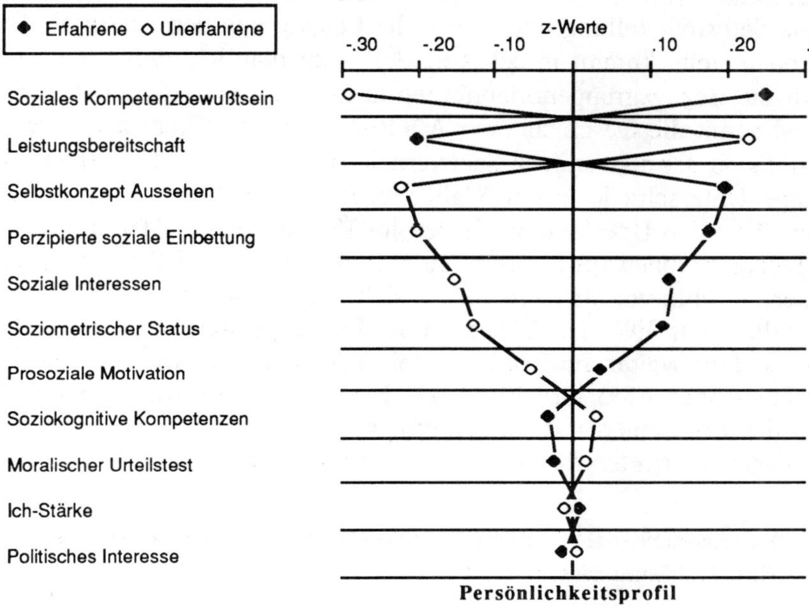

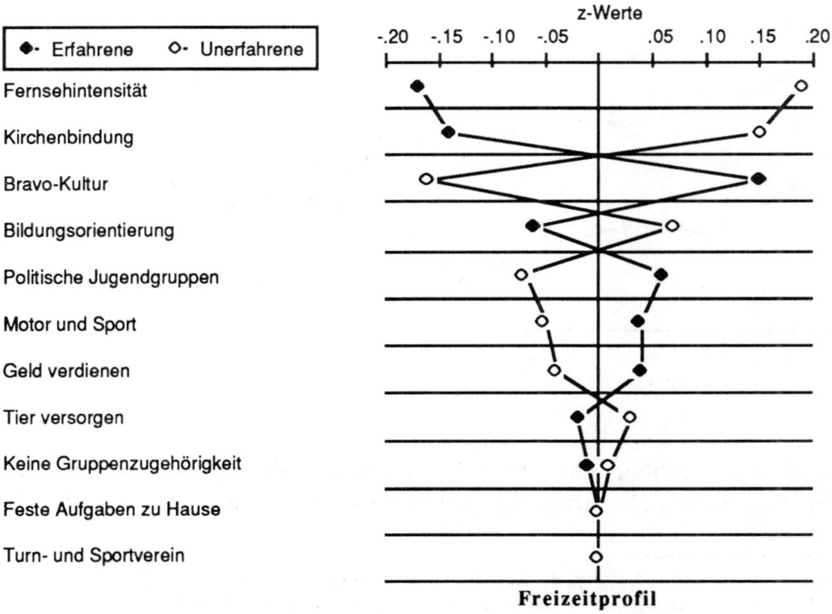

3.2.3.8 Zum Profil der Bezugsgruppenorientierung

Daß hinter der Ausrichtung auf andersgeschlechtliche Freundschaften in frühem und intensivem Ausmaß auch die Wahl eines anderen Publikums für die eigene Selbstdarstellung und eine frühe Lösung von den Eltern als Bezugspersonen steht, kommt in der Abb. 3.17 sehr deutlich zum Vorschein. Wenn wir die Bezugsgruppenorientierung in das 12. Lebensjahr zurückverfolgen und somit die Geschichte der Ablösung von den Eltern analysieren, dann ergibt sich der erstaunliche Sachverhalt, daß bereits im 12. Lebensjahr signifikante Unterschiede in der Wahl von Eltern als Vertrauenspersonen bestanden. Von den Unerfahrenen haben im 12. Lebensjahr 71% die Eltern als Vertrauenspersonen (präferierte Enthüllungspartner) bei Problemen mit sich selber gewählt, von denjenigen, die sich mit 16 Jahren als sehr "erfahren" darstellen, nur 39%. Die Schere in der Bezugspersonenwahl geht dann von Jahr zu Jahr weiter auseinander. Bei den 16jährigen wählen von den Unerfahrenen noch 48% ihre Eltern als Bezugspersonen (also etwa 10% mehr als die Erfahrenen mit 12 Jahren), von den sehr dem anderen Geschlecht Zugewandten tun dies in diesem Alter nur noch 13%.[29]

Abb. 3.17: Bezugspersonenwahl (Wahl der Eltern) bei "erfahrenen" und "unerfahrenen" Jugendlichen bei "Problemen mit sich selbst"

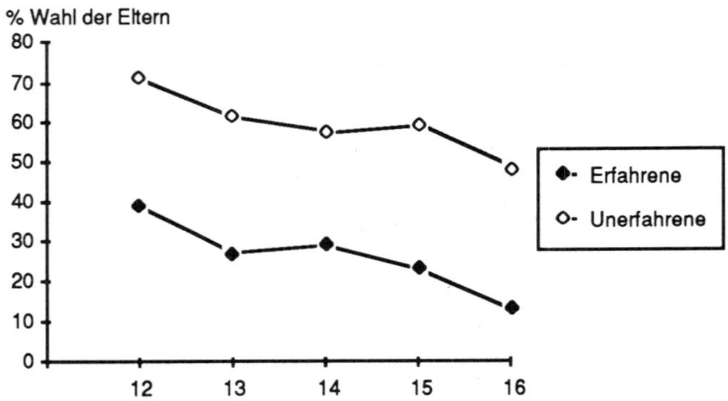

Somit wird unübersehbar, daß die frühe andersgeschlechtliche Bindung mit 16 Jahren kein plötzlich auftauchendes Phänomen ist, sondern Wurzeln in

[29] Ein Nebenaspekt, der auf die Validität der Angaben verweist, ergibt sich bei denen, die das erste Mal verliebt sind. Sie wählen vom 15. zum 16. Lebensjahr in besonders unterschiedlichem Maße einen andersgeschlechtlichen Freund als Vertrauensperson.

der Geschichte der sozialen Bindungen insgesamt hat. Dies ist eine wichtige Aufforderung, nach Merkmalen am Ende der Kindheit zu suchen, die den Grad der Bindung in der mittleren Adoleszenz prognostizieren lassen.

3.2.3.9 Vom Ende der Kindheit zum 16. Lebensjahr - Prognose von Erfahrungsintensitäten im Kontakt mit dem anderen Geschlecht

Wie bei der Analyse des Rauchens und Trinkens, des Kampfes um Unabhängigkeit, um Konsummöglichkeiten und um Freiheiten, ist auch für die Prognose der Aufnahme gegengeschlechtlicher Freundschaften die Frage wichtig, wie sich die Situation am Ende der Kindheit, also im 12. Lebensjahr, auf die Gestaltung dieses Prozesses auswirkt. Wir können dieser Frage in der Form einer Spurensuche nachgehen, indem wir prüfen, ob sich die nach dem allgemeinen Modell der Lebensbewältigung wichtigen psychischen Strukturbildungen und Lebenskonstellationen am Ende der Kindheit in diesem wichtigen adoleszenten Entwicklungsbereich niederschlagen.

Analog zu früheren Analysen gehen wir davon aus, daß folgende Zusammenhänge wahrscheinlich sind:

1. Psychische Strukturbildungen in der Form der Ich-Stärke am Ende der Kindheit könnten einmal dazu führen, daß eine erneute Bestätigung des eigenen Wertes über frühen Erfolg beim anderen Geschlecht nicht notwendig ist. Wäre dies der Fall, dann könnte man bei höherer Ich-Stärke eher zurückhaltende gegengeschlechtliche Kontakte vermuten. Andererseits führt eine hohe Ich-Stärke auch zu mehr Mut und Initiative, Erfahrungen in diesem wichtigen Handlungsbereich zu sammeln. Die größere Initiative führt zu mehr Erfolg und über diesen Weg wiederum zu einer Stabilisierung der Ich-Stärke.
2. Ähnlich ambivalent sind die Erwartungen bei der Formulierung von Hypothesen, wie sich eine positive oder negative Elternbindung auf den Prozeß der Gestaltung gegengeschlechtlicher Freundschaften auswirkt. Positive Elternbindungen können dazu führen, daß die Neigungen, das häusliche Nest zu verlassen, geringer werden. Die guten Binnenkontakte reduzieren das Bedürfnis, positive Belohnungsmuster außerhalb der Familie zu suchen. Andererseits ist auch denkbar, daß ein vertrauensvolles und intensives Verhältnis zu den Eltern für neue Erfahrungsfelder und Initiativen außerhalb der Familie frei macht.

Welche Ergebnisse zeigen sich nun tatsächlich?

Die folgenden Aussagen beruhen wieder auf demselben Auswertungsverfahren wie bei der Prognose des Rauchens und Alkoholkonsums. Die Situation am Ende der Kindheit (12. Lebensjahr) ist in bezug auf die Ich-Stärke und die Elternbeziehungen dichotomisiert (s. Tab. 3.17). Wir haben naturgemäß getrennte Analysen für gegenwärtige bzw. für frühere Freundschaften durchgeführt und verschiedene Prognosezeitpunkte (von 12 auf 16 bis von 16 auf 16) getestet. Die Tab. 3.16 und 3.17 enthalten aber die besten Zusammenfassungen - Abweichnungen werden im Text jeweils erwähnt.

Angesichts dieser ambivalenten Erwartungen wundert es wenig, daß vom 12. Lebensjahr her feste Freundschaftsbeziehungen im 16. Lebensjahr aufgrund der erwähnten Merkmale nur schwer vorhergesagt werden können. Wie Tab. 3.16 dokumentiert, ergeben sich aber folgende Prädiktionsmöglichkeiten:

- Global sind mit der Ich-Stärke am Ende der Kindheit nur wenige Unterschiede in der Erfahrungsdichte mit dem anderen Geschlecht in der Adoleszenz verbunden.
- Auch die Beziehung zu den Eltern am Ende der Kindheit steht global in keinem Zusammenhang mit der hier gemessenen Erfahrungsintensität. Es ist jedoch auffallend, daß ein gutes Beziehungsverhältnis zu den Eltern für die Mädchen wichtiger ist. Berichten sie ein solches, dann haben sie signifikant seltener in der Vergangenheit wechselnde Freundschaften gehabt.
- Indikativer als die gegenwärtigen Freundschaften sind jedoch die *vergangenen* Freundschaften, insbesondere wenn 16jährige schon mehrfachen Wechsel fester Freundschaften angeben. Dann zeigt sich für die Mädchen eine signifikante Interaktion: Mädchen, die ungünstige Beziehungen zu den Eltern berichten, deren Ich-Stärke aber recht ausgeprägt ist, haben überdurchschnittlich häufig Kontakte mit dem anderen Geschlecht gehabt. Tendenziell zeigt sich dieselbe Situation bei den Jungen. Hier deutet sich ein Sachverhalt an, der uns noch intensiver beschäftigen wird: es sind vor allem *persönlichkeitsstarke Mädchen und Jungen*, die bei *ungünstigen familiären* und schulischen Verhältnissen frühzeitig die Initiative für die Selbststabilisierung in der Peer-group und in gegengeschlechtlichen Freundschaften suchen.[30]

[30] Diese generelle Aussage erfährt eine zweite Stütze durch die Gleichzeitigkeitsanalyse (ohne Tab.), also durch den simultanen Zusammenhang (Prädiktoren und Kriterien bei 16jährigen) zwischen persönlichen und sozialen Ressourcen sowie den Freundschaftsbeziehungen. Wenn Mädchen eine hohe Ich-Stärke zeigen, aber problematische Beziehungen zu den Eltern berichten, dann haben sie besonders häufig andersge-

Diese Zusammenhänge verdichten den Eindruck, daß eine positive Ausgangssituation am Ende der Kindheit zu einer *größeren Gelassenheit in der Aufnahme gegengeschlechtlicher Freundschaften* führt. Ein ausgeprägtes Selbstvertrauen fördert das Interesse und ein positives Verhältnis zu den Eltern reduziert die Notwendigkeit, frühe Bestätigungen in gegengeschlechtlichen Kontakten zu suchen.

3.2.3.10 Zur Bedeutung des schulischen und sozialen Erfolges am Ende der Kindheit für die Aufnahme gegengeschlechtlicher Freundschaften

Sowohl die Stress-Coping-Theorie als auch die Theorie der alternativen Belohnungsfelder (verschiedener Pay-Off-Matrizen) legen jeweils nahe, nach den Erfolgen bzw. Mißerfolgen in den wichtigsten Bewährungsfeldern dieser Lebensphase zu suchen, um gegengeschlechtliche Kontakte z.B. als kompensierende oder als defensive Handlungsstrategien verstehen zu können. In diesen Theorietraditionen haben wir zwei Erfolgsfelder ausgesucht: Einmal die schulischen Erfolge, indiziert durch die Noten und zum anderen die sozialen Erfolge, indiziert durch die soziometrischen Wahlen in der Schulklasse in bezug auf soziale Geltung oder Sympathie.

Wieder haben wir entsprechende Erfolge in das obere und untere Drittel eingeteilt (s. Tab. 3.17) und prognostische Analysen bzw. Gleichzeitigkeitsanalysen im Hinblick auf gegengeschlechtliche Freundschaften vorgenommen.

Die entsprechenden Erwartungen sind hier klar:

---

schlechtliche Kontakte. Dies trifft dann sowohl für die gegenwärtigen wie für die vergangenen Beziehungen zu. Wohlgemerkt, dies ergibt sich in dieser Deutlichkeit nur für Mädchen und nicht für Jungen.
In dieser Gleichzeitigkeitsanalyse (Prädiktoren und Kriterien bei 16jährigen) stellt sich auch heraus, daß Adoleszente mit einer positiven Eltern-Beziehung und einer ausgeprägten Ich-Stärke die derzeitige Beziehung deutlich positiver einschätzen (ca 25% zu 45% bei der Kumulation der positiven bzw. negativen Bedingungen). Bei problematischen Elternbeziehungen ist ferner das *Interesse an gegengeschlechtlichen Freundschaften* stärker ausgeprägt. Auch eine höhere Ich-Stärke der Kontaktaufnahme ist mit einem höheren gegengeschlechtlichen Interesse gekoppelt. Das Selbstvertrauen im Sinne des Zutrauens, jederzeit erfolgreich gegengeschlechtliche Kontakte aufnehmen zu können, läßt sich schon vom 12. Lebensjahr her prognostizieren. Sowohl eine gute Elternbeziehung als auch eine hohe Ich-Stärke sind dafür förderlich.
Eine letzte Zusatzinformation ist hier noch wichtig: Wenn Mädchen und Jungen am Ende der Kindheit (12jährig) ein problematisches Verhältnis zu den Eltern wahrnehmen, dann ist damit auch eine stärkere Perzeption eher restriktiver Normen bei andersgeschlechtlichen Freundschaftsbildungen im Alter von 16 verbunden. Bestehen gute Elternbeziehungen, dann ist die Wahrnehmung von Vertrauen und gewährter Selbständigkeit bei andersgeschlechtlichen Kontakten ausgeprägter.

1. Je unproblematischer die Erfolge im schulischen Bewährungsfeld sind, desto weniger sind kompensatorische Erfolgswege in der Peer-group und in gegengeschlechtlichen Freundschaften erforderlich.
2. Die Konzeption von Entwicklungsstufen in der Aufnahme gegengeschlechtlicher Freundschaften aus gleichgeschlechtlichen Freundschaften, Altersgruppen und Cliquen heraus führt zur Erwartung, daß statushohe Jugendliche früher andersgeschlechtliche Beziehungen aufnehmen. Gleichzeitig könnte man das Bemühen um eine attraktive Selbstdarstellung in der Altersgruppe als Ausdruck des Versuchs interpretieren, eine Selbststabilisierung über sozialen Erfolg bei fehlendem Schulerfolg zu suchen.

Wie stellen sich nun die Ergebnisse dar (s. Tab. 3.17)?

- Gute Noten im 12. Lebensjahr wirken sich auf den Stand der Freundschaftsbeziehungen im 16. Lebensjahr global nicht aus. Wohl gibt es aber einen hochsignifikanten Zusammenhang mit der Anzahl der "verflossenen" Freundschaftsbeziehungen. Je problematischer die Noten, um so häufiger haben Adoleszente ihre Freundschaften in der Vergangenheit gewechselt.
- Umgekehrt sieht es beim Geltungsstatus aus: Adoleszente, die im 12. Lebensjahr einen hohen Geltungsstatus hatten, haben besonders selten gar keine Beziehungen zum anderen Geschlecht (13% versus 25% bei geringem Geltungsstatus). Andererseits steht der Geltungsstatus mit der Anzahl der "verflossenen" Freundschaften in keinem Zusammenhang.
- Von entscheidender Bedeutung ist hier wieder die Interaktion zwischen Noten, Geltungsstatus und dem Geschlecht. Wir können eine Gruppe ausmachen, die besonders *häufig* feste Kontakte hat: Es sind dies die Mädchen mit eher schlechten Noten und einem hohen Geltungsstatus. Unter diesen haben fast 60% schon eine feste Freundschaft und nur 4% überhaupt keine Beziehung zum anderen Geschlecht.
- Bei den Jungen ergibt sich eine Gruppe, die besonders *selten* schon feste Beziehungen hat: Es sind dies die Jungen mit guten Noten und geringem Geltungsstatus.

Tab. 3.16: Elternbeziehung und Ich-Stärke mit 12 Jahren und gegengeschlechtliche Freundschaften mit 16 Jahren

Prozentsätze; +, -: Erklärung in Tab.3.7

12jährige			16jährige				
	Eltern-beziehung	Ich-Stärke		Feste Freundschaften zur Zeit		Früher schon mehrmals feste Freundschaften	
			N	%Ja	%Nein	%Ja	%Nein
Mädchen	+	+	109	42	14	29	40
		-	128	40	20	22	39
	-	+	18	50	17	57	22
		-	133	43	17	31	26
Jungen	+	+	125	20	25	42	35
		-	78	18	22	39	37
	-	+	32	19	16	56	28
		-	94	23	13	46	41

++

Tab. 3.17: Noten und Geltungsstatus mit 12 Jahren und gegengeschlechtliche Freundschaften mit 16 Jahren

Prozentsätze; +, - : Erklärung in Tab.3.7

12jährige			16jährige				
	Noten	Geltung		Feste Freundschaften zur Zeit		Früher schon mehrmals feste Freundschaften	
			N	%Ja	%Nein	%Ja	%Nein
Mädchen	+	+	91	41	17	30	36
		-	65	34	25	20	**51**
	-	+	26	57	4	31	31
		-	73	47	21	36	32
Jungen	+	+	89	24	14	33	35
		-	34	**6**	35	29	43
	-	+	39	26	13	**57**	21
		-	57	21	25	54	29

Damit glauben wir wieder einen Hinweis zu haben, daß es insbesondere die persönlichkeitsstarken und im sozialen Bereich engagierten Adoleszenten sind, die bei problematischen schulischen Erfolgen und konfliktreichen Elternbeziehungen Bestätigung und Anerkennung in gegengeschlechtlichen Freundschaften zu einem frühen Zeitpunkt suchen.

Die berichteten prognostischen Zusammenhänge zwischen Geltungsstatus und Notenstruktur finden sich in noch ausgeprägterer Form bei der Gleichzeitigkeitsanalyse: Ein hoher Geltungsstatus steht in signifikantem Zusammenhang mit der Erfahrungsintensität, ebenso eine problematische Notenstruktur.

- Als besonderer Akzent taucht hier das Ergebnis auf, daß für Jungen die Anzahl fester Freundinnen in der Vergangenheit für die Statusgewinnung besonders wichtig gewesen ist.
- Wieder bestätigt sich der Sachverhalt, daß diese Analyseform hilft, eine Gruppe mit besonders wenig Kontakt zum anderen Geschlecht zu identifizieren: *Jungen mit guten Noten und geringem Geltungsstatus.* Unter ihnen haben nur 9% zur Zeit eine feste Beziehung. Die andere Extremgruppe bilden Mädchen mit schlechten Noten und hohem Geltungsstatus, die bereits zu 57% einen festen Freund haben.

Jugendliche mit guten Noten und schwachem Geltungsstatus, die besonders wenig Kontakt zum anderen Geschlecht haben, haben daran auch ein besonders geringes Interesse.

Insgesamt verweisen diese Sachverhalte wieder darauf, daß die Interaktionen zwischen Geschlecht, Noten und Geltungsstatus sehr wichtig sind. *Mädchen sind danach stärker darauf angewiesen, ungünstige schulische Situationen über feste Freundschaften zu kompensieren, die zu hoher Anerkennung in der Altersgruppe führen.* Dies dürften auch die attraktiven, physisch gut entwickelten und sozial initiativereichen Mädchen sein. Für Jungen ist, um soziales Ansehen bei ungünstigen Noten zu stabilisieren, ein Wechsel von Freundschaften mit Mädchen häufiger.

Insgesamt zeigt sich in der Regel: besonders unerfahren sind Jungen (aber auch Mädchen), die gute Noten haben und in der Schulklasse weniger im Mittelpunkt stehen.

Die letzten Ergebnisse verweisen wieder darauf, daß Interessenlage, Ich-Stärke und die gesamte Lebenssituation - mit ihren Ressourcen und Einschränkungen - auf den Prozeß der Aufnahme andersgeschlechtlicher Kontakte Einfluß nehmen. Daneben gibt es unzählige *situative* und *biographisch singuläre* Bedingungen, die diesen Prozeß stützen oder beeinträchtigen. Es ist aber erstaunlich, daß es zwar keine einfachen, aber doch beschreibbare und systematische Zusammenhänge zwischen der Situation am Ende der Kindheit und diesem Prozeß der gegengeschlechtlichen Freundschaftsbildung gibt.

3.2.3.11 Eine zusammenfassende Analyse zur Prognose gegengeschlechtlicher Erfahrungen

Als Zusammenfassung unseres Versuchs, den Vorsprung oder Rückstand im "Erfahrungsgrad" mit dem anderen Geschlecht bei 16jährigen zu prognostizieren, sei die in Tab. 3.18 dokumentierte Regressionsanalyse beschrieben. Dort ist der Versuch enthalten, jene Bedingungen zu versammeln, die für den Erfolg und die Motivation, früh andersgeschlechtliche Erfahrungen zu sammeln, wichtig sind.

Den Beginn machen die schon bekannten Prädiktoren des schulischen Erfolges, der sozialen Geltung in der Schulklasse und des elterlichen Stützsystems.

Da frühe Erfahrungen auch immer mit risikoreichem Verhalten im Bereich des Rauchens, des Trinkens, der Freiheit von elterlicher Kontrollen sowie ökonomischen Ressourcen zusammenhängen, ist die Orientierung an diesen Privilegien der Erwachsenen als weiterer Prädiktor aufgenommen worden.

Mehrere Hinweise sprechen dafür, daß ein frühes Interesse am anderen Geschlecht mit einer Distanzierung von schulischen Leistungserwartungen verbunden ist. Deshalb wurde die entsprechende Skala "Leistungsbereitschaft" in die Regressionsanalyse einbezogen.

In einem Vorhersagemodell darf ein Hinweis auf die physische Attraktivität nicht fehlen. Gerade in diesem Alter spielt für Mädchen die Attraktivität des Erscheinungsbildes eine große Rolle. Aus diesem Grund haben wir das Selbstkonzept des Aussehens als Prädiktor berücksichtigt.

Schließlich ist aus dem Persönlichkeitsprofil deutlich geworden, daß ein früher Erfahrungsgrad mit sozialer Initiative und sozialen Fähigkeiten zusammenhängt.

Aus der Forschung über adoleszentes Problemverhalten ist hervorgegangen, daß die wahrgenommenen Normen der Altersgruppe eine entscheidende Rolle spielen und häufig im Konflikt mit den elterlichen Erwartungen stehen. Welche Bedeutung diesen wahrgenommenen Normen zukommt, können wir durch zwei Indikatoren überprüfen: Einmal durch die Wahrnehmung, wieviele der Freunde bereits feste Freundschaften haben; es wird unterstellt, daß damit ein gewisser Erwartungsdruck verbunden ist. Zum anderen haben wir die Zurückhaltungsimpulse von seiten der Eltern als letzten Prädiktor eingeschlossen.

Um ein echtes Prognosemodell zu überprüfen, haben wir alle diese Indikatoren (mit Ausnahme der letzten beiden, für die wir nur Informationen von den 16jährigen hatten) im Alter von 15 berücksichtigt und als Prädiktoren für den Erfahrungsstand mit 16 verwendet.

Tab. 3.18: Prädiktion (15jährige) des Erfahrungsgrades mit gegengeschlechtlicher Freundschaft (16jährige), Regressionsanalyse

Mädchen (N = 770)	16jährige: Erfahrungsgrad mit gegenschlechtlicher Freundschaft						
	Korrelation	T		Beta	ohne Pooling	%SSQ	mit Pooling
Notensumme 1)	.164	2.63	**	0.089	+**	2.7	**+
Geltung	.142	2.23	+	0.076	+**	2.6	**+
Elterliches Stützsystem	-.089	-4.52	**+	-0.165		0.4	
Erwachsenenprivilegien	.33	5.49	***	0.195	***	7.8	***
Selbstkonzept Aussehen	.195	3.11	++	0.112	***	3.1	***
Soziales Kompetenzbewußtsein	.24	4.08	*++	0.155	++*	1.7	*++
Freundschaften von Freunden 2)	-.21	-4.22	*++	-0.139	++*	1.8	*++
Elternmeinung zu Freundschaften 3)	-.163	-3.10	++	-0.109	++	1.0	++
Jungen (N = 675)	16jährige: Erfahrungsgrad mit gegenschlechtlicher Freundschaft						
	Korrelation	T		Beta	ohne Pooling	%SSQ	mit Pooling
Notensumme 1)	.134	2.47	+	0.085	+++	1.8	*++
Geltung	.189	1.97	+	0.071	***	3.7	***
Elterliches Stützsystem	-.032	-2.24	+	-0.081		0.0	
Erwachsenenprivilegien	.316	6.41	***	0.230	***	6.5	***
Selbstkonzept Aussehen	.078	-0.03		-0.001	*	0.7	*
Soziales Kompetenzbewußtsein	.264	5.54	***	0.217	***	3.8	***
Freundschaften von Freunden 2)	-.292	-7.70	***	-0.261	***	6.6	***
Elternmeinung zu Freundschaften 3)	-.102	-3.40	+++	-0.116	+++	1.3	+++

T: Signifikanz des Regressionskoeffizienten (H0-Hypothese: Regressionskoeffizienz = 0)

Beta: standardisierter Regressionskoeffizient

%SSQ: Der durch die einzelnen Regressoren erklärte Prozentsatz an Varianz und die Signifikanz dieses Anteils ohne Pooling und mit Pooling. Dabei wird unterschieden zwischen "gewöhnlicher" Signifikanz und der nach einem simultanen a posteriori Test nach Scheffé. Letzterer wird durch die Sternchen verdeutlicht, während der durch die Verfälschung der Signifikanzniveaus weniger konservative übliche Test durch zusätzliche "+" dargestellt wird. Drei Zeichen bedeuten P =.999, zwei Zeichen P =.990 und ein Zeichen P = .950.

Mit bzw. ohne Pooling: Der Begriff Pooling betrifft die Zusammensetzung des Errorterms, der für die Signifikanzprüfung verwendet wird. "Ohne Pooling" bezeichnet die Varianzabtestung des einzelnen Prädiktors gegen die Fehlervarianz. "Mit Pooling" bedeutet die Abprüfung des einzelnen Prädiktors gegen die anderen Prädiktoren plus die Fehlervarianz.

1): Hoher Score: schlechte Noten

2): Hoher Score: wenige gegengeschlechtliche Freundschaften der Freunde

3): Hoher Score: Eltern "bremsen" gegengeschlechtliche Freundschaften stark

3.2.3.12 Ergebnisse

Als sehr wichtig erweist sich sowohl bei Jungen als auch bei Mädchen der Stand an Unabhängigkeit, den diese bereits mit 15 Jahren erreicht haben und der durch Indikatoren wie Rauchen und Trinken, ökonomische Ressourcen und fehlende Ausgehbeschränkungen indiziert wird. Auch die Distanzierung von schulischen Ansprüchen ist bei "Erfahrenen" signifiant höher.

Von erstaunlich hoher Bedeutung sind die wahrgenommen Normen in der Altersgruppe (letztere insbesondere bei Jungen). Aber auch Wahrnehmungen elterlicher Normen prognostizieren noch hochsignifikant den "Erfahrungsgrad". Diese beiden letzten Ergebnisse verweisen auf die Bedeutung des situativen Kontextes, in dem andersgeschlechtliche Erfahrungen einen hohen oder niedrigen Stellenwert haben können.

Bei den Betakoeffizienten erweist sich auch die Beziehungsstruktur zum Elternhaus als sehr wichtig, diesmal aber wieder in ausgeprägterer Form bei Mädchen.

Noten und Geltungsstatus stehen in dem schon erwähnten Zusammenhang zum "Erfahrungsstand".

Insgesamt können wir zwischen 21 und 25% der Varianz durch dieses Prognosemodell aufklären.Für Mädchen bedeutet dies, daß jene viel Erfahrung haben, die eher schlechtere Noten haben, sich von schulischen Erwartungen distanzieren, in der Schulklasse viel gelten, von seiten der Eltern wenig interessierte Zuwendung erleben, frühzeitig Erwachsenenprivilegien aquirieren, gut aussehen, sozial kompetent sind, viel Zeit in altersgleichen Gruppen verbringen, in denen viele schon "Erfahrung" haben und die von den Eltern her wenig Einschränkung wahrnehmen.Für Jungen trifft dieses Muster ebenfalls zu, mit Ausnahme der geringeren Bedeutung des Aussehens, der geringeren Bedeutung des Elternhauses, aber der größeren Relevanz der Altersgruppe.

Insgesamt bestätigt sich auch die Nützlichkeit der Vorstellung, daß konkrete Handlungszusammenhänge aus psychischen Strukturbildungen und lebensweltlichen Stützsystemen resultieren und diese gleichzeitig wieder transformieren. Hinter den von uns beschriebenen Indikatoren stehen vielfältige Leidensprozesse und Glückserfahrungen, stehen aktive Bemühungen, unzählige Gespräche und Konfliktlösungsbemühungen. Wir haben lediglich, dies sei zur Einschätzung der Ergebnisse nochmals betont, das Oberflächenbild der Ereignis- und Handlungsgeschichte "Kontakte mit dem anderen Geschlecht" beschreiben können. Indem wir dieses mit den psychischen Strukturbildungen und der Lebenssituation in Beziehung gebracht haben, ist aber doch ein Muster von Zusammenhängen zu Tage getreten, bei dem eines besonders wichtig ist: *Es scheinen die besonders aktiven und persönlichkeitsstarken Adoleszenten zu sein, die unter ungünstigen Erfolgsbedingungen in Schule und Familie lebend, frühzeitige Selbststabilisierungen und Selbstdarstellungen über risikoreiches Verhalten in der Altersgruppe und später durch Anerkennung beim anderen Geschlecht suchen.*

3.2.3.13 Die Bedeutung der Eltern bei der Bewältigung der Entwicklungsaufgabe: Kontakte zum anderen Geschlecht

Die komplizierte Stellung, die Eltern in diesem Prozeß der gegengeschlechtlichen Kontaktaufnahme einnehmen, intensiviert den Wunsch, die Perspektive der Eltern kennen zu lernen und von Elternseite her mehr Informationen zu berücksichtigen. Da wir zwei umfangreiche Elternuntersuchungen durchgeführt haben, können wir z.B. analysieren, welche Einstellungen und Handlungsweisen von Eltern gegenüber Adoleszenten zu welchen Prozessen der gegengeschlechtlichen Kontaktaufnahme führen. Ein entsprechender Versuch soll hier kurz beschrieben werden.

Wir gehen dabei einmal davon aus, daß es nicht im Sinne der Eltern sein kann, Erfahrungen ihrer heranwachsenden Kinder mit dem anderen Geschlecht zu verhindern. Kontaktaufnahme, wenngleich nicht verfrühte und verantwortungslose, ist also positiv zu werten. Gleichzeitig muß es aber im Interesse der Eltern liegen, selber noch Ansprechpartner bei entsprechenden Problemen zu sein. Nur dann können sie beratend und leitend tätig werden. Berücksichtigt man diese beiden Ziele simultan, dann lassen sich, bei einer einfachen Dichotomisierung vier Gruppen bilden:

- Noch unerfahrene Jugendliche, die Eltern als primäre Bezugspersonen bei Problemen mit sich selber angeben: diese Kinder sind im Vorstadium der Kontaktaufnahme.
- Unerfahrene Jugendliche, die aber Ansprechpartner außerhalb der Familie suchen: hier könnte man von einer suchenden Gruppe sprechen.
- Kontakterfahrene Jugendliche, die aber trotzdem die Eltern als primäre Bezugspersonen bei Problemen mit sich selbst nennen: dies wäre die positive Zielgruppe.
- Erfahrene Jugendliche, die gleichzeitig außerhalb der Familie die primären Ansprechpartner haben: dies wären Jugendliche, die sich von den Eltern auch mit Gefährdungsimplikationen gelöst haben.

Diese vier Gruppen können wir mit unseren Daten relativ leicht identifizieren. Dazu dient einmal der hier definierte "Erfahrungsgrad" und die Frage zur Wahl von Bezugspersonen, die wir bei 13- bis 16jährigen gestellt haben. Da die hier wichtigen Elterninformationen erhoben wurden, als die Kinder 13 Jahre waren, ist in der folgenden Analyse die Bezugspersonenwahl zu diesem Zeitpunkt herangezogen worden.

Für diese vier Gruppen können wir nun die Elternangaben zu ihren Erziehungsformen und zu ihren Erziehungsphilosophien auswerten. Die Abb. 3.18 enthält eine anschauliche Zusammenfassung. Dabei möchten wir die Aufmerksamkeit besonders auf zwei Gruppen richten: einmal auf die pädagogisch eher wünschenswerte, daß sowohl Initiative in bezug auf das andere Geschlecht ergriffen wird als auch die Eltern noch primäre Ansprechpartner bleiben. Die zweite interessante Gruppe ist jene, in der der Erfahrungsgrad gering ist, aber trotzdem Eltern nicht als Bezugspersonen fungieren, wenn Probleme durchdiskutiert werden müßten. In der Abb. 3.18 zeigen sich unübersehbar zwei Extremgruppen:

Abb. 3.18: Erziehungsvorstellungen und Erziehungsstrategien von Eltern nach Kontakterfahrung (16jährige) und Bezugspersonenwahl (13jährige) der Kinder

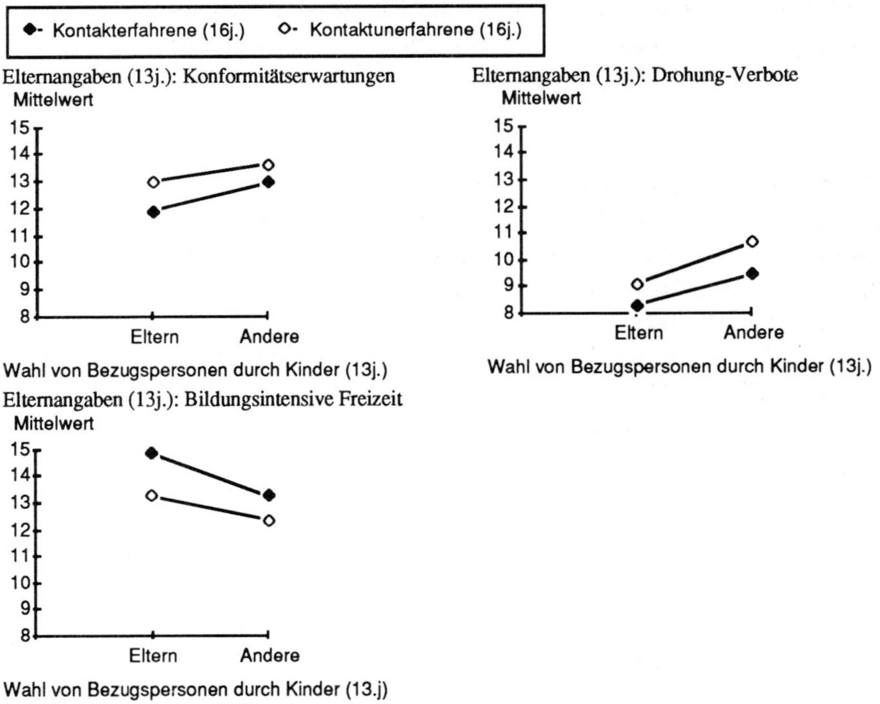

- Wenn Kinder bereits die Initiative zu gegengeschlechtlichen Kontakten ergriffen haben und gleichzeitig im 13. Lebensjahr noch die Eltern als Bezugspersonen gewählt haben, dann haben sie Eltern, die sich mit einem ganz bestimmten Syndrom beschreiben lassen: Sie erwarten weniger die strikte Einhaltung von Normen und Erwartungen in bezug auf Konformität, sie halten Zwang als Erziehungsmittel für weniger wichtig, sie sind in ihrer Weltanschauung weniger konservativ. Auffallend ist auch das Muster des berichteten Erziehungsverhaltens in ausgewählten Situationen. Hier reagieren sie weniger mit Drohungen und Verboten, also weniger punitiv, und sie argumentieren auf höheren Ebenen der Werterfüllung.

  Gleichzeitig sind die gemeinsamen Freizeitaktivitäten sehr intensiv, sehr bildungsbezogen, aber auch sehr auf Erholung, auf soziale Gespräche und auf Beschäftigung mit politischen Fragen ausgerichtet. Hier verbinden sich intensive Kontakte und Freiheitsgewährung mit argumentativer Beeinflussung.

- Ganz anders präsentiert sich jene Gruppe, die noch sehr zurückhaltend in bezug auf das andere Geschlecht ist, bei der Diskussion persönlicher Probleme sich aber auch nicht an die Eltern wendet. Diese Eltern sind sehr "streng", reagieren eher punitiv und in Konfliktsituationen weniger argumentativ; sie beschäftigen sich in der Freizeit weniger intensiv mit den Kindern.

Diese Ergebnisse liefern uns erste Hinweise auf die Prozesse, die sich in der Familie abspielen, wenn die Kinder in der Adoleszenz einen unterschiedlichen Entwicklungsgang gehen. Es ist für Eltern zwar anfangs möglich, die andersgeschlechtlichen Kontakte restriktiv zu steuern. Dies scheint aber mit einer inneren Entfremdung von der Familie erkauft zu werden. Andererseits gibt es auch Hinweise, unter welchen Bedingungen die Beratungskompetenz der Eltern groß bleibt, die Kinder aber trotzdem die Freiheit empfinden, sich außerfamiliär zu betätigen.

3.2.4 "Risikopfade" und "Sicherheitspfade" beim Übergang von der Kindheit in die Adoleszenz: "Frühentwickler" bzw. "Spätentwickler"

Nach den vorangegangenen Skizzen der heutigen Normalität in der Gewinnung von Selbständigkeit, des Zugangs zu Privilegien des Konsums, die früher Erwachsenen vorbehalten waren, und nach der detaillierten Darstellung der sechs Indikatoren dieses Prozesses (Rauchen, Alkoholkonsum, Unabhängigkeit von Ausgehbeschränkungen, ökonomische Ressourcen, Kontakte mit dem anderen Geschlecht früher, Kontakte mit dem anderen Geschlecht heute) drängt sich die Frage auf, ob es nicht idealtypische Entwicklungspfade gibt, nach denen die einen insgesamt weniger vorwärtsdrängend und unabhängigkeitssuchend sind, während andere gemessen an der Alters-Normalität schon weit voraus sind. In der Jugendsoziologie (s. BUCHMANN, 1989) wird heute die Perspektive betont, daß die altersbezogenen Normen des "Selbständig-Werdens" brüchig geworden sind. Das kindlich-jugendliche Lebenslaufregime, das für verschiedene Altersphasen das "Dürfen" und "Sollen" definiert hat, hat sich nach dieser Diagnose weitgehend aufgelöst. Kindlichkeit, Jugendlichkeit und Erwachsensein sind nicht mehr scharf abgegrenzt. Für die Eltern dieser Kinder bedeutet dies, daß sie einem ständigen Druck der Kinder ausgesetzt sind, bestimmte Dinge "auch" - gemessen am Bezugspunkt der Privilegien von Peers - zu dürfen. Was wann erlaubt ist, muß danach heute stärker individuell ausgehandelt werden.

Auf diesem Hintergrund wollen wir hier analysieren, ob es Heranwachsende gibt, die sich durch ein besonders schnelles Tempo, erwachsen werden zu wollen, von solchen unterscheiden lassen, die noch länger in der Kindheit verhaftet sind. Die pädagogische Frage ist dabei klar: Birgt ein rasches Abstreifen der Kindheit Risiken, ist es Ausdruck eines riskanten Entwicklungspfades?

Es ist nun in der Tat möglich, entsprechende Syndrome zu bilden. Wie Tab. 3.19 zeigt, gibt es - zwar mäßig hohe - Korrelationen zwischen Rauchen, Alkoholkonsum, Freiheit von Ausgehbeschränkungen, ökonomischen Ressourcen und Kontakten mit dem anderen Geschlecht. Die entsprechenden Zusammenhänge sind zumindest so groß, daß ein entsprechender Summenwert und darauf aufbauend zwei Gruppen gebildet werden können, wobei die eine auf allen Werten niedrig, die andere auf allen Werten hoch sein sollte.

Tab. 3.19: Korrelationen des Syndroms "Frühentwickler", "Spätentwickler"

Mädchen (unteres Dreieck): N = 922 Jungen (oberes Dreieck): N = 827

	Wie oft rauchst Du?	Wie oft trinkst Du Alkohol?	Wieviel Geld hast Du im Monat zur Verfügung?	Ausgehbeschränkungen	Erfahrungen mit dem anderen Geschlecht	Früher feste Freundschaft
Wie oft rauchst Du?	1.000	.425	.266	.183	-.275	.303
Wie oft trinkst Du Alkohol?	.402	1.000	.191	.218	-.186	.177
Wieviel Geld hast Du im Monat zur Verfügung?	.321	.264	1.000	.300	-.206	.204
Ausgehbeschränkungen	.172	.216	.232	1.000	-.116	.165
Erfahrungen mit dem anderen Geschlecht	-.228	-.173	-.194	-.159	1.000	-.327
Früher feste Freundschaft	.360	.229	.218	.124	-.150	1.000

Die Bezeichnung dieser beiden Gruppen fällt nicht leicht. Einmal wäre die *formale* Charakterisierung "Frühentwickler" bzw. "Spätentwickler" angebracht, da das Hauptmerkmal ja darin besteht, daß die eine Gruppe, gemessen an der Altersnormalität, schon mehr Selbständigkeit erworben und mehr Zugang zu Privilegien der Erwachsenen gefunden hat. Der Problemgrad liegt hier nicht unbedingt in den Aktivitäten selber (z.B. bei "festen Freundschaften") sondern im Zeitpunkt, zu dem entsprechende Entwicklungen einsetzen.

Andererseits drängt die Charakterisierung der beiden Gruppen auch zu einer *inhaltlichen* Bezeichnung. Sie könnte daraus resultieren, daß "Frühentwickler" und "Spätentwickler" andere Selektionen aus dem Angebot an Lebens- und Handlungsmöglichkeiten unserer Zeit treffen und ihre innere Entwicklungsdynamik, ihre Suche nach Selbstdarstellung, nach Selbständigkeit und Autonomie auf andere Weise ausdrücken. Wie sich noch zeigen wird, sind die "Spätentwickler" stärker elternorientiert, noch intensiver in den Normalentwurf von Leistung und Anstrengung eingebunden, langfristig planend und normativ kontrolliert, während "Frühentwickler" den Entwicklungspfad der Orientierung an hedonistischen Privilegien der Erwachsenen, der sozialen Geltung bei Gleichaltrigen, der lebenshungrigen Orientierung am "schönen Leben" unserer Konsumwelt suchen und ihre Selbstbestätigung vor allem im Rahmen von Erfolgen bei Gleichaltrigen und beim anderen Geschlecht "anstreben". Sollte diese Charakterisierung zutreffen, dann könnte man von "erwachsenen- und leistungsorientierten" bzw. von "Altersgruppen- und hedonistisch orientierten" Heranwachsenden sprechen. Aber auch diese inhaltliche Bezeichnung enthält schon eine Hypothese und eine Charakterisierung, die zu einer vorschnellen Etikettierung und Erklärung verleiten kann.

Aus diesem Grunde präferieren wir zu diesem Zeitpunkt die formale Charakterisierung von "Frühentwicklern" und "Spätentwicklern". Das entscheidende, diese Gruppen unterscheidende Merkmal ist die frühzeitige Distanz zur Kindheit und die "Geschwindigkeit", in der die Zwischenphase der Adoleszenz durchlaufen wird. Welche Persönlichkeitsdynamik damit verbunden ist, sei hier in der Hypothese formuliert, daß dahinter verschiedene Entwicklungspfade der symbolischen Selbstdarstellung stehen, wobei der eine über die Suche nach Erfolg und Anerkennung im Kontext der Normalkultur von Elternhaus und Schule führt. Der zweite löst sich aus diesem Normalentwurf frühzeitig heraus und sucht eine Selbststabilisierung im Erfolgsfeld der Altersgruppe, in gegengeschlechtlichen Freundschaften und im frühzeitigen Erwerb von Selbständigkeit und Unabhängigkeit. Wir gehen weiter davon aus, daß letzteres der riskantere Weg ist, der auch frühzeitigen Alkoholkonsum und frühzeitiges Rauchen impliziert. Die beiden Entwicklungspfade repräsentieren jeweils unterschiedliche Schwerpunkte im Balanceproblem zwischen der Anforderungsstruktur in bezug auf Leistung und disziplinierter Lebensführung einerseits sowie Geselligkeits- und Anerkennungswünschen bei Gleichaltrigen andererseits.

3.2.4.1 Adoleszenzverlauf und Persönlichkeitsprofil von "Frühentwicklern" und "Spätentwicklern"

Bevor diese Adoleszenzverläufe genauer beschrieben werden, ist ein Hinweis auf die Merkmale der Stichprobe von 16jährigen sehr wichtig. Wie schon erwähnt, haben wir es hier nurmehr mit denjenigen Jugendlichen zu tun, die noch im 10. Schuljahr im allgemeinbildenden Schulsystem sind. Es fällt somit die Gruppe der Hauptschüler weg, unter denen sich, wie hier schon dokumentiert, Problementwicklungen besonders häufig finden. Zum anderen wird zu beachten sein, daß wir bei den "Spätentwicklern" auch immer eine höhere längsschnittliche Ausfallquote haben. Hier erweist sich somit eine methodische Besonderheit als inhaltlich bedeutsam: Mit "Frühentwicklung" und "Spätentwicklung" ist auch eine deutlich unterschiedlich hohe Bereitschaft verbunden, an der Erhebung teilzunehmen. Ähnlich wie gute Schüler immer häufiger partizipiert haben, tun dies auch "Spätentwickler". Wir haben häufig bei den "Frühentwicklern" doppelt so hohe Ausfallquoten. Dies bedeutet natürlich auch, daß wir eher weniger dramatische Entwicklungen analysieren und die hier gefundenen Zusammenhänge "konservative" Schätzungen des tatsächlichen Problemgrades sind. Dies ist eine allgemeine Problematik von Survey-Untersuchungen und insbesondere auch von Longitudinalstudien. An besonders extreme Pathologien kommt man mit solchen Forschungsmethoden nur schwer heran. Im Mittelpunkt steht immer eher die Variation der "akzeptablen Normalität".

Diese Vorbehalte im Hinterkopf seien die hier gebildeten Extremgruppen der *35% "Spätentwickler"* und der *23% "Frühentwickler"* im Alter von 16 bis 17 Jahren, gemessen an der Gesamtverteilung auf der Skala "Orientierung an Erwachsenenprivilegien" beschrieben. Dies sind die unteren und oberen Gruppen des Summenscores aus den genannten 6 Indikatoren. Inhaltlich sind diese Gruppen wie in Tab. 3.20 dargestellt charakterisiert.

Tab. 3.20: Gruppenbeschreibung von "Frühentwicklern" und "Spätentwicklern" auf der Grundlage der angeführten 6 Items, Prozentangaben

Spätentwickler: 0 - 4 des Score Erwachsenenprivilegien
Frühentwickler: 7 - 10 des Score Erwachsenenprivilegien

	Spätentwickler	Frühentwickler
N=	643	413
Regelmässige Raucher (> 3)	5	78
Täglich Alkohol	1	23
Keine Ausgehbeschränkungen	18	69
Mehr als 100 DM Taschengeld im Monat	3	35
Derzeit feste(r) Freund(in)	25	45
Früher schon mehrere feste Freundschaften	19	61

Aus ihr gehen die beträchtlichen Unterschiede zwischen den "Frühentwicklern" und "Spätentwicklern" eindrucksvoll hervor.

3.2.4.2 Persönlichkeitsprofile und Profile der Lebensführung

Wenn wir für die inhaltliche Beschreibung der Frühentwickler und Spätentwickler das Persönlichkeitsprofil und die Kultur der Lebensführung in der Freizeit bei "Frühentwicklern" und "Spätentwicklern" heranziehen, dann fassen wir damit akzentuierend das bisher Gesagte zu den Risikogruppen derjenigen, die früh zu rauchen beginnen, regelmäßig Alkohol konsumieren, unabhängig von Ausgehbeschränkungen sind und frühzeitigen Kontakt mit dem anderen Geschlecht haben, zusammen. Die Tabellen 3.21 und 3.22 geben uns Auskunft, in welchen Lebensorientierungen sich diese Gruppen am stärksten unterscheiden. Unserer Gepflogenheit gemäß haben wir die entsprechenden Analysen getrennt für Jungen und Mädchen durchgeführt, um auch beobachten zu können, wie groß im Vergleich zu Geschlechtsunterschieden die Differenz zwischen "Frühentwicklern" und "Spätentwicklern" ist, bzw. welche Interaktionen bestehen.

Eine Aussage läßt sich hier generell vorwegnehmen: Es gibt nur sehr wenige bedeutsame Interaktionen, die zudem eine solche Größenordnung haben, daß hier darauf nicht näher eingegangen werden muß.

Bei den *Persönlichkeitsprofilen* ergibt sich nun ein klares Ergebnis: Frühentwicklung ist am stärksten mit einer Distanzierung von Leistungs- und Disziplinerwartungen, also mit einer Distanzierung vom schulischen Erwartungsprofil verbunden. An zweiter Stelle folgen soziale Dimensionen: Frühentwickler schätzen sich sozial kompetenter ein und sie empfinden sich als sozial integrierter. Interessanterweise spiegelt sich dies nur sehr schwach in den soziometrischen Wahlen in den Schulklassen.

Tab. 3.21: Persönlichkeitsprofil von "Spätentwicklern" und "Frühentwicklern" (16jährige) - Mädchen und Jungen

Prozent Quadratsummen (%SSQ)
Richtung der Ausprägung (M=Mädchen höher, J=Jungen höher, Fr= Früher höher, Sp=Später höher)
Signifikanzen: p = 1.00 = *** p ≥ .99 = ** p ≥ .95 = *

	%SSQ Geschlecht		"Frühe"/"Späte"		Interaktion	
N = (ca)	(M: 450; J: 480)		(400/630)			
Soziokognitive Kompetenzen	-		-		-	
Ich-Stärke	4.46	(J, ***)	1.26	(Sp, ***)		
Selbstkonzept: Aussehen	.88	(J, **)	1.25	(Fr, **)		
Prosoziale Motivation	1.41	(M. **)	-		.52	(J, Sp; M, Fr, *)
Moralisches Urteilsniveau	1.28	(M, **)	-		-	
Leistungsbereitschaft	1.56	(M, ***)	15.56	(Sp, ***)		
Soziale Interessen	4.92	(M, ***)	1.46	(Fr, ***)		
Soziale Fähigkeiten	-		3.95	(Fr, ***)		
Soziale Einbettung (Selbstwahrnehmung)	1.81	(J, ***)	5.94	(Fr, ***)		
Soziale Einbettung (Soziometrische Wahlen)	.54	(*)	.46	(*)	.94	(J, Fr; M, Sp, **)
Politisches Interesse	2.95	(J, ***)	1.22	(Sp, ***)		

Tab. 3.22: Lebensweltprofil von "Spätentwicklern" und "Frühentwicklern" (16jährige) - Mädchen und Jungen

Prozent Quadratsummen (%SSQ)
Richtung der Ausprägung (M=Mädchen höher, J=Jungen höher, Fr= Früher höher, Sp=Später höher)
Signifikanzen: p = 1.00 = *** p ≥ .99 = ** p ≥ .95 = *

N = (ca)	%SSQ Geschlecht (M: 450; J: 480)		"Frühe"/"Späte" (400/630)		Interaktion	
Gruppenmitgliedschaften						
Turn- und Sportverein	2.54	(J, ***)	.89	(Sp, **)	-	
Politische Jugendgruppen	.46	(J, *)	.98	(Fr, **)		
Keine	2.37	(M, ***)	-		-	
Verantwortlichkeiten						
Tier versorgen	1.98	(M, **)	.56	(Sp, *)		
Feste Aufgaben zuhause	6.47	(M, ***)	-		-	
Geld verdienen (jobben)	.85	(J, **)	1.63	(Fr, ***)	-	
Jugendkulturen						
Bravo-Kultur	8.22	(M, ***)	1.82	(Fr, ***)	-	
Bildungsorientierung	10.83	(M, ***)	3.18	(Sp, ***)		
Motor und Sport	11.77	(J, ***)	.51	(*)	.72	(Fr, M; Sp, J, **)
Fernsehen	1.32	(J, **)	2.66	(Sp, ***)	-	
Kirchliche Aktivitäten	2.41	(M, ***)	3.82	(Sp, ***)	-	

Eine dritte Gruppe von Unterschieden ergibt sich in bezug auf die größere Ich-Stärke der Spätentwickler, dem besseren Selbstkonzept des Aussehens der "Frühentwickler" und dem größeren politischen Interesse der "Spätentwickler". Im soziokognitiven Kompetenzniveau ergeben sich interessanterweise keine Differenzen.

Dieses Persönlichkeitsprofil unterstützt die Hypothese, daß die genannten Indikatoren der Frühentwicklung auf einen Entwicklungspfad verweisen, der besonders über Distanzierung von Schule und Erfolg in der Altersgruppe und zum frühzeitigen Interesse am anderen Geschlecht führt.[31]

Wenn wir das Profil der Lebensführung in der Freizeit unter den hier zur Debatte stehenden Gesichtspunkten analysieren, dann ergibt sich, daß dafür im Gegensatz zum Persönlichkeitsprofil Geschlechtsunterschiede weit bedeutsamer sind als jene nach dem Entwicklungsstand.

Trotzdem sei auf die wichtigsten Differenzen bei letzterem zuerst verwiesen: Sie ergeben sich in zwei Bereichen: (1) die Kulturpubertät, also die Bildungsorientierung, ist bei den "Frühentwicklern" niedriger und (2) die kirchlichen Aktivitäten sind weniger entfaltet. Kirchenbindung und Kultur-

[31] Lediglich erwähnt seien hier die andernorts noch genauer zu beschreibenden Sachverhalte, daß die Mädchen sich in diesem Profil auch deutlich von Jungen unterscheiden. Sie sind insbesondere sozial interessierter, ihre Ich-Stärke ist aber geringer. Auch heute noch ist das politische Interesse der Jungen bei den 16jährigen größer als bei den Mädchen.
Dem "traditionellen Erwartungsprofil" entspricht auch das Ergebnismuster, daß die soziale Einsatzbereitschaft der Mädchen größer ist, daß sie etwas leistungsbereiter sind und daß ihr moralisches Urteilsniveau höher ist.

bindung führen danach am ehesten zu einer Verzögerung der Initiation in Rauchen, Alkoholkonsum, frühzeitige Unabhängigkeit und frühzeitige gegengeschlechtliche Kontakte.

Erst an zweiter Stelle kommen die Differenzen in den Gruppenmitgliedschaften und Verantwortlichkeiten. Auf sehr mäßigem aber signifikantem Niveau kommt zutage, daß "Spätentwickler" häufiger in Turn- und Sportvereinen und daß "Frühentwickler" etwas häufiger in politischen Jugendgruppen organisiert sind. "Spätentwickler" versorgen auch noch häufiger Tiere, und sie verdienen weit weniger häufig schon Geld durch Jobs.

Bei den Jugendkulturen wiederum zeigt sich, daß Frühentwickler stärker an der Bravo-Kultur orientiert sind und daß sie weniger fernsehen.[32]

Das hier gezeichnete Bild der "Frühentwickler" und "Spätentwickler" unter den Mädchen und den Jungen entspricht weitgehend den schon früher beschriebenen Persönlichkeitsbildern und Lebensweltprofilen. Es faßt die Gesamtergebnisse gut zusammen, wenngleich es nur eine Momentanaufnahme bei den 16jährigen repräsentiert. Die Longitudinalstudie bietet jedoch die Möglichkeit, dem Prozeß des Hineinwachsens in diese Kulturen der Lebensführung nachzugehen. Dies soll in einem nächsten Schritt auch durch den Verweis auf die konkreten Einzelfragen geschehen.

3.2.4.3 Entwicklungsbilder

Die Beschäftigung mit den Entwicklungspfaden der sogenannten "Frühentwickler" und "Spätentwickler" wäre dann unergiebig, wenn man dadurch nur eine sporadisch und eher zufällig entstehende Gruppe von Heranwachsenden in einem bestimmten Stadium ihrer Entwicklung erfassen würde. Gewichtiger wird eine Beschäftigung mit diesen Gruppen dann, wenn sie auf grundlegende Auseinandersetzungsformen mit Angeboten und Anforderungen des Lebens verweisen, die weit *in die persönliche Geschichte* verweisen und die möglicherweise *zukünftige Lebensorientierungen* vorwegnehmen. Während uns Informationen zu letzterem verwehrt sind, können wir die Herkunft der "Frühentwickler" und "Spätentwickler" genauer beschreiben.

---

32 Von weit größerer Bedeutung sind aber in diesem Bereich die Geschlechtsunterschiede. Sie entsprechen auch hier dem öffentlichen Erwartungsbild: Jungen interessieren sich besonders häufig für Motor und Sport; die Kulturpubertät andererseits, also die Bildungsorientierung, wird heute weit stärker von Mädchen getragen als von Jungen.
Zudem sind Mädchen stärker an der Bravo-Kultur orientiert, aber auch ihre kirchliche Aktivitäten sind ausgeprägter. Wie früher sind auch heute noch Mädchen weniger stark in sozialen Gruppen (Turn- und Sportverein) engagiert. Zum anderen ist ihre häusliche Bindung größer. Sie haben weit häufiger feste Aufgaben zu Hause.

Wir tun dies in einem ersten Schritt, indem wir die zurückliegende "Karriere" der von uns definierten Gruppen in bezug auf die Definitionsmerkmale selber darstellen. Dies ist in der Abb. 3.19 dokumentiert.

Abb. 3.19: "Selbständigkeitskarriere" von Frühentwicklern und Spätentwicklern

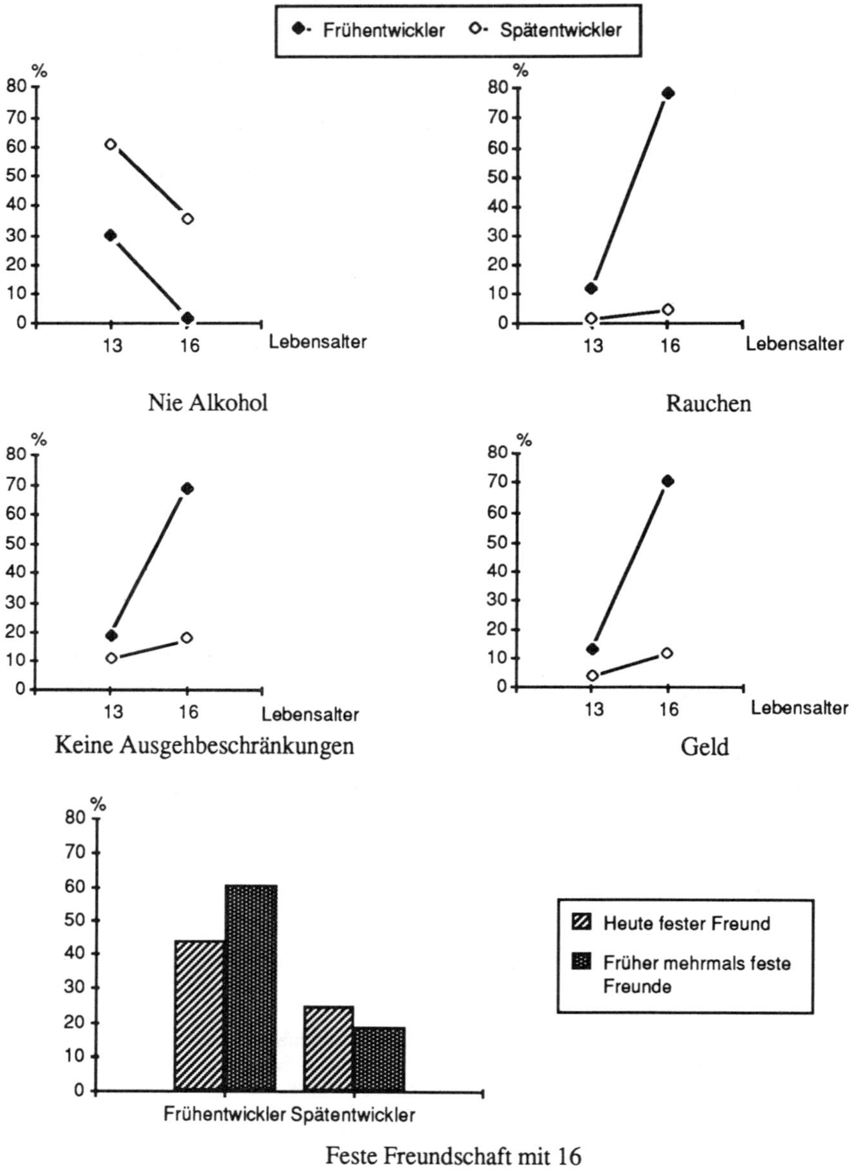

1. Sie macht zweierlei unzweifelhaft deutlich: die sogenannten "Frühentwickler" haben in den Lebensjahren von 13 bis 16 einen enormen Zuwachs im Zugang zu Privilegien der Erwachsenen und an Unabhängigkeit und Freiheit erfahren. *Für sie sind die Adoleszenzjahre tatsächlich die kritischen Jahre,* sie bilden das "Fenster" für den Einstieg in wichtige Bereiche des Risikoverhaltens. Unsere Gruppe der "Spätentwickler" ist von solchen Prozessen weitgehend verschont.
2. Die Risikogruppe hat im Alter von 13 Jahren teilweise schon einen höheren Zugang zu Privilegien der Erwachsenen als die "Spätentwickler" mit 16 Jahren. Die "Frühentwickler" hatten z.B. im Alter von 13 Jahren nur zu 30% noch keinen Alkohol konsumiert, die "Spätentwickler" noch zu 61%.

Abb. 3.20: Entwicklungsbilder von 16jährigen "Frühentwicklern" und "Spätentwicklern"

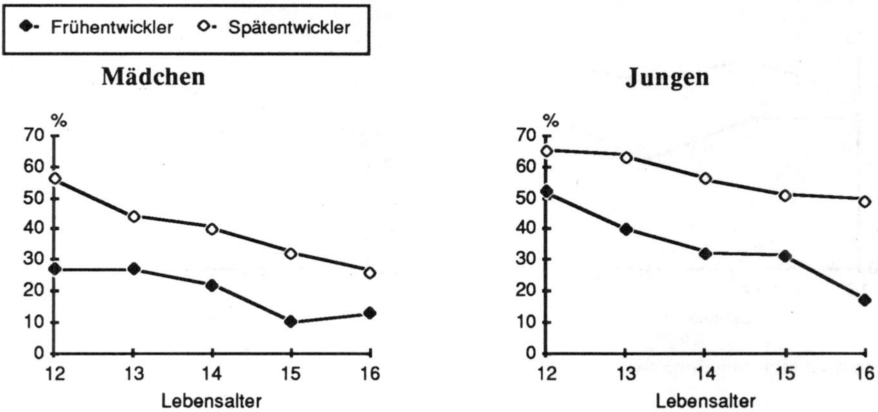

Bezugsgruppenorientierung: Wahl der Eltern als Vertrauenspersonen bei "Problemen mit Dir selbst"

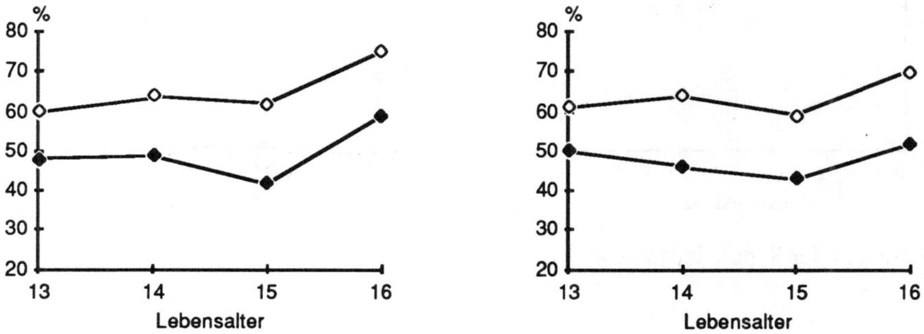

Übereinstimmung mit den Eltern ...

... mit welchen Freundinnen (Freunden) man umgehen sollte und mit welchen nicht (gleichgeschlechtlich)

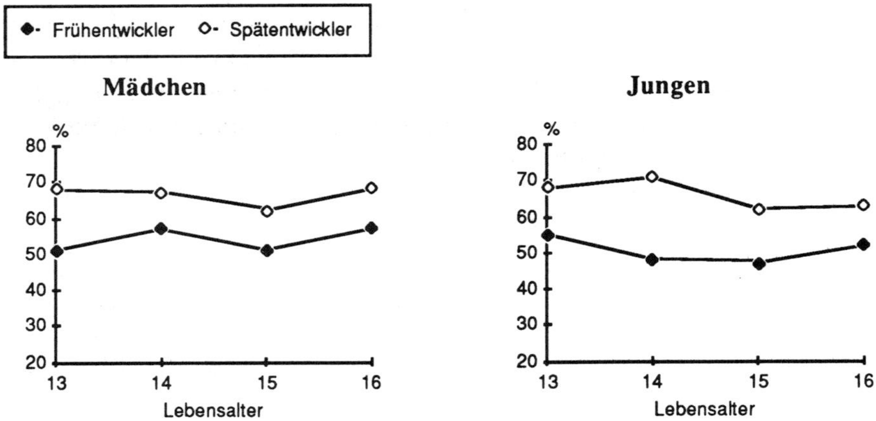

... wann ich am Abend zu Hause sein soll

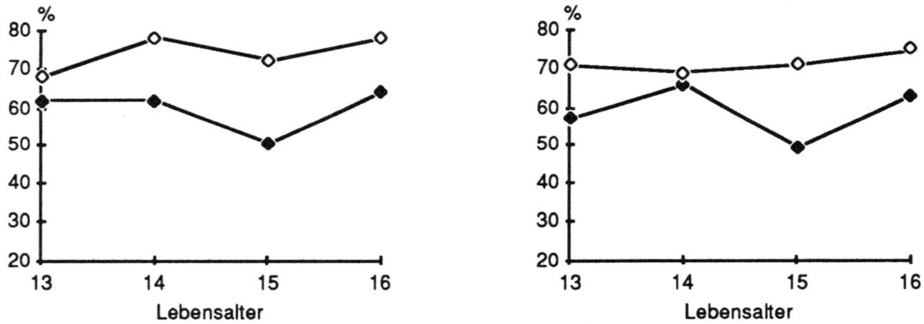

... wie man sich benehmen soll

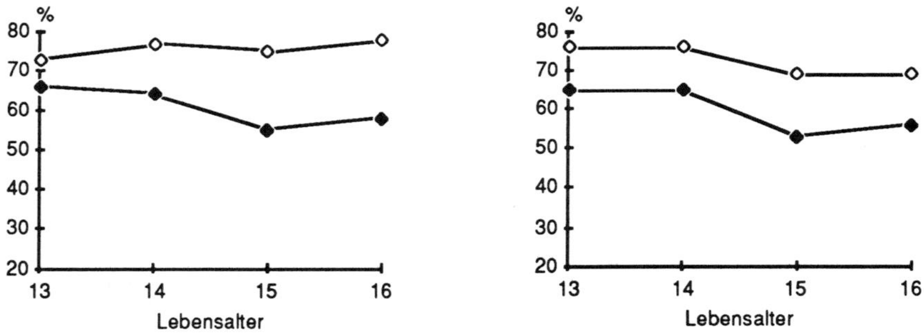

... was ich in der Schule leisten soll

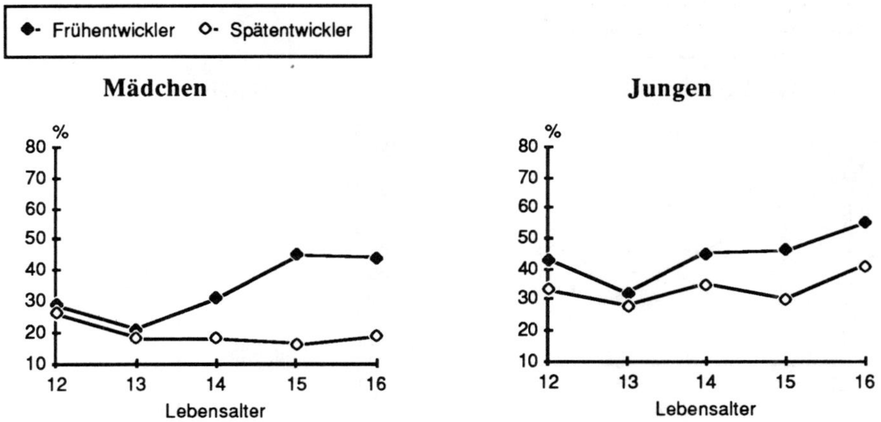

Lernhaltungen ...

... Hausaufgaben: % halbe Stunde und weniger

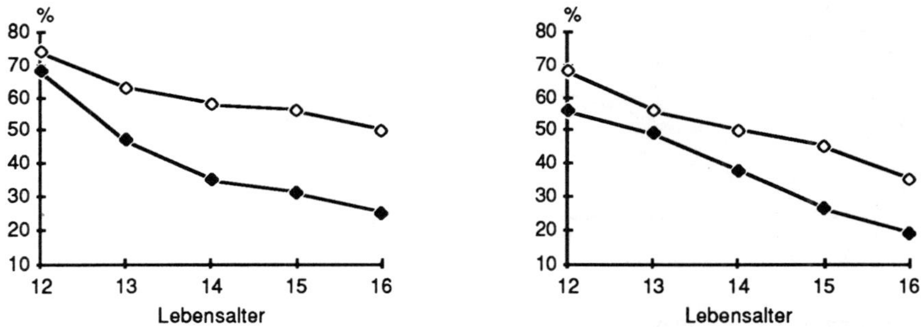

... Wie sehr strengst Du Dich für die Schule an: Sehr und ziemlich

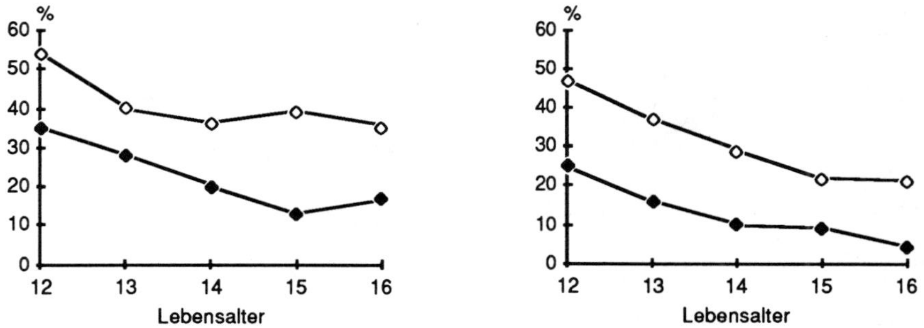

Schulopposition:

... Lehrer absichtlich ärgern: % nie

◆- Frühentwickler ◇- Spätentwickler

Mädchen **Jungen**

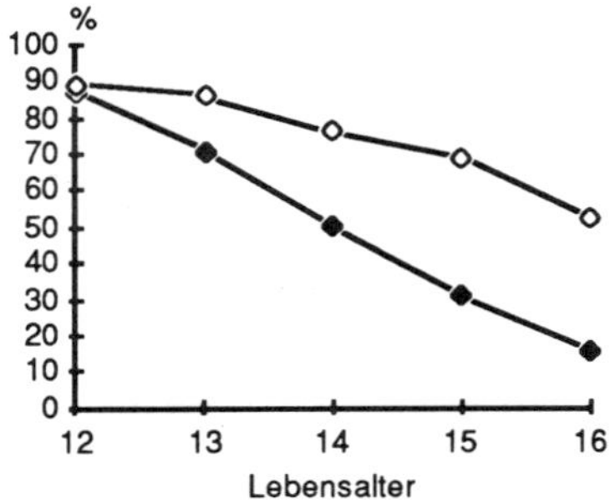

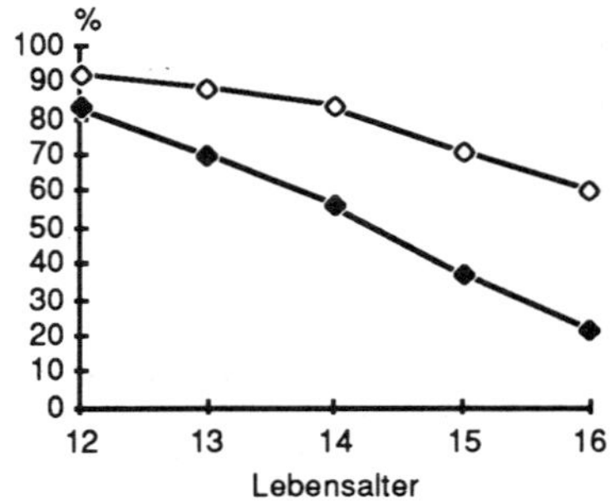

... Schule schwänzen: % nie

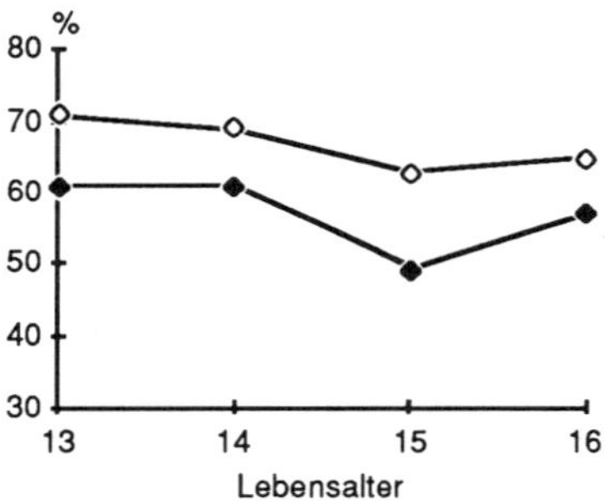

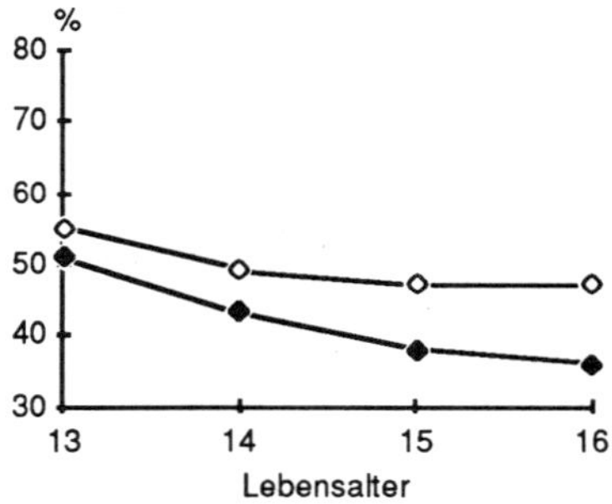

Kulturpubertät, % öfters und fast jedes Mal: ...

... Bücher lesen

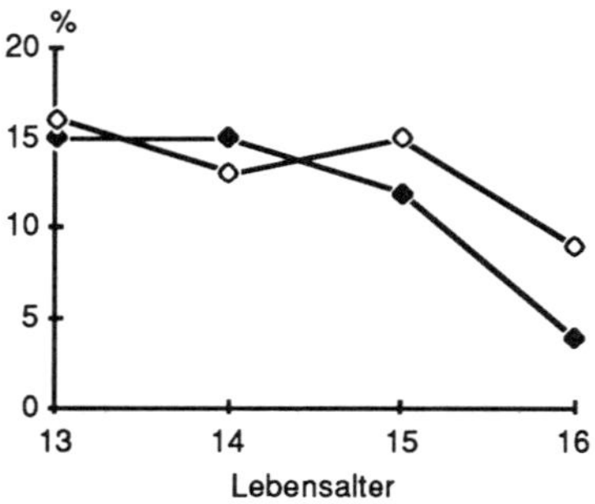

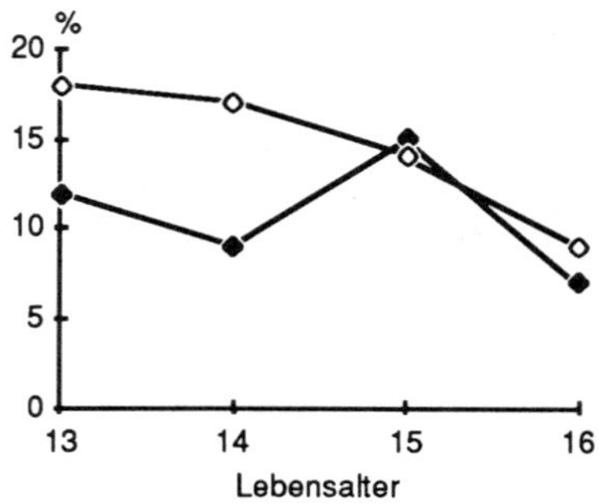

... Klassische Musik hören

●- Frühentwickler ○- Spätentwickler

Mädchen **Jungen**

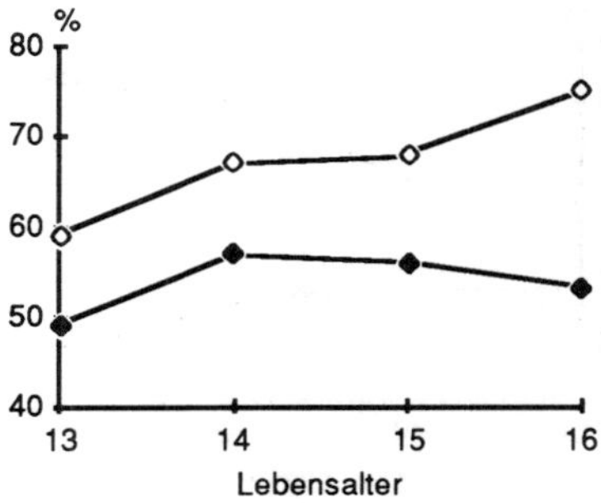

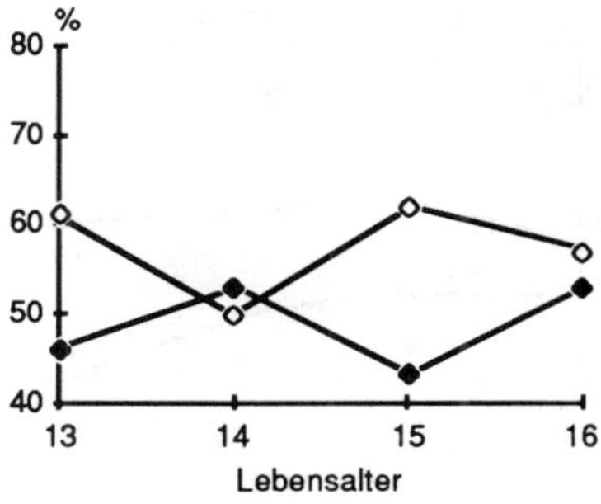

... reden über die Schule

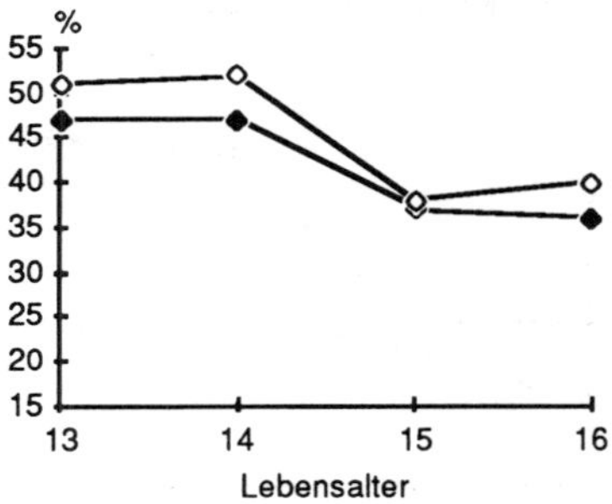

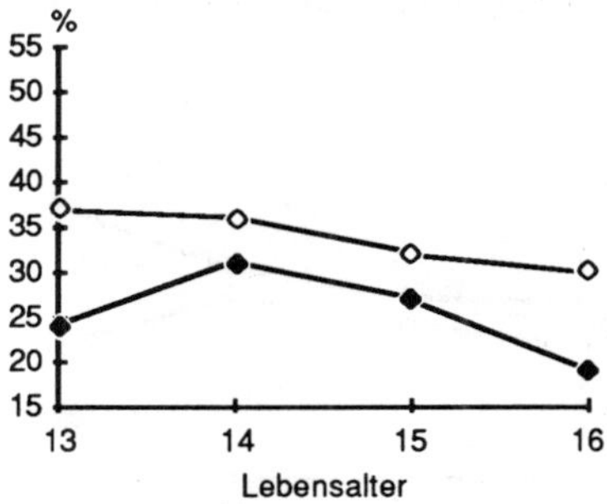

Aktive Selbst-Beschäftigung:

... mich mit Haustieren beschäftigen

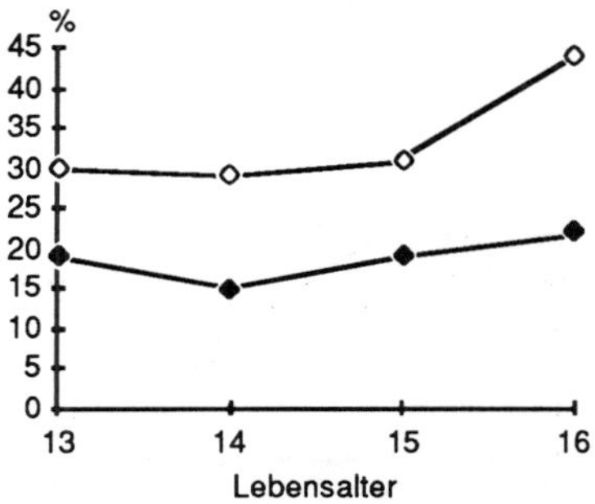

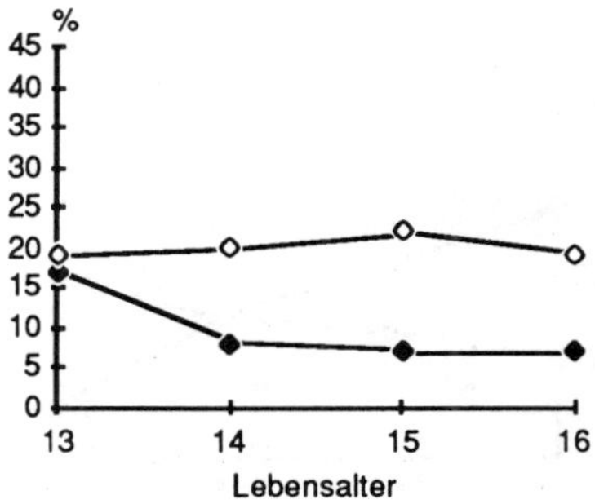

... basteln oder handarbeiten

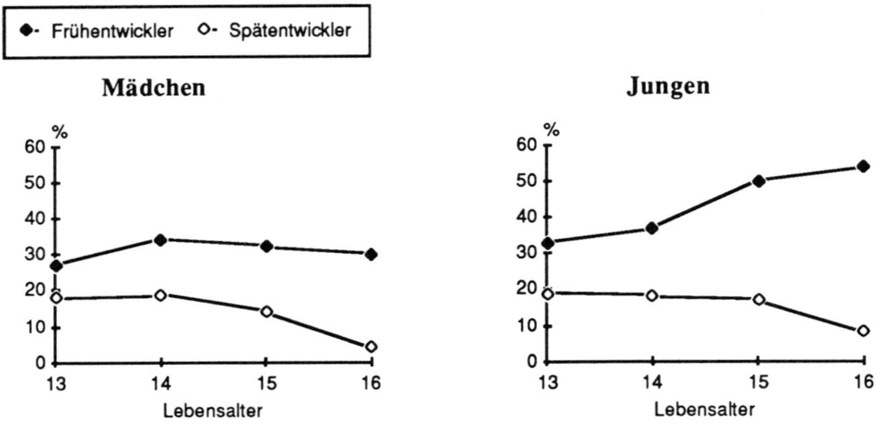

Altersgruppenkultur: soziale Integration ...

... Wie häufig triffst Du Dich mit Deinen Freunden außerhalb der Schule: % täglich

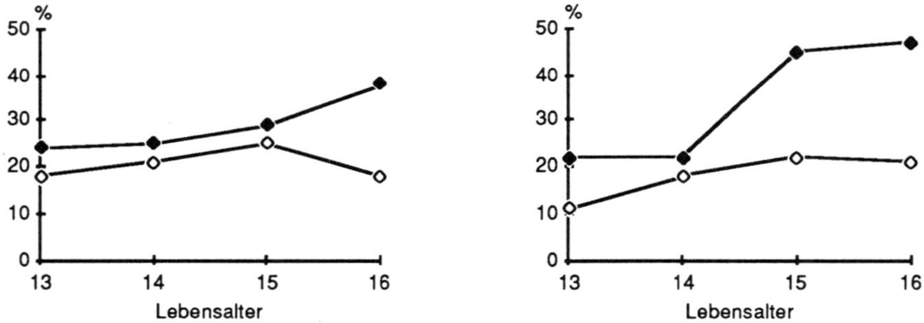

... Bist Du in einem Kreis von Jugendlichen, der sich regelmäßig oder öfters trifft und sich zusammengehörig fühlt (kein Verein oder Verband): % ja, regelmäßig

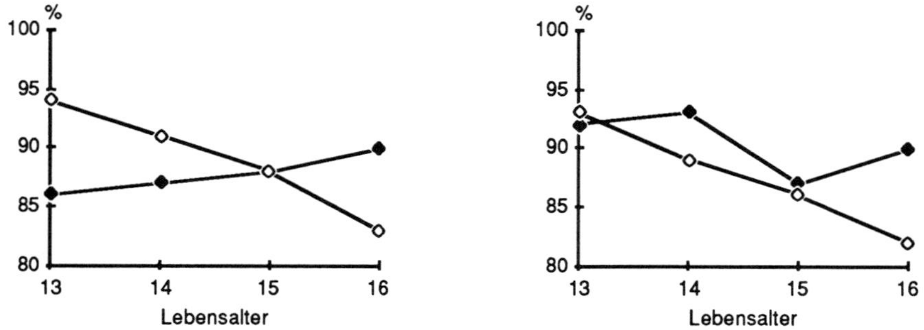

... Hast du einen wirklichen Freund (eine wirkliche Freundin)? (gleichgeschlechtlich) % ja

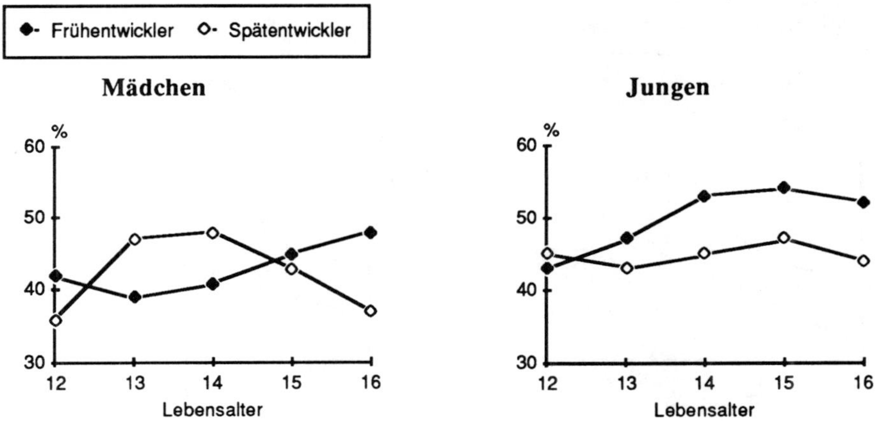

... Wie beliebt bist Du in der Klasse: % sehr beliebt und beliebt

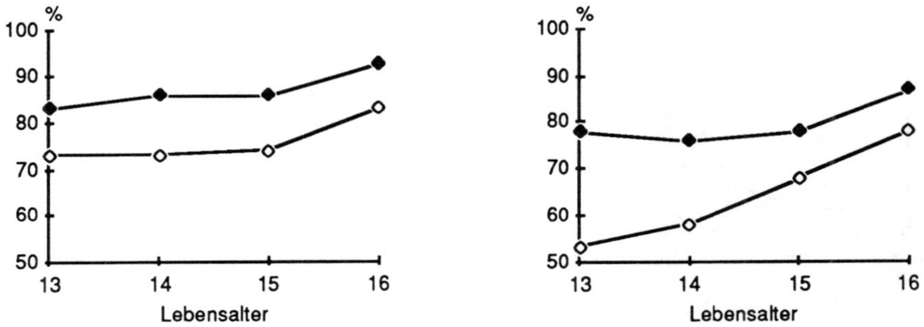

Altersgruppenbezogene Freizeitkultur % öfters und fast jedes mal: ...

... Pop-, Rock- und Discomusik hören

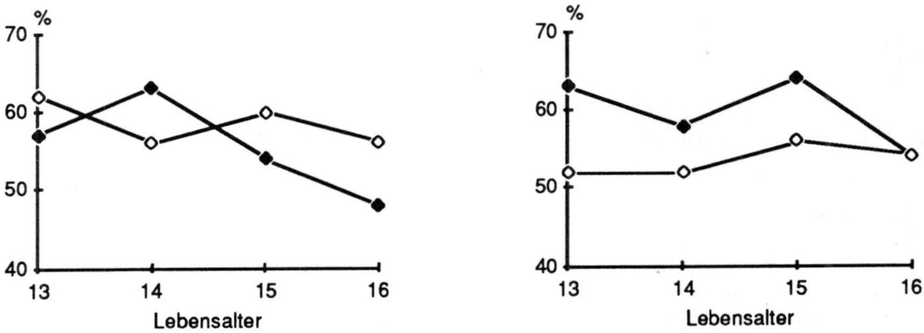

... reden über Lieblingsstars, die neuesten Platten und die Hitparade

Frühentwickler Spätentwickler

Mädchen **Jungen**

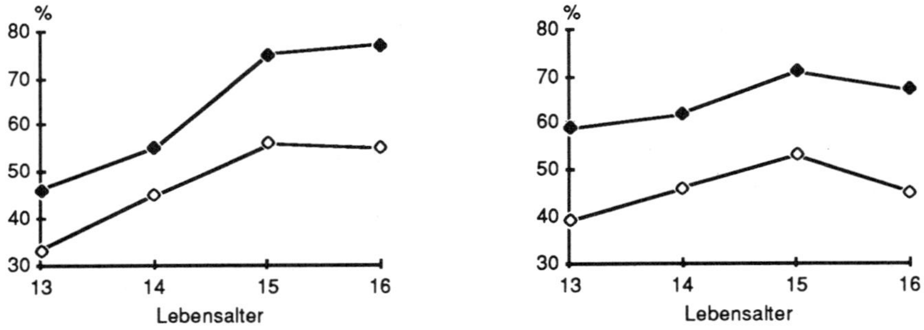

... reden über Liebe und Sexualität

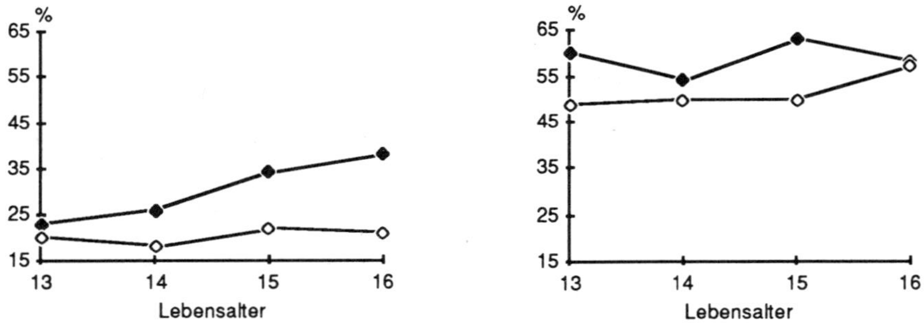

... reden über Autos und Motorräder

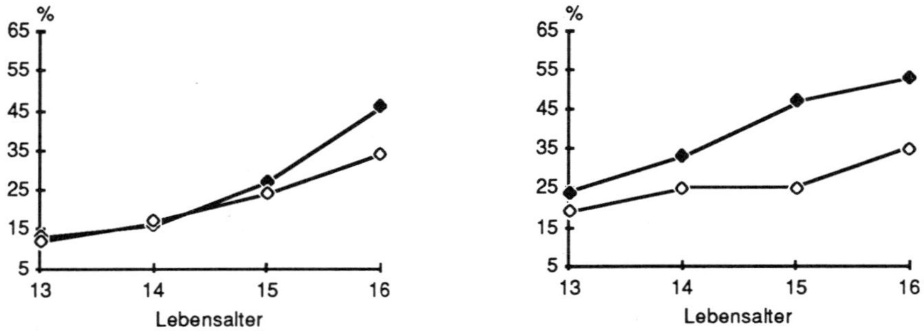

Außerschulische Aktivitäten ...

... Geld verdienen

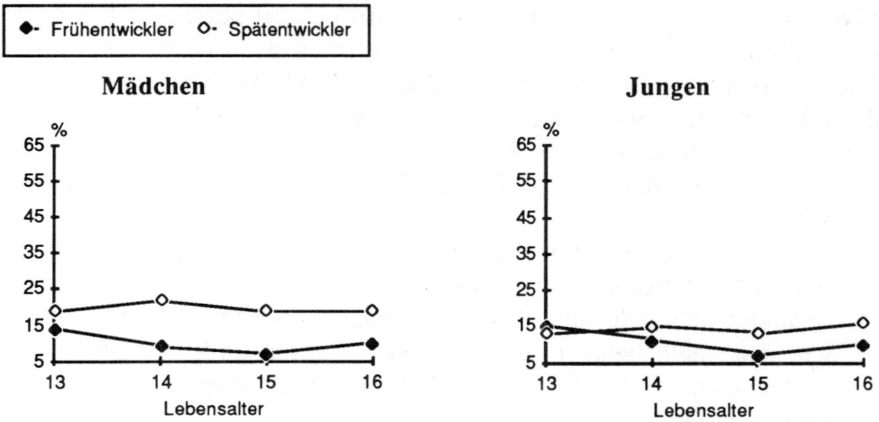

... Mitgliedschaft in kirchlichen Jugendgruppen

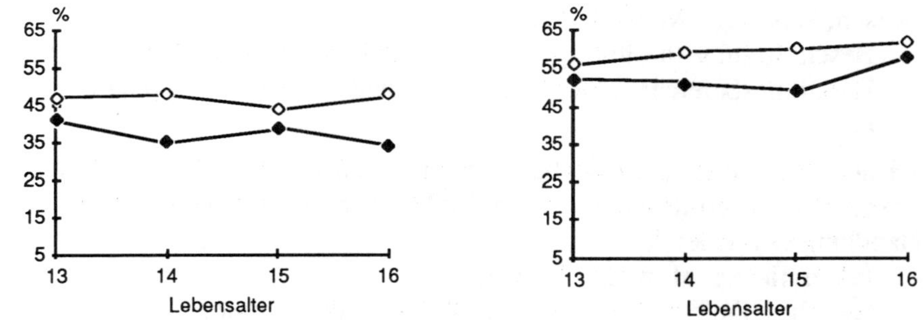

... Turn- und Sportverein

In der Abb. 3.20 sind die Entwicklungsbilder 16jähriger "Früh-" und "Spätentwickler" mit Hilfe dieser Indikatoren dargestellt.

Wenn wir an dieser Stelle unser übliches Vorgehen, die Vielfalt der Informationen in globalen Indikatoren wie Leistungsbereitschaft und Elterndistanz zu bündeln, aufgeben, dann deshalb, weil wir zusammenfassend in plastischer Weise die Entwicklungspfade vom 12. zum 16. Lebensjahr sichtbar machen möchten. Zu diesem Zwecke haben wir jene Einzelfragen und Einzelfeststellungen herausdestilliert, die am stärksten zwischen den beiden Gruppen der "Frühentwickler" und den "Spätentwicklern" unterscheiden. Inhaltlich fallen diese in zwei Gruppen.

1. Die erste Gruppe von Informationen (s. Abb. 3.20) bezieht sich auf die Orientierung an den Erwartungen und Normen der Erwachsenen, insbesondere im Bereich von Leistungsanforderungen, von Askese und disziplinierter Lebensführung und von kulturellen Angeboten.
   Dazu zählen folgende Fragen:
   - Eltern oder Freunde als Bezugspersonen bei Problemen mit sich selbst;
   - Grad der Übereinstimmung zwischen Eltern und Jugendlichen in wichtigen Entscheidungen dieser Altersphase: z.B. mit welchen Freunden man umgehen sollte, wann man abends zu Hause sein sollte, wie man sich benehmen soll, was man in der Schule leisten soll;
   - Bereitschaft zur Erfüllung schulischer Leistungserwartungen;
   - Aggressivität gegenüber Lehrern;
   - Absentismus (Schule schwänzen);
   - Orientierung an kulturellen Angeboten der Erwachsenen: Bücher lesen, klassische Musik hören;
   - Beschäftigung in altersspezifisch "ungefährlichen" aber produktiven Handlungsbereichen: Umgang mit Haustieren, basteln und handarbeiten;
2. Zu den eher jugendspezifischen, konsumorientierten und altersgruppenbezogenen Orientierungsmustern zählen wir die wie folgt indizierten Handlungsbereiche:
   - Integrationsgrad in eine Clique;
   - tägliches Treffen mit Freunden außerhalb der Schule;
   - intensives Hören von Pop-, Rock- und Discomusik;
   - Interesse an Liebe und Sexualität;
   - Orientierung an Autos und Motorrädern.

Die Pädagogik der außerschulischen Jugendarbeit dürfte zum anderen interessieren, in welchem Ausmaß oft diskutierte Erfahrungsbereiche und Organisationsformen der Jugend mit Entwicklungspfaden der Adoleszenz zusammenhängen. Die eine Frage stammt aus dem Diskussionskontext, welche Bedeutung *Arbeitserfahrungen* haben und wie sie sich auf die Entwicklung von Adoleszenten, die ansonsten nur im Schulbereich tätig sind, auswirken. Mit der Frage nach dem Ausmaß, in dem jemand schon selber Geld verdient hat, wollen wir darauf eingehen (s. GREENBERGER & STEINBERG, 1986).

Welche Bedeutung *kirchlichen Jugendgruppen* zukommt, dürfte die Jugendpädagogik ebenso interessieren wie jene, ob die *Mitgliedschaft in Sportver-*

einen eine eher akzelerierende oder retardierende Funktion in bezug auf Konsumprivilegien ausübt.

Dem Charakter einer Zusammenfassung ensprechend sei hier nur deskriptiv ein Überblick über die so vermittelten Kulturen der Lebensführung von "Frühentwicklern" und "Spätentwicklern" formuliert.

Die Abb. 3.20 macht unübersehbar, daß mit den genannten 6 Indikatoren auch sehr differentielle Muster der Lebensgestaltung in der Adoleszenz verbunden sind.

"Frühentwickler" waren schon am Ende der Kindheit, also im 12. bzw. im 13. Lebensjahr in vielen Bereichen anders orientiert als "Spätentwickler". Im Verlauf der Adoleszenz ist jedoch eine starke Auseinanderentwicklung dieser beiden Gruppen festzustellen. Um einige markante Unterschiede hier sprachlich wiederzugeben, sei auf folgendes verwiesen:

"Frühentwickler" orientieren sich im Verlauf der Adoleszenz immer weniger an den Eltern, sie diskutieren ihre Probleme immer seltener mit Vater und Mutter. Gleichzeitig ist in zentralen jugendspezifischen Fragen ihr Dissens mit den Eltern größer, insbesondere wo es um persönliche Freiheiten und um die Wahl von Freunden geht. Konfliktreicher ist bei ihnen auch die Auseinandersetzung um Standards der Höflichkeit und um Leistungsanforderungen.

Besonders ausgeprägt sind nun die Distanzierungen von Schule und von Lehrern. Während die faktischen Hausaufgabenzeiten nicht so stark divergieren, ist dies bei der selbstberichteten Anstrengung für die Schule der Fall. Hier ist der entsprechende Rückgang bei den Mädchen früher als bei Jungen, ein Phänomen, das wir bei mehreren Indikatoren bei genauer Betrachtung der Adoleszenzverläufe finden.

Besonders ausgeprägt ist nun die Opposition gegen Lehrer, die Aggression gegen sie und der zunehmende Absentismus von "Frühentwicklern".

Auch in den erwachsenenbezogenen Freizeitkulturen ergeben sich Differenzen: beim Bücherlesen, etwas weniger konsistent beim Hören klassischer Musik. Die Schule ist insbesondere bei Mädchen, die zu den "Frühentwicklern" gerechnet werden, weniger häufig ein Thema bei Gesprächen unter Altersgleichen.

Konsistent sind auch die Diskrepanzen in "ungefährlichen" Beschäftigungsformen dieser Altersphase, also bei der Beschäftigung mit Haustieren, beim Basteln oder Handarbeiten. Erstaunlich finden wir, wie häufig in dieser Altersphase von allen Heranwachsenden mit Haustieren umgegangen wird und wie verbreitet insbesondere bei Mädchen noch Basteltätigkeiten und Handarbeitstätigkeiten sind.

Die Entwicklungsbilder verdichten sich, wenn wir gleichzeitig die soziale Integration und die Jugendkultur der "Frühentwickler" betrachten. Am stärksten divergieren die hier analysierten Gruppen in zwei Bereichen: beim Integrationsgrad in eine Clique und beim täglichen Treffen von Freunden. Schon als 13jährige sind diese Unterschiede vorhanden, sie vergrößern sich dann ins 16. Lebensjahr hinein. Es ist aber auffallend, daß die Kristallisation der sozialen Beziehungen in Cliquen außerhalb der Schule erfolgt. Bei der Frage nach einem "wirklichen Freund" und bei der Frage nach der Beliebtheit in der Klasse ergeben sich keine oder nur geringfügige Unterschiede. "Spätentwickler" fallen also nicht aus sozialen Beziehungen unter Altersgleichen generell heraus, sondern sie sind stärker an Zweierbeziehungen orientiert, und sie finden soziale Kontakte häufiger innerhalb der Schulklasse.

Auch die Freizeitkultur der "Frühentwickler" unterscheidet sich in einigen Punkten wieder erwartungsgemäß: die Orientierung an der jugendspezifischen Musik trennt besonders stark "Frühentwickler" und "Spätentwickler". Auch das frühzeitige Interesse an Liebe und Sexualität ist ein zentraler Indikator. Unabhängigkeit und Freiheit verlangen auch, die Mittel dazu zu haben, und dies sind schon in dieser Altersphase Autos und Motorräder. Sie bilden deshalb in hohem Maße ein zentrales Gesprächsthema.

Diese Jugendlichen verfallen somit sehr früh dem Blendwerk des "schönen Lebens" - dies auf dem Hintergrund einer psychischen Lage und lebensweltlichen Situation, die ein hohes soziales Geltungsbedürfnis indiziert, das auf "normalen", weniger riskanten Entwicklungspfaden nur mühsam, wenn überhaupt, befriedigt werden kann.

Zur Vervollständigung sei auf die Abbildungen über die Mitgliedschaft in Jugendgruppen und über das selbständige Geldverdienen verwiesen. Letzteres entwickelt sich erwartungsgemäß, d.h. jene, die mehr Freiheit und mehr Konsummöglichkeit suchen, müssen sich diese teilweise durch eigene Arbeit verdienen.

Zwei Bestätigungen finden die Erwartungen, daß die Kirchenbindung eher eine Erwachsenenorientierung bedeutet und daß Turn- und Sportvereine eine entsprechende Entwicklungsakzeleration nicht stützen, sondern eher zu "Solidität" führen.

Vieles spricht dafür, daß die hier identifizierte Gruppe der "Frühentwickler" jene Adoleszenzverläufe durchlebt, die als Risikoentwicklungen angesehen werden müssen. Eine Zusatzinformation ist dabei sehr wesentlich: es handelt sich hier nicht um eine Gruppe, die in sehr intensiven und inhaltlichen *weltanschaulichen Auseinandersetzungsprozessen* mit den Erwachsenen steht; alle Indikatoren, die darauf verweisen könnten, ergeben keine Unterschiede. *Weder bei politischen Fragen noch bei weltanschaulichen Fragen ergeben sich deutliche Elterndissens-Unterschiede* zwischen "Frühentwicklern" und "Spätentwicklern". Die Ebene der Auseinandersetzung ist eine andere: an der Oberfläche kristallisiert sie sich um Leistungserwartungen, um Autonomie und Unabhängigkeit, um hedonistische Genußmöglichkeiten, um ein Leben in Unabhängigkeit, Freiheit und Erfüllung, um äußere Bedeutungsdemonstration und nicht um innere Erfüllung. Diese Gruppe ist somit ungeschützt den Gefährdungen oberflächlicher Konsumorientierung und Lebensgestaltung ausgesetzt, es fehlt ihr jene innere Disziplin und innere Sinnorientierung, die es ihr erlauben würde, selektiv mit den Chancen des Wohlstandes umzugehen. Wenn es somit Konflikte mit den Eltern gibt, dann sind es solche, die um die Alltagspraxis eines eher disziplinierten oder eher hedonistischen *Lebensstils* gruppiert sind. Insgesamt stehen in dieser Altersphase bei der Auseinandersetzung mit den Eltern eher solche "Selbständigkeitskonflikte" und "Lebensstilkonflikte" im Vordergrund als explizite inhaltliche Auseinandersetzungen weltanschaulicher Art. Die Weltanschauung ist in der Frühadoleszenz nicht explizites Thema, wohl aber der oft nicht diskutierte Hintergrund der vordergründigen Auseinandersetzungen.

Die Hauptproblematik liegt wohl darin, daß die Frühentwickler das "Gute der Kindheit" zu früh ablegen und das "Schlechte des Erwachsenseins" zu schnell ergreifen. Gleichzeitig pflegen sie das eigentlich Schöne des Altersspezifischen zu wenig, sie leben also zu wenig in "ihrer Zeit".

Dies sind wohl zentralere Gefährdungen der Entwicklung und des Aufwachsens im Wohlstand als jene, die sich auf Befürchtungen richten, die Vaterlandsliebe könnte gefährdet sein oder infolge linksorientierter politischer Philosophien würden Leistungsverweigerungen erfolgen. Leistungsverweigerung, Aggressivität gegen Erwachsene, rauschhafter Genuß im Risiko und in der eigenen Clique sind heute häufige Gefährdungsmomente, die aber nicht mit prinzipiellen politischen Orientierungen zusammenhängen, sondern mit den unmittelbaren Anreizstrukturen und Problemzumutungen in der Lebenswelt von Heranwachsenden. Gewiß, die Werbung und die auf die Jugend ausgerichtete Konsumindustrie schaffen entsprechende Opportunitäten für altersspezifische Kulturen der Lebensführung. Es ist aber eine offene Frage, unter welchen Bedingungen bestimmte Adoleszente zu diesen Angeboten ein größereres oder geringeres Näheverhältnis entwickeln und sie als Angebote für die eigene Identitätsfindung und Selbstdarstellung verstehen.

Mit dieser letzten Formulierung geraten wir auf Wege der Erklärung dieser Entwicklungsverläufe. Wie kommt es zur "Frühentwicklung", und wie kommt es zur "Spätentwicklung"? Wir können diese Frage hier nicht abschließend beantworten, doch einige Hinweise sind vorhanden:

Einmal hat sich gezeigt, daß wir es hier häufig mit "persönlichkeitsstarken" Jugendlichen zu tun haben, die aber in Schule und Elternhaus bestimmte Ausgrenzungen erfahren. Mit letzterem ist gemeint, daß sie in der Kindheit weniger Akzeptanz und Interesse der Eltern erlebt haben, und daß die schulischen Identifikationsmöglichkeiten und Erfolgsprofile ihnen weniger Chancen lassen, hier zentrale Entwürfe für die eigene Identitätsbildung zu finden. Sich mit der Schule zu identifizieren, würde bedeuten, negative Identitätszuschreibungen zu akzeptieren. Die Abwehr dieser "Zumutungen" erfordert viel Kraft und vor allem die Unterstützung durch die Altersgruppe. In der Clique finden sie jene Zustimmung und jenes Erleben, das ihre eigene Identitätsbildung fördert. Die Theorie von ELKIND (1980) über die Bedeutung strategischer Interaktionen für die Selbstdarstellung und die eigene Identitätsbildung ist u.E. ein gutes Interpretationsangebot für differentielle Adoleszenzverläufe.

ELKIND versucht, die Bedeutung verbotener Handlungen wie Rauchen, Alkohol, sexuelle Kontakte, Ladendiebstähle, verbotenes Autofahren und Schule-Schwänzen auf diese Weise zu erklären. Um die Psychologie dieser Handlungen zu verstehen, müssen sowohl die Belohnungen und Vergnügungen in Betracht gezogen werden, die aus diesen Tätigkeiten selber resultieren als auch die Bedeutungen, die diese im psychischen Haushalt von Adoleszenten haben. In den Herausforderungen und Gefahren, die sie implizieren, liegen Potentiale der Selbstdarstellung, der Präsentation der eigenen Person im vorgestellten Publikum der Gleichaltrigen, die Ansehen verschaffen und so zur Stabilisierung der eigenen Selbstakzeptanz beitragen. Je grösser die Entfremdung von Selbstdarstellungsmöglichkeiten im Rahmen der Normalkultur der Erwachsenen ist, um so bedeutungsvoller werden diese Wege der Stabilisierung der eigenen Identität (s. auch KAPLAN, 1986). Da sich die Verbote und Risiken auf eine ganz bestimmte Lebensphase beziehen, also insbesondere auf die Frühadoleszenz, kommt ihnen in diesem Stadium der Biographie auch eine besondere Bedeutung zu.[33]

---

[33] Diesem Problem könnte dadurch näher nachgegangen werden, daß z.B. die am stärksten zwischen "Frühentwicklern" und "Spätentwicklern" differenzierenden Selbstbeschreibungen am Ende der Kindheit (12. Lebensjahr) analysiert werden. Dieses Verfahren haben wir angewendet, ohne aber allzu erfolgreich zu sein. Bei den Mädchen zeigt sich dabei einmal die Spezialisierung auf die sozialen Interessen und auf die

Neben solchen Erklärungsversuchen und Interpretationsangeboten drängen sich an dieser Stelle naturgemäß ethische und pädagogische Wertungen auf. Wie soll der Prozeß des Selbständigwerdens gestaltet werden, welches Maß an subkulturellem Eigenleben ist notwendig, und welche Umwege über risikoreiches Verhalten zur Stabilisierung der eigenen Identität sind tolerabel?

Die oben erwähnten Interpretationsangebote sollten selbstverständlich nicht dahingehend mißverstanden werden, als ob sie eine Befürwortung von Rauchen, Alkoholkonsum, frühzeitigen gegengeschlechtlichen Kontakten und frühzeitiger Unabhängigkeit beinhalten. Im Gegenteil: die Risikoimplikationen der erwähnten Indikatoren sind unübersehbar. Spätentwicklung ist der begrüßenswertere Pfad der Adoleszenzbiographie, wenngleich die problematischen Implikationen einer nie hinterfragten Elternbindung und des Zurückschreckens vor selbständigen Lebensgestaltungen nicht übersehen werden dürfen. Es ist kein Zweifel daran zu lassen, daß eine entsprechende Balance notwendig ist, die gleichzeitig Widerstandsfähigkeit gegen Versuchungen impliziert, eigene aktive Exploration enthält als auch eine produktive Selbstdarstellung ermöglicht.

Der wichtigste Gesichtspunkt für die pädagogische Wertung der hier geschilderten Entwicklungspfade ist nicht nur die langfristige gesundheitliche Selbstschädigungstendenz, die damit verbunden sein kann, sondern eine Bildungstheorie, die verschiedene Formen der produktiven Auseinandersetzung mit Fragen dieser Welt und dieses Lebens im Auge hat. Gemessen daran ist die Ausrichtung der Selbstdarstellung in Konsummedien und Insignien des Erwachsenseins der hier geschilderten Art eine reduzierte Form produktiver Selbstdarstellung.

Wenn jedoch die genannten riskanten Verhaltensweisen wichtige *entwicklungsgenetische Funktionen* haben, dann ist eine entsprechende pädagogische Einflußnahme nur dann aussichtsreich, wenn sie letztere zwar akzeptiert, das riskante Verhalten aber durch andere Bewährungsfelder zu substituieren

---

etwas bessere sozialbezogene Selbsteinschätzung bei "Frühentwicklern". Andererseits ist ihre Leistungseinschätzung deutlich geringer. Sie haben ein schwächeres Kompetenzbewußtsein und insbesondere eine schwächere Handlungskontrolle. Sie nehmen zum anderen Distanzierungen von den Erwachsenen wahr. Z.B. ist bei ihnen häufig Zustimmung zu dem Item zu finden: "Selbst wenn ich mich noch so anstrenge, ganz zufrieden sind meine Lehrer nie". Zudem wünschen sich die Mädchen häufiger bereits mit 12 Jahren, daß sie anders wären.

Der höheren Kompetenzeinschätzung im sozialen Bereich und dem größeren sozialen Interesse steht also eine stärkere Ausgrenzungserfahrung in den schulischen Erfolgsfeldern und eine geringere Akzeptanz durch die Eltern gegenüber. Ähnlich ist die Situation bei Jungen. Auch sie berichten ein höheres soziales Interesse und ein größeres Kompetenzbewußtsein. Die Wahrnehmung von Leistungsproblemen ist bei ihnen allerdings nicht so ausgeprägt.

Unterschiede ergeben sich aber wieder in der Handlungs- und Emotionskontrolle. Ein charakteristisches Item, dem "Frühentwickler" stärker zustimmen, durchzieht diese Selbstbeschreibungen: "*Manchmal ist mir alles egal*".

versucht. Die Pädagogik der Kurzschulen von Kurt HAHN (1958) war schon sehr früh eine Antwort auf solche Probleme. Diese Altersphase sucht das Risiko, sucht die Bewährung und sucht die Selbstbestätigung im eigenen Einsatz. Wir scheinen nur mehr wenige Möglichkeiten zu haben, auf solche Herausforderungen jugendpädagogisch zu reagieren, wenn man von vereinzelten Versuchen, gefährdete Jugendliche über Engagement in "abenteuerorientierten" Handlungsfeldern an verantwortliche Lebensführungen zurückzubinden, absieht. U. E. liegen in diesen Ergebnissen auch wichtige Herausforderungen für eine sozialpädagogische Gestaltung des schulischen Lernens und für die außerschulische Jugendarbeit.

Wenn wir diese Ergebnisse zur Ereignisgeschichte des "Selbständig-werdens" in der Adoleszenz überblicken und dem Konzept der Bewältigung altersspezifischer Entwicklungsaufgaben gegenüberstellen, dann drängen sich mehrere Wahrnehmungen auf. Einmal ist unübersehbar, daß die verschiedenen Entwicklungsaufgaben untereinander eng zusammenhängen. Dies trifft in besonderem Maße für die Veränderung des sozialen Beziehungsgefüges, die Bewältigung von Leistungsansprüchen und die Gewinnung einer eigenen Identität zu. Die "Lösung" von den Eltern ist in der Regel mit einer stärkeren Hinwendung zu Peers verbunden, und die Abwehr von Leistungsidentifikationen mit dem Aufbau anderer Bezugspunkte der Selbstbestätigung.

Am Beispiel dieser Risikoentwicklungen können die Reorganisationsformen der Beziehungen zu den Eltern, der damit verbundene Umbau der Autoritätsverhältnisse und affektiven Beziehungen sowie die Etablierung neuer Ich-Ideale und Lebensideale beobachtet werden. Alle diese Veränderungen sind miteinander verschränkt. Selbständigkeit und Autonomie haben also verschiedene Dimensionen, Dimensionen der Kontrolle und Autorität, Dimensionen der Kompetenz, Dimensionen der Verantwortlichkeit und auch affektive Dimensionen.

Dabei gibt es keine exakt als "Lösungen" beschreibbaren Entwicklungszustände, sondern eher "Modi vivendi", die mehr oder weniger balanciert oder spannungsgeladen sind. Aus dieser Spannung ergibt sich eine Entwicklungsdynamik, die die Lebensgeschichte bestimmt. Es resultieren dann daraus Entwicklungspfade, "Vereinseitigungen", "Problemgeschichten", unbewältigte "Lebensthemen" und Persönlichkeitsentwicklungen. Solche Überlegungen drängen auch die Perspektive ganzheitlicher Betrachtungsweisen, zumindest aber systemisch orientierter Analysen auf, die die besonderen Konfigurationen von Bewältigungsformen und Lebensumständen berücksichtigen. Die Beschreibung verschiedener Entwicklungspfade geht in diese Richtung. Die Einheit der Analyse wäre dann die jeweilige Kombination von Eltern-Peer-Beziehungen mit Leistungs- und Identitätsproblemen. Als ein überraschendes Ergebnis hat sich diesbezüglich ergeben, dass wir zeitlich und über verschiedene Verhaltensbereiche hinweg erstaunlich stabile Handlungskonfigurationen gefunden haben, die darauf verweisen, dass einzelne Handlungsorientierungen, wie z.B. Rauchen, Alkoholkonsum und frühzeitige eigene Dispositionsmöglichkeiten über Zeit und Geld keine vereinzelten Phänomene sind. Sie sind vielmehr in Beziehungsverhältnisse, Bedürfnisstrukturen und Lebenswelt-Konfigurationen eingebunden.

Die andere Perspektive, die sich im Anschluss an die Schilderung der Ereignisgeschichte des "Selbständig-werdens" in der Adoleszenz aufdrängt, ist jene der Suche nach den Handlungen und Selbstdarstellungen zugrundeliegenden Persönlichkeitsproblemen. Dies ist die Frage nach dem Verhältnis von Handlung und psychischen Dispositionen, die in zwei Richtungen gestellt werden kann: (1) Wie beeinflussen Persönlichkeitsmerkmale Alltagshandlungen und (2) auf welche Weise führen Handlungen zu Persönlichkeitsmerkmalen, also zu psychischen Strukturbildungen. Für die Entwicklungspsychologie und die Erziehungspsychologie ist auch die zweite Frage wichtig, da Erziehung ja häufig auf der Handlungsebene ansetzt und mit der Hoffnung verbunden ist, damit könnten dauerhafte psychische Strukturbildungen verbunden sein. Auf welche Weise führen also die zwischen Eltern und ihren Kindern ausgehandelten Lösungen altersspezifischer Probleme zu verschiedenen Wegen der Persönlichkeitsentwicklung? Für eine Antwort auf diese Frage ist der Begriff der *Chronifizierung* sehr nützlich, da er Verfestigungen auf der Handlungsebene anzeigt. Offen bleibt dabei aber noch der Weg, wie sich Handlungen in psychischen Strukturen niederschlagen, welche Verarbeitungsdynamik dabei am Werk ist.

Wir müssen deshalb versuchen, die Entwicklungsbilder der Adoleszenz über die Beschreibung von Ereignis- und Handlungsgeschichten hinaus auf psychische Strukturgeschichten hin zu erweitern. Dies soll hier in einem theoretischen Integationsversuch geschehen, indem ausgehend von den alterstypischen Handlungsweisen untersucht wird, welche Bedeutung diese für psychische Strukturwandlungen haben könnten. Dabei wird sich zeigen, daß wir eine Theorie der "psychischen Funktionsweise" brauchen, daß zumindest dazu Theoreme notwendig sind, um "Oberflächenphänomene" in ihrer Bedeutung für psychische Prozesse analysieren zu können.

4. Ein theoretisches Modell zur Darstellung des Übergangs von der Kindheit ins Jugendalter: Adoleszenzentwicklung als Veränderung des Verhältnisses der Person zu sich selber und zu ihrer Umwelt

Hier soll auf theoretischer Ebene der zentralen These der *"Innenwendung"* in der Adoleszenz, die die europäische Entwicklungspsychologie geprägt hat, mit neueren persönlichkeitstheoretischen Vorstellungen nachgegangen werden.

Den Ausgangspunkt bilden die folgenden häufig zitierten Beobachtungen (s. z.B. KEGAN, 1982):

1. Während das Kind im glücklichen Falle in naiver Harmonie mit seiner Umwelt und insbesondere mit seinen Eltern lebt, wird der Adoleszente kritisch gegenüber seiner Umwelt, er benimmt sich im Verhältnis zu den Eltern häufig rüpelhaft und "pampig". Gleichzeitig setzt nach der Beobachtung psychoanalytischer Autoren (s. BLOS, 1962/1983) eine *Deidealisierung* der Eltern, aber auch eine Deidealisierung der Welt, insbesondere der "gesellschaftlichen Verhältnisse", ein.
2. Was die Entwicklung des Denkens angeht, so ist seit PIAGET die These weit verbreitet, daß um das 12. Lebensjahr die Fähigkeit zum hypothetisch-logischen Denken entsteht. Der heranwachsende Mensch kann jetzt besser *Wirklichkeit und Möglichkeit* unterscheiden, er kann das Existierende als *absichtlich hervorgebracht* interpretieren.
3. Der Adoleszente ist nicht mehr mit sich in dem Maße identisch wie dies beim Kinde der Fall ist. Er beginnt, verschiedene *Formen der Selbstdarstellung experimentell zu erproben.*
4. Der Heranwachsende läßt sich intensiv in literarische Darstellungen ein, in denen Erlebnisse und Leidensprozesse anderer Personen geschildert werden. In Hunderten von Stunden werden bei intensiver Lesetätigkeit Denkprozesse, Erlebnisse und Schicksale anderer Personen stellvertretend miterlebt.
5. Jungen und Mädchen beginnen in diesem Alter, immer mehr vor ihren Eltern zu verbergen. Ihr Innenleben wird reicher, die Abgeschlossenheit nach außen größer. Viele Heranwachsende werden schweigsam,

schließen die Tür hinter sich und erwecken oft den Eindruck lang anhaltender Passivität.

6. Der Adoleszente kann nun aber auch Stunden in scheinbar unstrukturierten Gesprächssituationen mit Gleichaltrigen verbringen.
7. In dieser Lebensphase beginnt auch der Spiegel an der Wand eine große Rolle zu spielen.
8. Gegenüber Kritik besteht eine oft erstaunliche Verletzbarkeit bei einem äußeren Erscheinungsbild der anscheinenden Unberührbarkeit.
9. Auffallend ist für dieses Alter auch die Bereitschaft, Idole zu wählen, sich Vorbildern hinzugeben.
10. Das äußere Erscheinungsbild ist oft gekennzeichnet durch Albernheit, Drohung, Rückzug, Lässigkeit, Schlacksigkeit und Uneigentlichkeit.
11. Die Adoleszenz scheint auch die Altersphase zu sein, in der neue Gefühle möglich werden: Gefühle der Sehnsucht, der Trauer und der Einsamkeit.
12. In dieser Altersphase beginnen auch heute noch viele Heranwachsende, Tagebuch zu schreiben (s. SEIFFGE-KRENKE, 1984). In ihnen konstruieren sie eine dritte Instanz der Beobachtung ihrer eigenen Person. Das eigene Verhalten wird dabei kritisch kommentiert, es wird dem imaginären Begleiter zu erklären versucht, die neuen Gefühle werden "verobjektiviert", sie werden "vor die Person gestellt", um genauer betrachtet und analysiert werden zu können.
13. Adoleszente sind vorwiegend mit sich selbst beschäftigt; dies verführt sie zum "Irrglauben", daß alle andern sich auch mit ihnen beschäftigen: die von ELKIND beschriebene Form des "adoleszenten Egozentrismus", nach dem sie immer vor einem "vorgestellten Publikum" ("imaginary audience") handeln (ELKIND, 1967). Diese soziale Selbstbespiegelung, oft direkt vermittelt durch die Selbstgestaltung vor dem Spiegel, erklärt auch viel "ungebärdiges Verhalten", die bewußten Bemühungen der eigenen "Körpergestaltung", aber auch das häufige Gefühl, sich "blamiert zu haben", das Gefühl der Scham als Form der "veröffentlichten Niedrigkeit". Narzißtische Aspekte bekommt diese "Selbstbespiegelung" dort, wo imaginär der eigene Tod im Spiegel von Reaktionen anderer durchlebt wird.

ELKIND postuliert eine zweite, altersspezifische Besonderheit, die mit dem Egozentrismus zusammenhängt: das Gefühl der eigenen Größe und Einmaligkeit, die er "personal fable" nennt und die eine besonders gefährlich Konsequenz haben kann: das Gefühl einer gewissen "Unverletzbarkeit" auch bei riskanten Handlungen. Riskantes Verhalten im Straßenverkehr oder riskantes Verhalten von Mädchen bei heterosexuellen Kontakten sei häufig von diesem Gefühl begleitet, daß "einem das nicht passieren kann".

Nach allen diesen Beobachtungen ist die Adoleszenz eine *Phase der Destabilisierung*. Sie wird einmal angestoßen durch interne Entwicklungen im kognitiven Bereich und vor allem in der körperlichen Reifung. Als drittes inneres Movens tritt die sexuelle Reife und das aufkommende Interesse am anderen Geschlecht hinzu.

Diese internen Entwicklungen treiben Adoleszente ebenso voran wie äußere Entwicklungsprogramme: Durch Veränderungen im Lebenskontext (neue Erwartungen der Eltern, Veränderungen in der Berufssituation, Schulwechsel) begegnen Heranwachsende Entwicklungsprogrammen, die es ihnen verwehren, so zu bleiben, wie sie sind und wie sie waren. Die körperliche Reifung läßt Adoleszente erwachsen erscheinen: man gesteht ihnen mehr Rechte zu, erwartet aber auch mehr. Diese Destabilisierungen der psychischen Strukturbildungen der Kindheit in der Adoleszenz stoßen vielfältige Lernprozesse und Veränderungsprozesse an.

Der Übergang von der Kindheit in die Adoleszenz ist somit ein Schritt in die *Selbstbewußt-Werdung* der Person. Indem sie ihr Verhältnis zu sich selber verändert, wandelt sich auch die Beziehung zur Umwelt, sie hebt sich bewußter ab und sie wird bewußter gestaltet. Das Kind "lebt" die Welt und sich selber, der heranwachsende Jungendliche "erlebt" die Welt und sich selber. Darin liegt - so die hier vertretene These - der zentrale Wandel dieser Lebensphase.

4.1 Die Entstehung des Selbst im sozialpsychologischen Rahmen

Um das Handeln von Heranwachsenden beim Übergang von der Kindheit in die Adoleszenz zu verstehen, bedarf es einer wichtigen Erweiterung einer Theorie der Entstehung selbstreflexiver Prozesse: es bedarf eines *sozialpsychologischen Bezugsrahmens*. Wir gehen zwar nach wie vor davon aus, daß selbstreflexive Bezüge in einer Theorie der Persönlichkeit von entscheidender Bedeutung sind. Sie beeinflussen sowohl die Verarbeitung von Informationen als auch die Handlungsregulierung. Der Mensch ist seiner Umwelt nicht reflexartig ausgeliefert; er verarbeitet sie vielmehr aktiv, und er gestaltet sie durch seine Handlungen bewußt mit.

Ähnlich wie KEGAN (1982/1986) oder EPSTEIN (1979) gehen wir vom *konstruktiven Charakter* der menschlichen Bemühungen, sich selbst zu verstehen, aus. Selbstreflexive Prozesse haben primär zum Inhalt, Bedeutungen zu konstruieren, Sinn aus der Welt, der eigenen Position in ihr und aus dem eigenen Handeln zu machen. Dies bedeutet, daß Prozesse der Begriffsbildung, Ordnungsvorgänge, Theoriebildungen, induktives und deduktives Denken, Hypothesenvalidierungen usw. eingeschlossen sind.

Diese konstruktiven kognitiven Prozesse werden durch neue Informationen, durch geänderte Lebenssituationen, durch Inkonsistenzen zwischen Altem und Neuem vorangetrieben. Von besonderer Bedeutung, im Unterschied zur Konstruktion unseres Wissens über die Welt, sind die motivationalen und emotionalen Aspekte in diesem Prozeß: die Wünsche nach positiven Informationen, die Wünsche nach der Aufrechterhaltung eines positiven Selbstwertgefühles und insbesondere die motivationalen Prozesse der Schaffung von Sicherheit und Kontrolle. Dadurch gewinnt dieses Denken über sich selber eine eigene Psychologik, kommen u.a. Abwehrprozesse in Gang.

Eine zentrale Erweiterung eines ausschließlich personzentrierten Ansatzes sehen wir darin, daß die *sozialen Aspekte* dieser Explorationen betont werden. Gerade in der Adoleszenz besteht ein Hauptmerkmal des Aufbaus von Selbstkonzepten darin, daß eine *gezielte Selbstpräsentation* der eigenen Person - über lange Strecken auf *experimentelle* Weise - einsetzt. Da das Selbst in der Adoleszenz weder in sich stabil ist noch die neuen Aspekte, insbesondere die eigene Körperlichkeit schon genügend verarbeitet hat, ist diese Phase durch das *Doppelspiel zwischen Selbstpräsentation und Rückzug* gekennzeichnet. Die Selbstpräsentationen erfolgen experimentell, d.h. sie müssen immer die doppelte Bedeutung haben, ernst gemeint zu sein bzw. unernsten Versuchscharakter zu haben. Die "strategischen Interaktionen", wie sie ELKIND (1980) beschreibt, müssen auch in diesem Zusammenhang gesehen werden.

Ein weiterer wichtiger Aspekt besteht darin, daß eine Person wichtige Informationen über sich selbst nur über die Reaktionen anderer erfahren kann, indem sie sich in den Reaktionen anderer spiegelt. In der Adoleszenzphase ist dies besonders in bezug auf die Suche nach Aufmerksamkeit durch das andere Geschlecht wichtig, wobei Erfolg beim anderen Geschlecht in dieser Phase vor allem eine narzißtische Bedeutung hat. Biologische und psychosoziale Änderungen haben zur Folge, daß sich das *innere Publikum*, vor dem man agiert und sich darzustellen versucht, ändert (s. auch ELKIND & BOWEN, 1979 und ihre Theorie des "imaginary audience"; MULLIS & MARKSTROM, 1986). Das andere Geschlecht tritt langsam als relevante Bühne des Handelns auf. Für diese Altersphase ist es deshalb von herausragender Bedeutung, *Aufmerksamkeit beim anderen Geschlecht zu erzielen*, auf sich aufmerksam machen zu können, um über die Rückwirkungen der Reaktionen anderer etwas über die eigene Person zu erfahren. Es dürfte dies die Altersphase der größten Relevanz von Reaktionen aus der Altersgruppe sein.

Der Heranwachsende bewegt sich dabei vornehmlich in drei ökologischen Kontexten:

1. Im Schulsystem trifft er auf relativ klar strukturierte Rückmeldesysteme über das Muster der eigenen Leistungsfähigkeiten. Auch die Ursachenzuschreibungen dürften sich in diesem Bereich in dieser Altersphase stabilisieren, Begabungskonzepte müßten stabil werden.
2. Weit weniger strukturiert, und deshalb für konsensuale Validierungen besonders bedeutsam, ist der Bereich der sozialen Akzeptanz unter Gleichaltrigen, insbesondere im Zusammenhang mit dem auftauchenden Interesse am anderen Geschlecht.
3. Das Elternhaus bildet insofern eine wichtige Rückmeldeinstanz, als die Eltern die Funktion eines *Stellvertreter-Ichs* haben, sie repräsentieren in ihren Botschaften über die Akzeptanz des Kindes sowohl ihre Zuneigung zum heranwachsenden Jugendlichen als auch das normative Bild, zu dem sich die Heranwachsenden entwickeln sollten.

Die Aufgabe der Jungen und Mädchen in der Adoleszenz besteht nun darin, eine Reorganisation der simultanen Orientierung in diesen drei Bezugssystemen vorzunehmen. Sie müssen diese dabei in eine neue Konzeption des Selbst integrieren, die Selbstakzeptanz, Kontrollbewußtsein und Konsistenz zwischen verschiedenen Meinungsmustern und zwischen Handeln und Selbsttheorien enthält.

Eine erfolgreiche Selbstpräsentation wird nun durch normative Leitbilder mitbestimmt, die in die soziokulturelle Entwicklung eingewoben sind (in bezug auf Kompetenz und Leistung, Aussehen und soziale Akzeptanz).

Die Kernelemente dieser Dynamik des Selbst in der Adoleszenz bestehen also in der Betonung

- des konstruktiven, bedeutungsschaffenden Charakters des Selbst,
- der motivationalen Dynamik der Aufrechterhaltung und Neukonzeption von Selbstachtung und Kontrolle über die Umwelt,

- der sozial-psychologischen Aspekte, insbesondere der Entstehung von mehr oder weniger gespaltenen inneren Bezugsgruppen, die als vorgestelltes Publikum fungieren,
- vieldeutiger Selbstpräsentationen mit kulturell-normiertem, oft sozial defensivem Charakter,
- der normativen Aspekte, d.h. der Ideal-Bildungen des Selbst in der Adoleszenz auf der Folie soziokultureller Leitbilder, die zum "Motor" selbstinitiierter Veränderungen werden.

Die zuletzt genannten Aspekte haben mehrere wichtige Konsequenzen: einmal dürfte die Adoleszenzphase jener Lebensabschnitt sein, in dem erstmals Spaltungen von inneren Gedanken und geäußerten Gedanken, von Selbstzweifel und scheinbar sicherem Selbstauftreten entstehen. Gleichzeitig kennzeichnet diese Phase die Vieldeutigkeit der Selbstdarstellung, die Mischung zwischen Spaß und Ernst, die als Schutzmechanismus dienen kann.

Die große Bedeutung des Gelingens, Aufmerksamkeit bei anderen zu erzielen und Akzeptanz unter Gleichaltrigen zu finden, führt insbesondere im kompetitiven Kontext der Schule zu einer doppelbödigen Selbstpräsentation: es gilt, einmal zu demonstrieren, daß man ein guter Schüler ist, aber andererseits gilt es auch, deutlich zu machen, daß man sich der Gemeinschaftlichkeit zerstörenden Überanstrengungen enthalten hat.

Gleichzeitig gewinnt in dieser Lebensphase die Demonstration, den Habitus des Kindes abgelegt zu haben, eine große Bedeutung. Dies führt zu aufmerksamkeitserzeugenden Selbstpräsentationen, die Angriffe und Abwehrhaltungen gegenüber der Erwachsenenwelt, insbesondere gegenüber Lehrern, enthalten.

Diese neuen Strategien der Selbstdarstellung bringen ein *experimentelles Verhalten* hervor, das von der Möglichkeit gespeist ist, bzw. die Möglichkeit verstärkt, verschiedene Wirklichkeiten zu vergleichen. Dadurch wird das Kind aus den Selbstverständlichkeiten der frühen Lebensphase herausgelöst. Es tauchen *Divergenzen zwischen Möglichkeit und Wirklichkeit* auf. Damit ist dies auch die Lebensphase, in der erstmals *Selbstideale* in systematischer Weise entfaltet werden können. Diese Entfaltung von Selbstidealen enthält aber auch die Potenz einer *differenzierteren Selbstbeobachtung* und damit aber auch die Potenz, Diskrepanzen klarer wahrzunehmen. Daraus resultiert eine größere Kapazität zur Selbstkritik, nicht nur im Sinne einer bewußteren Planung der eigenen Selbstvervollkommnung, sondern auch mit der eingeschlossenen Möglichkeit einer größeren Selbstabwertung.

Damit kommen wir zur zentralen Charakterisierung der Veränderung des selbstreferentiellen Bezuges in der Adoleszenz. Sie vollzieht sich in zwei Dimensionen, die in Abb. 4.1 schematisch dargestellt sind.

Abb. 4.1: Achsen der Entwicklung des selbstreferentiellen Bezuges in der Adoleszenz

		Referenzpunkte des Selbst	
		INNEN (verdeckt) (real)	AUSSEN (offen) (gespielt)
Modalitäten des Selbst	REAL (Wirklichkeit) (validiert)	So bin ich eigentlich	So denkt ihr von mir
	IDEAL (Möglichkeit) (phantasiert)	So möchte ich eigentlich sein	So solltet ihr von mir denken

Die eine Achse wird durch die genannte Divergenz zwischen *Wirklichkeit und Möglichkeit* abgebildet. Der Ausgang von der Kindheit beinhaltet die Intensivierung der Unterschiede zwischen dem, was man ist und was man sein könnte und u.a. auch sein möchte. Das hypothetische Denken ermöglicht die bewußte Definition eines angestrebten Ich, die Formulierung eines Ich-Ideals. Dadurch vergrößern sich die Möglichkeiten der selbstinitiierten "Verbesserungen", der Formulierung selbstbezogener Handlungspläne. Die Selektionsfähigkeit von "mehreren Ichs" erlaubt auch die Abwehr von zugeschriebenen Ichs, die Wahrnehmung von eigenen Entwicklungen und die Abhebung von "wahren" Ichs von zugeschriebenen Ichs.

Gleichzeitig zu dieser ersten Achse entwickelt sich eine zweite wichtige Unterscheidung: die zwischen *Außen und Innen.* Das *Kind "ist was es ist"*, es verhält sich nicht gezielt in bestimmter Weise um bewußt einen Eindruck zu erzeugen oder zu vermeiden. Der *Jugendliche "gibt" sich* in bestimmter Weise. Die Entdeckung des eigenen Inneren hat zur Folge, daß die Unterscheidung zwischen dem erzeugten Eindruck und dem wahren inneren Erleben intensiviert wird. Dadurch werden Strategien der bewußten Selbst-Präsentation erstmals möglich, aber auch Gefühle der Einsamkeit und des Unverstandenseins haben hier ihren Ursprung. Da der andere nicht in die eigene Seele schauen kann, in der erstmals dramatische Vorgänge an sich selber beobachtet werden, wird die Distanz zwischen dem Selbsterlebten und Fremdverstandenen schmerzlich erlebbar.

Die Entstehung der Unterscheidungsfähigkeit zwischen Außen und Innen kann nicht hoch genug eingeschätzt werden. Zwar entwickeln schon Kinder die Tendenz, Geheimnisse zu haben und diese nur mit wenigen anderen zu teilen. Ein Geheimnis mit jemandem zu teilen wird auch in dieser Lebensphase schon ein Zeichen für Freundschaft. Diese Geheimnisse bleiben aber auf spielerische Bereiche beschränkt. In der Jugendphase entwickelt sich im Alltagshandeln die systematische Unterscheidung zwischen dem Gezeigten und dem "Eigentlichen". Es werden jetzt bewußt und in bezug auf persönlich wichtige Probleme Strategien des sich Öffnens und des sich Verbergens entwickelt. Diese Öffnungsbereitschaft wird zum Kriterium sozialer Nähe. Da die Bereitschaft, sein Innerstes zu zeigen - geheime Liebschaften, Probleme mit anderen, Enttäuschungen, Sehnsüchte, "verbotene" Gedanken und Gefühle - ein riskantes Unterfangen ist, wird sie sehr behutsam entwickelt und eingesetzt sowie normativ geschützt. Vertrauenswürdigkeit und Ehrlichkeit eines "Freundes", ja der Wert einer Beziehung insgesamt wird daran gemessen, wie andere mit dem "Anvertrauten" umgehen. Die Struktur des Sich-Öffnens (self-disclosure) und des Sich-Verbergens beginnt sich in der Lebensphase der Frühadoleszenz zu ändern. Die Eltern sind nicht mehr die ersten Ansprechpartner bei "inneren Problemen", gleichaltrige Freunde und Freundinnen treten an ihre Stelle. Wie bedeutsam die Anwesenheit und Ansprechbarkeit der Eltern aber auch in dieser Lebensphase immer noch ist, könnte ein wichtiges Kriterium für die Qualität des Transformationsprozesses der Eltern-Kind-Beziehungen in dieser Lebensphase sein.

Die Distanz zwischen Außen und Innen wird in der Pubertät vor allem durch die sexuelle Entwicklung angestoßen, die nicht mehr in alter Unbefangenheit mit den Eltern geteilt werden kann, sondern vor diesen eher verborgen wird. "Geheimnisse" werden entwickelt, geheime Erfahrungen über Sexualität und Ansichten über Sexualität werden formuliert, die nun nicht mehr durch die Eltern gestützt werden, sondern durch Gleichaltrige. Mit ihnen wird deshalb "Gemeinsamkeit" gesucht. Ohne Zweifel ist dies dadurch eine risikoreiche Lebensphase. Waren die alten "Objektbeziehungen", die alten Liebesbeziehungen zu den Eltern "gegeben", so sind die neuen "aufgegeben", mit allen neuen Risiken der Ablehnung, des Unverständnisses und des rohen "Gebrauchtwerdens" durch andere. Auf diese Weise ist die neue Funktionsweise des Ich an die psychosexuelle Entwicklung zurückgebunden

Aus diesen neuen Möglichkeiten entwickelt sich die innere Dynamik dieser Lebensphase, in der die motivationalen Tendenzen der Bewahrung von Kontrolle und Aufrechterhaltung von Selbstachtung selbstverständlich am

Werk bleiben. Das spezifische adoleszente Erscheinungsbild ist aber nur verständlich, wenn man die obigen Entwicklungen im Auge hat.

Ein solches Verständnis des "Alterstypischen" setzt aber nicht nur die Kenntnis der inneren Dynamik voraus, sondern auch Einsichten in das soziale Feld, in dem es sich materialisiert. Eine psychologische Theorie der Funktionsweise der Person in selbstreferentiellen Bezügen muß also um sozialpsychologische Komponenten erweitert werden.

Selbstreferentielle Bezüge entstehen danach vis-à-vis von "erzieherischen" Handlungserwartungen, Induktionen von Unvollständigkeit und Versagen, kulturellen Normierungen von Attraktivität, Verführungen usw. Dadurch entsteht eine subjektive Wirklichkeit, die die Verarbeitung neuer Informationen steuert. Eine unglückliche Biographie etwa im Sinne einer frühkindlichen Verunsicherung grundlegender Vertrauensbeziehungen, also eines permanenten Gefühles, grundsätzlich verlassen werden zu können, kann dazu führen, daß die ständige Gefahr besteht, zu bedrohenden Interpretationen von Umweltereignissen zu kommen.

Eine entsprechende *Verfestigung subjektiver Interpretationsprozesse* ist aber auch für die weitere Handlungssteuerung sehr wichtig. Ein hohes Selbstvertrauen, ein Bewußtsein von der eigenen Handlungsmöglichkeit ist eine wichtige Ressource für den Aktivitätsgrad, für das vertrauensvolle Aufnehmen neuer Beziehungen, für die Initiierung auch potentiell selbstwertbedrohender Handlungen.

Das Selbst ist aber nicht nur eine feststehende Ressource, es muß sich vielmehr immer wieder beweisen, d.h. es bringt sich in leistungsstrukturierte und soziale Zusammenhänge ein. Die Theorien über den Zusammenhang zwischen Selbst und Selbstpräsentation sind besonders hilfreich, um Zusammenhänge zwischen selbstreflexiven Prozessen und der Phänomenologie des Handelns zu erklären.

Wenn wir unterstellen, daß Personen die Tendenz zeigen, sich selbst in positivem Lichte sehen zu wollen, dann liegt es nahe - wenn solche Informationen nur über soziale Rückmeldungen erreichbar sind -, zu untersuchen, wie sich Individuen in sozialen Kontexten selber präsentieren, um über positive Rückmeldungen diesem Bedürfnis entsprechen zu können.

Diese Persönlichkeitsmodell ist in Abb. 4.2 schematisch zusammengefaßt. Dadurch soll die komplexe transaktionale Verkoppelung des Selbst mit der sozialem Umwelt illustriert werden.

Abb. 4.2: Transaktionales Modell der Persönlichkeit mit selbstreferentieller Perspektive

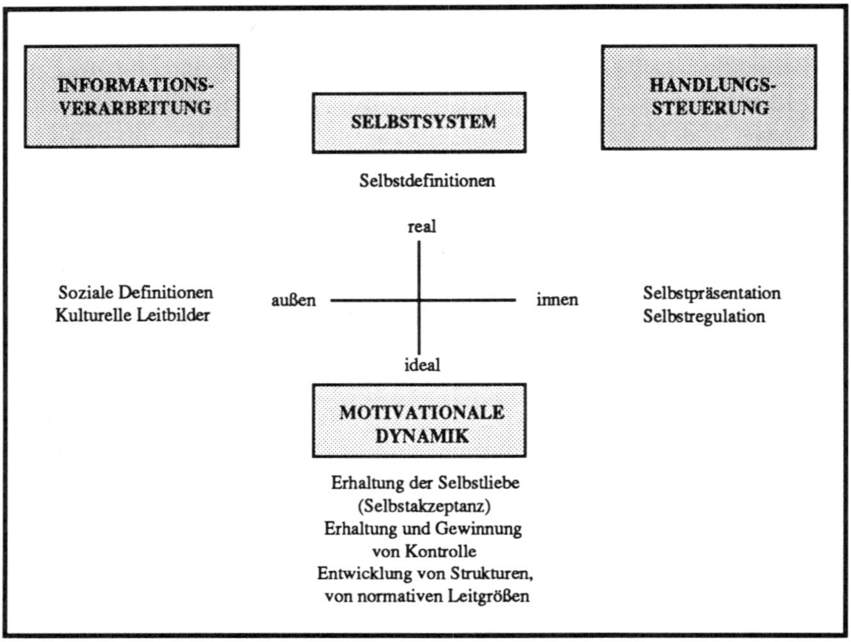

Inhaltlich läßt sich dieses formale System für die Adoleszenz wie in Abb. 4.3 dargestellt füllen. Die darin postulierten Besonderheiten der Informationsverarbeitung, der selbstreflexiven Bezüge und der Handlungsregulierung beim Übergang von der Kindheit in die Adoleszenz müßten in vielen Punkten erst empirisch belegt werden. Sie können aber als Suchrahmen dienen, wenn man die besonderen Informationsinteressen, Träumereien und Formen der sozialen Selbstdarstellung bei Jugendlichen erforschen möchte.

Abb. 4.3: Theorie der Funktionsweise des Selbst in der Adoleszenz

INFORMATIONS-INTERESSEN	SELBSTREFLE-XIVE BEZÜGE	SELBSTDAR-STELLUNG
Selektive Aufmerksamkeit für Informationen über die eigene Person	Phantasien, was man sein könnte	Doppelbödige Selbstdarstellung
	Phantasien, wie man auf andere wirkt	Ambivalente Selbstdarstellung
"Was andere über einen denken"	Phantasien von der eigenen Größe und Bedeutung	Unernste Selbstdarstellung ("cool sein", unberührt sein, uninteressiert sein)
	Theoretisieren über sich selber (pschologische Selbstexporation)	Experimentelle Selbstdarstellung (tun als ob)
Wie man aussieht, wie man ankommt	Was später sein wird (Zukunftsphantsien)	Distanzdemonstrationen zu Kind sein, zu "brav" sein

Viele Kontexte, in denen Adoleszente heute leben, erschweren aber für eine große Zahl von Heranwachsenden eine problemlose Selbstdarstellung mit solchen selbstwerterhaltenden Rückmeldungen. Insbesondere das Bildungswesen repräsentiert ein hoch differenziertes Bewertungssystem, das im Laufe der Schuljahre vielen Schülern immer klarer vor Augen führt, daß sie in bestimmten Anforderungsbereichen nicht reüssieren können. So lange aber partielle Identifikationen mit einzelnen Leistungsbereichen möglich sind, kann über entsprechende Abwertungen der weniger erfolgsträchtigen Gebiete und entsprechende Identifikationen mit erfolgshaltigen eine partielle Befriedigung des Bedürfnisses nach positiver Selbstbewertung erreicht werden.

Im schulischen Erfahrungsfeld werden jedoch noch zusätzliche wichtige Motive aktiviert, die in Konflikt mit dem Bedürfnis nach positiver Selbstdarstellung über die Demonstration eigener Kompetenz geraten können. Besonders in der Adoleszenz nimmt der Wunsch nach Zugehörigkeit, nach Akzeptanz durch Gleichaltrige in hohem Maße zu. Dies schafft aber Konfliktzonen zwischen Leistungserbringung, positiver Selbsterfahrung über Kompetenzdemonstration, sozialer Anerkenung und Belohnung durch die Eltern und sozialer Zugehörigkeit zu Gruppen und Cliquen Gleichaltriger.

So können dann die Motive nach Überlegenheit, nach Kompetenzsteigerung und nach Zugehörigkeit und Anerkennung gegeneinander kämpfen.

Für die Bewältigung dieser Probleme haben Adoleszente in westlichen Kulturen interessante Lösungen gefunden. Zwei klassische Lösungsmuster sollen hier erwähnt werden:

1. Die erste Lösung besteht darin, daß bei Beibehaltung der großen Bedeutung von Kompetenzdemonstration (ein guter Schüler sein zu wollen) das eigene Handeln in einem solchen Anstrengungszusammenhang repräsentiert wird, daß eine Inflation von Anstrengungszumutungen durch die Schule vermieden wird. Wenn nämlich sehr darüber geklagt wird, wie viel verlangt wird, wenn Schüler vor anderen demonstrieren, daß sie den Anstrengungserwartungen nicht entsprochen haben (zu Hause nichts getan haben), dann können sie mehrere Fliegen mit einem Schlage erledigen: erreichen sie trotzdem gute Leistungen, dann ist aus attributionstheoretischen Gründen die Eindrucksbildung naheliegend, daß jemand intellektuell sehr begabt ist. Distanziert sich jemand von den Anstrengungsnormen, dann hilft er jenen Schülern, die sich vergeblich anstrengen, ihre psychischen Probleme durch Relevanzreduktion von Schule zu lösen. Vor sich selber ist der Verweis auf wenig Anstrengung eine gute Strategie, immer noch ein unausgelotetes Begabungspotential zu bewahren. Erst wenn jemand über längere Zeit am Maximum der eigenen Anstrengungsmöglichkeiten arbeitet und doch keine guten Erfolge erzielt, erst dann erfolgen selbstwerterniedrigende Begabungszuschreibungen (s. FEND, KNÖRZER, NAGL, SPECHT & VÄTH-SZUSDZIARA, 1976).

   Hier wird auch sichtbar, welche komplizierten Zusammenhänge zwischen *Freundschaftswahlen, latenten Prozessen der Aufrechterhaltung selbstwertdienlicher Kognitionen und Kompetenzdemonstrationen entstehen* (s. TESSER et al., 1984). Wählen gute Schüler gute Mitschüler zu Freunden? Welche Konflikte entstehen, wenn schwächere Schüler gerne mit Schülern zusammen wären, die bedeutend besser sind als sie? Solche Fragen verweisen auf die komplizierte Dynamik, die zwischen dem Wunsch nach positiver Selbstdarstellung in Leistungsbereichen und der Gewinnung sozialer Zuneigung entstehen kann. Formen der symbolischen Selbstdarstellung in Gruppen verweisen auch darauf, daß es nicht nur intraindividuelle Abwehrstrategien gibt, sondern daß die *interpersonalen* Abwehrstrategien (MENTZOS, 1977) insbesondere in der Adoleszenz von großer Bedeutung sind. Heranwachsende lösen viele intrapsychische Probleme gemeinsam, durch konsensuale Validierung von relevanten Zielen bzw. von konsensualen Devaluierungen z.B. von Schule, durch kollektive Selbstüberhöhung in Cliquen usw.

2. Ein zweiter wichtiger Modus der Selbstpräsentation ist grundsätzlicher, wenn er *mit der Distanzierung von schulischen Anstrengungszumutungen* eine alternative *Selbstpräsentation von Erwachsensein* verbindet. Dieser Modus dürfte in der Übergangszeit der Adoleszenz besonders wichtig sein, da er im Kern bedeutet, Selbstdefinitionen in der Zugehörigkeit zu symbolisch dargestellten Cliquenzusammenhängen zu suchen. Hier wird die Gemeinsamkeit maximiert und konsensual über Symbole (Kleidung, Haare, Sprache) sichtbar gemacht. Subkulturen, wie sie BIETAU et al. (1981) geschildert hat, repräsentieren diesen Modus der Selbstdarstellung. In dieser Arbeit sind wir darauf bei der Analyse der Funktion des Rauchens und Trinkens als Symbole des Erwachsenwerdens gestoßen.
3. Ein besonders wichtiger Aspekt der symbolischen Selbstpräsentation kommt in den *experimentellen, ambivalenten und zweideutigen Selbstdarstellungen des Interesses am anderen Geschlecht* zum Ausdruck. Das schwierige Übergangsproblem von gleichgeschlechtlichen zu gegengeschlechtlichen Freundschaften wird dadurch gelöst, daß die Kontaktaufnahme einen zweideutigen Charakter hat: man muß Interesse demonstrieren, dies aber so signalisieren, daß es immer auch als "nicht ernst gemeint" interpretiert werden kann. Diese Doppeldeutigkeit muß es haben, um bei einer eventuellen Erfolgslosigkeit der eigenen abtastenden Versuche selbstwerterhaltende Rückzugsmöglichkeiten zu haben, "das Gesicht wahren" zu können.

Diese Einsichten erlauben nun eine neue Interpretation der oft beobachteten Widersprüchlichkeit und Ambivalenz des Verhaltens in dieser Altersphase. Ihr Übergangscharakter, ihr Charakter als eine *Zwischenphase impliziert notwendigerweise, daß Handeln eine zweifache Bedeutung haben muß.*

Es muß einmal erlauben zu zeigen, kein Kind mehr zu sein, in selbstwertbedrohenden Situationen muß es aber auch erlauben, Kind sein zu dürfen, z.B. noch kein Interesse am anderen Geschlecht zu haben. Da sich der Heranwachsende nicht sicher sein kann, ob er schon als "reif" angesehen oder noch als "Kind" betrachtet wird, richtet er sein Verhalten funktionalerweise so aus, daß im Ernstfall die für ihn günstigste Interpretation gilt. Aus diesem Zwischencharakter resultiert auch die Diskrepanz zwischen der häufig beobachteten mimosenhaften Verletzbarkeit dieser Altersphase und der zur Schau gestellten Arroganz.

Dieses Verhalten könnte auch als Indikator dafür angesehen werden, daß jetzt bewußt ein soziales Selbstbild, ein "Image" herzustellen versucht wird. Da der der Kindheit entwachsende Mensch nicht mehr einfach das ist, was er ist, muß er Strategien finden, um das Verhältnis von "eigentlichem Selbstbild" und "hergestelltem Fremdbild" zu bestimmen (s. GOFFMANN, 1978, 10 ff.).

Somit haben wir eine neue Basis, die Ereignis- und Handlungsgeschichte der Adoleszenz psychologisch zu interpretieren. Die "Risikopfade" und die "Sicherheitspfade" gewinnen von hier einen psychologischen Sinn als neue Formen der Selbstpräsentation und Selbststabilisierung unter verschiedenen sozialökologischen Bedingungen. Die "Zwischenphase" wird dabei unterschiedlich interpretiert. Auf den Risikopfaden wird die Kindheit möglichst früh abgelegt, die Ambivalenz durch Reduktion von Kindheit bewältigt. Auf den Sicherheitspfaden wird im Konfliktfall eher die Kindheitsdefinition verlängert.

In dieser Arbeit ging es vor allem darum, das Verständnis des "Altersspezifischen", das in der klassischen Entwicklungspsychologie so gepflegt wurde, jenseits phasentheoretischer Überlegungen wieder zu beleben.

Als einen solchen Kernpunkt des "Altersspezifischen" haben wir hier die Veränderung des Verhältnisses zu sich selbst angesehen, die mit Veränderungen des sozialen Beziehungsgefüges verbunden ist. Eltern verlieren an Bedeutung für die narzißtischen Spiegelungen, Peers und später auch gegengeschlechtliche Freunde gewinnen dazu. An der Oberfläche bedeutet dies, daß Eltern nicht mehr ausschließliche oder bevorzugte "Enthüllungspartner" sind. Die Überführung des Über-Ichs der introjezierten Eltern in ein selbständiges Ich-Ideal bedeutet auch, daß Eltern an Autorität verlieren und die "Selbst-Verbesserung" an ihre Stelle tritt.

Entscheidend ist aber die in dieser Altersphase entstehende Unterscheidung zwischen Innen und Außen, die Entdeckung der Möglichkeit, "Eindrücke bewußt herzustellen" (impression management), das Erleben des Nicht-Verstanden-Werdens, der eigenen, von außen nicht direkt wahrnehmbaren Innerlichkeit, das Erleben der Individuation, aber auch das verstärkte Erleben zwischen realem und möglichem Ich, und damit das Erleben der Möglichkeit zur bewußten, idealorientierten Selbstentfaltung und Selbstverantwortung.

All dies geschieht häufig auf der Ebene der Phantasie, oft in der Form von Größenvorstellungen, die völlig unrealistisch sind, in der Form von Wahnvorstellungen zur eigenen Unverletzbarkeit (s. das Konzept des "personal fable"), die nicht selten zu riskantem Verhalten mit tragischem Ausgang verleiten. Dies ist bekanntlich die Altersphase mit dem größten Unfallrisiko.

Schließlich ist besonders der Übergangscharakter der neuen Formen der Selbstpräsentation zu beachten. Erst die Einsicht in die notwendigerweise zweideutige Form der Selbstpräsentation eröffnet ein tieferes Verständnis dieser Altersphase. Wir haben es hier mit einer Zwischenwelt zu tun, die auch Zwischenwelten schafft, Welten zwischen Eigentlichkeit und Uneigentlichkeit. Diese Altersphase erzeugt deshalb auch besondere Formen des Selbstschutzes, des "Cool-seins", des "Auslachens", des "Unberührt-seins". Umgekehrt werden in ernsthaften Zusammenhängen, z.B. in Freundschaften Werte, die eine Konsistenz zwischen Denken und Handeln betonen, Werte wie Ehrlichkeit und Aufrichtigkeit besonders wichtig.

Das Verhältnis zur Wirklichkeit ist in dieser Lebensphase nicht mehr motorisch-sensorisch gebunden wie in der frühen Kindheit, nicht mehr phantasiebestimmt wie noch im Vorschulalter, nicht konkret realistisch wie in der ersten Schulzeit, sondern stärker intellektualisiert, möglichkeitsorientiert, distanziert spielerisch, unterschiedlich gestaltend, wechselhaft.

Der Jugendliche entwickelt neue Formen der Indirektheit, neue Strategien des Verbergens und des Offenbarens, neue Strategien des "Eindruck machens", neue Formen des Experimentierens, der Idealbildung, der Zielsetzung und der Selbst-Bestimmung.

Immer deutlicher hat sich gezeigt, daß die beschriebenen Veränderungen des Verhältnisses zu sich selbst, die diese Altersphase charakterisieren, nur die eine Seite eines anderen Prozesses sind: der Veränderungen des sozialen Beziehungsnetzes und der sozialen Einbettungen insgesamt. An der Oberfläche zeigt sich dies als eine Abwendung von den Eltern als ersten Bezugspersonen für Problemberatungen, für "Selbstenthüllungen" und für Normgebungen. Die Psychoanalyse hatte dies zu einem Kernpunkt der Persönlichkeitsentwicklung in dieser Altersphase erhoben. Sie hat vor allem den Wandel vom Autoritäts-Ich, also vom elterlichen Über-Ich zum Ich-Ideal betont. Nicht mehr das, was die Eltern für richtig halten, soll in dieser Altersphase die beginnende Selbstverantwortlichkeit leiten, sondern eigene Vorstellungen von dem, was richtig ist und was man für sich selber will. Es ist dies ein schwieriger Weg vom sozialdefinierten Ich zum freigegebenen Ich, ein Prozess der sehr häufig konfliktreich verläuft und mit einer De-Idealisierung und vorübergehenden Zurückweisung der Eltern verbunden ist.

Damit bewegt sich der heranwachsende Mensch auf einem risikoreichen Weg. Er verläßt das Reich der "gegebenen" Liebe im Elternhaus und mußß sich Liebe auf dem Markt der Beziehungen "erwerben". Dabei wird sein eigenes "Liebesangebot" nicht selten schmählich zurückgewiesen, nicht akzeptiert, nicht beachtet. Dies stürzt den Heranwachsenden häufig in eine tiefe Depression, die Zurückweisung bedeutet einen bisher nicht gekannten Verlust an Selbstliebe und Selbstakzeptanz.

In dieser Reorganisation der Liebesbeziehungen (siehe KAPLAN, 1988) beginnt sich das zentrale Lebensinteresse des Heranwachsenden zu kristallisieren. Alles andere kann dann vorübergehend aus seiner Aufmerksamkeit entschwinden, er kennt vorübergehend nur mehr sich selbst in einem neuen sozialen Beziehungssystem.

Bei dieser Reorganisation der sozialen Bindungen und bei dieser Reorganisation des Verhältnisses zu sich selber darf der Heranwachsende in unserer Kultur nicht stehen bleiben. Die modernen Existenzbedingungen fordern von ihm gerade in dieser Altersphase wichtige Vorentscheidungen für seine Existenzbewältigung in beruflichen Anforderungen. Er muß das, was er werden will, im Rahmen "gesellschaftlich verwertbarer" Arbeitszusammenhänge einbringen. Hier entsteht nun ein gewichtiges Spannungsfeld. Ganz auf sich selbst bezogen und auf andere Gleichaltrige fixiert, ist er häufig überfordert und desinteressiert, gerade diese Probleme der langfristigen Existenzsicherung zu bewältigen. Sie stehen aber dem stellvertretenden Verantwortungs-Ich, den Eltern, nur allzu klar vor Augen. So kann sich eine konfliktreiche Dynamik zwischen den sozialen Beziehungsinteressen und den "Lebensnotwendigkeiten", die Eltern vertreten, entwickeln.

Damit wird hier schon sichtbar, dass nicht alle Entwicklungswege durch diese Lebenphase gleich produktiv sind, wenn gleich vielen derselbe Entwicklungssinn zukommt: sie möchten sich und ihr eigenes noch so verschüttetes Ideal von sich selber zur Geltung bringen, alle streben eine mehr oder weniger geglückte Selbstoptimierung im Rahmen der sozialhistorisch vorgeprägten Möglichkeiten der Selbstrealisierung an.

Dabei muß sich der Heranwachsende in altersspezifischen und gruppenspezifischen Identitätsangeboten zur Geltung bringen können. Das Kind hat sich im Prinzip an der Norm orientiert: "Ich bin nur gut, wenn ich mich so verhalte, wie meine Eltern es wollen". In der Schule hat es die Erfahrung gemacht, "daß es nur gut ist, wenn es etwas kann". In der Altersgruppe kam eine neue Dimension dazu: Die Botschaft, "nur gut zu sein, wenn man so ist, wie alle sind". In der Jugendphase kann sich dann ein Konflikt entwickeln. Der Jugendliche kann wahrnehmen, daß er nur gut ist, wenn er sich so verhält wie seine Freunde, die aber anderes verlangen als die Eltern. Wenn die Eltern in dieser Altersphase vernünftig reagieren, dann vermitteln sie die

Botschaft, daß ihr Kind auf jeden Fall gut ist, aber von sich etwas verlangen muß, sein eigenes Leben in die Hand nehmen soll, sein eigenes Leben meistern soll. Dies ist dann der Zwischenschritt der Individuation zum Erwachsenen, der sich dann für gut halten kann, wenn er sich so verhält, wie er es selber für richtig hält, bzw. worin er durch seinen Lebenspartner unterstützt wird. So bewegt sich der Heranwachsende in der Dialektik zwischen Selbstsein (Trennung) und Dabeisein (Nähe). An beiden Polen wartet nach JOSSELSON (1988) die Angst.

Ein solcher theoretischer Rahmen ermöglicht m.E. das beste Verständnis der Oberflächenphänomene altersspezifischer Wandlungen. Wer in dieser Altersphase Eindeutigkeit sucht, der verfehlt gerade das Charakteristische.

5. Ausblick und Zusammenfassung

In mehreren Anläufen haben wir in dieser Arbeit versucht, den Übergang von der Kindheit in die Adoleszenz, den heranwachsende Menschen unter den modernen Lebensbedingungen vollziehen, nachzuzeichnen. Was unterscheidet den Jugendlichen vom Kinde heute? Mit dieser Frage haben wir die alte Thematik der europäischen Entwicklungspsychologie wieder aufgenommen, die lange Zeit vergessen war, sodaß wir hier im Blick zurück resümieren können.

Drei Aspekte sollen dabei zusammenfassend erläutert werden. (1) Da wir diese Arbeit über weite Stecken historisch aufgebaut haben, indem wir immer wieder gefragt haben, ob alte Vorstellungen von der Entwicklungsphase Adoleszenz heute noch zutreffen, soll zusammenfassend nochmals versucht werden, die theoretischen Betrachtungsweisen früher und heute einander zu konfrontieren, um Gewinn und Verlust zu bilanzieren. (2) Da uns pädagogische Konsequenzen immer sehr wichtig waren, möchten wir einige Gesichtspunkte einer Jugendpädagogik heute vorstellen. (3) Schließlich soll ein Ausblick auf die theoretische Perspektive versucht werden, wie man die Besonderheiten der Lebensphase Frühadoleszenz "einfangen" könnte.

5.1 Vergleich der klassischen und modernen Entwicklungspsychologie:Ein wissenschaftsgeschichtlicher Rückblick

Hier soll zuerst rückblickend die an Handlungen orientierte neue Entwicklungspsychologie mit der an altersspezifischen "seelischen" Entwicklungen ausgerichteten klassischen Entwicklungspsychologie konfrontiert werden. Dadurch kann nochmals der Gang der bisherigen Betrachtung der Altersphase Frühadoleszenz akzentuiert werden. Dabei werden Vorzüge und Defizite beider Ansätze deutlich. Sie seien hier in folgenden Punkten zusammengefaßt:

An der "klassischen" Entwicklungspsychologie ist in den 60er Jahren berechtigte Kritik geübt worden. Mehrere Einwände erweisen sich auch aus heutiger Sicht als stichhaltig:

1. Die Einteilung der seelischen Entwicklung in Phasen, mit einem regelmäßige Auf und Ab von Verunsicherung und Stabilisierung läßt sich als generelles Muster für alle Heranwachsenden in der Adoleszenz nicht halten.
2. Der Parallelismus zwischen körperlicher und seelischer Entwicklung, mit der insgeheimen Annahme einer körperlichen Verursachung der seelischen Prozesse, ist nicht haltbar. Die heute empirisch untersuchten Zusammenhänge, etwa zwischen der gemessenen hormonellen Entwicklung und den beobachtbaren Veränderungen im Verhalten erweisen sich als viel komplizierter als sie bei der einfachen Annahme eines Parallelismus sein müßten.
3. Die Persönlichkeitstheorie im Sinne einer Schichtentheorie vom Leiblichen zum Seelischen und schließlich zum Geistigen erweist sich als ungenügend. Damit wird der Zusammenhang zwischen "Natur" und "Kultur" im Prozeß der Persönlichkeitsentwicklung nur unzureichend abgebildet.
4. Die Berücksichtigung des unmittelbaren sozialen Kontextes, der Einflüsse von Familie, Altersgruppe und Gleichaltrigen, Medien, Schule und Arbeitsplatz sowie der sozialen und generationalen Lagen war in der klassischen Entwicklungspsychologie noch nicht genügend entfaltet.
5. Ähnliches gilt für die Betrachtung der inter- und intraindividuellen Unterschiede in der Entwicklung. Schon von technischen Voraussetzungen der Datenverarbeitung her war dies nur schwer möglich.
6. Schließlich unterscheidet sich die "Welt" der Heranwachsenden heute in vielen Aspekten (s. z.B. die Medien, die Möglichkeit der kollektiven Selbstvernichtung) unübersehbar von den ersten Jahrzehnten dieses Jahrhunderts, die die Folie für die geisteswissenschaftliche Entwicklungspsychologie bildete.

Nichtsdestoweniger sind in der "klassischen" Entwicklungspsychologie Betrachtungsperspektiven aufgehoben, die nicht ohne schwerwiegenden Verlust aufgegeben werden können.

Sie kommen bei der Analyse von theoretischen Ansätzen der "modernen" Entwicklungspsycholgie ans Tageslicht.

1. Durch die Konzentration auf äußere Ereignisse, auf das Alltagshandeln und auf die beobachtbare *Problembewältigung* in der "modernen" Entwicklungspsychologie kommt der Inhalt des "Seelenlebens" zu kurz. Ihm hat sich zwar die moderne Jugendsoziologie intensiv gewidmet, aber nicht in entwicklungstheoretischer Sicht. Welche Gefühle Jugendliche

beherrschen, wie ihr Phantasieleben als Folge unterschiedlicher Entwicklungsprozesse aussieht, dies tritt in der verhaltensorientierten Entwicklungspsychologie in den Hintergrund.

Durch die starke Konzentration auf Handeln und Verhalten (meist in der Form von Coping und Defense) besteht auch die Gefahr, daß die Strukturgeschichte des Seelischen, daß die Persönlichkeitsentwicklung, also die Niederschläge alltäglichen Handelns in der Persönlichkeit der Heranwachsenden, Niederschläge, die wiederum handlungssteuernd wirksam werden, unartikuliert bleiben. Zumindest fehlen häufig Thesen über den Zusammenhang zwischen der Handlungsgeschichte und der psychischen Strukturgeschichte.

2. Unübersehbar ist die Gefahr, daß heute ganzheitliche Zusammenhänge im "Seelenleben" übersehen und vernachlässigt werden. Inbesondere besteht bei vielen Einzeluntersuchungen die Tendenz, daß jegliche Teleologie der Entwicklung außer acht gelassen wird. Entwicklung wird nicht mehr als zielgerichtet, auf einen mehr oder weniger wünschbaren Endzustand ausgerichtet, angesehen. Dadurch erschweren sich auch von normativen Überlegungen angeregte pädagogische Betrachtungsweisen, also Hinweise auf die Förderungsmöglichkeiten einer wünschenswerten Entwicklung. Sie sind auf der Grundlage der personalen Persönlichkeitstheorie der klassischen Entwicklungspsychologie leichter möglich.[34]

   Hatte aber die alte Jugendpsychologie noch relativ allgemeine und wenig präzise Konzeptualisierungen von Persönlichkeitsstrukturen vorgenommen, so sind diese im Rahmen neuer Persönlichkeitstheorien (siehe z.B. KRAMPEN, 1987 und BANDURA, 1986) und differenzierter Beschreibungen psychischer Funktionssysteme (z.B. Selbst, Leistungsmotivation, Empathie) genauer faßbar.

3. Ein wesentlicher Vorzug der modernen Entwicklungspsychologie liegt zwar in der differenzierten Berücksichtigung interindividueller Variationen des Handelns. Es wird von allgemeinen Typologisierungen eher abgesehen und auf individuelle Verlaufsprozesse bei verschiedenen Jugendlichen geachtet. Allerdings tritt dadurch auch die Orientierung an eventuell typischen Entwicklungspfaden, die der klassischen Jugendpsychologie noch selbstverständlich war, stärker in den Hintergrund (s. die Unterschiede zwischen Kulturpubertät und Primitivpubertät, ROTH, 1961). Dadurch droht der Blick für das "Altersspezifische" einer Ent-

[34] Erst in den letzten Jahren kommt diese Perspekte der ganzheitlichen Betrachtung der Persönlichkeit und ihrer Entwicklung wieder ins Blickfeld, nicht zuletzt durch die Arbeiten von ERIKSON (1968). Hier wird die Phase des Übergangs von der Kindheit in die Adoleszenz auch wieder in ihrem Stellenwert für den gesamten Lebenslauf analysiert.

wicklungsphase zu verschwimmen und undeutlich zu werden. Damit ist paradoxerweise auch eine pädagogische Schwierigkeit verbunden. Die "Behandlung" von Jugendlichen ist nicht mehr von der Toleranz gegenüber dem "Entwicklungsbedingten" geleitet, das Handeln ist nicht mehr auf die Besonderheiten einer Entwicklungsphase ausgerichtet, sondern Heranwachsende werden eher schon unter der Kategorie der Erwachsenen beurteilt und abgeurteilt. Man macht sich in der Folge auch keine Mühe mehr, die Lebensräume für bestimmte Altersphasen optimal zu gestalten.

4. Die Konzentration auf Problemgruppen und Fokalvariablen (Rauchen, Alkohol, Drogen, Delinquenz, Depression) ist in der modernen Entwicklungspsychologie unübersehbar vorangeschritten. Die Jugendpsychiatrie und die Kriminologie hat sich dieser Entwicklungsprobleme intensiv angenommen. Aber auch hier ergibt sich eine Gefahr: die Herauslösung des singularen Problemverhaltens aus den lebensweltlichen Zusammenhängen und allgemeinen psychologischen Funktionszusammenhängen, so daß die mögliche "Natürlichkeit" bestimmter als problematisch definierter Entwicklungsprozesse aus den Augen entschwindet. Zudem verliert die Entwicklungspsychologie des Jugendalters an Bedeutung für die pädagogische Gestaltung des "normalen" Zusammenlebens mit Heranwachsenden in Familie und Schule. Insbesondere Lehrern werden keine Perspektiven mehr angeboten, was das "typisch Jugendliche" ist und wie Lebensräume für die Altersphase der Sekundarstufe I optimal unter diesem Gesichtspunkt zu gestalten wären. Die Entwicklungspsychologie ist somit aus der Pädagogik ausgewandert und zur Psychopathologie "übergelaufen".

5. Unübersehbar ist der Fortschritt der heutigen Betrachtung von Kindheit und Jugend dort, wo es um die sozialhistorischen Besonderheiten in der Gestaltung dieser Lebensphase geht (s. FEND, 1988). In der Jugendzeit geht es um die Bewältigung jener Aufgaben, die die modernen Lebensbedingungen vorgeben, insbesondere die der Berufsfindung, der Vorbereitung der Partnerwahl und der Entwicklung einer eigenen weltanschaulichen Position. Aber auch hier sei angemerkt, daß anthropologisch bedingte Konflikte universaler Art, etwa bei der Bewältigung der Sexualität, aus dem Blickfeld entschwinden können. Insbesondere W. STERN hat sowohl eine individuelle Teleologie als auch eine kulturspezifische, wertorientierte Zielrichtung der Personwerdung unterstellt. Die Verschränkung dieser beiden Gestaltungsrichtungen, von W. STERN in der berühmten "Konvergenzthese" formuliert (s. DUDEK, 1989), ist auch heute noch eine lohnende Perspektive.

6. Eines der wesentlichsten Defizite der heutigen Jugendpsychologie liegt darin, daß sie die kulturell-semantischen Inhalte der seelischen Entwicklung ausblendet und damit kulturneutral zu werden droht: dies bedeutet auch, daß schulische Inhalte nicht als Teil der zu berücksichtigenden entwicklungspsycholgischen Prozesse betrachtet werden. Die Jugendpsychologie heute ermöglicht so keine *Bildungstheorien* mehr. Dabei ist gerade die Adoleszenz die entscheidende Phase der "Kulturaneignung", in diesem Lebensalter erfolgt die Begegnung mit den kulturellen Erfindungen und Traditionen einer Gesellschaft. Sie ist damit nur verständlich, wenn mitbedacht wird, was aus diesen "Traditionsbeständen" in welcher Weise angeeignet wird und welche "enkulturierte Gestalt" die junge Generation gewinnt. Dieser Vorgang verläuft aber nicht planlos, er ist vielmehr in Bildungseinrichtungen institutionalisiert und gezielt veranstaltet. An diesem Punkt wird eine Adoleszenztheorie zu einer pädagogischen "Wirkungstheorie", zu einer Untersuchung der Frage, welche kulturellen Gehalten, die als Bildungsgehalte in der Schule institutionalisiert sind, von Heranwachsenden übernommen, abgelehnt oder mit Indifferenz behandelt werden. Ohne Zweifel ergeben sich dabei aber jeweils epochenspezifische Phänomene. Die junge Generation wächst in ganz andere Selbstverständlichkeiten als die ältere. Je rascher der soziale Wandel sich vollzieht, desto schneller lernt die heranwachsende Generation aber auch, mit neuen Lebensumständen umzugehen. Wie die Jugendstudien aber zeigen (s. JUGENDWERK DER DEUTSCHEN SHELL, 1985), lernen auch die Erwachsenen heute sehr schnell, ja sie sind in einem historisch wahrscheinlich unbekannten Maße bereit, auch von den Kindern und Jugendlichen zu lernen.

5.2 Pädagogische Konsequenzen

Die letzten Bemerkungen führen uns unmittelbar zu pädagogischen Konsequenzen, die sich aus modernen Betrachtungsweisen der Altersphase Adoleszenz ergeben. Die alte Entwicklungspsychologie ist in eine Bildungstheorie eingemündet, die neue Entwicklungspsychologie mündet in Vorschläge für die Vermeidung von Risikoentwicklungen (Drogenkonsum, Frühschwangerschaften, Delinquenz, s. Carnegie Council on Adolescent Development, 1989).

Wir haben in den letzten Jahren unübersehbar eine altersphasenspezifische Bildungstheorie vernachlässigt. Die Einführung in die Kultur, die Rekonstruktion der Hintergründe unserer gemeinschaftlichen und gesellschaftlichen Verhältnisse ist unerlässlich und kommt einem Weltorientierungsbedürfnis der Heranwachsenden sehr entgegen. Die Bildungstheorie geht aber heute kaum mehr vom Identifikationsbedürfnis dieser Altersphase aus, sie hat das Bewußtsein von der Verschränkung der personalen Individuation mit der kulturellen Initiation weitgehend verloren. Die Literatur böte z.B. ein beinahe unbegrenztes Feld von stellvertretenden Erfahrung zu menschlichen Grundsituationen und damit auch ein wichtiges Feld der Identitätsfindung.

Ebenfalls vernachlässigt erscheinen heute die altersspezifischen Besonderheiten in der Orientierung an Erwachsenen. Das *jugendgerechte Lehrerverhalten* steht heute kaum mehr im Mittelpunkt der Aufmerksamkeit. Dabei dürften alte Erkenntnisse von der spezifischen Verletzbarkeit in dieser Altersphase und von den großen Identifikationsbedürfnissen von Jungen und Mädchen auch heute noch zutreffen.

Wenn man das Curriculum der Sekundarstufe I unter jugendspezifischen Gesichtspunkten durchforstet, dann fällt der starke kognitive Überhang auf. Dabei ist bekannt, daß in dieser Altersphase ein vielfältiges Feld der produktiven Selbstdarstellung geschaffen werden muß, ein Feld, um sich auch im Publikum der Altersgleichen positiv präsentieren zu können. Dies hat für die Sportpädagogik und die Musikpädagogik natürlich besondere Konsequenzen. Dabei darf man aber nicht naiverweise davon ausgehen, daß sich in der Altersgruppe von selbst eine positive Moral entwickelt. Eine solche muß vielmehr durch kluge pädagogische Bemühungen oft mühsam hergestellt werden.

Die altersspezifischen Besonderheiten müßten auch in einer besonderen Sexualpädagogik und vor allem in einer besonderen Gesprächspädagogik und Freizeitpädagogik ihren Niederschlag finden. Auf diesem Hintergrund sind die außerunterrichtlichen Veranstaltungen, die gesamte Gestaltung des Schullebens von ausserordentlich großer Bedeutung. Viele Vorstellungen der Reformpädagogik der 20er und 30er Jahre könnten auch heute noch in verwandelter Form Perspektiven für eine Gemeinschaftspädagogik, für eine Lesepädagogik, für eine politische Pädagogik und für eine Berufspädagogik vorgeben. Was wir aber vor allem brauchen, ist keine additive Häufung von "Pädagogiken", sondern eine Stärkung der integrativen und ganzheitlichen Betrachtung jugendlicher Lebensräume, um den Blick für Ausfälle wichtiger Erfahrungen zu schärfen.

Die Schule müßte vor allem eine Instanz der Unterstützung normativer und selbstverantwortlicher Selbststeuerung sein, sie müßte in gewissem Sinne ein externes Hilfs-Ich repräsentieren und sie müßte alle ausgrenzenden, taktlosen und "vernichtenden" Erfahrungen zu vermeiden suchen.

Insgesamt wäre es wichtig, pädagogische "Sinnesorgane" zu entwickeln, die die ganze Lebenssituation eines Jungen und eines Mädchens ins Auge fassen und untersuchen, ob hier nicht gewichtige Erfahrungen fehlen, also "unvollständige Lernräume" vorliegen und ob nicht in wichtigen Bereichen solche Blockaden geschaffen werden, dass eine produktive Persönlichkeitsentwicklung gefährdet ist. Dabei geht es sicher nicht darum, die Heranwachsenden in möglichst weiche Watte zu packen, sie von allen Anforderungen zu schützen, ihnen alles zu gewähren und sie vor allem zu bewahren. Es geht vielmehr darum, solche Erfahrungsräume zu schaffen, die den jungen Menschen auf seinem Lebensweg produktiv voranbringen.

5.3 Theoretischer Ausblick

Teils als Bemühen der theoretischen Integration der gefundenen Sachverhalte und teils als spekulativer Ausblick soll hier versucht werden, die Besonderheiten der Lebensphase Adoleszenz zu schildern. Je intensiver unsere Beschäftigung damit geworden ist, umso deutlicher ist uns vor Augen getreten, daß man die vielen empirischen Untersuchungen nur sinnvoll interpretieren kann, wenn man sie in die umfassende Perspektive des menschlichen Lebenslaufs einordnet.

Auf allgemeinster Ebene muß sich diese Sichtweise auf formale Merkmale der Evolution des Individuums konzentrieren. Eine solche Perspektive, z.B die Unterstellung einer zielgerichteten Entwicklung des Menschen, die im Rahmen des alten philosophischen Denkmodells der Entelechie formuliert wurde, hat die Entwicklungspsychologie zu ihrem Beginn bereits stark geprägt. Von zwei Seiten her wurde dieser Prozess zu differenzieren versucht. Charlotte BÜHLER (1932/1959) hat z.B. ein *Modell der optimalen Humanentwicklung,* des Weges zur Reife der Person für Männer und Frauen entworfen. Für SPRANGER (1924/1963) stand von seiner Neukantianischen Theorie der Humanentwicklung her die *Integration in die Kulturbereiche,* die als Formen der Wertverwirklichung interpretiert wurden, im Mittelpunkt. Entwicklung erfolgte hier durch die Resubjektivierung der Kultur, durch das Abarbeiten am "Objektiven". W. STERN hat schließlich eine Synthese angestrebt, wenn er Humanentwickung als *Konvergenz* zwischen der Eigendynamik der Person (ihren Ich-Werten) und den Sinnstrukturen der Kultur (den Welt-Werten) sah (STERN,1925b).

Daneben entstanden immer dichter werdende Beobachtungen über altersspezifische Besonderheiten der Entwicklung des Menschen. Schon PREYER (1905) hat mit seinen Beobachtungen von Kleinkindern den Weg dazu gewiesen.

Heute wird ein anderer Akzent gesetzt. Es gilt als unzureichend, die Aufmerksamkeit nur auf die Entwicklung des ganzheitlichen Systems "Kind" zu lenken und nur auf die Reorganisation der Teile und innereren Beziehungen dieses Systems zu achten. Die richtige Perspektive ist die, *das Person-Umweltverhältnis* zum Ausgangspunkt der Analyse zu machen. Entwicklung ist dann eine Reorganisation des Verhältnisses zwischen Kind und Umwelt, die auch aufgrund von neuen Systembildungen beim Kinde möglich werden. Das zentrale Thema sind hier aber Differenzen zwischen System und Umwelt, Differenzen die sowohl entwicklungsförderlich als auch entwicklungshemmend sein können, falls keine optimalen Passungsverhältnisse vorliegen.

Entsprechende Anstöße zur Veränderung vorhandener Gleichgewichte erfolgen nun einmal intern, sie sind reifungsbedingt, sie sind in der Biologie und der Eigendynamik der Persönlichkeitsentwicklung lokalisiert. Diese treffen auf externe, kultur- und erziehungsbedingte Entwicklungsanstöße. Erziehung selber kann so als Programm von gezielten Differenzbildungen verstanden werden. Dadurch, daß sich das Kind selber verändert, verändern sich auch Wahrnehmungen des Kindes durch die Eltern. Dies führt zu andern Erwartungen und Differenzbildungen. Somit wird ersichtlich, daß die Einflüsse immer gegenseitig laufen, Kinder beeinflussen ihre Eltern und Eltern beeinflussen ihre Kinder.

Konstitutiv für die Betrachtung von Entwicklung, als Veränderung von Person-Umweltverhältnissen ist der Sachverhalt, daß ein Kind jeweils nur einen selektiven Zugang zur Welt hat und sich dieses "Sich zur Umwelt in Beziehung-Setzen" im Laufe der Entwicklung qualitativ ändert. Durch den Sachverhalt, daß jeweils nur bestimmte Ausschnitte auf bestimmte Weise erfaßt werden, ist ein Kind auch unterschiedlich lebensfähig. Die Beziehungen werden im Laufe der Entwicklung immer umfassender, die Lösungen von Problemen des Umweltbezuges immer generalisierbarer. Dadurch steigt die Überlebensfähigkeit des Menschen, eine Überlebensfähigkeit, die aber auch noch im Erwachsenenalter, versteht man unter Überlebensfähigkeit auch psychisch stabiles und erträgliches Leben, noch eingeschränkt sein kann. Nur wenige Menschen erreichen eine solche Stufe der Verallgemeinerungsfähigkeit der Beziehungen zur Umwelt, daß sie unter den verschiedensten Umwelten, in verschiedenen Lebens- und Kulturkreisen, überlebensfähig werden.

Der Gesichtspunkt der Generalisierbarkeit und Verallgemeinerbarkeit sowie Transferierbarkeit von Person-Umwelt-Beziehungen in verschiedene Lebenssituationen ist aber als Qualitätskriterium und als Entwicklungsziel sehr wichtig.

Entwicklung ist nun sinnvollerweise in Phasen gegliedert zu betrachten. Solche Phasen sind Hilfskonstruktionen, die helfen sollen, qualitative Änderungen von Person-Umweltbeziehungen sichtbar zu machen.

Was ist dann das "typisch Kindliche", das "typisch Jugendliche" und schließlich das "typisch Erwachsene"?

5.3.1 Zu den Besonderheiten des Person-Umweltbezuges in der Kindheit

Besonderheiten des kindlichen Bezuges zur Welt sind früher systematisch in längs- und querschnittlichen Betrachtungen herausgearbeitet worden. Dies hat sowohl REMPLEIN (1957/1965) als auch SCHENK-DANZINGER (1969/1987) versucht. Letztere hat eine sehr prägnante Gegenüberstellung der "seelischen Gestalt" des Vorschulkindes mit dem Schulkind entwickelt. Aber schon in der alten Arbeit von HANSEN (1938) zum Weltbild des Kindes kommt eine solche Sichtweise, die gesamte seelische Gestalt einer Altersphase zu beschreiben, zum Vorschein, die auch heute noch zum Denken in altersspezifischen Besonderheiten anregen kann.

Damals ging man davon aus, daß es z.B. folgende Stufen des Person-Umweltbezuges gibt:

- In der frühen Kindheit ist nach HANSEN das Person-Umweltverhältnis besonders auf *das eigene Befinden und auf den Gebrauch der Umwelt für die Befriedigung eigener Bedürfnisse* zentriert. Nicht wie die Welt an sich beschaffen ist, ist hier wichtig, sondern sie wird rekonstruiert für ein begehrendes, fürchtendes und affektiv ansprechbares, nach Betätigung strebendes Ich (HANSEN, 1938, 141). Kennzeichnend ist dabei die perzeptive "Besessenheit", das unmittelbar auf bestimmte Reize reagieren müssen.

- Die Zuordnungen zur Umwelt sind beim Säugling noch sehr stark reflexorientiert, die Anlässe für Unterscheidungen laufen zwischen bekannt-unbekannt oder zwischen angenehm-unangenehm. "Sein gesamtes Erleben erhält vor *dem triebhaften, gefühlsstarken Mitschwingen* und dem betonten, ebenfalls triebhaften Tätigkeitsdrang seines Ich ein einheitliches Gepräge." (HANSEN, 1938, 11). Die inneren Strukturen der Informationsvearbeitung und die inneren Zuständigkeiten bestimmen also, was in welcher Weise wahrgenommen wird. Diese Perspektive der selektiven Wahrnehmung ist in der vergleichenden Verhaltensforschung für den Umweltbezug verschiedener Tierarten entwickelt geworden. Sie läßt sich auch auf verschiedene Stadien der Humanentwicklung anwenden. Es kann somit bei gleicher Reizlage ein ganz unterschiedlicher Gegenstandsbezug resultieren.

  Beim Kleinkind überwiegt nun die *Handlungs- und Gebrauchsfixierung.* Die Rekonstruktion der Welt erfolgt unter dem Gesichtspunkt der dahinter stehenden Tätigkeit und des Gebrauchs. Das Kind rekonstruiert sich die Welt nach ihrer Gebrauchsfähigkeit, Gegenstände werden unter diesen Gesichtspunkten gesehen, ebenso Personen.

- Es tritt in der Folge die *phantasiebestimmte Relationierung zur Umwelt* in den Vordergrund. Die Umwelt wird nach den eigenen Wünschen, nach den eigenen Ängsten nach der Abwehr von Unangenehmem usw. rekonstruiert. Die ist nun kein anthropomorphisierendes Denken, welches ja voraussetzen würde, daß das Kind sehr früh eine bessere Beziehung zum Seelischen als zum Dinglichen hat. Das Kind behandelt Dinge wie Lebendiges und unterhält sich mit ihnen, ist z.B. auf sie böse. Der Hintergrund dafür ist der, daß das Kind beseelte und unbeseelte Objekte nicht unterscheidet[35].

- Aber schon nach dem 4. Lebensjahr beginnt das Kind seine Hauptphase als Kind. Es setzt die realitätsbezogene Zuwendung ein, der sachgerechte Gebrauch von Gegenständen steht im Vordergrund. Im Spielverhalten läßt sich diese Entwicklungssequenz sehr schön dokumentieren. Die Entwicklung strebt dann einem Höhepunkt zu, den REMPLEIN in Anlehnung an Charlotte BÜHLER die *Werkreife* nennt Das Kind wird zum *naiven Realisten,* es rekonstruiert sich die Welt so wie sie ist, es gibt sich ihr widerstandlos hin. Die Analytiker sprechen davon, daß das Realitätsprinzip wichtiger wird, die Welt also ihre Eigenstrukturen geltend ma-

---

[35] Hier bringen allerdings die neueren Forschungen zu den Voraussetzungen von Empathie (Erkennen der eigenen Gesichtszüge und der eigenen Person im Bild als Subjekt) Gesichtspunkte ins Spiel, die Revisionen der alten Konstruktion des Kindlichen zur Folge haben könnten.

chen kann und nicht mehr beliebiger Stoff für die bedürfnisbezogene Umgestaltung ist.

- Es entsteht jetzt so etwas wie Werksinn. Die Voraussetzung für die eigene positive Selbstakzeptanz liegt in dieser Altersphase dann darin, etwas zu können. Die naiven projektiven Formen des eigenen Geltungsstrebens und des kindlichen "Größenwahns" reduzieren sich, die vielen Erfahrungen im Zusammenhang mit Leistungssituationen schlagen sich, wenn es gut geht, in einem realistischen Kompetenzbewußtsein nieder.
- Eine entsprechende, befriedigende Einbindung in die sozialen Lebenskreise und ein entsprechendes Kompetenzbewußtsein zusammen bilden danach die beste Voraussetzung für das Eintreten in die Adoleszenz.
- Andererseits ergeben sich auch jeweils altersspezifische Pathologien. Im Kindergartenalter kann sich dies in der Form *von Petzen, von Flunkern, von Tendenzen des Ausschließens, von Weinen und Zuflucht-suchen,* in Schwierigkeiten des Lösens und Bindens von Beziehungen, im schnellen Beleidigtsein, in der schweren Versöhnbarkeit, im Streben nach Totalbesitz, im Platzvorteil suchen, im Bestechen und Angeben manifestieren. Auch für das Grundschulalter sind ähnliche Verhaltensweisen beobachtbar, die auf Defizite in der Möglichkeit einer positiven Selbstdarstellung verweisen.

Auf dieser Folie läßt sich auch klar sagen, was der positive Ausgangspunkt dieser Lebensphase ist: ein solider Werksinn im Sinne eines soliden Kompetenzbewußtseins, eine elementare Selbstachtung, elementare Planungsfähigkeiten und Selbstdurchsetzungsfähigkeiten, Bindungen an Gleichaltrige, Lösungsfähigkeiten von den Eltern, realistische Selbsteinschätzungen. Jenes Kind hat eine gute Startposition, das einen Kranz von zentralen Bedürfnissen der Kindheit befriedigen konnte, nämlich

- in der Schule gut zu sein
- von den Eltern geliebt und akzeptiert zu werden,
- gleichzeitig intensive Kontakte zu Freunden zu haben
- Erfahrungen die darauf verweisen, stark, attraktiv und mächtig zu sein
- Erlebnis interessanter und vielfältiger Dinge
- Möglichkeiten, symbolische Vervollkommnungen in der Phantasie durcharbeiten zu können.

Uns beschäftigt hier natürlich in besonderer Weise, was in der Adoleszenz geschieht, was die Besonderheiten dieser Altersphase sind. Hier sollen einige

Befunde der bisherigen Analysen hinsichtlich der Veränderung des Person-Umweltbezuges in die Lebenslaufperspektive eingeordnet werden.

5.3.2 Besonderheiten des Person-Umweltbezuges in der Adoleszenz

Viele innere und äußere Anlässe - viele Differenzbildungen - tragen dazu bei, daß die naiv-realistische Einbettung in die Umwelt in der Kindheit aufgebrochen wird. Es sind dies u.a.

- kognitive Entwicklungsprozesse
- biologische Änderungen und neue Bedürfnisstrukturen
- neue Erwartungen der Umwelt.

In dieser Lebensphase beginnt nun der heranwachsende Mensch mehr noch als früher die *eigene Entwicklung selber zu initiieren*. Er wirkt auf die Eltern aber nicht nur in mehr oder weniger positiver Weise zurück, sondern er beginnt auch eigene Handlungspläne zu entwerfen, sich eigene Lebenskreise zu organisieren. Im günstigen Falle ergeben sich sogar gegenseitige Lernprozesse zwischen den Heranwachsenden und den Erwachsenen.

Haben Kinder noch die Autoritätsgrenzen der Eltern getestet, so wollen Jugendliche *positiv herausfinden, was sie sind und wollen*. Sie streben eine Selbstlokalisation im soziokulturellen Feld von Möglichkeiten und Anforderungen an und sie reorganisieren im sozialen Feld die Beziehungsverhältnisse auf den Achsen Autonomie vs. Abhängigkeit und Distanz vs. Nähe neu.

Wenn es gut geht, üben sie in verschiedenen Formen der Exploration und des experimentellen Verhaltens neue Handlungsstrategien ein und gelangen somit zu "eigenständigen" Überzeugungen. Verschiedene Formen der Exploration und des Experimentierens markieren den Pfad der Individuation.

Während also das Kind ist, was es ist, hinter seinem phänomenalen Erscheinungsbild keine "zweite Wirklichkeit" im Sinne einer verborgenen oder gar bewußt abgespaltenen Realität zu suchen ist, gilt dies beim Jugendlichen nur mehr beschränkt. Er ist jetzt häufig nicht nur das, was er vorgibt zu sein, er spaltet sein Inneres vom Äußeren ab, er wird das, was er sein möchte. Er ist somit noch über lange Zeit sein eigener Entwurf und noch keine vollzogene Realität.

Die äußeren Merkmale dieses Vorganges, der mehr oder weniger dramatisch verlaufen kann, sind unübersehrbar:

- Die Phänomenologie des Alltagsverhaltens ist oft geprägt durch Renommieren, durch Prahlen, durch Albernheit, durch häufiges Alternieren zwischen Kindischsein und Formen von Erwachsensein. Die eigene Körpergestaltung erfolgt nun bewußt, die "Be-Spiegelung" wird im wörtlichen Sinne zur Regel.

  Auch das eigene Verhalten wird nun bewußter gesteuert, man gibt sich "cool", man "zeigt" oder verbirgt Emotionen. Dies alles geschieht immer in Anwesenheit von andern. Nie mehr im Leben sind gleichaltrige Heranwachsende so aufeinander bezogen wie beim Übergang von der Kindheit in die Adoleszenz. Wer Klassen dieser Altersstufe auf Ausflügen beobachtet, bekommt dies unübersehrbar vordemonstriert.

Eine der entscheidenden Änderungen in dieser Lebensphase ist nun das sich ausweitende *Denken in Möglichkeitsräumen und über ideelle "Gegenstände"*. Hypothetisches Denken über sich selber enthält die Chance, anders sein zu können als man ist, es bedeutet in bezug auf die äußere Realität, die Wirklichkeit sich anders vorstellen zu können als sie faktisch ist. Damit beginnt die *Phantasie* in dieser Lebensphase wieder eine größere Rolle zu spielen, aber nicht mehr im Sinne der märchenbestimmten Ausrichtung auf die Welt, sondern im Sinne antizipierter Formen ihrer Gestaltbarkeit.

Die zentrale Perspektive, die das Person-Umweltverhältnis dieser Lebensphase auf den Begriff bringen kann, muß zwei Achsen ins Blickfeld nehmen: Die Veränderung auf der Achse Außen/Innen und auf der Achse der Realdarstellung bzw. Idealkonstruktionen. Damit ist gemeint, daß Jugendliche stärker unterscheiden, was sie nach außen zeigen und was sie eigentlich nach innen sind. Zudem ist ihnen bewußter, was sie eventuell real sind und was sie gerne sein möchten. Diese Real-Ideal-Unterscheidung kann auch auf die soziale Wirklichkeit angewendet werden, an die in dieser Lebensphase erstmals große moralische Ansprüche gestellt werden.

Alle diese neuen Formen des Person-Umweltbezuges werden nicht in sozialer Isolation konstruiert - vielleicht bei einigen in der Form intensiver Tagebuch-Aktivitäten -, in der Regel werden sie im Zusammenhang und in der Auseinandersetzung mit den Eltern und den Altersgleichen entwickelt. Auch die Literatur als fiktive Wirklichkeitspräsentation kann eine große Rolle spielen. Deshalb ist die Lesetätigkeit für die psychische Entwicklung in dieser Lebensphase so wichtig.

All dies schafft natürlich neue Vorausetzungen für den Aufbau reiferer Persönlichkeitsstrukturen; es enthält aber auch Gefahren. So hat die Psychoanalyse sowohl die Gefahren der nicht-explorativen Einbettung in vorgegebene Strukturen betont also auch auf die Problematik des sich nahtlose Einpassens und Verbleibens in Strukturen kindlicher Autoritätszusammenhänge hingewiesen. Nicht zuletzt hat sie auf die verschiedenen Umwege und Abwege des Findens einer eigenen Identität verwiesen. Zudem besteht die Gefahr, daß der heranwachsende Mensch mit zunehmender geistiger Verallgemeinerungsfähigkeit und Kritikfähigkeit auch sich selbst gegenüber zu immer generalisierteren Urteilen kommen kann. Fallen diese negativ aus, dann steigt auch die Leidensanfälligkeit.

Wir können auf diesem Hintergrund letztmals pädagogische Hinweise entwickeln, welches besonders entwicklungsangemessene Formen der Lebensgestaltung mit Heranwachsenen wären.

Es scheint klar zu sein, daß diese Lebensphase als eine explorative und experimentelle anerkannt und auch gefördert werden muß. Dann bieten sich von den grundlegenden Bedürfnissen dieser Entwicklungsphase her auch neue pädagogische Anknüpfungsmöglichkeiten. Im glücklichen Falle gelingt es uns, wieder eine altersspezifische Pädagogik zu entwickeln. Sie wird nicht direktiv, nicht autoritär, nicht moralisch dozierend sein dürfen, sondern die Kunst der Schaffung von Zwischenräumen der Kontrolle und Selbständigkeit, der indirekten Erfahrungsvermittlung, der Bereitstellung von Bildungsmöglichkeiten pflegen müssen.

Auch für die Eltern bedarf es einer neuen Haltung, die sowohl Distanz ermöglichen muß, als auch Nähe und Explorationsmöglichkeiten im familiären Lebenszusammenhang pflegen sollte. Schließlich ist dies eine Lebensphase, in der Normen und Werte erstmals auf einer verallgemeinerungsfähigen Ebene begründet werden können.

Insgesamt erscheint es einleuchtend, daß die Kenntnis der altersspezifischen Besonderheiten eine wichtige Grundlage für die Beteiligten ist, um Sicherheit zu gewinnen, wie man sich angesichts der lebensgeschichtlichen Veränderungen verhalten soll. Die meisten Eltern haben ja erstmals Adoleszente als Kinder, wenn diese in dieses Alter kommen. Es ist von großer Bedeutung, die Möglichkeiten zu schaffen, auch diese Lebensphase mit den erwachsen werdenden Kindern freudvoll und produktiv zu erleben.

Eine zentrale Voraussetzung dafür ist sicher der Sachverhalt, daß auch "objektive Gegebenheiten" vorliegen, die den Eltern und Lehrern vor Augen führen, daß auch diese Entwicklungsphase erfreulich ist, objektive Gegebenheiten, die vor allem bedeuten, daß es den Heranwachsenden "gut geht". Einige Bedingungen positiver Entwicklungsverläufe sollen hier kurz abschließend erwähnt werden.

- Eine Hauptbedingung scheint die zu sein, daß Heranwachsende die Möglichkeit haben, diese Lebensphase explorativ zu durchleben und von entsprechenden Explorationsprozessen nicht frühzeitig abgeschnitten werden. Wenn Heranwachsende vorzeitig in überernste Zusammenhänge eingebettet werden, wenn sie gleichzeitig mehrere Probleme in kurzer Zeit zu lösen haben (z.B. Berufsfindungsprobleme und Schulleistungsbewältigungen plus Verarbeitung erster Erfahrungen mit dem andern Geschlecht plus Neudefinitionen von Unabhängigkeit gegenüber Eltern), dann kann es zu *Problemstauchungen* kommen, die zu eskalierenden Konflikten mit der Umwelt beitragen. Die Umwelt korrigiert dann nicht mehr *rezentrierend,* sondern *dezentrierend* und kann den Heranwachsenden in problematische Entwicklungspfade drängen.
- Die Stabilisierung des Kompetenzbewußtseins durch eine positive "Diät" von Erfolgserfahrungen in Leistungszusammenhängen ist eine weitere wichtige Voraussetzung. Die Schule muß für alle Heranwachsenden in irgendwelchen Bereichen *positive Identitäten* bereit halten.
- Ein herausragendes Problem ist die *Präsentation des neuen Körpers.* Die Veränderungen der eigenen Leiblichkeit führen zu Wahrnehmungen durch die Umwelt, die sehr oft von einschneidender Brutalität sind. Heranwachsende davor zu schützen ("Sich-Ausgestellt-Fühlen" der Mädchen, Hänseleien) und eine entsprechende Moral bei Gleichaltrigen zu etablieren, ist ein wichtiger pädagogischer Prozeß. Gerade die Moral unter Gleichaltrigen darf nicht in mißverstandener Toleranz natürlichen und unbeeinflußten Faktoren überlassen werden.
- In dieser Lebensphase werden erstmals auch außerfamiliäre Beziehungen aufgebaut, bei denen das Liebesangebot auf dem Markt sozialer Beziehungen immer auch in der Gefahr ist, achtlos beiseitegelassen zu werden (siehe die Texte in der Schweizer Zeitschrift "Musenalp Express"). Auf solche Vorgänge und ihre Durcharbeitung gilt es besonders zu achten.
- Ein herausragendes Problem besteht darin - und dies hat schon die Kurzschulpädagogik von HAHN erkannt -, den Heranwachsenden *Möglichkeiten der positiven Fürsorge,* der Selbstverantwortlichkeit und damit auch Wege der Befriedigung des eigenen "Nützlichseinwollens" zu bieten.
- Diese Lebensphase ist schon bei Charlotte BÜHLER als eine besonders auf *Vorbilder und Leitbilder* angewiesene geschildert worden. Darauf antworten heute überwiegend nur mehr Idolangebote aus den Massenmedien

und der jugendspezifischen Massenliteratur. Dem müßte durch entsprechend gute Lektüre und durch eine entsprechende bewußte Gestaltung der sozialen Beziehungen in der Schule entgegengewirkt werden.

- In einem Gebiet sich besonders *positiv darstellen* zu können, sei dies der Sport, sei dies ein musisch-künstlerischer Bereich, sei dies eine intellektuelle Leistung oder eine soziale Verantwortung, ist besonders wichtig. Es gilt deshalb, den gesamten Lebenshorizont eines heranwachsenden Menschen in dieser Lebensphase immer unter diesen Gesichtspunkten zu durchleuchten.
- Da das *Verständnisbedürfnis* in dieser Lebensphase sehr bedeutsam ist, ist darauf zu achten, daß es nicht nur in problematischen Gleichaltrigenbeziehungen befriedigt wird. Jugendliche wollen wissen wie die "Welt" ist und was sie selber sind, bzw. "where they fit in". Deshalb erscheint es mir besonders bedeutsam, wieder stärker eine altersspezifische Bildungstheorie zu entwickeln. Wie dies heute, in zeitgemäßer Variation des umfassenden Versuches von FLITNER (1961) noch geschehen könnte, ist eine offene Frage. Ohne aber für die gemeinschaftliche Zukunft Leitbilder zu haben und ohne für das eigene Leben zukunftsorientierte Zielperspektiven zu entwickeln, ist keine konsistente, an Zielen orientierte und selbstverantwortete Selbstentwicklung denkbar.

5.3.3 Was kommt nach der Frühadoleszenz?

Es ist unübersehbar, daß die Entwicklung des Menschen im Alter von 16, 17 Jahren noch nicht abgeschlossen ist. Nachdem die Kindheit zu Ende gegangen ist, erste Explorationen eingesetzt haben, Möglichkeitshorizonte der Entwicklung sich aufgetan haben, entsprechende Experimente schon erste Festlegungen zur Folge hatten, sich eine *Fortentwicklung von Selbständigkeitskonflikten zu den Weltanschauungskonflikten* vollzogen hat, beginnt eine Verstetigung und eine verantwortungsbezogenere Einbindung in Lebensumstände.

Was nun der Schwerpunkt der Altersphase von 17 bis 21 ist, müßte eigens erforscht werden. Wir gehen davon aus, daß zwei Problemkreise hier in eine Ernstphase treten: die relativ endgültige Einbindung in berufliche Anforderungen, die eine Kristallisation der Exploration der eigenen Möglichkeiten und Präferenzen beinhaltet und die Einbindung in neue Ernsthaftigkeiten zwischenmenschlicher Beziehungen. Die Eltern treten noch mehr in den

Hintergrund, die Alltagskonflikte mit ihnen verlieren an Bedeutung und zumindest vorübergehend werden die Eltern aus dem Lebenshorizont der Spätadoleszenten "gestrichen".

Spätadoleszente dürfte in vielen Lebensbereichen entschiedener und festgelegter sein als Frühadoleszente. In unseren Kulturkreisen sind ihre ökonomischen Ressourcen beträchtlich und ihre Verfügbarkeit über die eigene Zeit erreicht einen ersten Höhepunkt. Sie sind politisch "mündig" und müssen hier zu allgemeinen Orientierungen und konkreten Parteipräferenzen gekommen sein.

Somit ergibt sich ein wesentlicher Unterschied: die Frühadoleszenz ist eine Phase der Expansion, des Abwägens, die Spätadoleszenz eine Lebensperiode der konkreten Planung und zielgerichteten Lebensgestaltung. Die Vielfalt der Möglichkeiten wird eingeschränkt, dafür werden konkrete Ziele konsequenter verfolgt.

Bei den unter modernen Lebensbedingungen gegebenen Freiheiten und Entscheidungsmöglichkeiten dürfte aber auch bei vielen die Unsicherheiten noch groß sein. Die Partnerwahl beginnt heute zwar früher, sie verläuft aber auch experimenteller und länger. Ähnlich flexibel müssen besonders die studierenden Schichten der heranwachsenden Jugend sein.

Wie sich nun Lebensläufe von der Adoleszenz ins Erwachsenenalter produktiv gestalten lassen, wird in einigen amerikanischen Untersuchungen schon intensiv bearbeitet (EICHHORN et al., 1981). Hier wird nun die Orientierung an den Erfüllungen ernsthafter Aufgabenzusammenhänge sichtbar. Der jugendliche Gesinnungsethiker wandelt sich zum erwachsenen Verantwortungsethiker. Welche Heranwachsenden erleben nun in dieser Lebensphase eine produktive berufliche Entwicklung, welche sind in wechselnde und unbefriedigende Arbeitszusammenhänge eingebunden? Parallel dazu wird gefragt, welche Jugendlichen eine positive Einbindung in Partnerschaften erfahren, bzw. welche eher erratische, unbefriedigende und konflikthafte Partnerbeziehungen erleiden. Dies sind in der Regel die Hauptfragestellungen, wenn es um die Prognose der Lebensbewältigung im Erwachsenenalter auf der Grundlage von Prädiktoren in der Kindheit und Adoleszenz geht.

Als exemplarische Ergebnisse seien die folgenden genannt:

- Offensichtlich führt ein geringer Grad der Exploration und der bewußten Übernahme von Weltbildern in der Jugendzeit dazu, daß solche Jugendliche später konventionell sind, daß sie zu einem sehr starken Ingroup-Denken neigen, daß sie nach außen hin zwar solide eingebettet sind, aber relativ arm an selbsterarbeiteten Perspektiven bleiben. Wird also keine explorative Phase erlebt, dann sind damit nur schwer nachholbare Defizite verbunden.

- In bezug auf die Leistungsorientierungen ergeben sich zwei Entwicklungswege: Es scheint Kinder zu geben, die sehr früh erwachsenenorientiert sind und die zustimmungsorientiert in bezug auf Autoritätspersonen bleiben sowie eine relativ große Distanz zur Altersgruppe haben - manchmal sogar zurückgewiesen werden - , die konventionelle Orientierungen in bezug auf die Geschlechtsrollenerwartungen an den Tag legen und die dies dann im Erwachsenenalter noch ähnlich orientieren. Sie tendieren zu einer konventionellen Lebensweise, sind leistungsorientiert, aber wenig kreativ.

Die andere Gruppe hat schon sehr früh ein starkes Interessse an allgemeinen intellektuellen Fragen, sie ist in der Kindheit eher schwierig und nonkonform, zeigt also eher Widerstand, ist aber im jungen Erwachsenenalter eher lebendig, kreativ und explorativ geblieben.

Welche Möglichkeiten ergeben sich nun, Lebenstüchtigkeit und Lebensbewältigung zu spezifizieren?

Die beiden genannten Kriterien der soliden beruflichen Einbettung und der stabilen sozialen Konstellation sind möglicherweise nicht ausreichend. Die Autoren im Umkreis der Berkley-Studien sprechen häufig von *sozialer Reife*, worunter sie u.a. berufliche Zufriedenheit, eine glückliche Ehe, ein vernünftiges Gesundheitsverhalten (keine Alkoholabhängigkeit, keine Drogenabhängigkeit, Bewegungsorientierung, keine Eßstörungen), Flexibilität, Widerstandsfähigkeit unter Stress und die Fähigkeit, andere Menschen genießen zu können, verstehen. Dem geht in der Adoleszenz Selbstkontrolle, Verantwortlichkeit und Selbstlenkung, Vertrauen und gegenseitiger Respekt voraus. Sie zeigen einen hohen Grad der Rationalität, eine geringe Defensivität und eine hohe intellektuelle Kompetenz. Dies könnten auch die Persönlichkeitskonstellationen sein, die MISCHEL (1974) schon in seinen Untersuchungen zum Belohnungsaufschub im 4. bis 6. Lebensjahr im Auge hatte. Hier hatte sich gezeigt, daß entsprechende Fähigkeiten der Selbstkontrolle noch in der Adoleszenz nachwirken. Auch die Arbeiten von BLOCK und BLOCK (1980) zur Elastizität der Persönlichkeit und ihrer Selbstkontrolle könnten hier wichtig sein. Schliesslich lässt sich dies alles auch im Umkreis von AICHHORNs (1951/1987) Ich-Stärke lokalisieren.

Der gesunde erwachsene Mensch ist verläßlich, vielseitig interessiert, intelligent, produktiv, Sympathie erweckend, nicht negativistisch, nicht furchtsam und unvorhersehbar, intellektuellen Aspekten aufgeschlossen, nicht übermäßig herrschsüchtig, nicht unterkontrolliert und nicht selbstzerstörerisch. Er ist nicht rebellisch, versucht nicht die Grenzen immer bis zum äussersten zu belasten, ist nicht selbstbemitleidend, nicht nach aussen orientiert, erotisiert nicht alle Situationen, ist mit sich selbst zufrieden, geradlinig, nicht launisch, fühlt sich nicht viktimisiert, respektiert die Eltern, sieht die Familie als interessanten Lebensraum, verlangt für sich nicht Privilegien, die andere nicht haben, hat eine positive Beziehung zu den eigenen Eltern als attraktiven Persönlichkeiten und stabile Bindungen zu Gleichaltrigen. So sieht zumindest das Bild im Umkreis der Berkeley-Studien aus. In bezug auf die berufliche Laufbahn zeigt diese Persönlichkeit geringe Angst und hohe Verpflichtungsgefühle. Sie ist sowohl flexibel, hat aber auch klare berufliche Pläne und verfolgt diese Ziele mit Persistenz.

Doch schon diese wenigen Hinweise auf eine "produktive Persönlichkeitsentwicklung" machen sichtbar, daß es sich hier um ein weites Feld handelt. Zudem greifen wir mit diesen Verweisen auf die Identitätsentwicklung und die interindividuellen Unterschiede in der Persönlichkeitsentwicklung kommenden Arbeiten aus dem Längsschnitt zum Übergang von der Kindheit in die Adoleszenz vor, in denen die Identitätsenwicklung und die Persönlichkeitsentwicklung explizit zum Thema erhoben werden. Auf dieses "Kommende" sei hier deshalb als Legitimation des hier vollzogenen Abschlusses von "Unabschließbarem" verwiesen.

Anhang

In diesem Anhang werden einmal die Merkmale der Stichproben und zum andern die Hintergründe der Forschungsinstrumente dokumentiert. Sie sollen dem Forschungsorientierten ermöglichen, die Datenbasis noch genauer abzuschätzen und die Operationalisierungen der Untersuchung nachzuvollziehen.

Anhang 1: Dokumentation der Stichproben

Arbeitsberichte (durch Fernleihe bei der Universität Konstanz zu beziehen):

GSCHING, S., BRIECHLE, R. & FEND, H. (1986). Merkmale des Konstanzer Jugendlängsschnittes. Design, Durchführung, Teilnahme, Ausfälle. Universität Konstanz.

GSCHING, S., BRIECHLE, R., SPECHT, W. & FEND, H. (1986). Lehrerfragen von 1979, 1980 und 1982. Ausfallanalyse und Ergebnisse offener Fragen. Universität Konstanz

GSCHING, S. & FEND, H. (1986). Elternbefragungen 1980 und 1982. Ausfallanalyse und Ergebnisse offener Fragen. Universität Konstanz.

1. Merkmale der "Stichproben"

1.1 Die Altersstruktur der untersuchten Schülergruppen

Eine wichtige Ergänzung zur Altersstruktur unserer Stichprobe muß hier vorab erwähnt werden. Wir haben - wie beschrieben - jeweils in ganzen Klassen Untersuchungen durchgeführt, erstmals in der 6. Schulstufe und letztmalig in der 10. Stufe. Wie verteilen sich nun die Altersgruppen in diesen Schulstufen? Der Einfachheit halber haben wir den Klassen die Altersgruppen von 12 bis 16 zugeordnet. Dies entspricht natürlich nicht der faktischen Altersverteilung, die wie folgt aussieht:

Tab. 1.1A: Alter der Teilnehmer der Untersuchung im Jahre 1979

Jahrgang 1965 und jünger:	9.40%
Jahrgang 1966:	42.21%
Jahrgang 1967 und älter:	48.40%

Ähnlich sah die Altersverteilung der Schüler aus, die an der letzten Erhebung im Jahre 1983 teilnahmen:

Tab. 1.2A: Alter der Teilnehmer der Untersuchung im Jahre 1983

Jahrgang 1965 und jünger:	9.20%
Jahrgang 1966:	42.62%
Jahrgang 1967 und älter:	48.10%

Daraus ergibt sich für die 6. bzw. 10. Schulstufe folgende Altersverteilung zum Erhebungszeitpunkt. Letzterer fiel jeweils in die letzten Wochen des Schuljahres, in der Regel in die ersten Juni-Wochen. Zu diesem Zeitpunkt hatte etwa die Hälfte aller Schüler schon Geburtstag gehabt, also das jeweilige Lebensjahr vollendet.

Tab. 1.3A: Altersverteilung zum Erhebungszeitpukt für die 6. bzw. 10 Schulstufe

6. Schulstufe		10. Schulstufe	
1967 und später Geborene			
24.2%	11 Jahre vollendet bzw. im 12. Lebensjahr	24.05%	15 Jahre vollendet bzw. im 16. Lebensjahr
24.2%	12 Jahre vollendet bzw. im 13. Lebensjahr	24.05%	16 Jahre vollendet bzw. im 17. Lebensjahr
1966 Geborene			
21.1%	12 Jahre vollendet bzw. im 13. Lebensjahr	21.3%	16 Jahre vollendet bzw. im 17. Lebensjahr
21.1%	13 Jahre vollendet bzw. im 14. Lebensjahr	21.3%	17 Jahre vollendet bzw. im 18. Lebensjahr
1965 und früher Geborene			
4.7%	13 Jahre vollendet bzw. im 14. Lebensjahr	4.6%	17 Jahre vollendet bzw. im 18. Lebensjahr
4.7%	14 Jahre vollendet	4.6%	18 Jahre vollendet

Gemessen an den vollendeten Lebensjahren ergibt sich somit für den Anfang bzw. für das Erhebungsende folgende Verteilung:

Tab. 1.4A: Altersverteilung zum Erhebungszeitpukt für die 6. bzw. 10 Schulstufe

Erhebungsanfang		Erhebungsende	
24.2%	11 Jahre alt	24.05%	15 Jahre alt
45.5%	12 Jahre alt	45.36%	16 Jahre alt
25.8%	13 Jahre alt	25.90%	17 Jahre alt
4.7%	14 Jahre alt	4.60%	18 Jahre alt

1.2 Regionale Merkmale

Die Stichprobe des Konstanzer Jugendlängsschnitts berücksichtigt in allen fünf Erhebungsjahren zwei spezifische Regionen in Hessen: zunächst Stadtteile von Frankfurt (Bockenheim, Westend und Nordweststadt), zum anderen ein sehr ländlich geprägtes Gebiet im Odenwald (den gesamten Odenwaldkreis sowie den östlichen Teil des Landkreises Bergstraße). In diesen ländlichen Gebieten Südhessens gibt es keine Städte mit mehr als 20.000 Einwohnern; der Anteil von Landwirten an der Erwerbsbevölkerung liegt in dieser Region Hessens bei ca. 4%.

In Frankfurt wurden zwei aneinander grenzende Stadtbezirke zwischen City und Universität, nämlich Bockenheim und Westend ausgewählt. Da in beiden Stadtbezirken keine integrierte Gesamtschule angesiedelt ist, wurden ersatzweise zwei Gesamtschulen der Frankfurter Nordweststadt in die Studie einbezogen.

Die Nordweststadt als neugebaute Trabantenstadt Frankfurts nahe der nördlichen Stadtgrenze hat eine Sozialstruktur mit höherem Anteil an Facharbeiterfamilien sowie Familien, welche eher der unteren Mittelschicht zuzuordnen sind.

Frankfurt weist insgesamt wie auch in bezug auf die berücksichtigten Stadtteile einen geringeren Anteil an Facharbeitern auf als andere vergleichbare Großstädte. Charakteristisch für die Innenstadtbereiche sind Berufe, die dem Dienstleistungssektor zuzuordnen sind; größere Produktionsbetriebe befinden sich in den von uns berücksichtigten Stadtbezirken nur in geringem Umfange.

Die soziale Zusammensetzung der befragten Schüler entspricht in einigen wichtigen Merkmalen der entsprechenden Verteilung in Hessen. Allerdings sind die integrierten Gesamtschulen deutlich überrepräsentiert. Umgekehrt sind Arbeiterkinder offenbar unterrepräsentiert. Tabelle 1.5A gibt einen Überblick für einige wichtige soziodemographische Merkmale der Stichprobe und entsprechende Vergleichsdaten für Hessen. Dazu wurde der Jahrgang 1982 herangezogen. Für andere Jahre ergeben sich vergleichbare Werte.

Tab. 1.5A: Übersicht über die soziale Zusammensetzung der Stichprobe für das Jahr 1982 (15jährige)

Zum Vergleich Daten für das Land Hessen, N=1952

		Stichprobe	Hessen[1]
Hauptschule		20.6%	24.2%
Realschule		26.2%	28.2%
Gymnasium		22.3%	30.8%
integrierte Gesamtschule		30.9%	16.8%
Mädchen		53.0%	51.5%
Jungen		47.0%	48.5%
Oberschicht[2]		5.5%	-
Mittelschicht		57.0%	-
Unterschicht		37.5%	-
Großstadt 37.8%		25.9%	
Land (Dorf und Kleinstadt)		62.2%	74.1%
Deutsche 92.3%		90.4%	
Ausländer 7.7%		9.6%	
katholisch		32.8%	32.8%
evangelisch		58.6%	60.5%
andere Konfession		8.7%	6.7%
konfessionslos			
Vater:	Arbeiter	28.2%	44.3%[3]
	Angestellter	39.1%	33.5%
	Beamter	12.4%	11.7%
	Selbständiger	20.4%	10.5%
Mutter:	berufstätig (auch teil)	63.8%	68.1%[4]
	nicht berufstätig	36.2%	31.9%

[1] Nach Daten des Hessischen Landesamtes

[2] Die Schichteinstufung basiert auf KLEINING & MOORE (1968)

[3] Männliche Erwerbstätige in Hessen 1982, ohne mithelfende Familienangehörige.

[4] Weibliche Erwerbstätige und weibliche Nichterwerbspersonen 1982 in Hessen.

1.3 Sozialstrukturelle Merkmale der Stichprobe

Unsere Stichprobe berücksichtigt nur solche Familien, welche mindestens ein Kind im Alter von 12 - 16 Jahren haben, welches eine allgemeinbildende Schule zwischen der 6. und 9. (bzw. 10.) Klassenstufe besuchte.

Dieses Auswahlprinzip impliziert, daß von vornherein alle Sonderschüler ausgeklammert wurden, ebenso Jugendliche, welche trotz der Schulpflicht keine allgemeinbildende Schule besuchten (letztere, zahlenmäßig kleine Gruppe Jugendlicher umfaßt insbesondere ausländische Jugendliche).

Väter und Mütter, welche nur ein oder mehrere Kleinkinder haben, sind naturgemäß in unserer Stichprobe nicht berücksichtigt. Die Mütter der von uns befragten Kinder sind typischerweise im Jahre 1980 36 - 40 Jahre alt, die Väter typischerweise 41 - 50 Jahre alt.

Ca. 76% der 15jährigen Jugendlichen leben in dieser Altersphase mit beiden Elternteilen zusammen. Ca. 12% aller Eltern sind getrennt oder geschieden. Allerdings leben Elternteile häufig nicht permanent in der Familie.

Etwa 36% aller Mütter sind ausschließlich zu Hause, 22% arbeiten ganztags.

Tab. 1.6A : Besonderheiten der Stichprobe

Familiensituation:	- Vater, Mutter, Kind(er)	76.1%
	- alleinerziehende Mutter und Kind(er)	12.1%
	- alleinerziehender Vater und Kind(er)	4.9%
	- Mutter, Stiefvater und Kind(er)	3.7%
	- Vater, Stiefmutter und Kind(er)	0.9%
	- Kind und Großeltern bzw. andere Personen	2.1%
Berufstätigkeit der Mutter bei den 15jährigen:	- Hausfrau	36.2%
	- gelegentlich oder stundenweise	12.8%
	- halbtags	28.5%
	- ganztags	22.4%
Ausländeranteil:		8.4%
Anteil geschiedener Eltern:		14.3%

1.4 Ausfallstudien

Abb. 1.1A: Design der Studie "Entwicklung im Jugendalter

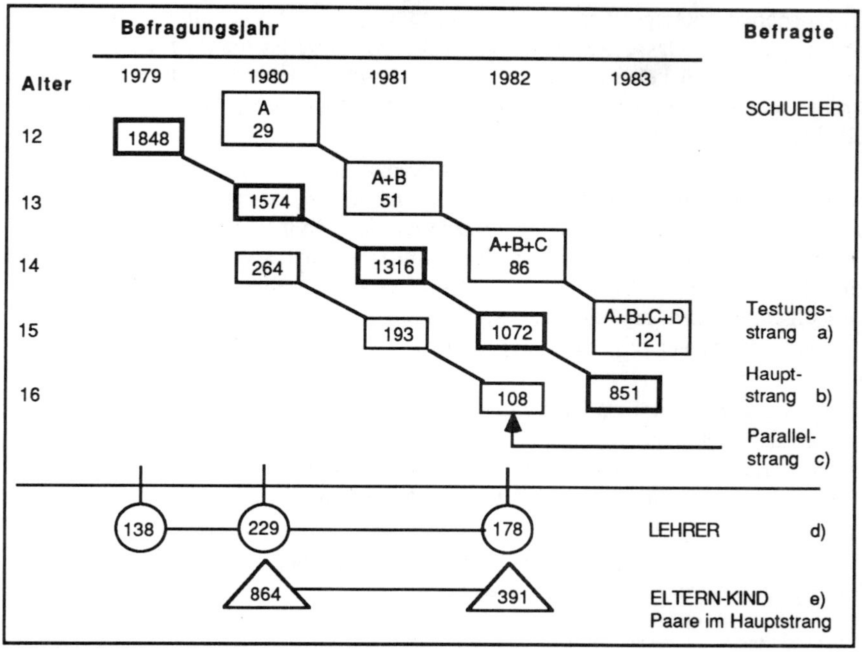

Die Zahlen geben die längsschnittliche Entwicklung der Stichprobenumfänge an.

a) Im Testungsstrang gibt die im Jahr 1980 aufgeführte Zahl die Anzahl derjenigen Personen wieder, die zu allen 4 Zeitpunkten befragt werden konnten (Teilgruppe A = 29). Im Jahr 1981 kommen dazu nochmals 22 Personen, die zu drei Zeitpunkten 1981, 1982 und 1983 befragt wurden (Teilgruppe A + Teilgruppe B = 51). Im Jahr 1982 kommt Teilgruppe C (35), die 1982 und 1983 befragt wurde, neu dazu und im Jahr 1983 Teilgruppe D (35), die nur 1983 befragt wurde.

b) Der Hauptstrang begann eigentlich mit 2054 Personen, da aber ab 1980 zwei Schulen aus der Erhebung ausschieden, sind sie auch 1979 nicht berücksichtigt.

c) Der Parallelstrang zeigt die normale Längsschnittentwicklung der Parallel-Stichprobe.

d) Bei den Lehrern ist keine längschnittliche Betrachtung möglich, da die Daten anonym erhoben wurden und lediglich den Schulklassen zugeordnet werden können.

e) Es ist hier nur die Zahl derjenigen Eltern aufgeführt, deren Kinder im Hauptstrang enthalten sind. Da auch Eltern von Kindern aus dem Testungs- und dem Parallelstrang befragt wurden, ergibt sich insgesamt eine größere Zahl von Eltern (988), die 1980 befragt werden konnten (vgl. Abb. 1).

Ausfallstudien im Zusammenhang mit Wiederholungsbefragungen konnten wir bereits bei früheren Longitudinaluntersuchungen durchführen (s. LUKESCH-TOMANN, 1978). Die Zuverlässigkeit der Teilnahme korrespondierte dabei jeweils in etwa mit der Zuverlässigkeit der Erfüllung schulischer Pflichten. Die allgemeinste Schlußfolgerung aus diesen Ausfallstudien war damals die, *daß Longitudinalstudien der hier berichteten Art die vorhandenen Problemkonstellationen des Aufwachsens und der Persönlichkeitsentwicklung unterschätzen.* Auch in der hier beschriebenen Untersuchung zeigte sich, analog zur Abgängerbefragung jener Schüler, die nach dem 9. Schuljahr die Schule verlassen haben und die wir ein Jahr später postalisch nochmals befragen konnten, daß Jugendliche, welche im Laufe der Längsschnittuntersuchung aus der Klasse vorzeitig ausscheiden, verstärkt leistungsschwächere Haupt- und Realschüler sind, die eher aus der sozialen Grundschicht kommen und eine höhere soziale Problembelastung aufweisen. In dieser Abgänger-Gruppe sind also verstärkt Problemkonstellationen festzustellen.

Die Verweigerung der Teilnahme oder das nur sporadische Teilnehmen sind selber mögliche Indikatoren für ein geringeres Maß an Rationalität, an interner Kontrolle und Zuverlässigkeit, an Konzentrationsfähigkeit und Zustimmungsbereitschaft. In modifizierter Form trifft dies auch für die teilnehmenden Eltern zu. Ihre Teilnahmebereitschaft korrespondiert in etwa ihrer Intensität der Besuche von Elternabenden. Heute gesellt sich allerdings eine neue Gruppe von Verweigerern hinzu, die historisch eher jüngeren Datums ist: es sind die aus weltanschaulichen Gründen verweigernden Jugendlichen. Ihr Anteil an unserer Stichprobe war aber noch relativ gering.

Gemessen an den vollständigen Klassenlisten haben an unseren jährlichen Erhebungen ca. 75% der Schüler teilgenommen. Jedes Jahr kamen aber neue hinzu, die das Jahr zuvor "verweigert" hatten. Eine solche Situation läßt sehr gute Analysen der möglichen Verzerrungen durch "Verweigerungen" und "Längschnitt-Mortalität (attrition)" zu.

Tab. 1.7A: Gründe für die Nicht-Teilnahme an der Untersuchung, Selbst-Berichte bei neu teilnehmenden Schülern, Prozentsätze gerundet

Hast Du bereits vor einem Jahr (im Juni oder Juli letzten Jahres) an dieser Fragebogenuntersuchung teilgenommen?	1980 (N=473)	1981 (N=244)	1982 (N=234)
Nein, weil ich damals eine andere Schule besuchte.	30	33	33
Nein, weil ich die (6.7.8.9.) Klasse wiederholt habe.	9	20	13
Nein, weil meine Eltern damals nicht zugestimmt hatten.	24	17	18
Nein, weil ich damals krank war.	12	11	4
Nein, weil ich damals aus anderen Gründen nicht teilnehmen wollte oder konnte.	25	17	30
Ich kann mich nicht mehr genau erinnern, ob ich voriges Jahr an der Untersuchung teilgenommen habe.	0.4	2	3

Aus der Tab. 1.7A geht hervor, daß die Gründe für die Nicht-Teilnahme sehr unterschiedlich sind und höchstens bei 50% der Nicht-Teilnehmer von "echten" Verweigerern gesprochen werden kann. Schulwechsler und Klassenwiederholer sowie aus vielfachen Gründen verhinderte Schüler machen eine große Gruppe aus. Die Gruppe der Verweigerer ist also durchaus heterogen, in ihnen befinden sich Problemfälle genauso wie besonders kritische Mädchen aus Gymnasien, die aus Überzeugungsgründen an "Datenerhebungen" nicht teilnehmen, um den vermeintlichen Persönlichkeitsschutz zu wahren.

Die wichtigsten Vergleiche repräsentieren aber jene zwischen den jährlichen Querschnittsuntersuchungen und dem kompletten Längsschnitt über fünf Jahre (sogenannte "Fünflinge").

In Tab.1.8A sind einige wichtige Besonderheiten durch den Vergleich des Querschnittes von 15jährigen (9. Stufe) mit den "Fünflingen" festgehalten.

Tab. 1.8A: Illustration der Ausfallstudien durch den Vergleich des Querschnittes von 15jährigen mit Teilnehmern in allen 5 Jahren

	Andere (Querschnitt 1982)	Fünflinge (Längsschnitt 1979-83)	
Scheidungskinder	15.9%	10.3%	**
Klassenwiederholer	4.5%	1.3%	**
Ausländer	10.0%	4.8%	**
Arbeiter-Anteil	28.2%	27.7%	**
Hauptschüler-Anteil (15jährige)	26.1%	11.8%	**
	Mittelwerte		
Globaler Kompetenz-score	6.15	6.38	
Elterliches Stützsystem	12.13	12.37	
Selbstakzeptanz	7.32	7.47	
Problembelastung	2.52	2.36	

2. Vergleiche mit anderen Studien

Um das Vertrauen zu stärken, daß wir es nicht mit einer regional und historisch "ausgefallenen" Stichprobe zu tun haben, waren wir bemüht, an allen möglichen Stellen Vergleiche zu Ergebnissen anderer Studien herzustellen. Es ergaben sich tatsächlich mehrere Möglichkeiten, Daten des Konstanzer Längsschnittes mit denen aus anderen Untersuchungen zu Standardthemen der Jugendforschung zu vergleichen. Dies trifft z.B. für die Frage nach der *Mitgliedschaft in Vereinen* zu. Neuere Untersuchungen von MACHWIRTH und GUCKENBIEHL (1984) sowie jene im Rahmen des JUGENDWERK DER DEUTSCHEN SHELL (1985) seien hier zum Vergleich genannt. In der ersten Studie wurden im Jahr 1981 Schüler des 6., 10. und 12. Schuljahres befragt. In der Shellstudie im Jahre 1984 14- bis 25jährige.

Die Mitgliedschaften in Vereinen könnten insofern ein guter Indikator für die Vergleichbarkeit von Stichproben sein, als sie ein zeitlich und regional eher stabiles Merkmal repräsentieren. In Tab. 1.9A sind nun die Vergleichsdaten der genannten Untersuchungen enthalten

Tab. 1.9A: Mitgliedschaft in Vereinen, nach anderen Jugendstudien

	KL	M & G	Shell	
Sportverein/Turnverein	45%	51%	38%	(o. Turnverein)
kirchliche Jugendgruppe	11%	19%	9%	
Hilfsorganisation	6%	6%	-	
politische Vereinigung	2%	3%	3%	
sonstige Vereine	31%	17%	-	
nicht Mitglied	19%	17%	40%	(mit k.A.)

KL: Konstanzer Längsschnitt 1982 (15-jährige), kompletter Querschnitt.
M&G: MACHWIRTH&GUCKENBIEHL (1984, 140)
Shell: JUGENDWERK DER DEUTSCHEN SHELL (1985, Band 5, 207)

Es werden die Angaben für die 15-17jährigen berichtet. Diese Frage wurde bei der Shell-Studie offen erhoben (Nenne alle Gruppen oder Organisationen, denen Du zur Zeit angehörst), bei uns und bei M & G jedoch geschlossen. Der Verdacht liegt nahe, daß in der Shell-Studie viele Befragte gar keine Angaben machten, so daß der Anteil der Mitglieder unterschätzt und der Anteil der Nicht-Mitglieder überschätzt wird.

Die Prozentsätze der Gruppenmitgliedschaften sind in der Studie von MACHWIRTH und GUCKENBIEHL den unsrigen sehr ähnlich. Jene in der Shellstudie sind allerdings deutlich niedriger, was ein methodisches Problem dieser Arbeit selber sein könnte (vgl. die Legende der Tab. 1.9A).

Auch Vergleiche mit der Shellstudie 1985 zum *Rauchen*, zum *Trinken* und zum *Gottesdienstbesuch* im letzten Monat führten zu einem ähnlichen Vergleichsresultat. Da die Antwortkategorien zumindest zum Teil identisch sind, haben die Vergleiche auch eine größere Aussagekraft. Wie die Tab. 1.10A zeigt, sind die Übereinstimmungen erstaunlich gut.

Tab. 1.10A: Vergleich der Häufigkeiten von Rauchen, Trinken und Gottesdienstbesuch mit der Shell-Studie '85.

		KL[a)]	Shell[b)]
Verhalten	Kategorie		
Rauchen	a) noch nie & probiert, wieder aufgehört	52%	51%
	b) gar nicht		
	a) 1-2 Zigaretten täglich und mehr	34%	32%
	b) täglich		
Trinken	a) trinke keinen Alkohol	16%	20%
	b) trinke gar keinen Alkohol		
Gottesdienstbesuch im letzten Monat	a) gehe seit langem nicht mehr & gar nicht	68%	62%
	b) gar nicht		

a) Es werden Prozentsätze für das Erhebungsjahr 1983 (16jährige) ausgewiesen. KL=Konstanzer Längsschnitt

b) Es werden Prozentsätze für die 15-17jährigen ausgewiesen (vgl. JUGENDWERK DER DEUTSCHEN SHELL, 1985, Band 5, 208 u. 210).

Eine dritte Vergleichsmöglichkeit ergibt sich schließlich zur Frage, wie *sympathisch Jugendlichen verschiedene Jugendgruppen* sind. Dabei sind die Antwortkategorien allerdings etwas unterschiedlich, trotzdem sind die Ergebnisse bemerkenswert ähnlich (s. Tab. 1.11A).

Tab. 1.11A: Bewertung von Jugendgruppen: Vergleich zwischen KL und Shell '85

	KL[a)]			Shell '85[b)]		
Gruppe:	-	0	+	-	0	+
Punks	46%	34%	20%	42%	44%	14%
Popper	50%	34%	16%	38%	43%	17%
Fußball-Fans	19%	45%	36%	28%	43%	29%
Disco-Fans	25%	39%	37%	16%	40%	44%
Bundeswehr-Anhänger	32%	47%	21%	35%	43%	21%
Rocker	56%	31%	13%	63%	28%	9%
Neue religiöse Bewegungen	46%	46%	8%	54%	32%	7%
Alternative	18%	42%	40%	13%	41%	44%
Motorrad-Fans	13%	35%	52%	8%	38%	54%

a) KL = Konstanzer Längsschnitt, 15jährige (1982)
b) vgl. JUGENDWERK DER DEUTSCHEN SHELL, 1985, S. 192-196, Angaben für die 15- bis 17jährigen.

+ = sympathisch; 0 = gleichgültig; - = unsympathisch.
Die Zeilenprozente addieren sich aufgrund von Rundungsfehlern nicht immer genau auf 100.

Vergleiche mit anderen Erhebungen sind schließlich mit Untersuchungen zu Berufswünschen unserer Altersgruppe möglich. Ein entsprechender Vergleich ergab auch hier eine bemerkenswerte Übereinstimung in der Verteilung der Berufswünsche in dieser Altersgruppe (s. BRIECHLE, 1988, 70 ff.)

Alle diese Vergleiche stärken in hohem Maße das Vertrauen, daß die von uns untersuchten Mädchen und Jungen typische Vertreter von Alterskohorten in den 80er Jahren dieses Jahrhunderts sind.

Um dies nochmals abzusichern, um insbesondere Besonderheiten der gerade untersuchten Jahrgänge auszuschließen bzw. zu eruieren, haben wir in die Untersuchung mehrere Altersjahrgänge aufgenommen.

3. Zu den Ergebnissen des Epochalvergleichs

Für zwei Altersgruppen können wir jeweils drei Geburtsjahrgänge miteinander vergleichen:

Tab. 1.12A: Epochalvergleiche für zwei Altersgruppen

14-jährige:			
Geburtsjahrgänge:	1964	1965	1966
Erhebungsjahr:	1980	1981	1982
N	264	2003	232
15-jährige:			
Geburtsjahrgänge:	1964	1965	1966
Erhebungsjahr:	1981	1982	1983
N	246	1952	287

Bei der Konstruktion des Epochalstranges und des Testungsstranges (s. u.) haben wir uns auf zwei große additive Gesamtschulen, eine in einem ländlichen und eine in einem städtischen Gebiet (Gedern und Offenbach), beschränkt. Dadurch sind natürlich schulspezifische Besonderheiten nicht auszuschließen.

Exemplarische Vergleiche der verschiedenen Jahrgänge ergaben nun bei eher persönlichkeitsbezogenen Merkmalen keine kohortenspezifischen Differenzen (z.B. bei Selbstkonzepten). Verhaltensauffälligen, wie z.B. Disziplinlosigkeiten und Aggression erwiesen sich zwar als kohortenbeeinflußt, die Größe des Einflusses war aber minimal und eher durch die Besonderheiten der Schulen und ihrer sozialen Zusammensetzung bestimmt.

In einem Merkmal konnte allerdings ein Einfluß des historischen Meßzeitpunktes ausgemacht werden: bei der *Zukunftsgewißheit*. Sie erwies sich als durch die historischen Chancen der Berufseingliederung im Sinne der Arbeitsplatzchancen bedingt. (Abb. 1.2A). Dies ist sowohl ein inhaltlich als auch ein methodisch wichtiges Ergebnis, da es darauf verweist, daß sozialhistorische Entwicklungen, wie z.B. Arbeitsmarkt-Chancen der jungen Generation und öffentliche Diskussionen über den "Zustand unserer Welt", also zeitgeschichtliche Probleme und Problemwahrnehmungen die junge Generation nicht unbeeinflußt lassen. Sie fühlen sich sicher oder bekommen Angst, sie werden hoffnungsvoll oder ihre Gewißheiten schwinden.

Das methodische Nebenergebnis ist dies, daß es uns offensichtlich gelungen ist, ein sensibles Instrumentarium für die Erfassung von Zukunftsbefürchtungen zu konstruieren.

Abb. 1.2A: Entwicklung des Selbstvertrauens der Zukunftsbewältigung und Jugendarbeitslosigkeit unter 20 Jahren in der BRD

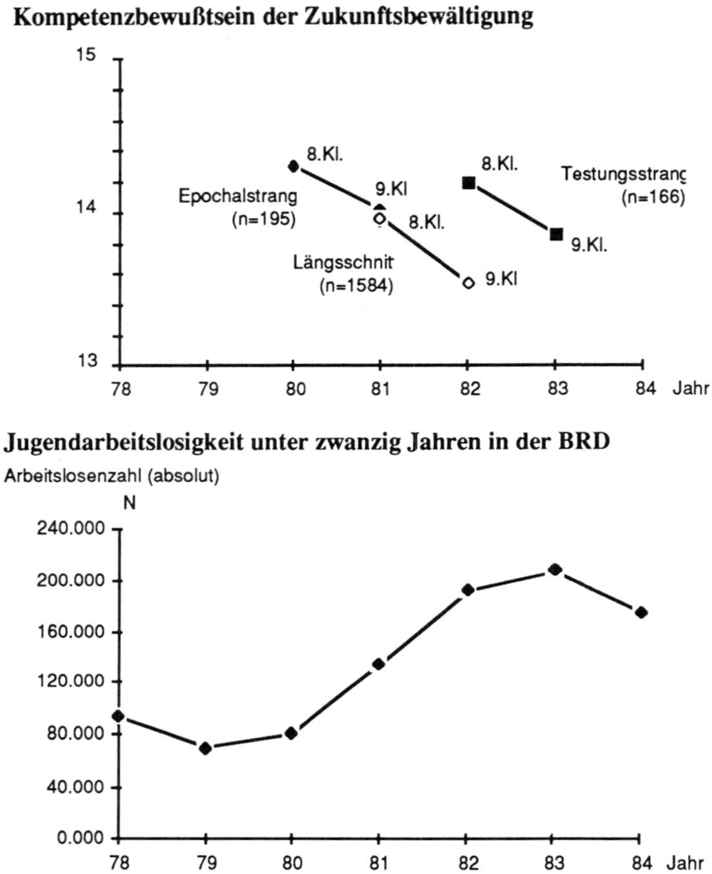

4. Ergebnisse der Untersuchung von Testungseffekten

In Longitudinaluntersuchungen wird den Teilnehmern dasselbe Testmaterial öfters vorgelegt. Dadurch muß mit dem Einwand gerechnet werden, daß die Testwiederholung selber Wirkungen hat, die die Untersuchungen "eigentlicher" Entwicklungsprozesse falsch wiedergeben oder solche verdecken oder gar künstlich erzeugen. Um diesem Argument nachzugehen, haben wir Schülern eine Auswahl von Fragen in einem eigenen "Testungsstrang" (s. Abb. 1.1A) unterschiedlich oft vorgelegt.

Dieser Testungsstrang wurde wie folgt konstruiert:

In den schon genannten zwei großen Schulen (Offenbach und Gedern), die das gesamte Spektrum eines Altersjahrganges repräsentierten, standen 1980 15 Klassen der 6. Schulstufe zur Verfügung. Aus diesen 15 Klassen wurden per Zufall (auf der Basis der Schülerlisten pro Klasse) 25 % der Schüler ausgewählt. Ihnen wurde das Testinstrumentarium vorgelegt. Die anderen wurden gebeten, einen - zur Thematik des Längsschnittes wichtigen - Aufsatz zu schreiben. Im nächsten Schuljahr wurde nach demselben Verfahren zusätzlich 25% ausgewählt, die wieder erstmals das Testinstrumentarium ausfüllen sollten, während die anderen 25% den Fragenbogen zum zweiten Male ausfüllten. Dieses Verfahren wurde noch zweimal wiederholt, bis am Ende der 9. Schulstufe alle Schüler teilnahmen. Von diesen hatten dann idealerweise 25% den Fragebogen einmal, 25% zweimal, 25% dreimal und 25% viermal ausgefüllt.

Eine sorgfältige (Varianzanalyse mit und ohne abhängige Messungen) Analyse dieses Untersuchungsteiles ergab *keine klar nachweisbaren Effekte der Testwiederholung* (s. KELLER, 1986). Dieses Ergebnis stimmt mit dem anderen Konstanzer Längsschnitt zur Entwicklung von Lehrereinstellungen überein (s. DANN et al., 1978, 202), sodaß begründeterweise davon ausgegangen werden kann, daß die im folgenden zu berichtenden Entwicklungen in der Adoleszenz kein Artefakt der Testwiederholungen sind.

Insgesamt glauben wir, durch diese vielen methodischen Prüfungen die Einschätzung stützen zu können, daß wir es mit einem sehr *typischen Jahrgang von Adoleszenten im genannten historischen Zeitrahmen für den deutschsprachigen Raum* zu tun haben. Wir können auch davon ausgehen, daß die Untersuchungsbedingungen und die Testinstrumente so kontrolliert wurden, daß ein hoher Grad an Zuverlässigkeit unterstellt werden kann. Entsprechende Verzerrungen durch spezifische Ausfälle müssen wir bei den jeweiligen inhaltlichen Fragestellungen erwähnen und kontrollieren. Wir selber haben alle wichtigen Analysen mit jeweils unterschiedlichen Stichproben durchgeführt: mit den Teilnehmern bei allen Erhebungen ("Fünflingen"), mit Querschnittstichproben, mit Zwei-, Drei- oder Vierjahreslängsschnitten. Ergebnisse werden hier nur dann als zuverlässig angesehen, wenn sie mehrere Testläufe überstanden haben.

Anhang 2: Instrumente des Längsschnittes und Dokumentation der Operationlisierungen

Arbeitsberichte (durch Fernleihe bei der Universität Konstanz zu beziehen):

FEND, H. & PRESTER, H.-G. (Hrsg.) (1986). Dokumentation der Skalen des Projekts Entwicklung im Jugendalter. Universität Konstanz

FEND, H., HELMKE, A. & RICHTER, P. (1984). Inventar zu Selbstkonzept und Selbstvertrauen. Bericht aus dem Projekt "Entwicklung im Jugendalter". Universität Konstanz

SPECHT, W. & FEND, H. (1986). Erziehungsumwelten. Bericht aus dem Projekt "Entwicklung im Jugendalter". Universität Konstanz

Um die jeweiligen Operationalisierungen nachvollziehen zu können, werden hier ergänzend zu den jeweiligen Beschreibungen im Text folgende Hilfen geboten: Einleitend wird im folgenden in Abb. 2.1A der Hintergrund der *Instrumententwicklung* im Überblick dargestellt. Dort sind die verschiedenen Voruntersuchungen verzeichnet, in denen die Instrumente erstmals überprüft wurden. Da die Globalscores "Leistungsbereitschaft (Leistung und Disziplin)" und "prosoziale Motivation (soziale Einsatzbereitschaft)" im Text nicht vollständig beschrieben wurden, werden sie hier gesondert aufgeführt. Für eine rasche Referenz, an welcher Stelle im Text eine *Operationalisierung* beschrieben wurde, sei auf das Stichwortregister verwiesen. Eine Kurzfassung der Instrumente kann beim Pädagogischen Institut der Universität Zürich, Rämistrasse 74, CH-8001 Zürich, Tel. 01/257'27'61 gegen Unkostenerstattung bezogen werden.

Abb. 2.1A: Übersicht über die Untersuchungen zur Entwicklung und Modifikation des Instrumentariums für die Längsschnittuntersuchung

Nr.	Zeit	Art und Funktion für die Längsschnittuntersuchung	Stichprobe	N	Bundesland	Art der eingesesetzten Instrumente
1.	Sommer 1977	Querschnittuntersuchung; Testung neu entwickelter Instrumente	Schüler in 6. und 9. Klassen Eltern Lehrer	11.147 633 1.100	Hessen, NRW	geschlossener Fragebogen
2.	Sommer 1978	Querschnittuntersuchung; Testung von Kurzformen der 1977 entwickelten Skalen	Schüler in 6. und 9. Klassen	5.401	Hessen, NRW	geschossener Fragebogen
3.	Sommer 1978	Explorative Voruntersuchungen zur Entwicklung geschlossener Kompetenz-Instrumente	Schüler in 6. und 9. Klassen	30	Baden-Württemberg	offene Interviews, offener Fragebogen, geschlossener Fragebogen
4.	Herbst 1978	Voruntersuchung zur Testung weiterer neu entwickelter sowie modifizierter Instrumente	Schüler in 6. und 9. Klassen	301	NRW, Baden-Württemberg	überwiegend geschlossener Fragebogen, teilweise offene Fragen
5.	Winter 1978	Voruntersuchung: Interviews zu den Bereichen "Moralisches Urteil, Rollenübernahme, politisches Urteil"	Schüler in 6. und 9. Klassen	36	Baden-Württemberg	halbstrukturierte Interviews und geschlossene Fragen
6.	Frühjahr	Voruntersuchung zur Überprüfung letzter Modifikationen des endgültigen Instrumentariums	Schüler in 6. und 9. Klassen	30	Baden-Württemberg	geschlossener Fragebogen

Zur Operationalisierung der Leistungsbereitschaft (Leistung und Disziplin):

Während wir in früheren Projekten zur Wirkungsanalyse der Schule sehr differenziert die verschiedenen Aspekte der Lern- und Leistungsmotivation erfaßt haben (Arbeitshaltungen und Lerntugenden, Aspirationsniveaus bei Aufgabenbewältigungen, Anreizgewichtungen von verschiedenen Konsequenzen des Leistungshandelns, Durchführungsstrategien und Durchhaltestrategien, Emotionen der Angst und Erfolgsfreude, Fähigkeitskonzepte, Attributionsstrategien, s. FEND et al., 1976), haben wir uns im Adoleszenzprojekt auf einen globalen Indikator des Distanzempfindens bzw. der Nähe zu schulischen Leistungs- und Disziplinerwartungen konzentriert, weil wir primär an der Einbettung dieses Bereichs in die Persönlichkeitsentwicklung in dieser Lebensphase interessiert waren. Da Kernelemente des neuen Indikators (z.B. Arbeitsmoral) auch in den alten Untersuchungen enthalten waren, konnten wir entsprechende Validitätsuntersuchungen - mit befriedigendem Ergebnis - vornehmen. Danach indizieren die Werte, die wir über die im folgenden wiedergegebenen Fragen erhalten haben, den Grad der Internalisierung von Leistungsanforderungen und von schulischen Disziplinerwartungen, den Grad der Leistungsbereitschaft. Er bezieht sich zwar auf ein komplexes Funktionssystem und nicht auf eine stabile Disposition. In der alltäglichen Handlungsorganisation verweist er aber auf die Bereitschaft, sich in entsprechende schulische Anforderungen einzulassen:

Abb. 2.2A: Operationalisierung von Leistungsbereitschaft

	Item-Test Korrelation
Wie lange arbeitest Du täglich ungefähr außerhalb der Schulzeit für die Schule?	
(z.B. Hausaufgaben, Vorbereitungen)	
(6 Antwortkategorien von einer halben Stunde bis 3 Stunden und mehr)	.32
(Fünfstufige Items)	
Wie sehr strengst Du Dich für die Schule an?	.52
Welche Ausdauer hast Du, wenn Du schulische Aufgaben erledigen sollst?	.46
Wie ehrgeizig bist Du bei dem, was in der Schule gemacht werden soll?	.43
Wie oft kommen folgende Sachen ungefähr bei Dir vor?	
(Fünfstufig von nie bis noch öfter als ein paarmal in der Woche)	
Lehrer absichtlich ärgern	.42
Lehrern freche Antworten geben	.47
Die Schule schwänzen	.42
Morgens zu spät zum Unterricht kommen	.42
Arbeitsmoral	
(Antwortkategorien fünfstufig von Zustimmung bis Ablehnung)	
Ich lege ungern eine Arbeit zur Seite, bevor sie fertig ist.	.37
Ich würde mich jahrelang wohlfühlen, auch wenn ich nicht arbeiten würde.	.29
Richtig zufrieden bin ich erst, wenn ich eine Arbeit so gut gemacht habe, daß es besser kaum noch möglich ist.	.32
Die Erfüllung des Menschen liegt in seiner Arbeit	.28
Jeder sollte versuchen, das, was er macht, möglichst gut zu machen.	.30
Konsistenzkoeffizient (1982): .78	
Fragen zur Arbeitsmoral nur 1982 und 1983 erhoben.	
Kurzskala von 1980 bis 1983 mit Konsistenzkoeffizienten von .68 (1980) bis .80 (1983)	

Zur Operationalisierung der prosozialen Motivation:

Unter prosozialer Motivation verstehen wir verschiedene Varianten des Altruismus. Die eine bezieht sich auf die interpersonale Hilfsbereitschaft in schulischen Alltagssituationen, die andere auf eher insitutionell gestützte Formen der sozialen Einsatzbereitschaft.

Diese Aspekte der sozialen Handlungsregulierung wurden durch die Vorgaben von Konfliktsituationen und darauf bezogener Denk- und Reaktionsformen erhoben.

Abb. 2.3A: Zur Operationalisierung prosozialer Motivation: Situationstest

Zahlenwerte: Trennschärfekoeffizienten bei den 15jährigen und % Zustimmung durch alle Schüler im Alter von 15 Jahren, Konsistenzkoeffizient: .80
Entwicklungsstufen des Instruments: Konstruktion von Konfliktsituationen zwischen Hilfeleistung und Orientierung an Normen eines ehrlichen Verhältnisses zu den Erwachsenen bzw. zur individuell-orientierten Institution Schule
Verwandte Instrumente: Rollenübernahme-Verständnis: Richtige Interpretation eines solchen Konflikts; Moralische Urteilspräferenz: Begründungsniveau für eine prosoziale oder "ehrliche" Entscheidung
Hier: Erfassung prosozialer Emotionen und von Handlungsbereitschaften im Einsatz für andere

Situation 1:

Eine Schülerin, die sonst schlechter ist als ich, hat in einer Klassenarbeit bei mir abgeschrieben. Sie bekommt eine bessere Note als sonst und wird von allen gelobt

Kreue an, wie Du Dich verhalten würdest

Ich denke mir: Die lasse ich das nächste Mal nicht mehr abschreiben .43

Ich freue mich mit ihr .43

Ich werden den anderen nachher sagen, daß nicht alles auf ihrem eigenen Mist gewachwachsen ist .30

Ich denke mir: Das ist aber ärgerlich, denn eigenlicht hätte ich das Lob verdient .36

Ich denke mir, das nächste Mal lege ich sie rein .39

Ich werde ihr sagen, daß es ungerecht ist mit der Leistung der anderen zu glänzen .32

Ich denke mir: Das wird ihr gut tun .37

Ich finde es gut, daß sie meine Hilfe genutzt hat .41

Situationen 2 und 3:

Die Wahl des Klassensprechers steht bevor. Es werden Schüler gesucht, die sich aufstellen lassen. (S 1)

In Eurer Klasse ist ein Lehrer, der Euch ständig zu viele Hausaufgaben aufgibt. Ihr müßt allein für dieses Fach eine Stunde am Tage arbeiten. Viele Schüler fühlen sich überfordert und beklagen sich untereinander: Da muß jemand etwas unternehmen:

Was würdest Du Dir überlegen? (S 2)

Ich finde es unbedingt notwendig, sich für andere Schüler einzusetzen (S 1) .31

Eigentlich gehen mich die anderen Schüler nicht besonders viel an (S 1) .40

Ich habe keine Lust, für die anderen die Arbeit zu machen(S 1) .26

Ehrlich gesagt, jeder ist doch erst mal für sich selbst zuständig.(S 1) .30

Ich finde es äußerst wichtig, für andere Verantwortung zu übernehmen (S 1) .18

Warum soll mich das was angehen, wenn sich andere überfordert fühlen(S 2) .36

Eigentlich muß jeder sehen, wie er selbst zurecht kommt (S 2) .37

Genau genommen berührt es mich nicht so sehr, wann andere Schüler sich beklagen.(S 2) .37

Literatur

Adams, G. & Jones, R. (1982). Adolescent egocentrism: exploration into possible contributions of parent-child relations. Journal of Youth and Adolescence, 11 (1), 25-31.

Aichhorn, A. (1951). Verwahrloste Jugend. Die Psychoanalyse der Fürsorgeerziehung (10. Aufl. 1987). Bern: Huber.

Albers, L., Doane, J. & Mintz, J. (1986). Social competence and family environment: 15-year-follow-up of disturbed adolescents. Family Process, 25 (3), 379-389.

Argyle, M. (1986). Social behavior problems in adolescence. In R.K. Silbereisen, K. Eyferth & G. Reedinger (Eds.), Development as action in context (S. 55-86). Berlin: Springer.

Armsden, G. & Greenberg, M. (1987). The inventory of parent and peer attachment: individual differences and their relationship to psychological well-being in adolescence. Journal of Youth and Adolescence, 16 (5), 427-454.

Bandura, A. (1986). Social foundations of thought and action. A social cognitive theory. Englewood Cliffs, N. J.: Prentice-Hall.

Baumrind, D. (1975). Early socialization and adolescent compentence. In S. Dragastin & G.H. Elder (Eds.), Adolescence in the life cycle. Psychological change and social context (S. 117-143). New York: Wiley..

Beck, A.T. (1967). Depression: Clinical, experimental and theoretical aspects. New York: Hoeber Medical Division, Harper & Row.

Bell, D. (1976). The cultural contradictions of capitalism (2nd ed.). London: Heinemann.

Berndt, T. (1979). Developmental changes in conformity to peers and parents. Developmental Psychology, 15 (6), 608-616.

Berndt, T. (1982). The features and effects of friendship in early adolescence. Child Development, 53, 1447-1460.

Berndt, T. (1988). The nature and significance of children' s friendships. Annals of Child Development, 5, 155-186.

Berndt, T. & Das, R. (1987). Effects of popularity and friendship on perceptions of the personality and social behavior of peers. Journal of Early Adolescence, 7 (4), 429-439.

Bertlein, H. (1960). Das Selbstverständnis der Jugend von heute. Hannover: Schroedel.

Beyer, J., Hummert, B. & Pehlivan, E. (1983). Die Entwicklungsaufgaben des Jugendalters als Impuls für eine Neuorientierung des Pädagogikunterrichts - Versuch einer Sicherung von Identitätsbildung und Kompetenzentwicklung in der Schule. Der Pädagogikunterricht, 4, 1-20.

Bietau, A., Breyvogel, W. & Helsper, W. (1981). Zur Selbstkrise Jugendlicher in Schule und Subkultur. Zeitschrift für Pädagogik, 27 (3), 339-362.

Bingham, C.R., Adams, G.R. & Miller, B.C. (1988, März). Family background and personal characteristics as correlates of sexual intercourse experience among adolescent females. Poster presented at the Biannual Meeting of the Society for Research on Adolescence, Alexandria, VA.

Bittner, G. (1984). Das Jugendalter und die "Geburt des Selbst". Neue Sammlung, 24 (4), 331-344.

Block J.H. & Block J. (1980). The role of ego-control and ego-resiliency in the organization of behavior. The Minnesota Symposia on Child Psychology. Development of cognition, affect, and social relations, 13, 39-101.

Blos, P. (1962). Adoleszenz. Eine psychoanalytische Interpretation (dt. 1983). Stuttgart: Klett.

Blyth, D. & Foster-Clark, F. (1987). Gender differences in perceived intimacy with different members of adolescent social networks. Sex Roles, 17 (11-12), 689-718.

Bonfadelli, H., Darkow, M., Eckhardt, J., Franzmann, B., Kabel, R., Meier, W., Weger, H.-D. & Wiedemann, J. (1986). Jugend und Medien. Eine Studie der ARD/ZDF-Medienkommission und der Bertelsmann Stiftung (Schriftenreihe Media Perspektiven, Bd. 6). Frankfurt: Metzner.

Breslow Rubin, L. (1980). Worlds of pain. In J. Henslin (Ed.), Marriage and family in a changing society (S. 39-45). New York: Free Press.

Briechle, R. (1988). Der Prozeß der Berufsfindung im Jugendalter. Universität Konstanz: Manuskript.

Briechle, R., Fend, H., Schultheiss, M. & Lehle, B. (1984). Auswertungsverfahren für Berufe und Berufswünsche. Konstanz: Universität Konstanz.

Briechle, R. & Vaeth, R. (Hrsg.). (1981). Interpersonale und politische Kompetenz. Theorie, Methoden und Ergebnisse. Zentrum I, SFB 23, Forschungsbericht 40. Konstanz: Universität Konstanz.

Brittain, C. (1963). Adolescent choices and parent-peer cross-pressures. American Sociological Review, 28, 385-391.

Brooks-Gunn, J. & Warren, M. (in press). Biological and social contributions to negative affect in young adolescent girls. Child Development.

Brown, B., Lohr, M. & McClenahan, E. (1986). Early adolescents' perceptions of peer pressure. Journal of Early Adolescence, 6 (2), 139-154.

Brown, B. & Lohr, M. (1987). Peer-group affiliation and adolescent self-esteem: an integration of Ego-Identity and Symbolic-Interaction theories. Journal of Personality and Social Psychology, 52 (1), 47-53.

Buchmann, M. (1989). The script of life in modern society. Entry into adulthood in a changing world. Chicago: Chicago University Press.

Bühler, Ch. (1922). Das Seelenleben des Jugendlichen (6. Aufl. 1967). Göttingen: Hogrefe.

Bühler, Ch. (1929). Kindheit und Jugend. Genese des Bewußtseins (4. Aufl. 1967). Göttingen: Hogrefe.

Bühler, Ch. (1932). Der menschliche Lebenslauf als psychologisches Problem (2. Aufl. 1959). Göttingen: Hogrefe.

Bühler, Ch. (1934). Drei Generationen im Jugendtagebuch. Jena: Fischer.

Bühler, Ch. (1962). Die Psychologie im Leben unserer Zeit. München: Droemer Knaur.

Buhrmester, D. & Furman, W. (1986). The changing functions of friends in childhood: a neo-sullivanian perspective. In V. Derlega & B. Winstead (Eds.), Friendship and social interaction (S. 41-62). New York: Springer.

Bukowski, W. & Newcomb, A. (1984). Stability and determinants of sociometric status and friendship choice: a longitudinal perspective. Developmental Psychology, 20 (5), 941-952.

Bukowski, W., Newcomb, A. & Hoza, B. (1987). Friendship conceptions among early adolescents: A longitudinal study of stability and change. Journal of Early Adolescence, 7 (2), 143-152.

Bundesminister für Jugend, Familie und Gesundheit (Hrsg.). (1983). Konsum und Mißbrauch von Alkohol, illegalen Drogen, Medikamenten und Tabakwaren durch junge Menschen. Bonn: Reha.

Burleson, B. (1982). The development of comforting communication skills in childhood and adolescence. Child Development, 53, 1578-1588.

Busemann, A. (1926). Die Jugend im eigenen Urteil. Langensalza: Beltz.

Busemann, A. (1959). Pädagogische Jugendkunde (5. Aufl.). Frankfurt a. M.: Diesterweg.

Carnegie Council on Adolescent Development (1989). Turning Points. Preparing American Youth for the 212st Century. New York: Carnegie Cooperation.

Cauce, A. (1987). School and peer competence in early adolescence: A test of domain-specific self-perceived competence. Developmental Psychology, 22 (2), 287-291.

Chassin, L., Corty, E., Presson, C., Olshavsky, R.W., Bensenberg, M. & Sherman, S.J. (1981). Predicting adolescents' intentions to smoke cigarettes. Journal of Health and Social Behavior, 22, 445-455.

Christ, U., Pfeiffer, H. & Sticksrud, A. (1985). Wert- und Normkonflikte in der Adoleszenz griechischer Jugendlicher in Deutschland - Problemhierarchien der II. Generation. In D. Liepmann & A. Sticksrud (Hrsg.), Entwicklungsaufgaben und Bewältigungsprobleme in der Adoleszenz (S. 46-55). Göttingen: Hogrefe.

Christiansen, B.A. & Goldman, M.S. (1983). Alcohol-related expectancies versus demographic background variables in the prediction of adolescent drinking. Journal of Consulting and Clinical Psychology, 51 (2), 249-257.

Clement, U. (1986). Sexualität im sozialen Wandel. Eine empirische Vergleichsstudie an Studenten 1966 und 1981. Stuttgart: Enke.

Coleman, J. (1980). The nature of adolescence. London: Methuan.

Coleman, J. (1984). Eine neue Theorie der Adoleszenz. In E. Olbrich & E. Todt (Hrsg.), Probleme des Jugendalters (S. 49-68). Heidelberg: Springer.

Coleman, J. (1987). Families and schools. Educational Researcher, 16 (6), 32-38.

Cooper, C. & Grotevant, H. (1987). Gender issues in the interface of family experience and adolescent's friendship and dating identity. Journal of Youth and Adolescence, 16 (3), 247-264.

Cote, J. & Levine, C. (1987). A formulation of Erikson's theory of ego identity formation. Developmental Review, 7, 273-325.

Cote, J. & Levine, C. (1988 a). A critical examination of the ego identity status paradigm. Developmental Review, 8, 147-184.

Cote, J. & Levine, C. (1988 b). The relationship between ego identity status and Erikson's notions of institutionalized moratoria, value orientation stage and ego dominance. Journal of Youth and Adolescence, 17 (1), 81-99.

Cottle, T. J. (1984). Violence in the home. In R. LaRossa (Ed.), Familiy case studies. A sociological perspective (S. 74-76). New York: Free Press.

Damon, W. (1983). Social personality development. Infancy through adolescence. New York: Norton.

Dann, H.-D., Cloetta, B., Müller-Fohrbrodt, G. & Helmreich, R. (1978). Umweltbedingungen innovativer Kompetenz. Eine Längsschnittuntersuchung zur Sozialisation von Lehrern in Ausbildung und Beruf. Stuttgart: Klett-Cotta.

Davis, M. & Franzoi, S. (1986). Adolescent loneliness, self-disclosure and private self-consciousness: a longitudinal study. Journal of Personality and Social Psychology, 51 (3), 595-608.

de Wit, J. & van der Neer, G. (1982). Psychologie des Jugendalters. Donauwörth: Auer.

Degenhardt, A. (1971). Zur Veränderung des Selbstbildes von jungen Mädchen beim Eintritt in die Reifezeit. Zeitschrift für Entwicklungspsychologie und Pädagogische Psychologie, 3 (1), 1-13.

Delgado-Gaitan, C. (1988). Sociocultural adjustment to school and academic achievement. Journal of Early Adolescence, 8 (1), 63-82.

DiLalla, L., Mitchell, C., Arthur, M. & Pagliocca, P. (1988). Aggression and delinquency: family and environmental factors. Journal of Youth and Adolescence, 17 (3), 233-245.

Dittmann-Kohli, F. (1984). Die Bewältigung von Entwicklungsaufgaben bei Lehrlingen: Analyse- und Interventionsgesichtspunkte. In E. Olbrich & E. Todt (Hrsg.), Probleme des Jugendalters. Neuere Sichtweisen (S. 227-258). Berlin: Springer.

Döbert, R., Habermas, J. & Nunner-Winkler G. (Hrsg.). (1977). Entwicklung des Ich. Köln: Kiepenheuer & Witsch.

Doherty, W. & Whitehead, D. (1986). The social dynamics of cigarette smoking: a family systems perspective. Family Process, 25 (3), 453-459.

Donovan, J.E., Jessor, R. & Jessor, L. (1983). Problem drinking in adolescence and young adulthood. Journal of Studies on Alcohol, 44 (1), 109-137.

Dörner, D. (1985). Verhalten und Handeln. In D. Dörner & H. Selg (Hrsg.), Psychologie: eine Einführung in ihre Grundlagen und Anwendungsfelder (S. 73-86). Stuttgart: Kohlhammer.

Dörner, D. & Selg, H. (Hrsg.). (1985). Psychologie: eine Einführung in ihre Grundlagen und Anwendungsfelder. Stuttgart: Kohlhammer.

Dreher, E. & Dreher, M. (1985). Entwicklungsaufgaben im Jugendalter: Bedeutsamkeit und Bewältigungskonzepte. In D. Liepmann & A. Sticksrud (Hrsg.), Entwicklungsaufgaben und Bewältigungsprobleme in der Adoleszenz (S. 56-70). Göttingen: Hogrefe.

Dudek, P. (1989). William Stern und das Projekt "Jugendkunde". Zeitschrift für Pädagogik, 35 (2), 153-174.

Dunphy, D.C. (1963). The social structure of urban adolescent peer groups. Sociometry, 26, 230-246.

Eccles, J.S., Midgley, C., Feldlaufer, H., Reuman, D., Wigfield, A. & McIver, D. (1988). Developmental mismatch and the Junior High School transition. Paper presented at the Biannual Meeting of the Society for Research on Adolescence. Alexandria, VA.

Eichhorn, D.H., Midgley, C., Feldlaufer, H., Reuman, D., Wigfield, A. & Maclever, D. (Eds.). (1981). Present and past in middle life. New York: Academic Press

Elder, G.H. Jr. & Rockwell, R.W. (1979). Economic depression and postwar opportunity in men's lives: A study of life patterns and health. Greenwich, Conn.: JAI Press.

Elkind, D. (1967). Egocentrism in adolescence. Child Development, 38, 1025-1034.

Elkind, D. (1980). Strategic interactions in early adolescence. In J. Adelson (Ed.), Handbook of adolescent psychology (S. 432-446). New York: Wiley.

Elkind, D. & Bowen, R. (1979). Imaginary audience behavior in children and adolescents. Developmental Psychology, 15 (1), 38-44.

Epstein, S. (1979). Entwurf einer integrativen Persönlichkeitstheorie. In S.H. Filipp (Hrsg.), Selbstkonzeptforschung (S. 15-46). Stuttgart: Klett.

Erhardt, K. (1937). Schulleistungs- und Schulführungsschwankungen. Ein körperliches und geistig-seelisches Entwicklungsbild der Schüler höherer Lehranstalten. Unveröff. Diss., Ludwig-Maximilians-Universität München.

Erikson, E.H. (1968). Identity. Youth and Crisis. New York: Norton.

Erikson E.H. (1988). Der vollständige Lebenszyklus. Frankfurt: Suhrkamp.

Ewert, O. (1984 a). Psychische Begleiterscheinungen des puberalen Wachstumsschubs bei männlichen Jugendlichen - eine retrospektive Untersuchung. Zeitschrift für Entwicklungspsychologie und Pädagogische Psycholgie, 8 (1), 1-11.

Ewert, O. (1984 b). Selbstkonzeptänderungen beim Eintritt von Mädchen in die Reifezeit. In E. Olbrich & E. Todt (Hrsg.), Probleme des Jugendalters (S. 179-186). Berlin: Springer.

Fend, H. (1969). Sozialisierung und Erziehung. Weinheim: Beltz.

Fend, H. (1977). Schulklima. Weinheim: Beltz.

Fend, H. (1980). Theorie der Schule. München: Urban & Schwarzenberg.

Fend, H. (1982). Gesamtschule im Vergleich. Bilanz der Ergebnisse des Gesamtschulversuchs. Weinheim: Beltz.

Fend, H. (1988). Sozialgeschichte des Aufwachsens. Frankfurt am Main: Suhrkamp.

Fend, H. (1989). Von der Kindheit in die Adoleszenz. Im Druck.

Fend, H., Helmke, A. & Richter, P. (1984). Inventar zu Selbstkonzept und Selbstvertrauen. Bericht aus dem Projekt "Entwicklung im Jugendalter". Konstanz: Universität Konstanz.*

Fend, H., Knörzer, W., Nagl, W., Specht, W. & Väth-Szusdziara, R. (1976). Gesamtschule und dreigliedriges Schulsystem - eine Vergleichsstudie über Chancengleichheit und Durchlässigkeit. Gutachten und Studien der Bildungskommission des Deutschen Bildungsrates. Stuttgart: Klett.

Fend, H., Nagl, W., Briechle, R., Lauterbach, U., Richter, P. & Gsching, S. (1985). Anträge und Arbeitsberichte des Projektes "Entwicklung im Jugendalter" Sozialisation von Selbstkompetenz und Sozialkompetenz. Eine Längsschnittuntersuchung an 12-16jährigen Jugendlichen. Konstanz: Universität Konstanz: Manuskript.*

Fend, H. & Prester, H.-G. (1985 a). Jugend in der 70er und 80er Jahren: Wertwandel, Bewusstseinswandel und potentielle Arbeitslosigkeit - Ein 10-Jahres-Vergleich 1973-1983. Zeitschrift für Sozialisationsforschung und Erziehungssoziologie, 5, 43-70.

Fend, H. & Prester, H.-G. (1985 b). Wie wird man Grünwähler? Sozialer Wandel und Sozialisation von Parteipräferenzen - der Fall potentieller jugendlicher Grünwähler. Schweizer Zeitschrift für Soziologie, Sonderheft "Jugend und sozialer Wandel", 373-390.

Fend, H. & Prester, H.-G. (1985 c, Juli). Development of political competence: Its relation to party preferences in the Federal Republic of Germany. Poster presented at the IIX Biennial Meetings of the International Society for the Study of Behavioral Development. Tours, Frankreich.

Fend, H. & Prester, H.-G. (Hrsg.). (1986). Dokumentation der Skalen des Projekts Entwicklung im Jugendalter. Konstanz: Universität Konstanz.*

Fend, H. & Schröer, S. (1985/1986). Die Schule als gesundheitsfördernde Gemeinschaft. Somatische Belastungen, Rauchen und Alkoholkonsum im Jugendalter. In Kommission der Europäischen Gemeinschaften (Hrsg.), Tagungsbericht vom Internationalen Symposium "Die Rolle des Lehrpersonals bei der Gesundheitserziehung". Luxemburg, 19. bis 21. Juni 1985. Luxemburg: Amt für amtliche Veröffentlichungen der Europäischen Gemeinschaften, 43-88.

Filipp, S.-H. (1979). Meßmöglichkeiten des Selbstkonzepts und der Selbstkompetenz bei 10- bis 16jährigen Schülern. Konstanz: Manuskript.*

Flammer, A. (1988). Entwicklungstheorien. Psychologische Theorien der menschlichen Entwicklung. Bern: Huber.

Flammer, A., Züblin, C. & Grob, A. (1988). Sekundäre Kontrolle bei Jugendlichen. Zeitschrift für Entwicklungspsychologie und Pädagogische Psychologie, 20 (3), 239-262.

Flitner, W. (1961). Die gymnasiale Oberstufe. Heidelberg: Quelle & Meyer.

Foerster, F.W. (1953). Schule und Charakter. Moralpädagogische Probleme des Schullebens (15. Aufl.). Recklinghausen: Paulus.

Freud, A. (1958). Adolescence. The Psychoanalytic Study of the Child, 13, 255-278

Freud A. (1968). Wege und Irrwege in der Kinderentwicklung. Bern: Huber.

Gabardino, J. & Kelly, A. (1986). Troubled youth, troubled families. New York: Aldine.

Goffman, E. (1978). Interaktionsrituale. Über Verhalten in direkter Kommunikation. Frankfurt: Suhrkamp.

Goldberg, S., Blumberg, S. & Kriger, A. (1982). Menarche and interest in infants: biological and social influences. Child Development, 53, 1544-1550.

Goody, J. (1983). Die Entwicklung von Ehe und Familie in Europa. Berlin: Dietrich Reuner.

Gordon, C. & Gergen, K. (1986). The self in social interaction. New York: Wiley.

Greenberger, E. (1984). Defining psychosocial maturity in adolescence. In P. Karoly & J. Steffen (Eds.), Adolescent behavior disorders: Foundations and contemporary concerns (S. 3-37). Lexington: Helatz.

Greenberger, E. & Steinberg, L. (1986). When teenagers work. The psychological and social costs of adolescent employment. New York: Basic Books.

Greenfield, P., Bruzzone, L., Koyamatsu, K., Satuloff, W., Nixon, K., Brodie, M. & Kingsdale, D. (1987). What is rock music to the minds of our youth? A first experimental look at the effects of rock music lyrics and music videos. Journal of Early Adolescence, 7 (3), 315-329.

Grotevant, H. & Cooper, C. (1986). Individuation in family relationships. A perspective on individual differences in the development of identity and role-taking skills in adolescence. Human Development, 29, 82-100.

Gsching, S., Briechle, R. & Fend, H. (1986 a). Merkmale des Konstanzer Jugendlängsschnittes. Design, Durchführung, Teilnahme, Ausfälle. Konstanz: Universität Konstanz.*

Gsching, S., Briechle, R., Specht, W. & Fend, H. (1986 b). Lehrerfragen von 1979, 1980 und 1982. Ausfallanalyse und Ergebnisse offener Fragen. Konstanz: Universität Konstanz.*

Gsching S. & Fend, H. (1986 c). Elternbefragungen 1980 und 1982. Ausfallanalyse und Ergebnisse offener Fragen. Konstanz: Universität Konstanz.*

Haan, N. (1977). Coping and defending. Processes of self-environment organization. New York: AcademicPress.

Hahn, K. (1958). Erziehung zur Verantwortung. Stuttgart: Klett.

Haley, J. (1981). Ablösungsprobleme Jugendlicher. Familientherapie - Beispiele - Lösungen. München: Pfeiffer.

Hall, S. (1904). Adolescence: Its psychology and its relation to physiology, anthropology, sociology, sex, crime, religion, and education. New York: Appleton.

Hamburg, D., Coelho, G. & Adams, J. (1974). Coping and adaptation: steps toward a synthesis of biological and social adaptation. In G. Coelho, D. Hamburg & J. Adams (Eds.), Coping and adaptation (S. 403-440). New York: Basic Books.

Hamilton, I., McCubbin, H., Olson, D.H. & Zimmermann, S. (1985). Family dynamics: strengthening families through action-research. In R. Rapoport. (Ed.), Children, youth and families. The action-research relationship (S. 126-165). Cambridge: Cambridge University Press.

Handel, G. (Ed.). (1985). The psychosocial interrior of the family. New York: Aldine.

Hansen, W. (1938). Die Entwicklung des kindlichen Weltbildes. München: Kösel-Pustet.

Hauser, S.T., Book, B.K., Houlihan, J., Powers, S., Weiss-Perry, B., Follansbee, D., Jacobson, A.M. & Noam, G.G. (1987). Sex differences within the family at adolescence: The extent and nature of sex differences. Journal of Youth and Adolescence, 16 (3), 199-220.

Havighurst, R. (1972). Developmental tasks and education. New York: Mc Kay.

Heckhausen, H. (1980). Motivation und Handeln. Berlin: Springer.

Heckhausen, H. (1982). The development of achievement motivation. In W. W. Hartup (Ed.), Review of child development research (S. 600-668). Chicago: The University of Chicago Press.

Heckhausen, H. (1984). Emergent achievement behavior: Some early developments. In J. Nicholls (Ed.), The development of achievement motivation (S. 1-32). Greenwich, Conn.: JAI Press.

Hetherington, E., Lerner, R. & Perlmutter, M. (1988). Child development in life-span perspective. Hillsdale, N.J.: Erlbaum.

Hetzer, H. (1927). Systematische Beobachtungen über den Verlauf der negativen Phase von Jugendlichen. Zeitschrift für Pädagogische Psychologie, 28, 80-96.

Hill, J. & Holmbeck, G. (1986). Attachment and autonomy during adolescence. Annals of Child Development, 3, 145-189.

Hill, J. & Holmbeck, G. (1987). Disagreements about rules in families with seventh-grade girls and boys. Journal of Youth and Adolescence, 16 (3), 221-246.

Hofer, M. (1986). Argumentationen in Verhandlungsgesprächen zwischen Eltern und Jugendlichen. Antrag an die DFG auf Gewährung einer Sachbeihilfe. Mannheim: Universität Mannheim.

Hurrelmann, K. (1986). Einführung in die Sozialisationstheorie. Weinheim: Beltz.

Inoff-Germain, G., Arnold, G.S., Nottelman, E.D., Susman, E.J., Cutler, G.B.Jr. & Chrousos, G.P. (1988 a). Relations between hormone levels and observational measures of aggressive behaviour of young adolescents in family interactions. Developmental Psychology, 24 (1), 129-139.

Inoff-Germain, G., Nottelmann, E.D., Arnold, G.S. & Susman, E.J. (1988 b). Adolescent aggression and parent-adolescent conflict: Relations between observed family interactions and measures of the adolescents' general functioning. Journal of Early Adolescence, 8 (1), 17-36.

Irion, J.C., Coon, R.C. & Blanchard-Fields, F. (1988). The influence of divorce on coping in adolescence. Journal of Youth and Adolescence, 17 (2), 135-145.

Jaquish, G. & Savin-Williams, R. (1981). Biological and ecological factors in the expression of adolescent self-esteem. Journal of Youth and Adolescence, 10 (6), 473-485.

Jessor, R. (1976). Predicting time of onset of marijuana use: A developmental study of High School youth. Journal of Consulting and Clinical Psychology, 44, (1), 125-134.

Jessor, R. (1982). The stability of changes: Psychosocial development from adolescence to young adulthood. Institute of Behavioral Science, University of Colorade.

Jessor, R. (1985). Adolescent drinking: Psychosocial aspects and developmental outcomes. Alcohol, Drugs and Driving, 1 (1-2), 69-96.

Jessor, R., Costa, F., Jessor, S.L. & Donovan, J.E. (1983). Time of first intercourse: A prospective study. Journal of Personality and Social Psychology, 44 (3), 608-629.

Jessor, R., Donovan, J. & Costa, F. (1986). Psychosocial correlates of marijuana use in adolescence and young adulthood: The past as prologue. Alcohol, Drugs and Driving, 2 (3-4), 31-49.

Jessor, R. & Jessor, S.L. (1975). Adolescent development and the outset of drinking. Journal of Studies on Alcohol, 36 (1), 27-31.

Jessor, R. & Jessor, S.L. (1977). Problem behavior and psychosocial development: A longitudinal study of youth. New York: Academic Press.

Jessor, S.L. & Jessor, R. (1975). Transition from virginity to nonvirginity among youth: A social-psychological study over time. Developmental Psychology, 11 (4), 473-484.

Johnson, M. (Ed.). (1980). Toward adolescence: The Middle School years. Seventy-ninth yearbook of the National Society for the Study of Education (Part I). Chicago: The University of Chicago Press.

Johnson, D. & Ransom, E. (1983). Family and school. London: Croom Helm.

Jopt, U.-J. & Engelbert-Holtze, A. (1984). Elterliche Wertschätzung schulischer Tüchtigkeit: ein Beitrag zur Erziehungsstilforschung. Zeitschrift für Empirische Pädagogik und Pädagogische Psychologie, 8 (1), 119-142.

Josselson, R. (1988). The embedded self: I and thou revisited. In K.D. Lapsley & F.C. Power (Eds.), Self, ego, and identity. Integrative approaches (S. 91-106). New York: Springer.

Josselson, R., Greenberger, E. & McConochie, D. (1977). Phenomenological aspects of psychosocial maturity in adolescence. Part I: Boys. Journal of Youth and Adolescence, 25-36. Part II: Girls. Journal of Youth and Adolescence, 145-167.

Jugend. Vom Umtausch ausgeschlossen. Eine Generation stellt sich vor. Nachwort von Jürgen Zinnecker (1984). Reinbek bei Hamburg: Rowohlt.

Jugendwerk der Deutschen Shell (Hrsg.). (1981). Jugend '81. Lebensentwürfe, Alltags-Kulturen, Zukunftsbilder. Hamburg.

Jugendwerk der Deutschen Shell (Hrsg.). (1985). Jugendliche und Erwachsene '85. Generationen im Vergleich, 5 Bde., Opladen: Leske und Budrich.

Jurkovic, G. & Ulrici, D. (1985). Empirical perspectives on adolescents and their families. In L. L'Abate (Ed.), The Handbook of family psychology and therapy (Vol. I) (S. 215-257). Homewood, Ill.: Dorsey Press.

Kandel, D.B. (1975). Stages in adolescent involvement in drug use. Science, 190 (11), 912-914.

Kandel, D.B. (1986). Processes of peer influences in adolescence. In R. Silbereisen, K. Eyferth & G. Rudinger (Eds.), Development as action in context: Problem behavior and normal youth development (S. 203-227). New York: Springer.

Kanner, A., Feldman, S.S., Weinberger, D.A. & Ford, M.E. (1987). Uplifts, hassles and adaptional outcomes in early adolescence. Journal of Early Adolescence, 7 (4), 371-394.

Kaplan, H.B., Martin, S.S. & Johnson, R.J. (1986). Self-rejection and the explanation of deviance: Specification of the structure among latent constructs. American Journal of Sociology, 92 (2), 384-411.

Kaplan, H.B., Martin, S.S. & Robbins, C. (1984). Pathways to adolescent drug use: Self-derogation, peer influence, weakening of social controls, and early substance use. Journal of Health and Social Behavior, 25, 270-289.

Kaplan, L. (1988). Abschied von der Kindheit. Eine Studie über die Adoleszenz. Stuttgart: Klett - Cotta.

Karsten, M.-E. & Otto, H.-U. (Hrsg.). (1987). Die sozialpädagogische Ordnung der Familie. Beiträge zum Wandel familialer Lebensweisen und sozialpädagogischer Interventionen. Weinheim und München: Juventa.

Katchadourian, H. (1976). The biology of adolescence. San Francisco: Freeman.

Kegan, R. (1982). Die Entwicklungsstufen des Selbst - Fortschritte und Krisen im menschlichen Leben (dt. 1986). München: Kindt.

Kellam, S.H. (1986). Developmental epidemiological framework for family research on depression and aggression. Paper presented at the Familiy Research Consortium First Annual Summer Institute, Teton Village, Wyoming. Erscheint in G. R. Patterson (Ed.), Depression and aggression: Two facts of familiy interaction. New Jersey: Erlbaum.

Keller, F. (1986). Überprüfung des Testungsstranges an den Schulen Offenbach und Gedern. In S. Gsching, R. Briechle & H. Fend (Hrsg.), Merkmale des Konstanzer Jugendlängsschnittes (S. 207-239). Konstanz: Universität Konstanz *

Kemmler, L. (1957). Untersuchungen zum frühkindlichen Trotz. Psychologische Forschung, 28, 279-338.

Kleining, G. & Moore, H. (1968). Soziale Selbsteinstufung (SSE). Kölner Zeitschrift für Soziologie und Sozialpsychologie, 3, 502-522.

Klosinski, G. (1981). Die Adoleszentenkrise in Abhängigkeit von Altersstufe, Geschlecht und Geschwisterkonstellation. In R. Lempp (Hrsg.), Adoleszenz. Biologische, sozialpädagogische und jugendpsychiatrische Aspekte (S. 64-76). Bern: Huber.

Knollmayer, E. (1969). Die Bedeutung des Aussehens in Gruppen von Mädchen. Konzeption und Ergebnisse einer Untersuchung in zwei Schulklassen. In L. Rosenmayr und S. Höllinger (Hrsg.), Soziologie: Forschung in Österreich (S. 459-472). Graz: Brülaus Nachf.

Kohlberg, L. (1981). The philosophy of moral development (Vol. 1). San Francisco: Harper & Row.

Kohli, M. (1985). Die Institutionalisierung des Lebenslaufs. Historische Befunde und theoretische Argumente. Kölner Zeitschrift für Soziologie und Sozialpsychologie, 37 (1), 1-29.

Krampen, G. (1987). Handlungstheoretische Persönlichkeitspsychologie. Göttingen: Hogrefe.

Krapp, A. (1987). Die sozial-emotionale Persönlichkeitsentwicklung von Schülern - Zum Einfluß von Schulorganisation, Lehrerwahrnehmungen und Elternengagement. Weinheim: Deutscher Studien Verlag.

Kroger, J. & Haslett, S. (1988). Separation-individuation and ego identity status in late adolescence: a two-year longitudinal study. Journal of Youth and Adolescence, 17 (1), 59-79.

Krosnick, J.A. & Judd, C.M. (1982). Transitions in social influence at adolescence: Who induces cigarette smoking? Developmental Psychology, 18 (3), 359-368.

Kueppers, W. (1964). Mädchentagebücher der Nachkriegszeit. Stuttgart: Klett.

Kuern, H.-C. (1984). Partnerwahl Jugendlicher. Ein Beitrag zur vorehelichen Sozialisation. Unveröff. Diss., Ludwig-Maximilians-Universität München.

Kwakman, A., Zuiker, F., Schippers, G. & de Wuffel, F. (1987). Drinking behaviour, drinking attitudes and attachment relationship of adolescents. Journal of Youth and Adolescence, 17 (3), 247-253.

Lapsley, K.D. & Power, F.C. (Eds). (1988). Self, ego, and identity. Integrative approaches. New York: Springer.

Lapsley, K.D. & Rice, K. (1988). The "new look" at the imaginary audience and personal fable: Toward a general model of adolescent ego development. In K.D.Lapsley & F.C. Power (Eds.), Self, ego, and identity. Integrative approaches (S. 109-129). New York: Springer.

Largo, R. (1987). Variabilität von Wachstum und Entwicklung. In J. Handloser (Hrsg.), Die junge Generation - gestern, heute, morgen (S. 21-30). Zürich: Verlag für Fachvereine Zürich.

Lauterbach, U. (1983). Eltern und Jugendliche. Projekt Entwicklung im Jugendalter. Arbeitsbericht 6. Konstanz: Universität Konstanz.*

Lauterbach, U. (1985). Daten-Dokumentation: Familien mit Jugendlichen. Bd. 1 und 2. Konstanz: Universität Konstanz.*

Lazarus, R.S. (1980). The stress and coping paradigm. In L.A. Bond & J.C. Rosen (Eds.), Competence and coping during adulthood. Hanover, N.H.: University Press of New England.

Leahy, R.L. (1985). The costs of development: clinical implications. In R. L. Leahy (Ed.), The development of the self (S. 247-266). Orlando: Academic Press.

Lehr, U. & Bonn, R. (1974). Ecology of adolescents as assessed by the daily round method in an affluent society. Contributions to Human Development, 1, 67-74.

Lempp, R. (Hrsg.). (1981). Adoleszenz. Biologische, sozialpädagogische und jugendpsychiatrische Aspekte. Bern: Huber.

Lerner, R.M. & Foch, T. (Eds.). (1987). Biological-psychosocial interactions in early adolescence: A life-span perspective. Hillsdale, N. J.: Erlbaum.

Lerner, R.M., Talwar, R., Hess, L.E. & Zugenbuehler, P. (1987, Juli). Interrelations of organismic individuality, contextual transitions, and early adolescent self - conceptions: findings from the Pennsylvania Early Adolescent Transitions Study (PEATS). Paper presented at the IX Biennial Meetings of the International Society for the Study of Behavioral Development. Tokio, Japan.

Liepmann, D. & Sticksrud, A. (Hrsg.). (1985). Entwicklungsaufgaben und Bewältigungsprobleme in der Adoleszenz. Göttingen: Hogrefe.

Lipsitz, J. (1977). Growing up forgotten: A review of research and programms concerning early adolescence. Lexington, Mass.: D.C. Health.

Loevinger, J. (1976). Ego development: Conceptions and theories. San Francisco: Jossey - Bass.

Lukesch-Tomann, M. (1978). Schüler am Übergang in weiterführende Schulen, bzw. in den Beruf: Eine vergleichende Follow-up-Studie für die Zeit 1973-1976 (Teil-1). Projekt Wissenschaftliche Begleitung von Gesamtschulen in Hessen, Arbeitsbericht 1. Konstanz: Zentrum I Bildungsforschung.*

Machwirth, E. & Guckenbiehl, H.L. (Hrsg.). (1984). Freizeitwünsche und Freizeitverhalten Jugendlicher. Eine Jugendbefragung. Frankfurt: Dipa.

Magnusson, D. & Allen, V. (Eds.). (1983). Human development. New York: Academic Press.

Marcia, J.E. (1983). Some directions for the investigation of ego development in early adolescence. Journal of Early Adolescence, 3 (3), 215-223.

Marcia, J.E. (1988). Common processes underlying ego identity, cognitive / moral development, and individuation. In D.K. Lapsley & F.C. Power (Eds.), Self, ego,and identity. Integrative approaches. New York: Springer.

Marcoen, A., Goossens, L. & Caes, P. (1987). Loneliness in pre - through late adolescence: Exploring the contributions of a multidimensional approach. Journal of Youth and Adolescence, 16 (6), 561-577.

Marjoribanks, K. & Walberg, H. (1976). Family socialization and adolescent behaviour: A canonical analysis. The Alberta Journal of Educational Research, 22 (4), 334-345.

Markus, H. & Wurf, E. (1987). The dynamic self-concept: a social psychological perspective. Annual Review of Psychology, 38, 299-337.

Marre, B. (1986). Bücher für Mütter als pädagogische Literaturgattung und ihre Aussagen über Erziehung. Weinheim: Beltz.

Mattejat, F. (1985). Familie und psychische Störungen. Eine Übersicht zu den empirischen Grundlagen des familientherapeutischen Ansatzes. Stuttgart: Enke.

McCarthy, J. & Hoge, D. (1982). Analysis of age effects in longitudinal studies of adolescent self-esteem. Developmental Psychology, 18 (3), 372-379.

Mead, M. (1959). Geschlecht und Temperament in primitiven Gesellschaften. Reinbek: Rohwolt.

Mensch, B. & Kandel, D. (1988). Dropping out of high school and drug involvement. Sociology of Education, 61, 95-113.

Mentzos, S. (1977). Interpersonale und institutionalisierte Abwehr (2. Aufl.). Frankfurt am Main: Suhrkamp.

Milgram, G.G. (1982). Societal attitudes toward youthful drinking. Journal of Drug Education, 12 (4), 289-291.

Mink, I. & Nihira, K. (1986). Family life-styles and child behaviors: A study of direction of effects. Developmental Psychology, 22 (5), 610-616.

Mirkin-Pravder, M. & Koman, S. (1985). Adolescents and family therapy. New York: Gardner Press.

Mischel, W. (1974). Processes in delay of gratification. In: L. Berkowitz (Ed.), Advances in experimental social psychology (S. 249-292). New York: Academic Press.

Mischel, W. (1983). Delay of gratification as process and as person variable in development. In D. Magnusson & V. Allen (Eds.), Human Development (S. 149-166). New York: Academic Press.

Mischel, W., Shoda, Y. & Peake, Ph.K. (1988). The nature of adolescent competencies predicted by preschool delay of gratification. Journal of Personality an Social Psychology, 574 (4), 687-696.

Montemayor, R. (1982). The relationship between parent-adolescent conflict and the amount of time adolescents spend alone and with parents and peers. Child Development, 53, 1512-1519.

Montemayor, R. & Brownlee, J. (1987). Fathers, mothers and adolescents: gender-based differences in parental roles during adolescence. Journal of Youth and Adolescence, 16 (3), 281-292.

Montemayor, R. & Hanson, E. (1985). A naturalistic view of conflict between adolescents and their parents and siblings. Journal of Early Adolscence, 5 (1), 23-30.

Moore, D.W. (1987). Parent-adolescent separation: the construction of adulthood by late adolescents. Developmental Psychology, 23 (2), 298-307.

Moriatry, A.E. & Toussieng, P.W. (1976). Adolescent coping. New York: Grunde & Stratton.

Mullis, R.L. & Markstrom, C.A. (1986). An analysis of the imaginary audience scale. Journal of Early Adolescence, 6 (3), 305-316.

Musenalp Express. O. Beerli & M. Beerli (Hrsg.), Niederrickenbach: Musenalp-Verlag.

Muuss, R. (1982). Theories of adolescence. New York: Random House.

Nave-Herz, R. & Markefka, M. (Hrsg.). (1989). Handbuch der Familien- und Jugendforschung (2 Bände). Frankfurt a.M.: Luchterhand.

Nickel, H. (1975). Entwicklungspsychologie des Kinder- und Jugendalters (Bd. 1). Bern: Huber.

Nieder, A. & Pezara, A. (1985). Wandel der Geschlechtsrollen im Kontext weiblicher Identitätsentwicklung in der Adoleszenz. In D. Liepmann & A. Sticksrud (Hrsg.), Entwicklungsaufgaben und Bewältigungsprobleme in der Adoleszenz (S. 71-83). Göttingen: Hogrefe.

Niederberger, J.M. (1987). Rauchen als sozial erlerntes Verhalten. Physiologie und Sozialisationstheorie einer alltäglichen Sucht. Stuttgart: Enke.

Nunner-Winkler, G. (1985). Adoleszenzkrisenverlauf und Wertorientierungen. In D. Baacke & W. Heitmeyer (Hrsg.), Neue Widersprüche. Jugendliche in den achtziger Jahren (S. 86-107). Weinheim und München: Juventa.

Oerter, R. (Hrsg.). (1985). Lebensbewältigung im Jugendalter. Weinheim: edition psychologie.

Oerter, R. & Montada, L. (Hrsg.). (1982). Entwicklungspsychologie (2. Aufl. 1987). München: Urban & Schwarzenberg.

Offer, D., Ostrov, E., Howard, K.I. & Atkinson, R. (1988). The teenage world. Adolescents' self-image in ten countries. New York: Plenum Medical Book Company.

Olk, T. (1986). Jugend und Gesellschaft. In W. Heitmeyer (Hrsg.), Interdisziplinäre Jugendforschung. Weinheim: Juventa.

Olweus, D. (1983). Low school achievement and aggressive behaviour in adolescent boys. In D. Magnusson & V. Allen (Eds.), Human Development (S. 353-368). New York: Academic Press.

Oser, F., Althof, W. & Garz, D. (Hrsg.). (1986). Moralische Zugänge zum Menschen. München: Kindt.

Paikoff, R., Collins, W. & Laursen, B. (1988). Perceptions of efficacy and legitimacy of parental influence techniques by children and early adolescents. Journal of Early Adolescence, 8 (1), 37-52.

Papini, D. & Sebby, R. (1987). Adolescent pubertal status and affective family relationships: a multivariate asessment. Journal of Youth and Adolescence, 16 (1), 1-15.

Papini, D. & Sebby, R. (1988). Variations in conflictual family issues by adolescent pubertal status, gender, and family member. Journal of Early Adolescence, 8 (1), 1-15.

Perrez, M., Minsel, B. & Wimmer, H. (1985). Was Eltern wissen sollten. Eine psychologische Schule für Eltern, Lehrer und Erzieher. Salzburg: Müller.

Peters, M. (1986). Eltern und Jugendliche: Konflikte, Konfliktbewältigung und Ablösung. Unveröff. Diss. Universität Gießen.

Petersen, A. (1985). Pubertal development as a cause of disturbance: Myths, realities, and unanswered questions. Genetic, Social, and General Psychology Monographs, 111, 205-232.

Petersen, A. (1987). Those gangly years. Psychology Today, 21 (9), 28-34.

Petersen, A., Crockett, L., Richards, M. & Boxer, A. (1988). A self-report measure of pubertal status: reliability, validity and initial norms. Journal of Youth and Adolescence, 17 (2), 117-133.

Piaget, J. (1978). Das Weltbild des Kindes. Stuttgart: Klett-Cotta.

Powers, S.J., Hauser, S.T., Schwartz, J.M., Noam, G. & Jacobson, A.M. (1983). Adolescent ego development and family interaction: a strucutral developmental perspective. In H. Grotevant & C. Cooper (Eds.), Adolescent development in the family. New Directions for Child Development, 22, 5-25.

Prester, H.G. (1986). Indikatoren politischer Kompetenz- und Loyalitätsaspekte: Entwicklungsverläufe, Reliabilität und Validität. Konstanz: Arbeitsbericht.*

Preyer, W. (1905). Die Seele des Kindes. Leipzig: Griebens.

Redmore, C.D. & Loevinger J. (1979). Ego development in adolescence. Longitudinal studies. Journal of Youth and Adolescence, 8 (1), 1-20.

Remplein, H. (1957). Die seelische Entwicklung des Menschen im Kindes- und Jugendalter (13. Aufl. 1965). München: Reinhardt.

Rosenberg, M. (1965). Society and the adolescent self-image. Princeton, N.J.: Princeton University.

Rosenberg, M. (1979). Conceiving the self. New York: Basic Books.

Rosenberg, M., Hertz-Lazarowitz, R., & Guttmann, J. (1985, Juli). Children of divorced and their intimate relationship with parents and peers. Paper presented at the IIX Biennial Meetings of the International Society for the Study of Behavioral Development.Tours, Frankreich.

Rosenthal, D., Efklides, A. & Demetriou, A. (1988). Parental criticism and young adolescent self-disclosure: a cross-cultural study. Journal of Youth and Adolescence, 17 (1), 25-39.

Roth, H. (1949). Der Elfjährige und die Schulreform. Die Sammlung, 4 (8/9), 562-574.

Roth, H. (1961). Jugend und Schule zwischen Reform und Restauration. Berlin: Schroedel.

Ruble, D. & Brooks-Gunn, J. (1982). The experience of menarche. Child Development, 53, 1557-1566.

Savin-Williams, R. & Demo, D. (1984). Developmental change and stability in adolescent self-concept. Developmental Psychology, 20 (6), 1100-1110.

Schäfer, A. (1983). Identität und sekundäre Anpassung. Zum theoretischen Bezugsrahmen Erving Goffmans. Kölner Zeitschrift für Soziologie und Sozialpsychologie. 35, 631-654.

Schenk-Danzinger, L. (1969). Entwicklungspsychologie (19. Aufl. 1987). Wien: Österreichischer Bundesverlag.

Schmidtchen, G. (1988). Die Kälte der rationalen Gesellschaft. Neue Züricher Zeitung, 21. Mai 1988.

Schmied, D. (1982). Elternorientierung und familiale Konflikte bei Oberstufenschülern. Kölner Zeitschrift für Soziologie und Sozialpsychologie, 34, 69-92.

Schneider, B.H., Rubin, K.H. & Ledingham, J.E. (Eds.). (1985). Children's peer relations: Issues in assessment and intervention. New York: Springer

Schneider, W. (1988). Problems of longitudinal studies with children: practical, conceptual and methodological issues. In M. Brambring, F. Lösel & H. Skowronek (Eds.), Children at risk: Assessment and longitudinal research (S. 313-335). New York: De Gruyter.

Schulze, G. (1977). Politisches Lernen in der Alltagserfahrung. Eine empirische Analyse. München: Juventa

Schulze, H.-J. (1986). Thesen zur Familienkultur als Kultur einzelner Familien. Beitrag zum Symposium "Entwicklungspsychologie und Sozialisationsforschung-Nebeneinander, gegeneinander, miteinander" der Sektion "Familie und Jugend" der Deutschen Gesellschaft für Soziologie in Berlin.

Schütze, G. (1981). Familientherapie im Rahmen der Behandlung von Pubertätsneurosen. In R. Lempp (Hrsg.), Adoleszenz. Biologische, sozialpädagogische und jugendpsychiatrische Aspekte (S. 128-133). Bern: Huber.

Schütze, Y. (1989). Jugendliche und ihre Eltern - Konflikte, Gemeinsamkeiten, Zusammenhalt. In H. Bertram, R. Bormann-Müller, S. Hübner-Funk & A. Weidacher (Hrsg.), Blickpunkt Jugend und Familie. Internationale Beiträge zum Wandel der Generationen. DJI Materialien (S. 189-208). München: DJI Verlag, Deutsches Jugendinstitut e.V.

Seginer, R. & Flum, H. (1987). Israeli adolescents' self-image profile. Journal of Youth and Adolescence, 16 (5), 455-473.

Seiffge-Krenke, I. (1984). Problembewältigung im Jugendalter. Unveröff. Habil., Universität Gießen.

Seiffge-Krenke, I. (1986). Psychoanalytische Therapie Jugendlicher. Stuttgart: Kohlhammer.

Seiffge-Krenke, I. & Olbrich, E. (1982). Psychosoziale Entwicklung im Jugendalter. In W. Wieczerkowski & H. Oeveste (Hrsg.), Lehrbuch zur Entwicklungspsychologie (Bd. 2) (S. 99-144). Düsseldorf: Schwann.

Seligman, M. (1979). Erlernte Hilflosigkeit. München: Urban & Schwarzenberg.

Selman, R.L. (1971). Taking anothers perspective. Role-taking development in early childhood. Child Development, 42, 1721-1734.

Selman, R.L. (1980). The growth of interpersonal understanding. New York: Academic Press.

Semmer, N., Dwyer, J.H., Lippert, P., Fuchs, R., Cleary, P.D. & Schindler, A. (1987, Juli). Smoking transitions of german adolescents. The Berlin-Bremen Study. Paper presented at the IX Biennial Meetings of the International Society for the Study of Behavioral Development. Tokio, Japan.

Shiffman, S. & Wills, T.A. (Eds.). (1985). Coping and substance use. New York: Academic Press.

Signorelli, N. (1987). Children and adolescents on television: a consistent pattern of devaluation. Journal of Early Adolescence, 7 (3), 225-268.

Sigusch, V. & Schmidt, B. (1973). Jugendsexualität. Dokumentation einer Untersuchung. Stuttgart: Enke.

Silbereisen, R. (1986). Entwicklung als Handlung im Kontext. Entwicklungsprobleme und Problemverhalten im Jugendalter. Zeitschrift für Sozialisationsforschung und Erziehungssoziologie, 6, 29-46.

Silbereisen, R., Eyferth, K. & Rudinger, G. (Eds.). (1986). Development as action in context. Berlin: Springer.

Silbereisen, R. & Kastner, P. (1985). Jugend und Drogen: Entwicklung von Drogengebrauch - Drogengebrauch als Entwicklung? In R. Oerter (Hrsg.), Lebensbewältigung im Jugendalter (S. 192-219). Weinheim: edition psychologie.

Silbereisen, R. & Schuhler, P. (1981). Meßmöglichkeiten sozialer Kompetenz bei Zehn- bis Sechzehnjährigen. In R. Briechle und R. Väth-Szusdziara (Hrsg.), Interpersonale und politische Kompetenz (S. 17-103). Forschungsbericht 40, Zentrum I Bildungsforschung, SFB 23. Konstanz: Universität Konstanz.*

Silverberg, S. & Steinberg, L. (1987). Adolescent autonomy, parent-adolescent conflict and parental well-being. Journal of Youth and Adolescence, 16 (3), 293-311.

Simmons, R.G., & Blyth, D. (1987). Moving into adolescence: The impact of pubertal change in the school context. New York: de Gruyter.

Skinner, E., Chapman, M. & Baltes, P. (1988). The control, agency and means-ends beliefs interview. Ein neues Meßinstrument für Kontrollüberzeugungen bei Kindern (Bereich Schule). Max - Planck - Institut für Bildungsforschung, Berlin.

Specht, W. (1980). Ein situationsbezogener Ansatz zur Messung altruistischer Verhaltensbereitschaften. Konstanz: Interner Projektbericht.*

Specht, W. (1982). Die Schulklasse als soziales Beziehungsfeld altershomogener Gruppen. Forschungsbericht des Projektes Entwicklung im Jugendalter. Konstanz: Universität Konstanz.*

Specht, W. & Fend, H. (1987). Erziehungsumwelten. Bericht aus dem Projekt "Entwicklung im Jugendalter". Konstanz: Universität Konstanz.*

Spranger, E. (1924). Psychologie des Jugendalters (27. Aufl. 1963). Heidelberg: Quelle und Meyer.

St.James-Roberts, I. & Wolke, D. (1985, Juli). Bases for a systems theory framework for studying early development. Paper presented at the IIX Biennial Meetings of the International Society of the Study of Behavioral Development. Tours, Frankreich.

Stein, O. (1985). Trinkgewohnheiten. Eine empirische Untersuchung über Trinkverhalten und Alkoholismus in Saarbrücken. Stuttgart: Enke.

Steinberg, L. (1981). Transformations in family relations at puberty. Developmental Psychology, 17 (6), 833-840.

Steinberg, L. (1985). Adolescence. New York: Knopf.

Steinberg, L. (1986). Latchkey children and suceptibility to peer pressure: An ecological analysis. Developmental Psychology, 22 (4), 433-439.

Steinberg, L. (1987 a). Impact of puberty on family relations: effects of pubertal status and pubertal timing. Developmental Psychology, 23 (3), 451-460.

Steinberg, L. (1987 b). Recent research on the familiy at adolescence: The extend and nature of sex differences. Journal of Youth and Adolescence, 16 (3), 191-198.

Steinberg, L. (1988). Reciprocal relations between parent-child distance and pubertal maturation. Developmental Psychology, 24 (1), 122-128.

Steinberg, L. & Hill, J. 1978. Patterns of family interaction as a function of age, the onset of puberty and formal thinking. Developmental Psychology, 14 (6), 683-684.

Steinberg, L. & Silverberg, S. (1986). The vicissitudes of autonomy in early adolescence. Child Development, 57 (4), 841-851.

Stern, W. (1925 a) Anfänge der Reifezeit: ein Knabentagebuch in psychologischer Bearbeitung. Leipzig: Quelle.

Stern, W. (1925 b). Grundlinien des jugendlichen Seelenlebens. In H. Küster (Hrsg), Erziehungsprobleme der Reifezeit (S. 28-43). Leipzig: Quelle.

Sullivan, H.S. (1953). The interpersonal theory of psychiatry. New York: Norton.

Susman, E.J., Inoff-Germain, G., Nottelmann, E.D., Loriaux, D.L., Cutler, G.B.Jr., & Chrousos, G.P. (1987). Hormones, emotional dispositions, and aggressive attributes in young adolescents. Child Development , 58 (4), 1114-1134.

Sutker, P.B. (1982). Adolescent drug and alcohol behaviors. In T.M. Field, A. Huston, H.C. Quay, L. Troll & G.E. Finley (Eds.), Review of human development (S. 356-380). New York: Wiley.

Swanson G.E. (1988). Ego defenses and the legitimation of behavior. New York: Cambridge Univesity Press.

Tanner J.M. (1962). Growth at adolescence. Oxford: Blackwell Scientific Publications.

Tesser, A., Cambell, J. & Smith, M. (1984). Friendship choice and performance: self - evaluation maintenance in children. Journal of Personality and Social Psychology, 46, 561-574.

THE JAPANESE YOUTH IN COMPARISON WITH THE YOUTH OF THE WORLD (1984). A summary report of the Third World Youth Survey. Edited by Youth Affairs Administration.

Thomae, H. (1981). Personality development during the school years: A longitudinal study of children in Germany. In S.A. Mednick & A.E. Baert (Eds.), Prospective Longitudinal Studies in Europe (S. 147-152). Oxford University Press.

Toner, I.J. and Kunz, E. (1985). A day in the life of American youth: The leisure activities of boys and girls aged nine to fifteen years. Poster presented at the IIX meeting of the International Society for the Study of Behavioral Development. Tours, France.

Trautner, H. (1972). Der Einfluss von Reifen und Lernen auf die Elternzentriertheit von Mädchen zwischen 10 und 14 Jahren. Zeitschrift für Entwicklungspsychologie und Pädagogische Psychologie, 4 (2), 92-104.

Trotha, T. von (1982). Zur Entstehung der Jugend. Kölner Zeitschrift für Soziologie und Sozialpsychologie, 34, 254-277.

Tumlirz, O. (1954). Die Reifejahre. Bad Heilbrunn: Klinkhardt.

Uhr, R., Thomae, H. & Becker, J. (1969). Entwicklungsverläufe im Kindes- und Jugendalter. Zeitschrift für Entwicklungspsychologie und Pädagogische Psycholgie, 1 (3), 151-164.

Vaillant, G. (1977). Adaptation to Life. Boston: Little, Brown.

Vaillant, G. (1983). Childhood environment and maturity of defense mechanisms. In D. Magnusson & V. Allen (Eds.), Human Development (S. 343-353). New York: Academic Press.

Violato, C. & Holden, W. (1988). A confirmatory factor analysis of a four-factor model of adolescent concerns. Journal of Youth and Adolescence, 17 (1), 101-113.

Weber, M. (1920). Gesammelte Aufsätze zur Religionssoziologie. Tübingen: Mohr.

Wehner, Ch. (1986). Das Körperbeschwerdebild von Jugendlichen in Abhängigkeit vom körperlichen Reifegrad und anamnestischen Faktoren. Unveröff. Diss., Universität Ulm.

Weiß, W. (1982). Familienstruktur und Selbstständigkeitserziehung. Ein empirischer Beitrag zur latenten politischen Sozialisation in der Familie. Göttingen: Hogrefe.

Welpe, J. (1983). Vergleichende anthropologische und psychologische Untersuchungen an 11-16jährigen Mädchen in der Reifezeit. Unveröff. Diss., Universität Mainz.

Windle, M. & Lerner, R. (1986). Reassessing the dimensions of temperament individuality across the life span: the Revised Dimensions of Temperament Survey (DOTS-R). Journal of Adolescence Research, 1 (2), 213-229.

Youniss, J. & Ketterlinus, R. (1987). Communication and connectedness in mother- and father- adolescent relationships. Journal of Youth and Adolescence, 16 (3), 265-280.

Youniss, J. & Smoller, J. (1985). Adolescent relations with mothers, fathers, and friends. Chicago: University of Chicago Press.

Zigler, E. & Weiss, H. (1985). Family support systems: An ecological approach to child development. In R. Rapoport (Ed.), Children, Youth and families. The action-research relationship (S. 166-205). Cambridge: Cambridge University Press.

Zillig, M. (1954). Unterschiede seelischer Reifung in einer 7. Mädchenklasse. Schule und Psychologie, 1.(9).

Zinnecker, J. (1985). Eltern und Jugendliche '85. In Jugendwerk der Deutschen Shell (Hrsg.), Jugendliche und Erwachsene '85. Generationen im Vergleich. Opladen: Leske und Budrich.

* Werke sind über Bibliothek der Universität Konstanz durch Fernleihe beziehbar.

Tabellenverzeichnis

Abbildungsverzeichnis

Personenregister

Stichwortregister

Das Stichwortverzeichnis enthält jene Variablen, die in der Untersuchung verwendet und im Text (s. Seitenzahl) beschrieben werden. Dies soll das rasche Aufsuchen des Ortes, an dem die Operationalisierung einer Variable verzeichnet ist, erleichtern.

Die Folgebände:

Identitätsentwicklung in der Adoleszenz

Selbstfindung und Hineinwachsen in die Kultur

(Adoleszenz in der Moderne Bd. 2)

Beim Übergang von der Kindheit in die frühe Jugendzeit beginnen Heranwachsende, eigene Lebensperspektiven aufzubauen, die sie zunehmend aus den Vorgegebenheiten der Kindheit herausführen. Sie gelangen so zu selbstentwickelten Plänen und Lebensvorstellungen. Sich selbst zu erarbeiten, was man "ist" und was man "will", gehört zu den zentralen Entwicklungsaufträgen der Jugendzeit unter modernen Lebensbedingungen. Dieser Thematik gehen wir für die Lebensbereiche des Berufs, der Geschlechtsrollenvorstellungen, der Politik, der Religion und der Gestaltung freier Zeit nach. Das Konzept der "Identität", der Beantwortung von Fragen wie "Wer bin ich?" und "Wo kann ich in dieser Welt stehen?" dient dabei als Leitperspektive.

Wege der Persönlichkeitsentwicklung in der Adoleszenz

Lebensbewältigung und Risikopfade

(Adoleszenz in der Moderne Bd. 3)

Heranwachsende werden gerade beim Übergang von der Kindheit in die Adoleszenz mit Lebensbedingungen der Moderne konfrontiert, die einzigartige Gelegenheiten und Möglichkeiten, aber auch Ansprüche und Gefahren vorgeben. Wer sich heute in diesem Rahmen produktiv entwickelt, wer ein positives Verhältnis zu sich selbst gewinnt, wer sich sozial integrieren kann und gegenüber Leistungsanforderungen ein positives Verhältnis gewinnt, steht hier im Vordergrund. Dabei kommen auch Risikowege, Wege in die soziale Isolation, die depressive Selbstabwertung und die Leistungsdistanz zur Sprache. Da sich die Familie als wichtigster Lebensraum einer produktiven Persönlichkeitsentwicklung herauskristallisiert, soll ihr als Instanz der Stützung und Hilfe, aber auch als Instanz der Gefährdung besondere Aufmerksamkeit gewidmet werden.

Der Autor:

Geboren am 26.12.1940 in Hohenems/Vorarlberg, Matura 1960 in Feldkirch. Volksschullehrer an einklassigen Volksschulen in Vorarlberg. Studium der Germanistik, Psychologie und Pädagogik an der Universität Innsbruck. 1965/66 Studienaufenthalt an der University of London. 1967 Promotion sub auspiciis in Innsbruck in den Fächern Erziehungswissenschaft und Psychologie. Ab 1968 an der Universität Konstanz im Institut für Erziehungswissenschaft und am Zentrum für Bildungsforschung. 1978/79 Leiter des Landesinstituts für Schule und Weiterbildung des Landes Nordrhein-Westfalen in Düsseldorf. Ab 1987 Ordinarius für Pädagogische Psychologie an der Universität Zürich.